Bernhard Heep

AF288779

Effizientes Routing in strukturierten P2P Overlays

Effizientes Routing in strukturierten P2P Overlays

von
Bernhard Heep

Dissertation, Karlsruher Institut für Technologie
Fakultät für Informatik, 2011
Tag der mündlichen Prüfung: 21. Oktober 2011

Impressum

Karlsruher Institut für Technologie (KIT)
KIT Scientific Publishing
Straße am Forum 2
D-76131 Karlsruhe
www.ksp.kit.edu

KIT – Universität des Landes Baden-Württemberg und nationales
Forschungszentrum in der Helmholtz-Gemeinschaft

KIT Scientific Publishing 2012
Print on Demand

ISBN 978-3-86644-787-5

Effizientes Routing
in strukturierten P2P Overlays

zur Erlangung des akademischen Grades eines

DOKTORS DER INGENIEURWISSENSCHAFTEN

der Fakultät für Informatik
des Karlsruher Instituts für Technologie (KIT)

genehmigte

Dissertation

von

Dipl.-Inform. Bernhard Heep

aus Mainz

Tag der mündlichen Prüfung: 21. Oktober 2011

Erster Gutachter: Prof. Dr. Martina Zitterbart
                         Karlsruher Institut für Technologie (KIT)

Zweiter Gutachter: Prof. Dr. Kurt Rothermel
                         Universität Stuttgart

Danksagung

Karlsruhe, im November 2011

Die vorliegende Arbeit wurde während meiner Tätigkeit als wissenschaftlicher Mitarbeiter am Institut für Telematik des Karlsruher Instituts für Technologie (KIT) angefertigt und wäre ohne die Unterstützung von Kollegen, Freunden und meiner Familie so nicht möglich gewesen.

Frau Prof. Dr. Martina Zitterbart gab mir durch die Anstellung am Institut für Telematik die Möglichkeit zu forschen, an internationalen Konferenzen teilzunehmen und zu promovieren – vielen Dank für das in mich gesetzte Vertrauen und die hilfreiche Unterstützung über die ganze Zeit! Bei Herrn Prof. Dr. Kurt Rothermel möchte ich mich für die Übernahme des Koreferats, die interessante und für mich wertvolle Diskussion bei der Vorstellung meines Themas bei ihm in Stuttgart und seine sehr hilfreichen Anregungen bedanken.

Weiterer Dank gebührt all meinen Kollegen am Institut für das angenehme Arbeitsklima, die vielen interessanten Diskussionen und die morgendlichen, sehr unterhaltsamen Kaffeerunden. Insbesondere meinen Kollegen im ScaleNet-Projekt – Herrn Dr. Ingmar Baumgart und Herrn Dr. Stephan Krause – möchte ich für die erfolgreiche Zusammenarbeit danken, von der ich sehr profitieren konnte.

Die Arbeiten und Beiträge vieler meiner ehemaligen Studien-, Bachelor- oder Diplomarbeiter und studentischen Hilfskräfte fanden entweder direkt in dieser Arbeit Verwendung oder waren auf andere Weise für mich hilfreich. Mein Dank gilt darum Fedi El Arbi, De-In Chang, Matthias Dettling, Christian Fickinger, Heiko Fischer, Daniel Lienert, Jesus Davila Marchena, Felix Palmen, Robert Palmer, Gerhard Petruschat, Matthias Roth, Tomas Semela, Andreas Staudt, Micaela Wünsche und Antonio Zea.

So mancher Fehler in dieser Arbeit wäre bestimmt ohne meine vielen Korrekturleser unentdeckt geblieben – vielen Dank Euch allen! Insbesondere taten sich hier Denise Dudek, Jochen Furthmüller, Joachim Wilke und mein Vater durch das Auffinden kleinerer Unstimmigkeiten und sprachlicher Fehlkonstruktionen hervor.

Zu guter Letzt gilt mein Dank meinen Eltern, meinen Geschwistern, meinen Freunden und darüber hinaus allen, die hier zwar nicht namentlich genannt sind, aber in dieser für mich manchmal schwierigen Zeit zu mir standen – ihr wisst schon, wer gemeint ist!

Bernhard Heep

Inhaltsverzeichnis

Abbildungsverzeichnis

Tabellenverzeichnis

Algorithmenverzeichnis

1. Einleitung und Motivation

Dezentrale Netzwerk-Strukturen spielen in der modernen Kommunikationstechnik eine immer größere Rolle. Seit etwa der Jahrtausendwende sind sog. Peer-to-Peer-Systeme (P2P) im Internet stetig populärer geworden, zunächst hauptsächlich als Möglichkeit zum Datenaustausch – insbesondere von Musik im MP3-Format und aktuellen Kinofilmen – später immer mehr als Basis für Multi-Media-Anwendungen wie Internet-Telefonie (VoIP) und WebTV. Verschiedenste Ausprägungen von Overlay-Netzen – also logischen Netzen über schon vorhandenen Netzwerk-Strukturen wie z. B. dem Internet –, die oft das Fundament dieser P2P-Systeme bilden, sind in den letzten Jahren vorgeschlagen, kontinuierlich erforscht und weiterentwickelt worden. Im Rahmen des u. a. am Karlsruher Instituts für Technologie durchgeführten *ScaleNet*-Projekts [106] wurde der Einsatz von Overlay-Netzen in zukünftigen, heterogenen Netzen und auf diesen aufbauenden, neuartigen Diensten untersucht.

Einen besonderen Stellenwert haben hierbei strukturierte Overlay-Netze, die die Basis für eine Vielzahl von Diensten bilden können. Dazu zählt vor allem das verteilte Speichern von Informationen auf den am Overlay teilnehmenden Knoten. Andere Anwendungsmöglichkeiten sind Multi- und Anycast sowie Mobilitätsunterstützung auf Applikationsebene. Eine Vielzahl dieser Systeme – in der Literatur oft auch als *Distributed Hash Tables* (DHTs), strukturierte Peer-to-Peer-Systeme oder strukturierte P2P Overlays bezeichnet – wurden mittlerweile vorgeschlagen. Die verwendeten Protokolle benutzen eigene, IP-unabhängige Routing-Verfahren und schlüsselbasierte Adressierungsschemata und bieten darüber liegenden Applikationen meist nur einen einzigen Dienst an: das *Key-based Routing* (KBR), also das Senden von Nachrichten an den für einen Zielschlüssel verantwortlichen Overlay-Knoten.

Strukturierte Overlay-Netze haben gegenüber zentral verwalteten Strukturen die im Folgenden aufgelisteten Vorteile:

- Höhere Skalierbarkeit bei steigender Anzahl von am Overlay-Netz teilnehmenden Knoten

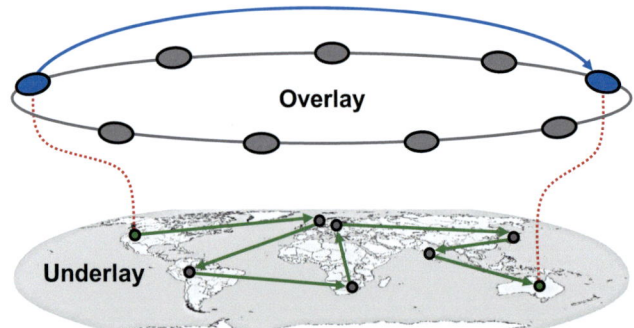

Abbildung 1.1 Problem: Einfache Routen im Overlay (hier vereinfacht dargestellt)
führen in vielen Fällen zu komplexen Routen im Underlay

- Robustheit gegenüber einzelnen Knotenausfällen durch das Fehlen einer zentralen Instanz

- Gleichmäßige Verteilung der anfallenden Last auf alle teilnehmenden Knoten, was sowohl einen einzelnen Knoten als Flaschenhals als auch als *Single Point of Failure* ausschließt

Dem gegenüber stehen auch gravierende Nachteile: Der Bandbreitenbedarf einzelner Knoten ist bei Verwendung eines Overlay-Protokolls im Allgemeinen höher, und die Latenz zwischen Anfrage und Antwort ist in Client/Server-Architekturen in den meisten Fällen wesentlich geringer als in verteilten Overlay-basierten Systemen. Dem zuletzt genannten Problem widmet sich diese Arbeit: Verschiedene Mechanismen und Methoden zur Latenzreduktion in Overlay-Netzen werden identifiziert, analysiert und dazu eingesetzt, die Overlay-Latenzen bei möglichst geringem zusätzlichen Bandbreitenbedarf zu reduzieren.

1.1   Problemstellung

Anwendungen, die auf strukturierten Overlay-Netzen basieren, profitieren von den erwähnten Vorteilen dieser Strukturen, zeichnen sich also insbesondere durch eine gute Skalierbarkeit bzgl. der Anzahl teilnehmender Overlay-Knoten aus. Dennoch sind sie aufgrund der längeren Routing-Pfade – verglichen mit IP-Routing – durch das Overlay-Netz (s. Abbildung 1.1) und den damit verbundenen höheren Latenzen in ihrer Anwendbarkeit eingeschränkt, da potenzielle Nutzer neuartiger Overlay-basierter Dienste aufgrund spürbar längerer Warte- und Antwortzeiten so u. U. nicht von den Vorteilen dieser Overlay-basierten Systeme überzeugt werden können.

Insbesondere dezentrale Verzeichnisdienste, die viele hintereinander ausgeführte Anfragen auf kleine Datensätze verarbeiten müssen, würden von geringeren Wartezeiten auf die benötigten Daten besonders profitieren. Als Anwendungsbeispiel kann ein auf einer DHT basierendes Domain Name System (DNS) dienen, da sich hier – beispielsweise bei der Nutzung des World Wide Webs – durch das teilweise notwendige sequenzielle Auflösen verschiedener URLs die einzelnen Wartezeiten aufsummieren würden. Eine geringe Durchschnittslatenz würde sich hierbei besonders bemerkbar machen. Auch bei Verzeichnisdiensten, die den Verbindungsaufbau für zwischenmenschliche Kommunikation – Internet-(Bild-)Telefonie oder Chat-Systeme – ermöglichen, sind geringere Wartezeiten direkt „spürbar".

Bisherige Arbeiten zu effizientem Routing in strukturierten Overlay-Netzen konzentrierten sich zum einen darauf, einzelne Overlay-Protokolle schon beim Entwurf mit Mechanismen zur Topologieadaption – also dem Anpassen der Overlay-Struktur an die Topologie des zugrunde liegenden Netzwerks – auszustatten. Zum anderen wurden für weitere Protokolle entsprechende Erweiterungen vorgeschlagen. Eine vergleichende Evaluierung dieser Mechanismen – insbesondere hinsichtlich der Herausforderungen heutiger Kommunikationsnetze – ist bisher noch nicht vorgenommen worden, lediglich die Evaluierung einzelner, an ein Protokoll gekoppelter Mechanismen. Eine sich aus einer vergleichenden Evaluierung ergebende Protokoll- und Parameterempfehlung in Abhängigkeit vom jeweiligen Netzwerk-Szenario kann die Entwicklung zukünftiger, auf strukturierten Overlay-Netzen basierender Dienste wesentlich unterstützen.

Hinsichtlich Latenzreduktion spielen die in den letzten Jahren entwickelten Netzwerk-Koordinatensysteme eine bedeutende Rolle: Sie ermöglichen es einzelnen Netzwerkteilnehmern, Aussagen über die zugrunde liegende Netzwerktopologie, Abschätzungen von Abständen im Netzwerk und damit über die zu erwartenden Latenzen zu anderen Netzwerkteilnehmern zu treffen. Dies kann dazu genutzt werden, physisch nähere Kommunikationspartner auszuwählen. Die Verwendung solcher Systeme zur Latenzreduktion in strukturierten Overlay-Netzen in Bezug auf Nachbarschaftswahl, Timeout-Optimierung und Abbildung der den Overlay-Knoten zugeordneten Netzwerk-Koordinaten auf die Overlay-Identität ist – letzteres aufgrund der daraus folgenden Ungleichverteilung der Knoten-Identitäten – bisher nur in Ansätzen untersucht worden.

1.2 Zielsetzung und erzielte Ergebnisse

Ein Schwerpunkt der bisherigen Forschungsanstrengungen im Bereich strukturierter Overlay-Netze war die Untersuchung verschiedener zugrunde liegender Strukturen und Stabilisierungs-, Beitritts- und Reparaturmechanismen. Auch die Minimierung der Anzahl der Zwischenknoten pro Routing-Pfad durch das Overlay-Netz und die Beschränkung des Speicherbedarfs der auf jedem einzelnen Knoten verwalteten Routing-Tabellen wurde intensiv erforscht.

Demgegenüber werden in dieser Arbeit verschiedene Aspekte der Latenzreduktion in strukturierten Overlay-Netzen untersucht. Ziel dabei ist es, Routing-Prozeduren in strukturierten Overlay-Netzen zu beschleunigen, d. h., den sog. *Latency Stretch* $\mathcal{S}$ zu senken. *Latency Stretch* bezeichnet das Verhältnis der durchschnittlichen Overlay-Routing-Latenz δ_{overlay}, d. h. der Latenz über mehrere Overlay-Knoten an einen Zielschlüssel durch das Overlay-Netz gerouteter Nachrichten, zur durchschnittlich benötigten Latenz δ_{underlay} IP-basierter Kommunikation zwischen zwei Knoten im selben Netzwerk[1].

$$\mathcal{S} = \frac{\delta_{\text{overlay}}}{\delta_{\text{underlay}}} \geq 1 \qquad (1.1)$$

---

[1] Statt δ_{overlay} und δ_{underlay} werden in den folgenden Kapiteln die Kurzformen δ_o und δ_u verwendet.

Bei der Bewertung aller dazu entwickelten Verfahren wird insbesondere die Routing-Effizienz bzw. das Kosten-Nutzen-Verhältnis betrachtet, wobei unter Kosten der zusätzlich benötigte Netzwerkverkehr und unter Nutzen die erzielte Latenzminderung verstanden wird. Kernpunkte der dazu durchgeführten Analyse waren:

- Vergleich der in aktuellen KBR-Protokollen verwendeten **Routing-Tabellen-Strukturen** und **Mechanismen** zur Aufrechterhaltung der Overlay-Struktur

- Untersuchung verschiedener **KBR-Routing-Modi** und deren Eigenschaften in Overlay-Netzen mit unterschiedlichen Raten von Knotenfluktuation

- Einsatz und Kombination verschiedener **Topologieadaptionsverfahren** zur Latenzreduzierung bei KBR-Routing-Prozeduren und KBR-Lookups

- Verwendung von **Netzwerk-Koordinatensystemen** zur Abschätzung von Latenzen zwischen Overlay-Knoten und zur Abbildung des Overlay-Netzes auf die zugrunde liegende Netzwerktopologie

Die Ergebnisse der Analyse führen zu den drei Hauptbeiträgen dieser Arbeit: *R/Kademlia* , *Coordinate-based Routing (CBR)* und der *Proximity-aware Iterative Lookup PAIL*. Diese Beiträge werden im Folgenden mitsamt dazugehörigem Teil der Analyse kurz vorgestellt:

- **R/Kademlia**: Ein großer Teil der Analyse beschäftigt sich mit den verschiedenen Routing-Modi von KBR-Protokollen und deren Effizienz in Netzwerksszenarien mit unterschiedlichen Raten von Knotenfluktuation. Zusätzlich wurden auch Mechanismen etablierter Overlay-Protokolle zur Aufrechterhaltung der Overlay-Struktur untersucht. Da rekursives Routing verglichen mit iterativem Routing bei in Dateitauschbörsen im Internet üblichen Raten von Knotenfluktuation die höhere Routing-Effizienz aufweist, wurde im Rahmen dieser Arbeit als erster Beitrag das Protokoll *R/Kademlia* entwickelt. R/Kademlia ist eine rekursive Variante des im Internet weitverbreiteten Overlay-Protokolls Kademlia und hat hohe Redundanz in den Routing-Tabellen, was zu besserer Stabilität des Overlay-Netzes führt. *R/Kademlia* lernt andere Teilnehmer des Overlay-Netzes durch Auswertung des Applikationsverkehrs kennen, was aufwendige, periodisch angestoßene Stabilisierungsprozeduren unnötig macht. Zusätzlich benötigt *R/Kademlia* , insbesondere bei aktivierter Topologieadaption, bis zu 90 % geringere Routing-Latenzen als das Originalprotokoll bei gleichzeitig niedrigen Senderaten in Netzwerk-Szenarien mit moderater Knotenfluktuation.

- **Coordinate-based Routing (CBR)**: Der zweite Beitrag stützt sich auf die durchgeführte Analyse von verschiedenen Topologieadaptionsverfahren für strukturierte Overlay-Netze und dabei insbesondere auf die Analyse der Kombination von *Proximity Neighbor Selection* (PNS) und *Topology-based NodeId Assignment* (TbNA). TbNA passt Teile[2] der Knotenidentitäten an die physikalische Netzwerktopologie mit Hilfe von Netzwerk-Koordinatensystemen an.

---

[2]Der größere, topologieunabhängige Teil der Knotenidentität darf nicht frei wählbar sein, um bestimmte Angriffe auf P2P-Systeme zu verhindern.

Das Ergebnis hierbei ist, dass die Kombination der genannten Topologieadaptionsverfahren – bei Verwendung präfixbasierter KBR-Protokolle wie Pastry und Bamboo – zielgerichtetes Routing durch das Overlay-Netz möglich macht. Zielgerichtetes Routing meint hier, dass sich die zuzustellenden Nachrichten dem Zielknoten in jedem Routing-Schritt physisch nähern. Ein dabei zu lösendes Problem von TbNA ist die Tatsache, dass von Netzwerk-Koordinatensystemen abgeleitete Knotenidentitäten meist nicht gleichverteilt sind, was in vielen Fällen zu ungünstigeren Pfaden durch das Overlay-Netz und damit zu niedrigerer Routing-Effizienz führt.

Das aufgrund dieser Erkenntnisse im Rahmen dieser Arbeit entwickelte *Coordinate-based Routing* (CBR) ist eine konkrete Ausprägung von TbNA. Das eben genannte potenzielle Problem der Ungleichverteilung von Knotenidentitäten wird bei CBR durch das Erstellen und Verteilen des aktuellen globalen Bildes der Koordinatenverteilung unter den Overlay-Knoten vermieden. Bisherige zu TbNA veröffentlichte Arbeiten bieten hierzu keine Lösung an. Durch den Einsatz von CBR und dem damit ermöglichten zielgerichteten Routing werden Verbesserungen der Routing-Performanz von bis zu 20 % erreicht, die im Evaluierungsabschnitt dargestellt werden: Sowohl eine auf Landmark-Knoten basierende Variante von CBR als auch das auf dezentralen Netzwerk-Koordinatensystemen basierende dCBR zeigen deutliche Latenzsenkungen. In Kombination mit einer speziell auf CBR zugeschnittenen Replikationsstrategie für Suchschlüssel können bis zu 60 % geringere Latenzen bei Anfragen an eine verteilte Speicheranwendung erreicht werden.

- **Proximity-aware Iterative Lookup (PAIL)**: Weitere durchgeführte Analysen befassen sich mit der Verwendung von Netzwerk-Koordinatensystemen als Hilfsmittel zur Latenzabschätzung zwischen Overlay-Knoten, die noch nicht miteinander kommuniziert haben. Dies kann z. B. zur Auswahl des als nächstes zu kontaktierenden Knotens während einer iterativen Lookup-Prozedur eingesetzt werden. Ziel der Untersuchungen hier ist es, Latenzabschätzungen und schlüsselbasiertes KBR-Routing mithilfe verschiedener Metriken effizient miteinander zu verbinden und so protokollunabhängig iterative Lookups zu beschleunigen. Die im Rahmen dieser Arbeit entwickelte generische Schnittstelle für Netzwerk-Koordinatensysteme wird vom *Proximity-aware Iterative Lookup* (PAIL) genutzt, um unabhängig von Overlay-Protokoll und Netzwerk-Koordinatensystem iterative KBR-Lookups mittels verschiedener austauschbarer und kombinierbarer bzw. parallel verwendbarer[3] Routing-Metriken zu beschleunigen. Die Ergebnisse im dazugehörigen Evaluierungsabschnitt bestätigen um bis zu 11 % reduzierte Routing-Latenzen beim Einsatz von PAIL in Netzwerkszenarien mit hoher Knotenfluktuation.

Ein grundlegendes Ziel aller im Rahmen dieser Arbeit durchgeführten Arbeiten ist, eine Möglichkeit zu schaffen, die verschiedenen Methoden und Protokolle und die neu entwickelten Ansätze zu integrieren, um bei der Evaluierung vergleichbare Ergebnisse zu produzieren. Hauptwerkzeug der durchgeführten Evaluierungen ist das für diesen Zweck im Rahmen dieser Arbeit zusammen mit zwei weiteren Doktoranden entwickelte Overlay-Framework **OverSim**, mit dem es möglich ist, die

---

[3]d. h. durch das gleichzeitige Versenden von *Remote Procedure Calls* (RPCs)

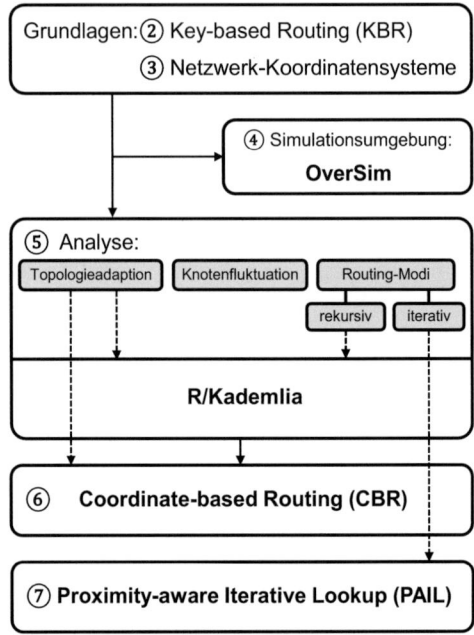

Abbildung 1.2   Kapitel und Struktur der Arbeit

unterschiedlichen Ansätze zur Latenzreduktion unter identischen Bedingungen zu vergleichen. Alle für die entwickelten Konzepte notwendigen Komponenten werden als Erweiterung für OverSim konzipiert, um weitere darauf aufbauende Forschungen zu ermöglichen. Da das Overlay-Framework OverSim als ein bedeutender Teil dieser Arbeit anzusehen ist, werden dessen Komponenten und die verwendete Software-Architektur ausführlich diskutiert. Der Fokus liegt dabei auf der Beschreibung der für Latenzreduktion entscheidenden Komponenten, insbesondere auf dem zur Verwaltung aller Nachbarschaftsinformationen entwickelten *NeighborCache*-Modul.

Allen drei Hauptbeiträgen dieser Arbeit wird jeweils ein Kapitel gewidmet. Diese enthalten die dafür notwendigen Grundlagen, eine Diskussion verwandter Arbeiten, die durchgeführte Analyse und die umfassende Beschreibung des Beitrages. Over-Sim wird aufgrund seiner Bedeutung für die Evaluierung und darüber hinaus als international eingesetztes Overlay-Framework auch in einem eigenen Kapitel im Detail beschrieben.

1.3   Gliederung

Die Gliederung der weiteren Arbeit ist in Abbildung 1.2 dargestellt: In Kapitel 2 werden die für das Verständnis der Arbeit notwendigen Grundlagen bzgl. strukturierter Overlay-Netze und des KBR-Dienstes erörtert. Hier werden nach einer konkreten Problem- und Anforderungsanalyse u. a. Gemeinsamkeiten in den behandelten Protokollen identifiziert. In Kapitel 3 werden verschiedene Klassen von

Netzwerk-Koordinatensystemen, die damit vorgenommenen Latenzabschätzungen und Positionsabschätzung von Overlay-Knoten behandelt. Das als Einschub zu betrachtende Kapitel 4 beschreibt die allgemeine Architektur des Overlay-Frameworks OverSim, die für die Evaluierung der entwickelten Konzepte notwendigen Erweiterungen und die in dieser Arbeit verwendete Evaluationsmethodik.

Im Anschluss daran befasst sich Kapitel 5 zunächst mit der Analyse von Knotenfluktuation in strukturierten Overlay-Netzen, den in Overlay-Netzen verwendeten Routing-Modi und den aus der Literatur bekannten Klassen von Topologieadaption. Darauf basierend werden mögliche Optimierungen des rekursiven Routing-Modus erörtert und das neu entwickelte Overlay-Protokoll R/Kademlia vorgestellt, eine rekursive Variante des im Internet weit verbreiteten Protokolls Kademlia. An die Analyse aus Kapitel 5 anknüpfend wird in Kapitel 6 der Entwurf des Topologieadaptionsverfahrens Coordinate-based Routing (CBR) beschreiben. Schwerpunkte sind hier die Erläuterung des Problem der Ungleichverteilung von Knotenidentitäten in Overlay-Netzen, die Beschreibung der dem CBR-Verfahren zugrunde liegenden Idee zur Lösung dieses Problems sowie die Beschreibung einer hoch effizienten, auf CBR basierenden Replikationsstrategie für DHTs. In Kapitel 7 werden – wiederum aufbauend auf der Analyse aus Kapitel 5 – die Möglichkeiten, iterative Lookup-Verfahren in KBR-Protokollen zu optimieren, im Detail untersucht. Besonderes Augenmerk wird dabei auf den neu entwickelten Proximity-aware Iterative Lookup (PAIL) und die dort zur unterschiedlichen Sortierung von Ergebnisvektoren verwendeten Netzwerk-Koordinatensysteme gelegt. In jedem Kapitel befasst sich ein wesentlicher Abschnitt mit verwandten Arbeiten und dem aktuellen Stand der Forschung. Die Arbeit schließt mit einer Zusammenfassung und einem Ausblick auf zukünftige Arbeiten in Kapitel 8.

2. Peer-to-Peer, strukturierte Overlay-Netze und Key-based Routing

In diesem Kapitel werden die Grundlagen aus dem Bereich P2P und Overlay-Netze, die für das Verständnis dieser Arbeit notwendig sind, erläutert und analysiert. Zunächst werden die in dieser Arbeit im Fokus stehenden strukturierten Overlay-Netze von den sog. unstrukturierten Overlay-Netzen abgegrenzt. Nach der Definition des *Key-based Routing Dienstes* (KBR) und den wichtigsten dazugehörigen Begriffen werden Anforderungen an strukturierte Overlay-Netze und Randbedingungen wie u. a. Robustheit gegenüber Knotenfluktuation formuliert. Es folgt eine Übersicht aktueller strukturierter Overlay-Netze, eine Einführung in Topologieadaption dieser Netze und eine Analyse der Eigenschaften der dabei verwendeten Protokolle. Das Kapitel schließt mit der Beschreibung des *Performance vs. Cost Evaluation Frameworks* PVC, welches in dieser Arbeit zur Evaluierung eingesetzt wird.

2.1 Peer-to-Peer und Overlay-Netze

P2P kann als konträres Netzwerkparadigma zum klassischen Client/Server-Ansatz verstanden werden. In einem P2P-Netz sind alle Teilnehmer gleichberechtigt, d. h., sie bieten wie ein Server Dienste an und nutzen – wie ein Client – gleichzeitig die Dienste der anderen Teilnehmer des P2P-Netzes. Die Kommunikation erfolgt meist direkt zwischen den sog. Peers, also den Teilnehmern eines P2P-Netzes, oder indirekt unter Beteiligung anderer Teilnehmer des P2P-Netzes. Es existiert keine zentrale Instanz, die nur Dienste für mehrere Dienstnehmer anbietet[1]. P2P-Netze bilden zur Kommunikation zwischen den Peers häufig Overlay-Netze, d. h., die logischen

---

[1]Bei sog. hybriden P2P-Netzen gibt es eine zentrale Instanz, die die Kommunikation zwischen den Peers initiiert.

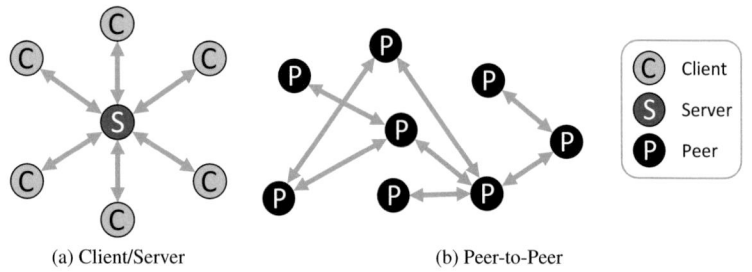

(a) Client/Server   (b) Peer-to-Peer

Abbildung 2.1 Netzwerkparadigma: Client/Server im Vergleich zu Peer-to-Peer

Verbindungen zwischen den Peers werden als über dem zugrunde liegenden Netzwerk aufgebautes eigenständiges Netz angesehen.

Abbildung 2.1 veranschaulicht den Unterschied der beiden Netzwerkparadigmen: Während in der Client/Server-Architektur Kommunikation nur zwischen dem Server und einzelnen Clients stattfindet, werden in einem P2P-Netz Nachrichten zwischen Peers ausgetauscht. Üblicherweise ist ein einzelner Knoten dabei mit mehreren anderen verbunden.

Der Begriff Peer bezeichnet in diesem Zusammenhang üblicherweise einen Knoten eines P2P-Netzes. In dieser Arbeit wird mit diesem Begriff zusätzlich eine Beziehung zwischen zwei Knoten eines P2P-Netzes ausgedrückt: Ein Knoten P_X^i ist Peer des Knotens X, wenn P_X^i in den Routing-Tabellen von X eingetragen ist, d. h., wenn X mit P_X^i direkt kommuniziert. Die Menge aller Peers von X wird mit $\mathcal{P}_X$ bezeichnet. Es gilt also $P_X^i \in \mathcal{P}_X \ \forall \ 0 \leq i < |\mathcal{P}_X|$.

Ein Overlay-Netz (oder kurz *Overlay*) ist eine logische Struktur über einem realen, d. h. physisch vorhandenen Netzwerk wie z. B. dem Internet. Die Menge aller Teilnehmer eines Overlay-Netzes – im Folgenden als Overlay-Knoten (oder kurz *Knoten*) bezeichnet – ist eine Teilmenge der Teilnehmer des zugrunde liegenden Netzwerks. Die logischen Verbindungen zwischen den Overlay-Knoten führen in den meisten Fällen über mehrere Knoten im zugrunde liegenden Netzwerk. Aus Sicht von auf dem Overlay-Netz aufbauenden Applikationen geschieht dies jedoch transparent. Für das dem Overlay-Netz zugrunde liegende Netzwerk wird in dieser Arbeit die Bezeichnung *Underlay-Netz* verwendet.

Um ein Overlay-Netz aufzubauen und zu organisieren, wird ein Overlay-Protokoll verwendet. Ein Overlay-Protokoll legt die Regeln für die Kommunikation im Overlay-Netz fest. Dazu gehören u. a.

- Adressierung der Overlay-Knoten im Overlay-Netz

- Aufrechterhaltung und Wartung der Overlay-Struktur

- Regeln für das Routing von Nachrichten durch das Overlay-Netz

- Regeln für den Beitritt von Overlay-Knoten in das Overlay-Netz

Overlay-Netze können in strukturierte und unstrukturierte Overlay-Netze eingeteilt werden. Im Folgenden werden beide Gruppen voneinander abgegrenzt.

2.2 Unstrukturierte Overlay-Netze

Unstrukturierte Overlay-Netze sind vor den strukturierten entwickelt und verbreitet worden und wurden schnell im Internet populär. Das *Gnutella*-Netzwerk [95] war das erste völlig dezentrale Netzwerk, das zum Austausch von Dateien im Internet genutzt werden konnte. Das dazugehörige Gnutella-Protokoll wählt beliebige Overlay-Knoten, über deren Existenz es von schon anderen bekannten Knoten erfährt, als Peers. Das sich so ergebende Overlay-Netz hat keine feste Struktur, die Verbindungen sind zufällig. Über dieses Netzwerk werden Suchanfragen nach Dateien oder sonstigen Objekten von Interesse geflutet, d. h., jeder Overlay-Knoten leitet die Anfrage nach lokaler Bearbeitung an alle seine Peers weiter. Sobald eine zuvor festgelegte Anzahl h von Hops im Overlay-Netz erreicht ist, d. h. die Nachricht über h Overlay-Knoten geleitet wurde, wird sie verworfen.

Kann eine Anfrage verarbeitet werden, wird die Antwort direkt an den Absender der Nachricht gesendet. Neben Anfragen nach bestimmten Schlüsselwörtern oder Dateien können auch sog. unscharfe Suchen durchgeführt werden, bei der der Suchbegriff auch auf Ähnlichkeit mit den lokal vorhandenen Objekten verglichen wird.

Durch das Fluten von Nachrichten skaliert Gnutella nicht gut mit steigender Zahl von Overlay-Knoten. Das Nachfolgerprotokoll Gia [22] ersetzt aus diesem Grund das Fluten durch einen sog. *Biased Random Walk*, bei dem die Nachrichten nicht dupliziert werden, sondern von Knoten zu Knoten weitergesendet werden. Die Auswahl des jeweils nächsten Hop ist dabei u. a. abhängig von der Kapazität der einzelnen Overlay-Knoten, welche ein von Rechenleistung und Netzanbindung der Overlay-Knoten abgeleiteter Wert ist. Auch die Auswahl der Peers wird von der Kapazität beeinflusst. Zusätzlich führt Gia eine auf sog. *Tokens* basierende Flusskontrolle ein.

2.3 Strukturierte Overlay-Netze

Mit dem Begriff *strukturierte Overlay-Netze* werden in dieser Arbeit Overlay-Netze bezeichnet, die eine Overlay-Struktur bilden, in der die Position der Overlay-Knoten anhand ihrer *NodeIds*, also der Knotenidentitäten festgelegt wird. Eine Overlay-Struktur kann dabei z. B. ein Ring oder ein Hyperkubus sein. Weitere in der Literatur gängige Bezeichnungen für strukturierte Overlay-Netze sind *strukturierte P2P Overlays* und *Distributed Hash Tables (DHT)*, wobei letzterer Begriff in dieser Arbeit einen auf strukturierten Overlay-Netzen aufbauenden Dienst bezeichnet und nicht die Netze selbst. Strukturierte Overlay-Netze wurden nach den unstrukturierten Overlay-Netzen entwickelt und stellen damit den moderneren Ansatz dar.

Key-based Routing ist ein von strukturierten P2P Overlays angeboteter Dienst. Eine diesen Dienst nutzende Applikation kann andere Overlay-Knoten und im Overlay-Netz abgelegte Informationen mittels Schlüsseln adressieren und auffinden. Key-based Routing (KBR) bietet somit eine IP-unabhängige Adressierung von Overlay-Knoten an, was u. a. zur Trennung von Identität und Lokation führt. Diese Trennung ist beim Internet-Protokoll nicht vorgesehen, die IP-Adresse dient hier einerseits zur Identifizierung des Kommunikationspartners und beinhaltet andererseits auch Informationen, wie dieser erreicht werden kann. Die Schlüssel der abgelegten Informationen werden üblicherweise durch die Anwendung von sog. Hash-Funktionen auf diese erzeugt.

Ein strukturiertes Overlay-Netz wird von einem sog. *strukturierten Overlay-Protokoll* aufgebaut und organisiert. Bei Verwendung eines strukturierten Overlay-Protokolls wird jedem Overlay-Knoten X eine sog. *NodeId* Id_X aus einem Schlüsselraum $\mathcal{I}$ zugewiesen (üblicherweise gilt $\mathcal{I} = [0; 2^m - 1]$ mit $m \in \{128, 160\}$). Neben den Overlay-Knoten können auch andere Objekte über Schlüssel aus demselben ID-Raum adressiert werden. Für diese Schlüssel sind dann bestimmte Overlay-Knoten zuständig, die Zuständigkeiten werden vom verwendeten Overlay-Protokoll festgelegt und einem oder mehreren Overlay-Knoten übertragen. Üblicherweise hat jeder Overlay-Knoten X einen Zuständigkeits- oder Verantwortungsbereich $V_X \subseteq \mathcal{I}$ im ID-Raum.

Um Nachrichten an den für den Zielschlüssel y zuständigen Knoten zuzustellen, werden zwei verschiedene Routing-Modi unterschieden:

- **Rekursiv** (*R*): Im *rekursiven* Modus wird die Nachricht M von jedem Knoten, der sie empfängt, an den Overlay-Knoten seiner Routing-Tabellen weitergeleitet, der im ID-Raum am nächsten am Zielschlüssel y liegt. Die Nachricht wird so lange weitergeleitet, bis sie den Zielknoten Y erreicht, in dessen Verantwortungsbereich der Zielschlüssel y fällt.

- **Iterativ** (*I*): Im *iterativen* Modus wird vor der Zustellung der Nachricht M ein sog. *Lookup* durchgeführt: Hierbei sendet der Initiatorknoten X eine Anfrage an den Overlay-Knoten seiner Routing-Tabellen, der im ID-Raum am nächsten am Zielschlüssel y liegt. Dieser antwortet mit einer Liste von Overlay-Knoten aus seinen Routing-Tabellen, die wiederum im ID-Raum am nächsten am Zielschlüssel y liegen. Die Knoten der Liste werden in einen Ergebnisvektor des Initiators eingetragen, in welcher die Einträge nach Nähe zum Zielschlüssel y sortiert sind. Der Initiator sendet solange Anfragen an den oder die ersten Knoten der Liste (d. h. an die nächsten Knoten zu y), bis der Zielknoten Y identifiziert ist.

Eine detailliertere Beschreibung und umfassendere Analyse der beiden Routing-Modi wird in Abschnitt 5.1.2 vorgenommen.

Für den KBR-Dienst wurden verschiedene Anwendungen vorgeschlagen. Das Spektrum reicht dabei von verteilten Speicheranwendungen [28, 100], *Application Layer Multicast* (ALM) und Anycast [112, 131], Mobilitätsunterstützung [130] bis zu *Publish/Subscribe*-Systemen [19].

2.3.1   KBR: Begriffsdefinitionen

Die folgenden bei KBR verwendeten Begriffe werden zum weiteren Verständnis hier definiert bzw. erläutert:

- **KBR-Routing-Prozedur**: Eine *KBR-Routing-Prozedur* bezeichnet den Vorgang, bei dem eine Nachricht M mit dem Zielschlüssel y an den für y hauptverantwortlichen Overlay-Knoten Y zugestellt wird.

- **Lookup**: Unter einem *Lookup* oder *KBR-Lookup* wird in dieser Arbeit eine Anfrage an den KBR-Dienst verstanden. Ein Lookup auf einen Suchschlüssel aus dem Schlüsselraum des Overlay-Protokolls liefert die Overlay-Knoten zurück, in deren Verantwortungsbereich der Schlüssel fällt.

- **Sibling**: Als *Sibling* zu einem Schlüssel *y* wird ein Overlay-Knoten eines strukturierten Overlay-Netzes bezeichnet, der im ID-Raum nahe bei *y* liegt gemäß der dazu verwendeten Metrik d_{resp}. Der nächste Knoten zu *y* wird dabei als erster Sibling bezeichnet.

- **Transportadresse**: Die *Transportadresse* oder *Transport Address* ist die Underlay-Adresse eines Overlay-Knotens, im Internet enthält sie die IP-Adresse und den Port des Transportprotokolls (üblicherweise UDP).

- **NodeHandle**: Ein *NodeHandle* ist die vollständige Adresse eines Overlay-Knotens in einem strukturierten Overlay-Netz. Sie enthält die Transportadresse und die NodeId des Knotens.

2.4 Die Common API für strukturierte Overlay-Netze

In [29] wird der KBR-Dienst definiert und eine gemeinsame Schnittstelle für strukturierte Overlay-Netze vorgeschlagen – die *Common API for structured P2P Overlays*. Die dabei wesentlichen Funktionen werden im Folgenden beschrieben:

- **route**(): *route()*, als Hauptfunktion der *CommonAPI*, wird von der den KBR-Dienst nutzenden Applikation aufgerufen, um eine Nachricht *M* an einen Zielschlüssel *y* zu senden. Bei rekursivem Routing wird *M* dazu in den meisten Fällen über mehrere Zwischenknoten im Overlay-Netz geleitet.

- **deliver**(): Die Funktion *deliver()* wird in der Applikation aufgerufen, wenn eine Nachricht *M* am Overlay-Knoten eingetroffen ist, dessen Zielschlüssel *y* in den Verantwortungsbereich des lokalen Knotens fällt.

- **forward**(): Auf jedem Overlay-Knoten, der auf dem Routing-Pfad einer Nachricht *M* liegt, wird *forward()* aufgerufen. Der Knoten kann je nach Anwendung vor der Weitersendung die Nachricht manipulieren oder verwerfen, den Zielschlüssel ändern oder einen bestimmten Overlay-Knoten als nächsten Hop des Routing-Pfads erzwingen.

- **update**(): Diese Funktion informiert eine den KBR-Dienst nutzende Applikation darüber, dass entweder ein neuer *Sibling* in die unmittelbare Nachbarschaft im ID-Raum dazu gekommen ist oder ein Overlay-Knoten diese verlassen hat. Zur unmittelbaren Nachbarschaft zählen die ersten *s* Siblings, wobei *s* global für das gesamte Overlay-Netz festgelegt ist.

- **local_lookup**(): Mit dieser Funktion werden die lokalen Routing-Tabellen des Overlay-Knotens durchsucht, um zu einem Schlüssel *y* gemäß der verwendeten Routing-Metrik nahe Overlay-Knoten im ID-Raum zu finden.

- **neighborSet**(): Diese Funktion liefert die NodeHandles der ersten *s* Siblings des lokalen Knotens zurück.

2.4.1   Verteilte Hash-Tabellen

Als *Distributed Hash Table* werden in der Literatur oft die Overlay-Protokolle bezeichnet, die den KBR-Dienst und – meist darauf aufbauend – Mechanismen zur verteilten Datenspeicherung anbieten. Diese Arbeit orientiert sich bei der Definition von DHT wieder an der *Common API*. Dabei wird eine DHT als logische Schicht über dem KBR-Dienst angesehen, welche darüber liegenden Applikationen eine eigene Schnittstelle anbietet:

- **put()**: Mit *put( )* wird ein Schlüssel/Daten-Paar $<y,V>$ in der DHT abgelegt.

- **get()**: Zuvor in der DHT abgelegte Daten können mit der Funktion *get( )* unter Angabe des dazugehörigen Schlüssels abgerufen werden.

- **remove()**: Mit der Funktion *remove( )* werden die zu dem angegebenen Schlüssel gehörigen Daten aus der DHT entfernt.

Diese Schnittstelle wird z. B. von OpenDHT [94] mit XML-RPCs verwendet.

Hauptaufgabe der DHT-Schicht ist das robuste, verteilte Speichern von Daten. Um dies auch unter Knotenfluktuation gewährleisten zu können, werden die Daten repliziert auf mehreren Overlay-Knoten gespeichert. Die verschiedenen, dazu vorgeschlagenen Konzepte unterscheiden sich u. a. in der dabei angewendeten Replikationsstrategie, also wo und wie Daten repliziert abgelegt werden, und in der dazu notwendigen Signalisierung.

2.5   Anforderungen und Randbedingungen

Im Fokus der hier durchgeführten Betrachtungen stehen Overlay-Netze der Größenordnung von Tausend bis zu mehreren Millionen Overlay-Knoten. Als erste Anforderung an zu entwickelnde Overlay-Netze ist somit die *Skalierbarkeit* der dabei eingesetzten Overlay-Protokolle mit steigender Knotenzahl N zu nennen. Zusätzlich weisen diese Netze dabei verschiedenartige *Knotenfluktuation* auf, d. h., sie unterscheiden sich hinsichtlich der Lebenszeiten der bei- und austretenden Overlay-Knoten (s. dazu Abschnitt 2.5.2). In dieser Arbeit werden sowohl Overlay-Netze ohne als auch mit extremer Knotenfluktuation betrachtet. Auch die Klasse der am Overlay-Netz teilnehmenden Overlay-Knoten kann sich hinsichtlich Netzanbindung, Rechenleistung und sonstiger Ressourcen unterscheiden. Meist hat dies auch direkten Einfluss auf das im Overlay-Netz beobachtete Fluktuationsverhalten.

Ein weiteres Unterscheidungsmerkmal der diskutierten Overlay-Netze ist deren räumliche Ausdehnung, also die Unterscheidung zwischen lokalen, z. B. auf Firmen oder einzelne Länder beschränkte Netze und globalen, also im Internet eingesetzten Netzen mit Overlay-Knoten auf allen Kontinenten. Schließlich werden in dieser Arbeit noch vollständig dezentrale Overlay-Netze und Netze mit zentralen Strukturen wie Landmark-Knoten (s. Abschnitt 3.2) oder einer bereitgestellten *Public Key Infrastructure* (PKI) unterschieden.

Eine Anforderung an die im Rahmen dieser Arbeit entwickelten Mechanismen und Systeme ist, dass sie auf Teile der gerade dargestellten Netzwerk-Szenarien anwendbar sein müssen. Die Evaluierung der etablierten und neu entwickelten Verfahren soll herausstellen, für welche Szenarien die Verfahren jeweils am besten geeignet sind.

Vor allen weiteren Überlegungen muss zunächst der hier häufig verwendete Begriff der *Latenz* definiert werden. Grundsätzlich werden für eine *Verbesserung der Routing-Effizienz* ein oder mehrere Kriterien benötigt, an denen eine Verbesserung festgestellt werden kann. In dieser Arbeit wird im Falle einer Routing-Prozedur die Zeitspanne zwischen dem Versenden einer zu routenden Nachricht und dem Empfang der Antwort als *Routing-Latenz* bezeichnet. Bei einer Lookup-Prozedur wird die Zeitspanne zwischen dem ersten Senden einer Nachricht bis zur Vervollständigung des Ergebnisvektors mit *Lookup-Latenz* bezeichnet. Das hier verwendete Maß für die Latenz zwischen den einzelnen Overlay-Knoten X und Y ist dazu analog die Zeitspanne, die Pakete benötigen um (direkt) von X nach Y gesendet zu werden. Alternativ könnte die Anzahl der Routing-Schritte auf Vermittlungsschicht („IP-Hops") als Maß verwendet werden, für einen potenziellen Anwender ist aber die für beantwortete Anfragen benötigte Zeit entscheidend.

Bei einer Routing-Prozedur spielen u. a. folgende Faktoren bzgl. der Routing-Latenz eine Rolle:

- Anzahl der Overlay-Knoten auf dem Routing-Pfad

- Zustand des Netzwerks zwischen den aufeinanderfolgenden Overlay-Knoten auf dem Routing-Pfad und die dort auftretenden Latenzen

- Erreichbarkeit der Overlay-Knoten auf dem Routing-Pfad

- Benötigte Verarbeitungszeit der Nachrichten auf den Zwischenknoten (d. h. den Overlay-Knoten auf dem Routing-Pfad)

Als notwendige Vereinfachung werden in dieser Arbeit die Verarbeitungszeiten der Nachrichten auf den Zwischen- und Zielknoten nicht in Betracht gezogen. Dies ist insofern zulässig, als hier nicht die verwendeten Protokolle selbst, sondern deren konkrete Implementierungen betrachtet werden müssten, die aber nicht Gegenstand dieser Arbeit sind. Da die Gesamtverarbeitungszeit auf den Knoten proportional zur Anzahl der Overlay-Knoten auf dem Routing-Pfad ist, wird bei den in dieser Arbeit entwickelten Konzepten die folgende Vorgabe gemacht: Bei Erweiterungen etablierter Overlay-Protokolle soll die Anzahl der Routing-Schritte nicht erhöht werden, um Vergleichbarkeit zu den unveränderten Protokollen zu gewährleisten.

2.5.1 Sicherheit

Strukturierte Overlay-Netze können das Ziel verschiedenartiger Angriffe sein. Die Absicht eines potenziellen Angreifers kann dabei sein, die Routing-Effizienz im Overlay-Netz zu senken bzw. das Routing zu sabotieren, einzelne Overlay-Knoten oder Inhalte im Overlay-Netz unerreichbar zu machen oder Nachrichten abzufangen oder zu manipulieren. Meist werden Angriffe auf Overlay-Netze unter Verwendung sog. *Bot-Netze*[2] durchgeführt, d. h., viele Knoten greifen gemeinsam das Overlay-Netz oder einzelne Overlay-Knoten an.

Angriffe direkt auf das Overlay-Netz (und nicht indirekt über das zugrunde liegende Netzwerk) können folgendermaßen kategorisiert werden (in [107] werden die verschiedenen Angriffsarten im Detail beschrieben):

---

[2]eine große Anzahl von ferngesteuerten, durch Viren oder Würmer unter Kontrolle gebrachten Rechnern im Internet, oft kommerziell verliehen

- **Eclipse-Angriff**: Bei einem Eclipse-Angriff versucht ein Angreifer sich bestimmte Knotenidentitäten zuzuweisen, sodass ein potenzieller Opfer-Knoten nur noch über den Angreifer zu erreichen ist und damit vom Overlay-Netz abgeschnitten werden kann. Voraussetzung für einen solchen Angriff ist die freie Wahl der Knotenidentität und die Möglichkeit, mit mehreren Identitäten am Overlay-Netz teilzunehmen.

- **Sybil-Angriff**: Bei einem Sybil-Angriff tritt ein Angreifer mit einer hohen Zahl von Knotenidentitäten dem Overlay-Netz bei. Je nach Anteil dieser Identitäten an der Gesamtzahl von Overlay-Knoten kann der Angreifer so einen entsprechenden Anteil der Kommunikation im Overlay-Netz beeinflussen, da seine Identitäten dem Anteil entsprechend oft auf den Routing-Pfaden liegen.

- **Churn-Angriff**: Bei einem Churn-Angriff versucht ein Angreifer durch das Erzeugen hoher Knotenfluktuation – also durch Bei- und Austritt eigener Knotenidentitäten – das Overlay-Netz zu destabilisieren. Beispielsweise werden reguläre Overlay-Knoten dabei durch das ständige Auftreten neuer Knotenidentitäten aus den Routing-Tabellen verdrängt.

- **Adversarial-Routing**: Hierbei löscht ein Angreiferknoten Nachrichten, die über ihn zu einem Zielknoten geleitet werden sollen, oder leitet sie nur an andere Angreiferknoten weiter, sodass die betroffenen Routing- und Lookup-Prozeduren scheitern. Je mehr Knotenidentitäten (auch auf mehreren Overlay-Knoten) ein Angreifer im Overlay-Netz hat, desto mehr Routing-Prozeduren anderer Knoten können beeinträchtigt werden, da mehr Nachrichten über die Knoten des Angreifers geleitet werden müssen.

Die Autoren von [10] stellen mehrere Lösungsmöglichkeiten vor, um u. a. ohne zentrale Instanz eine Einschränkung der Identitätswahl zu erreichen und mittels disjunkter Routing-Pfade Adversarial-Routing zu verhindern. Diese Konzepte stehen teilweise im Gegensatz zu Mechanismen, die die Routing-Latenzen senken; Sicherheit in strukturierten Overlay-Netzen wird häufig mit geringerer Routing-Effizienz erkauft, da die verwendeten Sicherheitsmechanismen u. a. die Wegewahl im Overlay-Netz einschränken.

In dieser Arbeit wird das Ziel verfolgt, die Routing-Latenzen zu senken, ohne dabei potenziellen Angreifern neue Angriffsmöglichkeiten zu eröffnen. Bei allen im weiteren Verlauf dieser Arbeit vorgestellten Verfahren können – bei entsprechend formulierten Anforderungen an die Sicherheit – implizit die folgenden Verfahren eingesetzt werden:

- Die Knotenidentitäten im Overlay-Netz können nicht frei gewählt werden (wie in [21, 110] gefordert), sondern werden aus dem Hash-Wert des öffentlichen Schlüssels eines asymmetrischen Schlüsselpaares abgeleitet[3].

- Im Overlay-Netz versendete Nachrichten werden mit dem öffentlichen Schlüssel signiert, sodass direkt von allen Overlay-Knoten überprüft werden kann, ob

---

[3]Bei einigen der in dieser Arbeit vorgestellten Verfahren wird das Präfix der Knotenidentität durch die physische Lage des Overlay-Knotens im zugrunde liegenden Netzwerk und nicht wie das Suffix durch das Schlüsselpaar bestimmt.

der Absender im Besitz des dazugehörigen privaten Schlüssels ist und damit Identität und Nachricht zusammenpassen.

• Eine evtl. vorhandene vertrauenswürdige zentrale Instanz (wie in [18] vorgeschlagen) kann dazu verwendet werden, Zertifikate zu gültigen Schlüsselpaaren auszugeben, was eine unbeschränkte Zahl von Identitäten pro Teilnehmer am Overlay-Netz verhindert.

2.5.2   Knotenfluktuation

Knotenfluktuation in Overlay-Netzen (auch als *Churn*[4] bezeichnet) bezeichnet das Phänomen bei- und austretender Knoten in bzw. aus dem Overlay. Das verwendete Overlay-Protokoll muss durch entsprechende Signalisierung dafür sorgen, dass die Overlay-Struktur erhalten bleibt und damit – soweit möglich – weiterhin der KBR-Dienst erbracht werden kann. Eine erhöhte Knotenfluktuation hat immer negativen Einfluss auf Zustellrate und -dauer von gerouteten Anfragen an einzelne Overlay-Knoten, da u. a. die Wahrscheinlichkeit steigt, dass der Zielknoten ausgefallen ist. Auch können Overlay-Knoten auf dem Routing-Pfad aus dem Overlay-Netz ausgetreten sein, was zu einer Verzögerung der gesamten Routing-Prozedur führt. Eine höhere Knotenfluktuation führt verallgemeinert ausgedrückt dazu, dass die Routing-Tabellen der Overlay-Knoten eine höhere Anzahl nicht mehr im Overlay-Netz aktive Overlay-Knoten enthalten.

Overlay-Netze weisen je nach Einsatzszenario und Verwendungszweck unterschiedliche Ausprägungen von Knotenfluktuation auf. Netzwerke mit konstanter Anzahl von teilnehmenden Overlay-Knoten (die üblicherweise nicht über DSL, ISDN, analoge Telefonleitungen oder Mobilfunk angebunden sind) und seltenen einzelnen Knotenausfällen, die mit Server-Ausfällen im WWW vergleichbar sind, stehen Netzwerken wie dem Gnutella-Netzwerk [36] oder dem eMule/KAD-Netzwerk [14] gegenüber, bei denen kontinuierlich Knoten bei- und austreten. Bei Knotenaustritten ist grundsätzlich zu unterscheiden, ob der betroffene Overlay-Knoten das Verlassen des Overlay-Netzes ankündigt (sog. „Graceful Leave") oder ab einem bestimmten Zeitpunkt auf keine Anfragen mehr reagiert und auch keine weiteren Nachrichten an seine Peers im Overlay-Netz sendet.

Grundsätzlich hat Knotenfluktuation (durch daraus folgende Ausfälle von Overlay-Knoten aus den Routing-Tabellen) direkten Einfluss auf die Routing-Latenzen in Overlay-Netzen, da – je nach Szenario – ein bedeutender Teil der Gesamtlatenz durch Wartezeiten auf Antworten von nicht mehr existenten Overlay-Knoten benötigt wird. Auch ist je nach Overlay-Protokoll der nach einem Knotenausfall kontaktierte Ersatzknoten u. U. physisch weiter entfernt als der ursprünglich gewählte Peer, sodass weitere Verzögerungen die Folge sind.

2.6   Topologieadaption in strukturierten Overlay-Netzen

Unter Topologieadaption in strukturierten Overlay-Netzen wird die Anpassung der Overlay-Struktur an die zugrunde liegende Netzwerkstruktur verstanden. Ziel ist es, Pfade im Overlay-Netz möglichst kurz zu halten und damit die Routing-Latenzen

---

[4]Kunstwort aus „Change" (Wechsel) und „Turn" (Runde, Wende, Drehung)

zu senken. Von der Struktur des Underlays kann unterschiedlich stark abstrahiert werden: Einerseits kann die gesamte Struktur des Underlays mit Endsystemen und Zwischensystemen mit ihren Eigenschaften hinsichtlich Bandbreite, Ausbreitungsverzögerung, Auslastung etc. berücksichtigt werden. Im einfachsten Fall kann aber auch nur die (evtl. geschätzte) Latenz, die Anzahl der Routing-Schritte oder eine andere Metrik, die ein Maß für den Abstand zwischen zwei Overlay-Knoten darstellt, verwendet werden. Ersteres, also das Erstellen eines globalen Bildes auf das zugrunde liegende Netz, ist (in realistischen Netzen) oft nicht ohne unverhältnismäßigen Aufwand möglich.

In [17, 20] werden die in den verbreiteten Overlay-Protokollen (s. Abschnitt 2.7) verwendeten Topologieadaptionsmechanismen analysiert und kategorisiert:

- **Proximity Routing (PR)**: *Proximity Routing* hat nur Einfluss auf lokale Routing-Entscheidungen: Ist PR aktiviert, wird dabei jedes Mal zwischen physischer Nähe und Fortschritt im ID-Raum abgewogen, um den nächsten Overlay-Knoten auf dem Routing-Pfad zu bestimmen.

- **Proximity Neighbor Selection (PNS)**: *Proximity Neighbor Selection* beeinflusst nur den Aufbau der lokalen Routing-Tabellen: Diese werden mit den physisch nächsten, aber den Regeln des verwendeten Overlay-Protokolls genügenden Overlay-Knoten gefüllt.

- **Topology-based NodeId Assignment (TbNA)**: Bei Verwendung von *Topology-based NodeId Assignment*[5] wird die Topologie des dem Overlay-Netz zugrunde liegenden Netzwerks auf die NodeIds der Overlay-Knoten abgebildet, um die von den NodeIds abhängige Struktur des Overlay-Netzes an die Topologie des Underlays anzupassen.

Weitere Details und eine jeweils genauere Analyse der drei Kategorien werden in den Kapiteln 5 und 6 dargestellt, da die Verfahren bei den dort vorgestellten Konzepten zum Einsatz kommen.

Eine Möglichkeit, protokollunabhängig andere Overlay-Knoten für den Einsatz von PNS (und eingeschränkt auch für PR) kennenzulernen, ist *Lookup-parasitic Random Sampling* [125] (LPRS). LPRS basiert auf rekursivem Routing und der Möglichkeit aller bei einer Routing-Prozedur beteiligten Overlay-Knoten, potenziell günstigere, d. h. physisch nähere Peers kennenzulernen. Voraussetzung ist ein Overlay-Protokoll, bei dem sich in jedem Routing-Schritt der Zielraum um einen festen Faktor verkleinert, wie z. B. Chord, Pastry und Bamboo.

Alle sich auf dem Routing-Pfad befindenden Overlay-Knoten tragen in die zu routende Nachricht ihre Transportadresse ein. Der Zielknoten liest diese aus und meldet sich bei allen eingetragenen Knoten, welche dann die Latenz zum Zielknoten messen. Passt die Knotenidentität des Zielknotens (der für die Knoten auf den Routing-Pfad als „random sample" dient) in die Routing-Tabelle eines der messenden Knoten und hat der Zielknoten eine geringere Latenz als der bzw. einer der sich an dieser Position der Routing-Tabelle befindenden Knoten, ersetzt der Zielknoten den bisherigen.

Vorteil dieser Methode ist das Ausnutzen der von Anwendungen initiierten Routing-Prozeduren, was aufwendige periodische Prozeduren unnötig macht.

---

[5]in anderen Publikationen auch als *Proximity Identifier Selection* (PIS) bezeichnet

2.7 Etablierte strukturierte Overlay-Protokolle

In den letzten Jahren ist eine Vielzahl von strukturierten Overlay-Protokollen vorgeschlagen worden. Die Protokolle, die für das Verständnis dieser Arbeit benötigt werden und die als Basis für die hier vorgestellten Konzepte dienen, werden in eigenen Unterkapiteln im Detail beschrieben. Weitere strukturierte Overlay-Protokolle werden im Anschluss kurz vorgestellt.

2.7.1 Chord

Chord [113, 114] ist ein strukturiertes Overlay-Protokoll, das aufgrund der einfachen Struktur des von ihm gebildeten Overlay-Netzes – einem Ring – oft als Standardbeispiel für strukturierte Overlay-Protokolle verwendet wird. Jedem Knoten X in einem Chord-Overlay-Netz wird eine NodeId $\mathrm{Id}_X \in \{0; 2^{160} - 1\} \subseteq \mathbb{Z}$ zugeordnet. Diese Menge entspricht somit dem ID-Raum. Alle möglichen NodeIds und Schlüssel werden sortiert auf einem logischen Ring angeordnet, d. h., auf $2^{160} - 1$ folgt direkt die NodeId 0. Der Ring wird als unidirektionaler Ring aufgefasst, da einerseits Nachrichten nur in aufsteigende Richtung geroutet werden und andererseits der Abstand zwischen X und Y im ID-Raum der Strecke auf dem Ring in aufsteigender Richtung zwischen Id_X und Id_Y entspricht.

Die Menge aller Peers $\mathcal{P}_X$, die ein Knoten X kennt, besteht aus den folgenden Knoten bzw. Knotenlisten:

- Der unmittelbare Vorgänger pred_X auf dem Ring (dem sog. *Predecessor*)

- Eine Liste direkt aufeinanderfolgender Nachfolger succ_X^i (*Successor*) auf dem Ring (die sog. *Successor-Liste*). Mit *Successor* von X wird der direkt nachfolgende Overlay-Knoten succ_X^0 bezeichnet.

- Die *Finger-Tabelle*, welche alle Knoten finger_X^i (in Abbildung 2.2 aus Platzgründen mit F_X^i bezeichnet) aufnimmt, für die gilt: finger_X^i ist *Successor* von $(\mathrm{Id}_X + 2^{m-i}) \mod 2^m, 1 \leq i \leq m$.

Das Intervall $(P_X; X]$ ist der Verantwortungsbereich von X, d. h., X ist für alle Schlüssel verantwortlich, für die er der *Successor* ist. Abbildung 2.2 veranschaulicht die Struktur eines Chord-Overlay-Netzes mit *Successor-Liste* und *Finger-Tabelle* eines Overlay-Knotens.

Die Chord-Struktur wird von mehreren periodisch auf allen Overlay-Knoten angestoßenen Prozeduren aufrechterhalten:

- **stabilize() / notify()**: *stabilize()* fragt den aktuellen *Successor* succ_X^0 von X nach dessen *Predecessor*. Ist dieser nicht X, wird er als neuer succ_X^0 eingetragen. Der (evtl. neu gesetzte) *Successor* succ_X^0 wird direkt danach per *notify()*-Anfrage von X darüber informiert, dass X sich für dessen *Predecessor* hält. succ_X^0 überprüft dies durch Vergleich der Abstände seines eingetragenen *Predecessors* und des Abstands von X zu ihm auf dem Ring.

- **fix_fingers()**: Mit *fix_fingers()* werden Overlay-Knoten für die *Finger-Tabelle* gefunden und deren Einträge aktuell gehalten. Dazu werden periodisch

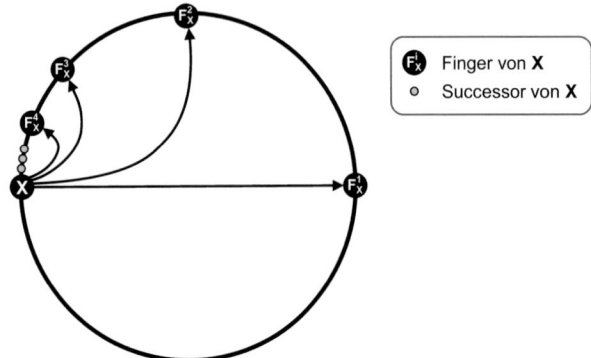

Abbildung 2.2 Chord: Ring-Struktur mit Successor-Liste und Fingern

Parameter	Wert
Größe der *Successor-Liste*	8
stabilize( )/notify( )-Intervall	20 s
check_predecessor( )-Intervall	5 s
fix_fingers( )-Intervall	120 s

Tabelle 2.1 Chord: Verwendete Standardparameter

Nachrichten an die Schlüssel $(\text{Id}_X + 2^{m-i}) \mod 2^m, 1 \le i \le m$ geroutet, die antwortenden Knoten, die für die Zielschlüssel verantwortlich sind, werden in die *Finger-Tabelle* aufgenommen.

- **check_predecessor()**: Mit dieser Prozedur wird in regelmäßigen Abständen der *Predecessor* kontaktiert. Antwortet dieser nicht, wird pred$_X$ = undef gesetzt. In diesem Fall ist bis zum Eintreffen der nächsten *notify*-Nachricht der Verantwortungsbereich von X undefiniert.

Bei Beitritt in das Overlay-Netz sucht ein Overlay-Knoten seinen *Successor* im Ring und schickt diesem eine *stabilize*-Nachricht.

Bei gleichverteilten NodeIds und durch den Einsatz der *Finger-Tabelle* kann Chord die Zustellung von Nachrichten an Zielschlüssel des ID-Raums über $\mathcal{O}(\log N)$ Zwischenknoten garantieren: Wird über die Finger geroutet, wird der Abstand zum Zielschlüssel in jedem Routing-Schritt mind. halbiert. Der letzte Routing-Schritt wird über die *Successor-Liste* vorgenommen, da hier die Verantwortlichkeiten und damit der Zielknoten direkt ablesbar sind.

Soweit nicht anders angegeben werden die in Tabelle 2.1 eingetragenen Konfigurationsparameter für Chord in allen in dieser Arbeit durchgeführten Evaluationen als Standardparameter verwendet.

Id$_X$: 10233102	0	1	2	3
-	02212102		22301203	31203203
1		11301233	12230203	13021022
10	10031203	10132102		10323302
102	10200230	10211302	10222302	
1023	10230322	10231000	10232121	
10233	10233001		10233232	
102331			10233120	
1023310				

Abbildung 2.3 Pastry/Bamboo: Aufbau der Routing-Tabelle mit $b = 2$

2.7.2 Pastry

Pastry [17, 99] ist ein strukturiertes Overlay-Protokoll, das zwei Overlay-Strukturen aufbaut: einen Plaxton Mesh [86] und einen bidirektionalen[6] Ring. Der Ring legt dabei die Nachbarschaft im Overlay-Netz fest und bestimmt den Verantwortungs-bereich der Overlay-Knoten. Ein Plaxton Mesh ist eine Netzwerkstruktur, in der Nachrichten mit Zielschlüsseln zu Knoten weitergeleitet werden, die ein immer länger werdendes gemeinsames Präfix mit dem Zielschlüssel aufweisen. Bei Pastry dient es dem effizienten Routing durch das Overlay-Netz in $\mathcal{O}(\log N)$ Schritten. Die Overlay-Knoten werden bei Pastry wie bei Chord sortiert nach ihrer NodeIds auf dem Ring angeordnet, wobei die NodeIds aus einem ID-Raum $\mathcal{I} = [0; 2^m - 1]$ mit üblicherweise $m = 128$ gewählt werden. Pastry teilt die Knotenidentitäten in sog. *Digits* der Länge b ein, d. h., es gilt für die NodeId des Overlay-Knotens X

$$\text{Id}_X = x_1...x_m = d_1...d_{\frac{m}{b}} \tag{2.1}$$

Lokal wird der Ring durch das sog. *Leaf Set* LS repräsentiert. Es gilt $|\,\text{LS}\,| = l$.

Die $\frac{l}{2}$ Overlay-Knoten, welche die zur NodeId des lokalen Knotens nächsthöheren aktuell im Overlay-Netz vorhandenen NodeIds aufweisen, werden im Leaf Set gespeichert – genauso wie die $\frac{l}{2}$ Overlay-Knoten mit den nächstniedrigeren Node-Ids. Der Knoten, dessen NodeId auf dem Ring den geringsten Abstand zu einem Schlüssel y aufweist, ist für diesen zuständig und empfängt an diesen Schlüssel gesendete Nachrichten. Diese Zuständigkeiten werden anhand der Abstände der NodeIds im Leaf Set berechnet.

Die *Routing Table* RT repräsentiert den Plaxton Mesh. Sie speichert auf jedem Over-lay-Knoten die Peers mit NodeIds, die ein gemeinsames Präfix mit der NodeId des lokalen Knotens teilen. Die Routing Table ist dazu organisiert als Matrix RT_{ij} mit 2^b Spalten. Der Zeilenindex i gibt die Anzahl der gemeinsamen Digits der lokalen NodeId mit der des Peers an, beginnend bei 0 gemeinsamen Digits in der ersten Zeile. Je ein Peer, dessen NodeId sich in der i-ten Stelle unterscheidet, wird je nach Digit an dieser Position einer der 2^b Spalten zugeordnet. Abbildung 2.3 zeigt den Aufbau einer Routing Table für einen Overlay-Knoten mit der NodeId 10233102 mit $b = 2$.

---

[6]„bidirektional" bedeutet hier, dass – im Gegensatz zu Chord – Nachrichten in beide Richtungen (d. h. sowohl bei auf- als auch bei absteigenden NodeIds) entlang des Rings geroutet werden.

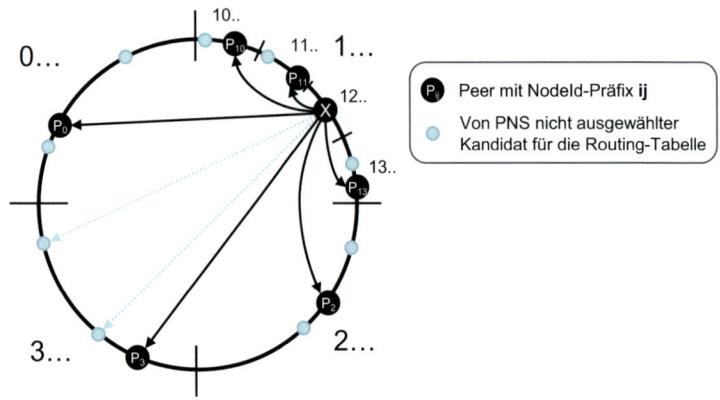

Abbildung 2.4 Pastry/Bamboo: Auswahl der Nachbarn mit *Proximity Neighbor Selection* (PNS)

In seiner ursprünglich vorgeschlagenen Form verwaltet Pastry pro Knoten noch zusätzlich zu Leaf Set und Routing Table das sog. *Neighborhood Set* NS. Es enthält die physisch nächsten Knoten zum lokalen Knoten. Applikationen, die Pastry nutzen, können darüber Informationen über diese Knoten abfragen. Da das Neighborhood Set keinen Einfluss auf das Routing-Verhalten von Pastry hat, wird es für alle in dieser Arbeit durchgeführten Betrachtungen und Evaluationen deaktiviert. Alle drei Strukturen zusammengefasst – Leaf Set LS, Routing Table RT und Neighborhood Set NS – werden als *State* eines an einem Pastry-Overlay teilnehmenden Overlay-Knotens bezeichnet.

Pastry führt ausschließlich rekursive Routing-Prozeduren durch. Während einer Routing-Prozedur wächst das gemeinsame Präfix des Suchschlüssels und der Overlay-Knoten auf dem Routing-Pfad stetig, der Zeilenindex i, aus dessen Zeile der nächste Knoten des Routing-Pfades ausgewählt wird, vergrößert sich pro Routing-Schritt. Auf diese Weise kann Pastry eine obere Schranke für die Anzahl der benötigten Routing-Schritte pro Routing-Prozedur von $\lceil \log_{2^b} N \rceil$ garantieren[7], was in die Komplexitätsklasse $\mathcal{O}(\log N)$ fällt.

Wenn während einer Routing-Prozedur eine Nachricht M mit Zielschlüssel y an einen Knoten A_i weitergeleitet wird, prüft dieser zunächst, ob y in den Bereich des ID-Raums fällt, der von seinem Leaf Set abgedeckt wird. Ist dies der Fall, kann der für y verantwortliche Knoten $Y \in$ LS identifiziert werden und M an diesen zugestellt werden. Andernfalls wird in der Routing Table nach dem Peer $A_{i+1} \in$ RT gesucht, der das längste gemeinsame NodeId-Präfix mit dem Zielschlüssel y teilt, und M an diesen Knoten weitergeleitet.

Fällt ein Knoten auf dem Routing-Pfad aus[8], stößt Pastry einen reaktiven Reparaturmechanismus an. Bei einem Ausfall im Leaf Set wird je nach Position des

---

[7]Dies gilt unter der Annahme, dass die Knotenidentitäten gleichverteilt sind und keine Overlay-Knoten auf dem Routing-Pfad ausgefallen sind.

[8]Dies kann z. B. durch Ausbleiben einer Bestätigungsnachricht erkannt werden.

ausgefallenen Knotens im Leaf Set der erste bzw. der letzte Knoten im Leaf Set nach dessen Leaf Set gefragt. Mit den darin enthaltenen Knoten kann das unvollständige Leaf Set des lokalen Knotens ergänzt werden. Bei Ausfall eines Peers RT_{ij} aus Zeile i der Routing Table von Knoten X wird dessen Peer RT_{ik} mit $k \neq j$ der gleichen Zeile der Routing Table nach dessen Eintrag an der Stelle RT_{ij} seiner Routing Table gefragt. Mit diesem Knoten wird dann die Routing Table von X vervollständigt.

Will ein Knoten dem Pastry-Overlay beitreten, wählt dieser eine NodeId Id_X und sendet eine *JOIN_REQUEST*-Nachricht an seinen *Bootstrap-Knoten*. Dieser routet die Nachricht rekursiv weiter an den für Id_X verantwortlichen Overlay-Knoten. Dieser und alle sich auf dem Routing-Pfad befindenden Knoten senden nach Empfang dieser Nachricht ihren State an den beitrittswilligen Knoten X, der mit den empfangenen Informationen über andere Overlay-Knoten seinen State initialisiert. In einer zweiten Phase – der sog. *Second Stage* – kontaktiert X alle seine Peers und erfragt deren States. Die dabei gewonnenen Informationen werden ebenfalls dazu verwendet, den eigenen State zu vervollständigen und zu optimieren.

Da für jede Position der Routing Table in den meisten Fällen mehrere Kandidaten im Overlay-Netz mit entsprechendem NodeId-Präfix vorhanden sind, setzt Pastry *Proximity Neighbor Selection* (PNS) ein: Es wird jeweils der Overlay-Knoten ausgewählt und eingetragen, der physisch am nächsten zum lokalen Knoten liegt (s. Abbildung 2.4). Je größer der Zeilenindex i ist, desto kleiner ist die Auswahl an Kandidaten für eine Position der Routing Table. Wenn ein Knoten während einer Beitrittsprozedur – seiner oder der eines anderen Knotens – von der Existenz eines bisher unbekannten Knotens erfährt, muss die Latenz zu diesem Knoten z. B. mittels PING-Nachrichten gemessen werden, um zu entscheiden, ob dieser einen schon in der Routing Table eingetragenen Knoten ersetzt. Dies hat den Effekt, dass bei Knotenfluktuation – und damit neu beitretenden Overlay-Knoten – Teile der Routing Table auch unabhängig von Routing-Prozeduren, d. h. proaktiv aktuell gehalten werden können.

Aufgrund des hohen Bandbreitenbedarfs von Pastry insb. bei Knotenfluktuation wurde eine alternative Version in [17] vorgeschlagen. Die Unterschiede zum Original betreffen im Wesentlichen die folgenden Aspekte:

- **Second Stage**: Die Second Stage wurde abgeschafft, da sie bei steigender Anzahl von Knotenbeitritten in das Overlay-Netz die Senderate pro Knoten in unvertretbar hohem Maß erhöht.

- **Periodische Optimierung und Wartung**: In regelmäßigen Intervallen werden einzelne, zufällig ausgewählte Peers aus jeder Zeile der Routing Table kontaktiert, um die entsprechende Zeile seiner Routing Table zu erlangen. Die darin enthaltenen Knoten werden zur Bestimmung ihrer Latenz kontaktiert und in die eigene Routing Table eingetragen, falls die Latenz geringer ist als die des bisher eingetragenen Peers.

- **Redundanz in der Routing Table**: Zusätzlich zu den einzelnen Overlay-Knoten, die in die Routing Table eingetragen werden, werden in der neuen Version von Pastry je j Ersatzknoten zu jeder besetzten Position der Routing Table gespeichert. Bei Ausfall eines Knotens kann dann sofort einer dieser Ersatzknoten an der entsprechenden Position eingetragen werden.

Parameter	Wert
b	4
Größe des *Leaf Sets* ($\lvert LS \rvert$)	16
Größe des *Neighborhood Sets* ($\lvert NS \rvert$)	0

Tabelle 2.2   Pastry: Verwendete Standardparameter

- **Discovery Phase**: Um einen möglichst nahen *Bootstrap-Knoten* zu finden, wird eine *Discovery Phase* definiert, die vor dem Bootstrap-Vorgang durchlaufen wird. Motiviert wird dieses Vorgehen durch die Annahme, dass bei Beitritt über einen physisch nahen *Bootstrap-Knoten* weitere physisch nahe Overlay-Knoten kennengelernt werden können und in die Routing Table eingetragen werden können[9]. In mehreren Durchläufen werden verschiedene Overlay-Knoten kontaktiert, deren Latenz gemessen und Zeilen aus deren Routing-Tabellen angefragt. Darin eingetragene Knoten werden dann im nächsten Durchlauf kontaktiert. Am Ende der Phase ist ein physisch naher Overlay-Knoten identifiziert, über den dann die Knotenbeitrittsprozedur gestartet wird.

In dieser Arbeit wird für die Evaluation nur die Originalversion von Pastry verwendet, da die neue Version große Ähnlichkeiten mit dem Overlay-Protokoll *Bamboo* aufweist (s. Abschnitt 2.7.3), welches auch in den Evaluierungen eingesetzt wird. Zwischen der neuen Version von Pastry und Bamboo sind keine wesentlichen Unterschiede in den Evaluationsergebnissen zu erwarten.

Das strukturierte Overlay-Protokoll Tapestry [127] ähnelt Pastry hinsichtlich Routing-Tabellen und Routing-Prozeduren sehr, beide Protokolle basieren auf einem *Plaxton Mesh*. Tapestry bietet im Gegensatz zu Pastry zusätzliche Mechanismen zum Objekt-Management an, die jedoch nicht Gegenstand dieser Arbeit sind. Aufgrund der Ähnlichkeit zu Pastry wird Tapestry in dieser Arbeit nicht weiter behandelt; Konzepte wie das *Coordinate-based Routing*, das in Kapitel 6 vorgestellt wird, sind ohne großen Aufwand auf Tapestry übertragbar.

Soweit nicht anders angegeben werden die in Tabelle 2.2 eingetragenen Konfigurationsparameter in allen in dieser Arbeit durchgeführten Evaluationen verwendet.

2.7.3   Bamboo

Bamboo [92, 93] ist ein an Pastry angelehntes, strukturiertes Overlay-Protokoll. Es werden die gleichen Overlay-Strukturen aufgebaut, gleiche lokale Routing Tabellen verwaltet, und der Ablauf von Routing-Prozeduren ist identisch.

Bamboo wurde jedoch für hohe Knotenfluktuation entworfen und unterscheidet sich deshalb von Pastry in den folgenden Punkten:

- **Beitrittsprozedur**: Bei Bamboo antwortet nur der für die NodeId des beitrittswilligen Knotens verantwortliche Overlay-Knoten mit seinem Leaf Set (also nicht mit seinem gesamten *State*).

- **Periodische Optimierung und Wartung**: Bamboo startet drei periodisch angestoßene Wartungsprozeduren, die *Leaf Set Maintenance*, das *Local Tuning*

---

[9]Bei dazu im Rahmen dieser Arbeit durchgeführten Simulationen konnte bei aktivierter *Discovery Phase* kein latenzmindernder Effekt festgestellt werden.

Parameter	Wert
b	4
Größe des *Leaf Sets* ($\vert$LS$\vert$)	8
Leaf Set Maintenance-Intervall	$4\,s$
Local Tuning-Intervall	$10\,s$
Global Tuning-Intervall	$20\,s$

Tabelle 2.3 Bamboo: Verwendete Standardparameter

und das *Global Tuning*. Ersteres dient in erster Linie der Robustheit des Over-lay-Netzes durch proaktive Überprüfungen und Synchronisation des Leaf Sets. Local und Global Tuning dagegen optimieren die Routing Table hinsichtlich der Latenzen zu den eingetragenen Knoten:

— *Leaf Set Maintenance*: Bei der Leaf Set Maintenance wird in regelmäßigen Abständen das Leaf Set an einen zufällig ausgewählten, dort eingetragenen Peer gesendet (*push*). Dieser antwortet mit seinem Leaf Set (*pull*). Beide Knoten können so ihre Leaf Sets synchronisieren, d. h., sie können ihnen bisher unbekannte Knoten darin eintragen.

— *Local Tuning*: Das Local Tuning entspricht der Routing Table Maintenance von Pastry und dient dem Auffüllen und Optimieren der Routing Table.

— *Global Tuning*: Beim Global Tuning werden gezielt einzelne Positionen der Routing Table optimiert, indem Nachrichten an Zielschlüssel mit zufälligem Suffix geroutet werden. Das Präfix entspricht dem der zu füllenden oder zu optimierenden Position. Antwortet ein Knoten auf die Nachricht, wird dieser in die Routing Table eingetragen, falls die Position der Routing Table nicht besetzt ist oder die Latenz zum antwortenden Knoten geringer ist als zum bisherigen Eintrag.

Durch diese periodisch angestoßenen Prozeduren werden Knotenausfälle frühzeitiger als beim Einsatz von Pastry erkannt. Dagegen weist Bamboo in Netzwerkszenarien ohne Knotenfluktuation (und damit ohne Knotenausfälle) eine höhere Senderate auf, Pastry (in seiner Originalversion) hat hier nach dem Beitritt aller Knoten in das Overlay-Netz keinen weiteren Bandbreitenbedarf.

In Tabelle 2.3 werden die bei allen in dieser Arbeit durchgeführten Evaluationen verwendeten Standardparameter von Bamboo angegeben.

2.7.4 Kademlia

Kademlia [70] ist das populärste und im Internet verbreitetste strukturierte Overlay-Protokoll. Es wird u. a. im *File Sharing*-Netzwerk *eMule*[10] [14] zur Server-losen, verteilten Suche nach Dateien und im *BitTorrent*-Client *Vuze* (früher *Azureus* genannt) zum verteilten Download bei Tracker-Ausfall eingesetzt. Kademlia bietet zusätzlich zu dem KBR-Dienst auch Funktionen zur verteilten Datenablage an. Diese werden bei der folgenden Beschreibung des Kademlia-Protokolls ausgelassen, da sie für die in dieser Arbeit behandelten Routing-Prozeduren in strukturierten Overlay-Netzen keine Bedeutung haben.

---

[10]Die hier verwendete Protokollvariante wird KAD genannt.

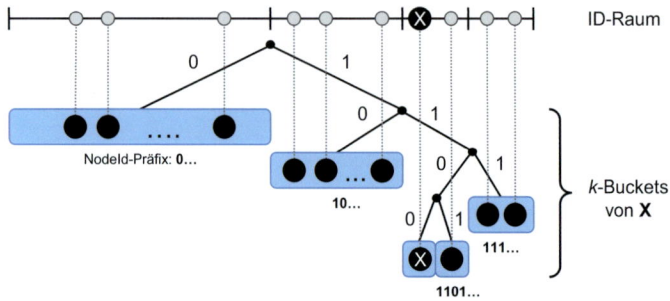

Abbildung 2.5 Kademlia: k-Buckets als Routing-Tabelle

Der Abstand zwischen NodeIds und Schlüsseln wird in einem Kademlia-Overlay-Netz mit der XOR-Funktion bestimmt ($d_{\text{route}}(X,Y) = d_{\text{XOR}}(X,Y) = X \oplus Y$). Die Routing-Tabelle, die jeder Overlay-Knoten in einem Kademlia-Netzwerk pflegt, entspricht der von Pastry und Bamboo, wobei üblicherweise $b = 1$ gesetzt ist. Die Blätter dieser Baumstruktur sind jedoch nicht einzelne Peers, sondern sog. k-Buckets, d. h. Listen von $\max k$ Knoten (s. Abbildung 2.5). Alle Knoten eines k-Buckets teilen ein gemeinsames NodeId-Präfix mit dem lokalen Knoten X, je tiefer der k-Bucket im Baum desto länger ist diese Präfix.

Kademlia verwendet ausschließlich parallele, iterative Lookups zum Auffinden von Knoten, die für einen Suchschlüssel y verantwortlich sind: Zunächst werden die gemäß d_{XOR} nächsten v Peers der Routing-Tabellen des Lookup-Initiatorknotens X per RPC nach den nächsten Knoten zu y ihrer Routing-Tabellen gefragt. Die in den Antwortnachrichten enthaltenen Knoten werden in einen nach Abstand zu y sortierten Ergebnisvektor beschränkter Größe eingetragen. Die ersten v Knoten dieses Vektors werden im nächsten Schritt kontaktiert. Die Abbruchbedingung für einen Lookup ist, dass kein Knoten des Ergebnisvektors einen näheren Overlay-Knoten zu y zurückliefert. Der vorderste Knoten des Ergebnisvektors ist somit als der für den Zielschlüssel hauptverantwortliche Knoten identifiziert.

Während einer solchen Lookup-Prozedur lernt der Initiatorknoten X neue Peers im Overlay-Netz kennen, indem er die Antwortnachrichten auswertet und die darin eingetragenen Knoten in seine k-Buckets einträgt, falls die entsprechenden k-Buckets noch nicht voll besetzt sind. Ist der k-Bucket jedoch schon mit k Knoten besetzt und der betreffende Bucket deckt einen Bereich des ID-Raums ab, in den die eigene NodeId fällt, wird der Bucket in zwei neue Buckets aufgeteilt (*Bucket-Split*). Der neue Knoten wird dann in den passenden der beiden eingetragen. Fällt die NodeId von X nicht in den Bereich des Buckets wird die *Least Recently Used* Strategie angewandt: Der Knoten des betreffenden k-Buckets, dessen letzter Kontakt am weitesten zurückliegt, wird ersetzt, falls dieser auf eine Testnachricht nicht antwortet. Falls doch, wird der neu kennengelernte Knoten nicht in die k-Buckets aufgenommen. Eine Ausnahmeregelung greift in dem Teilbaum der k-Buckets, in den die NodeId von X fällt: Bei den darin enthaltenen k-Buckets mit insgesamt mind. k Knoten wird auch dann ein *Bucket-Split* durchgeführt, wenn Id_X nicht in den betreffenden Bucket

Parameter	Wert
k	8
Bucket Refresh-Intervall	$1\,000\,s$

Tabelle 2.4 Kademlia: Verwendete Standardparameter

fällt. Dies garantiert, dass X auch bei unbalancierten Bäumen die k nächsten Knoten zu seiner NodeId in seine k-Buckets einträgt und nicht verwirft[11].

Um dem Overlay-Netz beizutreten, kontaktiert ein Knoten X seinen *Bootstrap-Knoten B*, der schon dem Kademlia-Netzwerk angehört, und trägt diesen in seine k-Buckets ein. In einem nächsten Schritt führt X einen Lookup auf seine eigene NodeId Id_X durch. Den Beitrittsvorgang abschließend führt er für jeden k-Bucket einen Lookup auf jeweils einen in diesen k-Bucket fallenden, zufälligen Zielschlüssel durch. Auf diese Weise wird X in die k-Buckets der an den Lookups beteiligten Knoten eingetragen und füllt dabei die eigenen k-Buckets mit den während der Lookups zurückgelieferten Overlay-Knoten.

Zu Pflege der k-Buckets und Aufrechterhaltung des Overlay-Netzes wird wie folgt vorgegangen: Werden in einem festgelegten Intervall t_b keine Knoten eines k-Buckets ersetzt bzw. deren Verbleib im Overlay-Netz überprüft, wird ein Lookup auf einen zufälligen Suchschlüssel, der in den betreffenden Bucket fällt, angestoßen. Einerseits können so ausgefallene Knoten identifiziert und entfernt werden und andererseits kann mit den dabei kennengelernten Knoten der k-Bucket aktualisiert werden.

In Tabelle 2.4 werden die wichtigsten Standardparameter für Kademlia angeben, die bei allen in dieser Arbeit durchgeführten Evaluationen verwendeten werden.

2.7.5 Weitere strukturierte Overlay-Protokolle

Das *Content Addressable Network* (CAN) [91] bildet ein Overlay-Netz mit einem n-dimensionalen Hypertorus als Overlay-Struktur. Die NodeIds der Overlay-Knoten entsprechen Koordinaten im Hypertorus und liegen jeweils genau in der Mitte des Verantwortungsbereichs der Overlay-Knoten. CAN hat aufgrund seiner Overlay-Struktur einen Routing-Aufwand von $\mathcal{O}(\log N)$. Zu routende Nachrichten werden jeweils in Richtung des Zielschlüssels, d. h. der Zielkoordinaten, weitergeleitet. Dabei stehen bei fast allen Routing-Schritten mehrere Wege in verschiedenen Dimensionen zur Wahl. Treten neue Overlay-Knoten dem CAN-Netz bei, werden bestehende Verantwortungsbereiche aufgeteilt, die NodeIds der beteiligten Knoten verschieben sich dabei zu den Mittelpunkten des jeweils neuen Verantwortungsbereichs.

Accordion [62] ist ein Overlay-Protokoll, das keine feste Struktur für die Routing-Tabellen vorgibt. Stattdessen werden andere Overlay-Knoten mit steigender Wahrscheinlichkeit in diese eingetragen, je näher deren NodeIds an der des lokalen Knoten im ID-Raum liegt. Der ID-Raum entspricht dabei einem unidirektionalen Ring.

Verschiedene strukturierte Overlay-Protokolle wurden mit dem Ziel eines konstanten Ausgangsgrads entworfen, d. h., die Anzahl der Peers $|\mathcal{P}_X|$ pro Knoten ist beschränkt durch $\mathcal{O}(1)$: *Viceroy* [67] verwendet einen Butterfly-Graphen und je einen globalen

---

[11]In [10] wird dazu vorgeschlagen, eine eigene Datenstruktur – die sog. *Sibling-Table* zu verwenden, die die s zu Id_X nächsten Overlay-Knoten aufnimmt. Dies ist so auch in OverSim (s. Kapitel 4) implementiert und wird für alle im Rahmen dieser Arbeit durchgeführten Simulationen verwendet.

und einen lokalen Ring als Overlay-Strukturen. Die teilnehmenden Overlay-Knoten wählen sich zufällig eine Ebene des Butterfly-Graphen und verbinden sich mit je zwei Peers aus der Ebene darüber und darunter. Bei *Distance Halving* [75] werden allen Overlay-Knoten NodeIds aus einem Intervall $[0; 1)$ zugewiesen. Das Intervall wird dazu sukzessive halbiert. Ein Knoten X baut dann je eine linke und eine rechte bidirektionale Verbindung zu den Overlay-Knoten auf, die verantwortlich sind für die Schlüssel $\frac{\text{Id}_X}{2}$ und $1 + \frac{\text{Id}_X}{2}$. Zusätzlich sind je zwei im Intervall benachbarte Overlay-Knoten Peers. Durch das Folgen der jeweils linken oder jeweils rechten Verbindung vom Start- und vom Zielknoten aus wird der Abstand in jedem Schritt halbiert. Bei Routing-Prozeduren erst über die linken und dann über die rechten Kanten kann so eine obere Schranke von $\mathcal{O}(\log N)$ Routing-Schritten erreicht werden. Die Overlay-Protokolle *Koorde* [52] und *Broose* [38] basieren auf Chord und Kademlia und erweitern deren Strukturen um einen *de-Bruijn-Graphen*. Auch diese Struktur erlaubt bei konstantem Ausgangsgrad das Erreichen des Zielknotens bei einer Routing-Prozedur in $\mathcal{O}(\log N)$ Schritten. Allen Overlay-Protokoll mit konstanten Ausgangsgraden ist gemein, dass sie nur unzureichend robust gegenüber Knotenfluktuation sind [5] und Topologieadaption nicht vorgesehen ist. Aus diesen Gründen werden sie in dieser Arbeit nicht weiter betrachtet.

Die sog. *OneHop-Protokolle* [44] nehmen eine Sonderstellung unter den strukturierten Overlay-Protokollen ein. Sie bieten Routing-Prozeduren mit $\mathcal{O}(1)$ Schritten, die Senderate pro Knoten ist jedoch proportional zu der Anzahl der Overlay-Knoten im Overlay-Netz N und zum Grad der Knotenfluktuation [63]. Zusätzlich steigt bei einigen Knoten des Overlay-Netzes die Senderate überproportional an, was durch die verwendete hierarchische Overlay-Struktur bedingt ist. OneHop-Protokolle sind somit nur für kleinere Overlay-Netze ohne oder mit nur geringer Knotenfluktuation geeignet. Aus diesen Gründen wird auch diese Protokollklasse in dieser Arbeit nicht weiter betrachtet.

2.8 Eigenschaften strukturierter Overlay-Protokolle: Analyse und Folgerungen

Alle in Abschnitt 2.7 vorgestellten Protokolle bieten darauf aufbauenden Applikationen den KBR-Dienst an und weisen demzufolge viele Gemeinsamkeiten bezüglich Protokollablauf und verwendeter Strukturen für die Routing-Tabellen auf. Die vorhandenen Unterschiede werden im Folgenden zunächst identifiziert und daraufhin im Detail erläutert. Ziel dabei ist es, protokollunabhängige Ansatzpunkte zur Latenzreduktion zu finden bzw. die jeweils für geringe Routing-Latenzen günstigsten Mechanismen auszuwählen und nach Möglichkeit zu kombinieren.

Im Folgenden werden neben der Overlay-Struktur weitere Eigenschaften von Overlay-Protokollen wie z. B. die unterschiedlichen Beitrittsverfahren, das Kennenlernen von anderen Overlay-Knoten und die verschiedenen Routing-Modi erörtert und deren Einfluss auf die Routing-Latenz analysiert. Darauf aufbauend werden jeweils zu den einzelnen Eigenschaften Folgerungen für die in dieser Arbeit zu entwickelnden Konzepte formuliert.

2.8.1 Overlay-Struktur

Bei der Betrachtung der in den bekannten Overlay-Protokollen verwendeten Strukturen für die Routing-Tabellen der Overlay-Knoten können zwei Klassen unterschieden werden: solche, die keinerlei Flexibilität bei der Auswahl der eingetragenen Peers zulassen, und solche, deren Regeln eine Auswahl an Overlay-Knoten für eine Position in den Routing-Tabellen zulassen.

Bei den im Folgenden aufgelisteten Strukturen können nur bestimmte Overlay-Knoten eingetragen werden:

- **Ring**: Bei einem Ring werden alle Knoten gemäß ihrer Knotenidentität aufsteigend sortiert und miteinander verbunden, d. h., jeder Overlay-Knoten hat Informationen über mind. einen Nachfolger und mind. einen Vorgänger im Ring. Der Knoten mit der größten Knotenidentität im Overlay trägt – um den Ring zu schließen – den Knoten mit der kleinsten Identität als Nachfolger ein, und umgekehrt trägt dieser ihn als Vorgängerknoten ein. Da die Ring-Struktur somit sequenzielle Nachbarschaft fordert, gibt es bei Vorgänger- und Nachfolgerknoten folglich keine Auswahl; Redundanz kann durch eine Liste der direkt aufeinanderfolgenden Vorgänger bzw. Nachfolger erreicht werden, die bei Ausfall des Vorgängers bzw. des Nachfolgers deren Platz einnehmen. Die Einträge dieser Listen können nicht frei belegt werden, die Struktur gibt sie zwingend vor. Sie können also insbesondere nicht mit physisch nahen Overlay-Knoten besetzt werden. Die Ringstruktur wird u. a. von Chord (und symmetrischen Varianten [73]), Koorde, Pastry und Bamboo verwendet.

- **Hypertorus**: In einem d-dimensionalen Hypertorus hat jeder Overlay-Knoten pro Dimension mind. 2 Nachbarn, dabei jeweils mind. einen in jede Richtung, ähnlich wie bei der Ring-Struktur. Der ID-Raum ist in n-dimensionale Felder eingeteilt, die jeweils einem Overlay-Knoten anhand dessen Identität zugeordnet werden. CAN (s. Abschnitt 2.7) verwendet beispielsweise einen d-Torus als Overlay-Struktur.

- **De-Bruijn-Graph**: Ein *De-Bruijn-Graph* zeichnet sich dadurch aus, dass allen Knoten eine Identität bestehend aus einer festen Anzahl von Zeichen eines Alphabets und eine feste Anzahl von Nachbarn zugeordnet wird. Deren Identitäten ergeben sich aus einer Linksverschiebung der Zeichen der ursprünglichen Identität und dem Hinzufügen eines neuen Zeichens aus dem Alphabet. Eine solche Struktur ist Basis der Overlay-Protokolle Koorde und Broose (s. Abschnitt 2.7). Vorteil dieser Struktur ist eine Nachbarschaftstabelle von $\mathcal{O}(1)$, die also unabhängig von der Netzgröße N ist.

Die folgenden Strukturen für die lokalen Routing-Tabellen eines Overlay-Knotens bieten Flexibilität hinsichtlich der eingetragenen Peers:

- **Plaxton-Mesh**: Bei dem in [86] vorgeschlagenen Plaxton-Mesh oder Plaxton-Baum haben alle Overlay-Knoten solche Knoten als Nachbarn im Overlay-Netz, die ein gemeinsames Präfix der Knotenidentität haben, und zwar jeweils $2^b - 1$ Knoten pro Präfixlänge (wenn b Bits jeweils zusammengefasst werden). Pastry und Bamboo verwenden diese Struktur für ihre Routing-Tabellen. Aufgrund der Tatsache, dass immer mehrere Knoten (mit dem gleichen gemeinsamen Präfix) als Peers infrage kommen, kann durch die Aufnahme mehrerer dieser Kandidaten in die Routing-Tabellen eine bessere Redundanz erreicht werden: Fällt ein Knoten aus, ist direkt ein alternativer, gleichwertiger Knoten bzgl. der Routing-Metrik verfügbar.

- **Binärbaum:** Die Peers eines Knotens werden hierbei in Abhängigkeit von der lokalen Knotenidentität den Blättern des Baumes zugeordnet, je nach Präfix der Knotenidentität des Peers. In Kademlia (s. Abschnitt 2.7.4) – wo ein Binärbaum als einzige Struktur verwendet wird – können pro Blatt k Knoten eingetragen werden, was zu einer besseren Redundanz führt. Diese Art Binärbaum kann als einfachste Form des Plaxton-Meshs aufgefasst werden.

2.8.1.1 Overlay-Struktur – Verwandte Arbeiten

In [43] wird der Aspekt der Overlay-Struktur unabhängig von einem bestimmten Overlay-Protokoll hinsichtlich Robustheit und Flexibilität in den Routing-Tabellen und damit u. a. auch Latenz umfassend untersucht. Als Ergebnis wird festgehalten, dass Ringstrukturen und die auf der XOR-Metrik basierenden Strukturen den höchsten Grad an Flexibilität haben und damit auch bei der Verwendung als Routing-Tabellen geringe Routing-Latenzen aufweisen. Overlay-Protokolle mit jeweils einer starren und einer flexiblen Struktur werden in dieser Publikation als *hybride* Overlay-Protokolle bezeichnet.

In [66] werden sowohl strukturierte als auch unstrukturierte Overlay-Protokolle intensiv betrachtet und verglichen. Statt von „Overlay-Struktur" wird hier von „Architektur" gesprochen, was Struktur und Routing-Metrik vereint. In einem Ausblick auf zukünftige Arbeiten wird physische Nachbarschaft in strukturierten Overlay-Netzen in Verbindung mit Netzwerk-Koordinatensystemen als Schwerpunkt aufgeführt. [47] und [65] sind weitere Veröffentlichungen, die eine Übersicht über die Strukturen strukturierter Overlay-Netze geben. Im Schwerpunkt liegen hierbei die Anwendung in einem dezentralen SIP-Szenario [96] bzw. graphentheoretische Überlegungen.

Folgerung: Die Flexibilität der Struktur der lokalen Routing-Tabelle zur Abbildung der Overlay-Topologie wie beispielsweise dem Plaxton-Mesh ist entscheidend für den Grad der Redundanz in den Routing-Tabellen. Die Struktur hat damit großen Einfluss auf sich ergebende Routing-Latenzen, da sowohl als Ersatz für ausgefallene Overlay-Knoten als auch zur Wahl physisch naher Knoten eine Auswahl alternativer Overlay-Knoten vorhanden sein kann. Starre Strukturen wie der Hypertorus oder der De-Bruijn-Graph sind weniger flexibel und bieten daher nicht die gleiche Redundanz und somit Auswahl an Peers.

2.8.2   Redundanz in den Routing-Tabellen

Eine wichtige Eigenschaft der KBR-Protokolle für spätere Untersuchungen ist die Redundanz der verwendeten Routing-Tabellen – und damit deren Aufbau. Hierbei spielt sowohl der Grad der Redundanz als auch deren „Qualität" eine Rolle, wobei mit Letzterem gemeint ist, inwieweit die zusätzlichen Overlay-Knoten für eine Position in der Routing-Tabelle als gleichwertig hinsichtlich der verwendeten Routing-Metrik betrachtet werden können. Bei der im Folgenden verwendeten Notation entspricht **P** „Positionen in der Routing-Tabelle ", **K** „nicht gleichwertige Kandidaten" und **G** „gleichwertige Kandidaten".

Folgende Klassifikation der Redundanzvarianten kann vorgenommen werden:

- **1P|1K:** Jede Position der Routing-Tabelle kann von genau einem bestimmten Overlay-Knoten besetzt werden, z. B. von demjenigen Knoten, der für den dieser Position zugehörigen Schlüssel verantwortlich ist (Beispiel: Chord, s. Abschnitt 2.7.1).

- **1P|nK**: Jede Position der Routing-Tabelle kann einen von n verschiedenen Overlay-Knoten aufnehmen, die nicht als gleichwertig der Metrik entsprechend angesehen werden (Beispiel: Kademlia k-Buckets mit $k = 1$, s. Abschnitt 2.7.4).

- **1P|nG**: Jede Position der Routing-Tabelle kann einen von n verschiedenen Overlay-Knoten aufnehmen, die als gleichwertig der Metrik entsprechend angesehen werden (Beispiel: Bamboo Routing Table, s. Abschnitt 2.7.3). Werden weitere j gleichwertige Overlay-Knoten in den Routing-Tabellen zwar gespeichert, aber nicht für Routing-Prozeduren verwendet, sondern nur im Falle eines Knotenausfalls als schneller Ersatz gehalten, wird dies im folgenden mit **1P(j)|nG** bezeichnet (Beispiel: Routing Table von Pastry (neue Version) mit Redundanz, s. Abschnitt 2.7.2).

- **mP|nK**: Jede Position der Routing-Tabelle kann m aus n möglichen Overlay-Knoten aufnehmen, die nicht als gleichwertig der Metrik entsprechend angesehen werden (Beispiel: Kademlia k-Buckets, mit $k = n$, s. Abschnitt 2.7.4).

- **mP|nG**: Jede Position der Routing-Tabelle kann mit m aus n verschiedenen Overlay-Knoten aufnehmen, die als gleichwertig der Metrik entsprechend angesehen werden.

Die Unterscheidung zwischen nK und nG ist nicht immer eindeutig, da (wie schon in Abschnitt 2.8.1 erwähnt) oft wie z. B. bei Pastry und Bamboo mehrere unterschiedliche Metriken[12] für d_{route} und d_{resp} zum Einsatz kommen. Dabei wird jeweils eine für den Aufbau eines Teils der Routing-Tabellen verwendet. Overlay-Knoten können dann je nach Metrik gleichwertig oder unterschiedlich bzgl. des Abstands im ID-Raum sein.

Folgerung: Da in Szenarien mit Knotenfluktuation bei jeder Routing-Prozedur ausgefallene Knoten zu erwarten sind, führen redundante lokale Strukturen, bei denen einzelne Einträge in den Routing-Tabellen mehrfach besetzt werden (1P(j) und mP), zu geringeren Latenzen: Bei Knotenausfall wird ein gemäß Routing-Metrik (annähernd) gleichwertiger Knoten ersatzweise kontaktiert. Ist zusätzlich eine Auswahl bei der Besetzung einzelner Stellen in den Routing-Tabellen gegeben (nK und nG), hat das Overlay-Protokoll die Möglichkeit, günstigere Knoten für das Routing zu verwenden, was zu einer weiteren Latenzminderung führt (s. Abschnitt 2.6).

2.8.3 Metriken für Routing und Schlüsselverantwortlichkeit

Strukturierte Overlay-Protokolle verwenden Metriken $d = X \times X \to \mathbb{R}$ für das Routing und die Festlegung der Schlüsselverantwortlichkeiten. Mittels der folgenden Metriken werden Distanzen zwischen Schlüsseln oder Knotenidentitäten berechnet:

- **Routing-Metrik**: Für die Entscheidung in Knoten A_i, an welchen Overlay-Knoten A_j eine zu routende Nachricht M mit Zielschlüssel y weitergeleitet werden soll bzw. welcher Overlay-Knoten A_j als nächstes nach näheren Knoten befragt werden soll, wird eine Routing-Metrik d_{route} verwendet. Diese leitet

---

[12]die Präfix-Metrik d_{prefix} für die Routing-Tabelle und damit d_{route} und die (bidirektionale) Ring-Metrik d_{ring} für das Leaf Set und damit d_{resp}

sich direkt von der Struktur des Overlay-Netzes (hier mit einem ID-Raum von $[0; 2^m - 1]$ mit üblicherweise $m = 160$) ab:

- Unidirektionale-Ring-Metrik[13]:

$$d_{\text{uniring}}(X,Y) = \begin{cases} Y - X & , Y \geq X \\ Y + 2^m - X & , \text{sonst} \end{cases} \qquad (2.2)$$

- (Bidirektionale-)Ring-Metrik:

$$d_{\text{ring}}(X,Y) = \min\{|Y - X|, Y + 2^m - X\} \qquad (2.3)$$
$$= \min\{d_{\text{uniring}}(X,Y), d_{\text{uniring}}(Y,X)\}$$

- Präfix-Metrik[14]:

$$d_{\text{prefix}}(X,Y) = \begin{cases} 0 & , X_i = Y_i \, \forall 0 \leq i < m \\ m - n & , \exists n : X_i = Y_i, X_{n+1} \neq Y_{n+1} \, \forall 0 \leq i \leq n < m \end{cases}$$
$$(2.4)$$

- XOR-Metrik[15]:

$$d_{\text{XOR}}(X,Y) = X \oplus Y \qquad (2.5)$$

- **Responsibility-Metrik**: Um zu entscheiden, ob ein Overlay-Knoten A_i zu den r verantwortlichen Knoten für einen Schlüssel y gehört, wird die Responsibility-Metrik d_{resp} verwendet. In den meisten Fällen gilt $d_{\text{route}} = d_{\text{resp}}$, folglich werden die oben beschriebenen oder davon abgeleitete Metriken verwendet. Der letzte Routing-Schritt zum verantwortlichen Knoten für y wird durch d_{resp} bestimmt.

- **Proximity-Routing-Metrik**: Beim Routing von Nachrichten, die möglichst schnell zugestellt werden sollen (wie z. B. Applikationsnachrichten), kann eine alternative Routing-Metrik d_{PR} verwendet werden (s. Abschnitt 2.6), bei der evtl. vorhandene Latenzinformationen mitberücksichtigt werden. Dies wird durch die Verknüpfung der ursprünglichen Routing-Metrik d_{route} mit einer auf einem Abstandsmaß wie der Latenz basierenden Metrik d_{prox} erreicht. Diese kann die folgende allgemeine Form haben:

$$d_{\text{PR}}(X,Y) = \begin{cases} d_{\text{route}}(X,Y) & d_{\text{prox}(X,Y)} > c_2 \\ d_{\text{prox}}(X,Y) & d_{\text{route}(X,Y)} \leq c_1 \\ c_r \cdot d_{\text{route}}(X,Y) + c_p \cdot d_{\text{prox}}(X,Y) & \text{sonst} \end{cases}$$
$$(2.6)$$

mit $c_1, c_2, c_r, c_p > 0$ als Konstanten für die Gewichtung von Latenzinformationen und Routing-Metrik. Es gilt üblicherweise $d_{\text{PR}} \neq d_{\text{route}}$.

Folgerung: Um unnötige Komplexität im Overlay-Protokoll zu vermeiden, ist die Verwendung einer Metrik für Routing und Verantwortlichkeit $d_{\text{route}} = d_{\text{resp}}$ zu bevorzugen. Ausnahme kann der Einsatz einer Proximity-Routing-Metrik sein, falls damit eine signifikante Latenzreduktion erzielt werden kann.

---

[13]Da die Symmetrie nicht gilt ($d(X,Y) \neq d(Y,X)$), handelt es sich hierbei um eine Quasimetrik.

[14]Da bei dieser Metrik die verschärfte Dreiecksungleichung $d(a,b) \leq \max\{d(a,c), d(c,b)\}$ gilt, handelt es sich um eine Ultrametrik.

[15]Die XOR-Metrik wird im Folgenden mit $\oplus$ repräsentiert.

2.8.4 Stabilisierungsprotokolle in Overlay-Netzen

Im folgenden Abschnitt werden die verschiedenen Stabilisierungsprotokolle von strukturierten Overlay-Netzen für Beitritt zum Overlay-Netz, Optimierung und Wartung der Routing-Tabellen und zum Kennenlernen anderer Overlay-Knoten analysiert. Ziel ist es, die Mechanismen zu identifizieren, die einen positiven Einfluss auf die Routing-Latenz haben. Können Knotenfluktuation [12] und Netzgröße [13] detektiert bzw. abgeschätzt werden, ist es möglich, die verwendeten Stabilisierungsintervalle daran anzupassen.

2.8.4.1 Beitrittsverfahren zum Overlay-Netz

Im Folgenden werden unter dem Begriff *Beitrittsverfahren* die von einem Overlay-Knoten durchgeführten Prozeduren zwischen der Kontaktaufnahme zu einem schon am Overlay teilnehmenden Knoten (dem sog. *Bootstrap-Knoten*) und der lokalen Bereitstellung des KBR-Dienstes verstanden. Wie der Overlay-Knoten die Transportadresse des Bootstrap-Knotens erfährt (sog. „Bootstrapping-Problem"), ist nicht einheitlich gelöst. Um einen passenden Kandidaten zu finden, kann dieser z. B. auf zuvor bekannt gegebenen Web-Seiten nachgeschlagen oder über einen *Broadcast* im lokalen Netzwerk lokalisiert werden.

Folgende Verfahren bzw. Kombinationen davon sind bei aktuellen KBR-Protokollen zum Beitritt in das Overlay-Netz üblich:

- **Routen zu eigener NodeId** (*Join*$_{id}$): Der beitrittswillige Knoten routet eine sog. Join-Nachricht an den für seine eigene, zuvor gewählte NodeId ID$_X$ aktuell verantwortlichen Knoten. Dieser antwortet mit einem oder mehreren Knoten aus der direkten Nachbarschaft von ID$_X$ im ID-Raum.

- **Routen zu bestimmten Schlüsseln** (*Join*$_{key}$): Der beitrittswillige Knoten sendet Anfragen an die für bestimmte Schlüssel aktuell verantwortlichen Knoten. Die Zielschlüssel werden entsprechend den Routing-Tabellen so gewählt, dass fehlende Einträge mit den Knoten besetzt werden können, die die für die Suchschlüssel verantwortlichen Knoten zurückliefern.

- **Informationen vom Joining-Pfad** (*Join*$_{path}$): Der beitretende Knoten erhält bei den oben beschriebenen Verfahren zusätzliche Informationen über potenzielle Peers von Knoten, die während der Lookup-Prozedur angefragt werden bzw. von den Knoten auf dem Routing-Pfad.

2.8.4.2 Kennenlernen anderer Overlay-Knoten

Um schlüsselbasiertes Routing in $\mathcal{O}(\log N)$ Schritten gewährleisten zu können, müssen Overlay-Knoten ihre Routing-Tabellen mit den NodeHandles passender Overlay-Knoten füllen, sodass – entsprechend der Struktur des Overlays und den Regeln des verwendeten Overlay-Protokolls – jeweils pro Routing-Schritt der Abstand zum Zielschlüssel im ID-Raum halbiert werden kann. Ein Overlay-Knoten muss demzufolge schon beim Beitritt zu einem Overlay-Netz ein Minimum an anderen Knoten kennenlernen, um Nachrichten entsprechend weiterleiten zu können, und gleichzeitig sich bei diesen Overlay-Knoten bekannt machen, da er sofort Verantwortung für einen Teil des Schlüsselraums übernimmt.

Das Kennenlernen anderer Overlay-Knoten kann ein Knoten prinzipiell auf drei verschiedene Arten bewerkstelligen:

- **Beitrittsphase** (*Meet*$_{join}$): Während des Beitrittsverfahrens werden Informationen über passende Knoten von den beteiligten, also beim Beitritt kontaktierten Knoten empfangen. Diese wiederum tragen ihrerseits den beitretenden Knoten in ihre Routing-Tabellen ein. Sollen die Routing-Tabellen des beitretenden Knotens auf diese Weise komplett gefüllt werden, geht dies meist einher mit einem hohen Verkehrsaufkommen und ist demzufolge ungünstig in Netzwerk-Szenarien mit hoher Knotenfluktuation, da hier folglich auch die Ankunftsrate neuer Overlay-Knoten entsprechend hoch ist.

- **Periodisch** (*Meet*$_{per}$): Periodisch angestoßene Prozeduren kontaktieren nach bestimmten Regeln einzelne Overlay-Knoten nach potenziellen Einträgen für die Routing-Tabellen. Die kontaktierten Knoten sind entweder Peers, die direkt, also mittels ihrer Transportadresse adressiert werden, oder Overlay-Knoten, die aktuell verantwortlich sind für einen bestimmten Schlüsselbereich, aus dem der anfragende Knoten noch Einträge für seine Routing-Tabellen benötigt.

- **Ereignisbasiert** (*Meet*$_{app}$): Bei einer von der den KBR-Dienst nutzenden Applikation angestoßenen Routing- oder Lookup-Prozedur liefern alle daran beteiligten Knoten – d. h. die während eines Lookups kontaktierten Knoten bzw. alle Knoten auf dem Routing-Pfad – Informationen über potenzielle Peers an den Initiatorknoten. Hier ist es zusätzlich möglich, dass die beteiligten Knoten untereinander Informationen austauschen, also nicht nur der Initiator profitiert.

2.8.4.3 Optimierung und Wartung der Routing-Tabellen

Unter Optimierung der Routing-Tabellen in strukturierten Overlay-Netzen wird im Folgenden das möglichst vollständige Auffüllen der Routing-Tabellen aller Overlay-Knoten mit – bei entsprechender Konfiguration sowohl physisch als auch nach Routing-Metrik d_{route} – den günstigsten bekannten Peers verstanden. Zusätzlich müssen Overlay-Knoten erkennen können, ob Einträge in ihren Routing-Tabellen veraltet sind, d. h. die dort gespeicherten Knoten aus dem Overlay-Netz ausgetreten sind bzw. aus anderen Gründen (u. U. nur zeitweise) nicht mehr zu erreichen sind. In einem solchen Fall muss das Overlay-Protokoll für passende Ersatzeinträge sorgen. Diese als Wartung der Routing-Tabellen bezeichnete Aufgabe ist dementsprechend in Overlay-Netzen ohne Knotenfluktuation nicht vonnöten, da hier die Einträge in den Routing-Tabellen ihre Gültigkeit nicht verlieren, also die dazugehörigen Knoten das Netz nicht verlassen.

Grundsätzlich sind für beide Aufgaben mehrere Möglichkeiten gegeben, die miteinander kombiniert werden können:

- **Initial** (*Opt*$_{init}$): Ein Overlay-Knoten befragt initial alle ihm bisher bekannten Knoten nach potenziellen Peers und wählt daraus die für ihn günstigsten für seine Routing-Tabellen aus. Dies kann sowohl mit als auch ohne Überprüfung der Erreichbarkeit der betreffenden Knoten geschehen. Ohne zusätzliche Mechanismen führt dieses Verhalten in Netzwerk-Szenarien mit Knotenfluktuation zwangsläufig zu einer kontinuierlichen Alterung und damit Ungültigkeit der Einträge in den Routing-Tabellen mit der Folge, dass der Knoten letztendlich keinen aktiven Overlay-Knoten mehr kennt und so keine erfolgreichen KBR-Routing- bzw. -Lookup-Prozeduren durchführen kann.

- **Reaktiv** (Opt_{reac}): Ein Overlay-Knoten erkennt, dass ein Peer nicht mehr zu erreichen ist, falls dieser auf eine Anfrage (z. B. einen RPC) keine Antwort in einer entsprechend zu wählenden Zeitspanne t_o erhält oder dieser keine Bestätigungsnachricht beim Weiterleiten einer zu routenden Nachricht zurücksendet. Bei erfolgreicher Erkennung wird ein Reparaturmechanismus angestoßen, bei dem gezielt andere Peers nach Ersatz für den ausgefallenen Knoten befragt werden. Da allein reaktiv keine anderen Overlay-Knoten kennengelernt werden, muss dies bei Beitritt in das Overlay-Netz erfolgen (nur $Meet_{join}$ oder Opt_{init}).

- **Periodische Wartung** (Opt_{per}): Ein Overlay-Knoten lernt durch die Antworten auf periodisch versendete Signalisierungsnachrichten neue bzw. günstigere Knoten für seine Routing-Tabellen kennen. Zusätzlich erkennt er dabei, dass ein Peer nicht mehr zu erreichen ist, falls dieser auf eine Anfrage nicht reagiert. Diese Anfragen werden unabhängig von durch KBR-Anwendungen angestoßenen Routing-Prozeduren durchgeführt und können auch nur dem Zweck dienen, Peers auf ihre Erreichbarkeit hin zu prüfen.

Folgerung: In Netzwerk-Szenarien mit Knotenfluktuation ist eine Kombination reaktiver Maßnahmen (Opt_{reac}) auf Knotenausfälle und periodische Wartung (Opt_{per}) günstig hinsichtlich der zu erwartenden Routing-Latenzen. So werden Knotenausfälle sowohl schon vor der eigentlichen Nutzung durch die Applikation als auch während der Routing-Prozeduren erkannt und entsprechend behandelt. Durch Applikationsverkehr kennengelernte Overlay-Knoten zum Füllen der Routing-Tabellen ($Meet_{app}$) können die periodischen Stabilisierungsprozeduren ergänzen oder u. U. ganz ersetzen. Eine nur initial durchgeführte aufwendige Optimierung der Routing-Tabellen (Opt_{init}) führt dagegen in Overlay-Netzen mit hoher Knotenfluktuation zu einem hohen Bandbreitenbedarf und ist deshalb in solchen Szenarien zu vermeiden, da diese Optimierungen bei jedem Knotenbeitritt erfolgen. In Szenarien ohne Knotenfluktuation profitieren hingegen die Applikationen direkt nach Beitritt des Overlay-Knotens in das Overlay-Netz von auf diese Weise optimierten Routing-Pfaden und damit geringeren Latenzen.

2.9 Evaluierungsmethodik für strukturierte Overlay-Netze

In den Kapiteln 5, 6 und 7 werden die im Rahmen dieser Arbeit neu entwickelten Konzepte für effizientes *Key-based Routing* (KBR) vorgestellt. Das Ziel dieser Konzepte ist jeweils die Reduzierung der KBR-Routing-Latenzen ohne unverhältnismäßig gesteigerten Kommunikationsaufwand. Die Konzepte müssen evaluiert werden, um ihre Tauglichkeit und Wirksamkeit in Netzwerkszenarien mit unterschiedlichen Raten von Knotenfluktuation zu belegen.

Als Evaluierungsplattform wird das im Rahmen dieser Arbeit mitentwickelte und in Kapitel 4 vorgestellte Overlay-Simulations-Framework *OverSim* verwendet, die entwickelten Konzepte wurden für OverSim implementiert und damit simulativ evaluiert. Testreihen auf Evaluierungsplattformen wie PlanetLab [83] und G-Lab [85] wurden nicht durchgeführt, da diese einerseits nur eine beschränkte Zahl (< 1000) von Knoten bereitstellen und andererseits bzgl. der dort gemessenen Latenzen nicht für die Evaluierung von Overlay-Netzen geeignet sind [108].

Bei den Evaluierungen werden die folgenden Kenngrößen betrachtet:

- **Routing-Latenz**: Betrachtet wird die durchschnittliche Dauer von Routing-Prozeduren durch das Overlay-Netz. Da die entwickelten Konzepte nur Einfluss auf den Hinweg der Routing-Prozeduren haben können (der Rückweg entspricht immer der durchschnittlichen Einweglatenz im Underlay), wird dazu in fast allen durchgeführten Evaluierungen die *Einweglatenz* δ_o statt der *Round-Trip-Time* (RTT) als Maß verwendet. δ_o bezeichnet die Zeitspanne zwischen dem Absenden einer Nachricht von einem Overlay-Knoten X an einen Zielschlüssel y und dem Empfang bei dem für y hauptverantwortlichen Zielknoten Y. Der Routing-Pfad verläuft dabei in den meisten Fällen über mehrere Knoten im Overlay-Netz (*Overlay-Hops*).

  Wie schon in Abschnitt 1.2 erwähnt, ist der *Latency Stretch*

  $$S = \frac{\delta_o}{\delta_u} \geq 1 \qquad (2.7)$$

  mit der durchschnittlichen Einweglatenz im Overlay-Netz δ_o und der durchschnittlichen Einweglatenz im Underlay δ_u eine bei der Evaluierung entscheidende Kenngröße. δ_u ist die Zeitspanne zwischen dem Absenden einer Nachricht vom Overlay-Knoten X an die IP-Adresse des Zielknotens Y und dem Empfang bei Y. Der Stretch S gibt somit das Verhältnis von erzielter Routing-Effizienz im Overlay-Netz und dem Optimum – der direkten Zustellung im Underlay – an.

  Da alle Overlay-Knoten in den durchgeführten Evaluierungen periodisch Nachrichten an zufällig ausgewählte NodeIds senden, entspricht die durchschnittliche Einweglatenz zwischen den Overlay-Knoten X und Y bei direkter Zustellung der durchschnittlichen Einweglatenz im zugrunde liegenden Netzwerk. Der Stretch wird bei allen dargestellten Ergebnissen, die gemessene Routing-Latenzen zeigen, an der jeweils rechten y-Achse angegeben – zusätzlich zu den Routing-Latenzen in Sekunden an der linken y-Achse.

- **Kommunikationsaufwand**: Um Routing-Latenzen zu senken, ist meist ein zusätzlicher Signalisierungsaufwand in Form von zusätzlich verschickten Nachrichten im Overlay-Netz notwendig. Auch bei Knotenfluktuation ist dbzgl. mit einem Mehraufwand zu rechnen. Der Kommunikationsaufwand wird in den durchgeführten Evaluierungen anhand der durchschnittlichen Senderate pro Overlay-Knoten in Bytes pro Sekunde angegeben. Eine Angabe des Kommunikationsaufwands in Nachrichten pro Sekunde wäre insofern ungünstig, als dass aufgrund der unterschiedlichen Größe der verwendeten Nachrichten der untersuchten Overlay-Protokolle keine sinnvolle Gegenüberstellung der Ergebnisse möglich wäre.

- **Zustellrate im Overlay-Netz** : Die Zustellrate (*Delivery Ratio*) $\mathcal{D} \in [0;1]$ gibt den Anteil von erfolgreich durchgeführten Routing-Prozeduren durch das Overlay-Netz an. Diese Kenngröße ist insbesondere von der Knotenfluktuation abhängig, eine hohe Knotenfluktuation führt zu vielen Knotenausfällen und damit zu einer geringeren Zustellrate.

Das *Verhältnis von Routing-Latenz und Kommunikationsaufwand* kann als Metrik für die Routing-Effizienz verstanden werden. In dieser Arbeit wird es mit dem im nächsten Abschnitt beschriebenen *Performance vs. Cost Framework* für strukturierte Overlay-Netze evaluiert.

2.9.1 Das Performance vs. Cost Evaluation Framework

Ein Teil der Evaluierungsmethodik dieser Arbeit basiert auf dem *Performance vs. Cost Evaluation Framework (PVC)* [63] zur multikriteriellen Optimierung. PVC versucht zwei Probleme bei der Evaluierung von Overlay-Netzen anzugehen:

- Wie kann die Effizienz von Overlay-Netzen, die vielfältig parametrisierbar sind, quantifiziert werden?

- Wie kann der Einfluss eines einzelnen Parameters auf die Gesamteffizienz des Overlay-Netzes bewertet werden?

PVC verwendet zwei der im letzten Abschnitt aufgeführten Metriken, um die Performanz strukturierter Overlay-Netze zu definieren: die durchschnittliche Latenz erfolgreich durchgeführter Routing-Prozeduren δ_o und die Fehlerrate $\mathcal{D}$. Um diese Metriken zu kombinieren, werden fehlgeschlagene Routing-Prozeduren als erfolgreich gewertet, jedoch mit einer Latenz t_f, die sich an einem üblichen Wert für ein Timeout-Intervall einer Routing-Prozedur orientiert. Diese wird in allen durchgeführten Evaluierungen auf $t_f = 10\,\text{s}$ festgelegt. Die dazugehörige Bewertungsfunktion f_{perf} für *Performanz* wird also wie folgt definiert:

$$f_{\text{perf}} = \mathcal{D} \cdot \delta_o + t_f \cdot (1 - \mathcal{D}) \qquad (2.8)$$

In den in dieser Arbeit dargestellten Ergebnissen von Evaluierungen wird unter Routing-Latenz – falls nicht explizit anders angegeben – immer das Ergebnis der Bewertungsfunktion verstanden, auf den y-Achsen ist jeweils $\delta_o' = f_{\text{perf}}$ dargestellt und als „Einweglatenz" bezeichnet. Der dazu angegebene Stretch $\mathcal{S}'$ wird dann entsprechend definiert:

$$\mathcal{S}' = \frac{\delta_o'}{\delta_u} \geq 1 \qquad (2.9)$$

Bei Verwendung von PVC werden die Ergebnisse von Simulationen strukturierter Overlay-Netze mit verschiedenen Parameterkombinationen mit der durchschnittlichen Senderate pro Knoten auf der x-Achse und der durchschnittlichen Routing-Einweglatenz δ_o' auf der y-Achse dargestellt. Zwei Typen von *konvexen Hüllen* können dabei in den Plot eingezeichnet werden: die allumfassende konvexe Hülle (*overall convex hull*), die dazu dient, die effizientesten Parameterkombinationen zu identifizieren, und die *parameter convex hull*, um festzustellen, ob die Veränderung eines einzelnen Parameters einen größeren Einfluss auf die Routing-Effizienz hat als andere. Für die *overall convex hull* werden alle Parameterkombinationen betrachtet, für die *parameter convex hulls* wird der Parameter von Interesse auf einen fixen Wert eingestellt, während die anderen Parameter variiert werden.

In der Ökonomie ist ein ähnliches Verfahren zur multikriteriellen Optimierung als *Pareto Optimierung* [37] bekannt, das wie PVC nach Eingabekonfigurationen sucht, die zu Ergebnissen führen, die von keiner anderen Konfiguration in allen einzelnen Ausgabewerten übertroffen wird.

2.10   Zusammenfassung

In diesem Kapitel wurde zunächst ein Überblick über P2P-Systeme im Allgemeinen gegeben und dann in die Hauptthematik dieser Arbeit – strukturierte Overlay-Netze – eingeführt. Neben der Klärung der zu dieser Thematik wichtigsten Begriffe wurden etablierte Overlay-Protokolle, die strukturierte Overlay-Netze aufbauen, vorgestellt und daraufhin Strukturen, Metriken und Mechanismen dieser Protokolle analysiert. Dabei wurden diese immer unter den in diesem Kapitel gesetzten Randbedingungen (z. B. Knotenfluktuation und Skalierbarkeit) betrachtet und bewertet. Die Ergebnisse dieses Kapitels bilden somit die Grundlage der in den Kapiteln 5, 6 und 7 durchgeführten detaillierteren Analysen und der dort vorgestellten Konzepte für effizientes Routing in strukturierten Overlay-Netzen.

3. Netzwerk-Koordinatensysteme

In diesem Kapitel werden die in den letzten Jahren intensiv erforschten sog. *Netzwerk-Koordinatensysteme* erläutert. Diese Systeme bieten Knoten in verteilten Systemen die Möglichkeit, die physischen Abstände zwischen Knoten abzuschätzen. Bei Verwendung von Netzwerk-Koordinatensystemen ist dies ohne dedizierte Messungen d. h. ohne das Senden von zusätzlichen Testnachrichten möglich. Es müssen dazu lediglich die Netzwerk-Koordinaten der Knoten, deren Abstand geschätzt werden soll, verfügbar sein. Netzwerk-Koordinatensysteme werden in Overlay-Netzen häufig von Overlay-Knoten zur Wahl physisch naher Nachbarn eingesetzt, ohne den Kommunikationsaufwand pro Knoten dabei erhöhen zu müssen.

In den folgenden Abschnitten wird zunächst das Grundkonzept von Netzwerk-Koordinatensystemen dargestellt. Dabei werden die beiden wesentlichen Klassen von Netzwerk-Koordinatensystemen – *Landmark-basierte* und *dezentrale* – voneinander abgegrenzt. Es folgt ein Blick auf den Stand der Forschung im Bereich der dezentralen Systeme. Das Kapitel endet mit einer Diskussion der in dieser Arbeit angewandten Evaluationsmethodik von Netzwerk-Koordinatensystemen und den darauf aufbauenden Systemen.

3.1 Grundkonzept

Ein Netzwerk-Koordinatensystem weist jedem teilnehmenden Knoten X einen Punkt aus einem metrischen Raum zu. Der dem Knoten X zugewiesene Punkt wird durch seine Koordinaten $\vec{X}$ repräsentiert.

In dieser Arbeit wird die folgende Notation bzgl. Netzwerk-Koordinaten verwendet:

- $\vec{X}$ bezeichnet die Netzwerk-Koordinaten des Knotens X

- $\overline{XY}$ bezeichnet den physischen Abstand der Overlay-Knoten X und Y (unabhängig von einem evtl. verwendeten Netzwerk-Koordinatensystem)

- $\overline{XY}^{\text{est}}$ bezeichnet den durch ein Netzwerk-Koordinatensystem geschätzten physischen Abstand der Overlay-Knoten X und Y

Unter physischem Abstand zweier Knoten in einem Netzwerk können z. B. die Einweglatenz, die *Round-Trip-Time* (RTT) oder die Routing-Schritte (*Hops*) im Underlay (im Internet also IP-Hops) verstanden werden. In dieser Arbeit wird immer die RTT als Maß für den physischen Abstand zweier Knoten verwendet, und statt Abstandsabschätzung wird der Begriff *Latenzabschätzung* verwendet. Es gilt also

$$\overline{XY} = \text{RTT}_{XY} \tag{3.1}$$

Dem Koordinatenraum eines Netzwerk-Koordinatensystems ist eine Abstandsmetrik d_{NKS} zugeordnet. In den meisten Fällen handelt es sich um eine Euklidmetrik in einem d-dimensionalen Euklidraum.

$$\begin{aligned}
d_{\text{NKS}}(\vec{X},\vec{Y}) &= d_{\text{euklid}}(\vec{X},\vec{Y}) \\
&= ||\vec{X} - \vec{Y}||_2 \\
&= \sqrt{(X_0 - Y_0)^2 + \ldots + (X_{d-1} - Y_{d-1})^2} \\
&= \sqrt{\sum_{i=0}^{d-1} (X_i - Y_i)^2} \tag{3.2}
\end{aligned}$$

mit

$$\vec{X} = <X_0, \ldots, X_{d-1}>, \vec{Y} = <Y_0, \ldots, Y_{d-1}>, \tag{3.3}$$

Zur Abschätzung des physischen Abstandes zwischen zwei Knoten im Netzwerk wird der Abstand im Koordinatenraum gemäß der dort verwendeten Abstandsmetrik berechnet, ein Abstand von 1 im Koordinatenraum entspricht z. B. einer RTT von 1 s oder 1 ms im Netzwerk. Allgemein ausgedrückt gilt demnach bei einem *perfekten* Netzwerk-Koordinatensystem (d. h. einem Netzwerk-Koordinatensystem ohne Fehler bei Latenzabschätzungen)

$$\overline{XY} = c_{\text{NKS}} \cdot d_{\text{NKS}}(\vec{X},\vec{Y}) \tag{3.4}$$

mit c_{NKS} als konstantem Faktor.

Da das zugrunde liegende Netzwerk in vielen Fällen keinem metrischen Raum entspricht, da z. B. die Dreiecksungleichung $\overline{XZ} \leq \overline{XY} + \overline{YZ}$ nicht gilt, Paketverzögerungen schwanken (*Jitter*) oder die Topologie keinem Euklidraum gleicht, sind die Latenzabschätzungen fehlerbehaftet. Hierbei wird zwischen absolutem Fehler

$$e^{\text{abs}} = |\overline{XY}^{\text{est}} - \overline{XY}| \tag{3.5}$$

und relativem Fehler

$$e^{\text{rel}} = |\frac{\overline{XY}^{\text{est}} - \overline{XY}}{\overline{XY}}| \tag{3.6}$$

unterschieden. Der durchschnittliche relative Fehler e^{rel} liegt bei den gängigen Netz-werk-Koordinatensystemen im Internet je nach Dimensionierung und Parametrisie-rung bei 20–30 %.

Die in der Literatur vorgeschlagenen Netzwerk-Koordinatensysteme unterscheiden sich in den folgenden Punkten:

- **Infrastruktur**: Einige Netzwerk-Koordinatensysteme benötigen eine vorhan-dene Infrastruktur in Form von dedizierten Knoten, die bestimmte Aufgaben für das Netzwerk-Koordinatensystem erfüllen. Andere Netzwerk-Koordinaten-systeme sind unabhängig von zusätzlicher Infrastruktur.

- **Metrischer Raum**: Netzwerk-Koordinatensysteme können unterschiedliche metrische Räume, wie z. B. d-dimensionale Euklidräume oder Kugeloberflä-chen verwenden.

- **Initiale Netzwerk-Koordinaten**: Netzwerk-Koordinatensysteme verwenden unterschiedliche Strategien bei der Bestimmung der initialen Netzwerk-Koor-dinaten der teilnehmenden Knoten.

- **Adaption**: Die Netzwerk-Koordinaten können nach initialer Zuweisung entwe-der unveränderlich sein oder werden durch das Netzwerk-Koordinatensystem kontinuierlich adaptiert, d. h. an gemessene Latenzen und empfangene Netz-werk-Koordinaten anderer Knoten angepasst, um Fehler bei Latenzabschätzun-gen zu verringern.

In den folgenden beiden Abschnitten werden die beiden wesentlichen Klassen von Netzwerk-Koordinatensystemen – *Landmark-basierte* und *dezentrale* – beschrieben.

3.2   Landmark-basierte Systeme

In Landmark-basierten Netzwerk-Koordinatensystemen spannen mind. $d+1$ sog. *Landmark-Knoten* (oder auch Leuchtturm-Knoten) $\{L_0, ..., L_d\}$ einen d-dimensiona-len euklidischen Koordinatenraum auf, d. h., ihre Netzwerk-Koordinaten $\{\vec{L}_0, ..., \vec{L}_d\}$ bilden die Basis des Raums. Diese dedizierten Knoten müssen vom Betreiber des Netzwerk-Koordinatensystems bereitgestellt und ihre Netzwerkadresse bekannt ge-macht werden. *Global Network Positioning* GNP [77] ist der prominenteste Vertreter Landmark-basierter Netzwerk-Koordinatensysteme.

Der Betrieb eine Landmark-basierten Netzwerk-Koordinatensystems läuft in zwei Phasen ab, die in Abbildung 3.1 dargestellt sind:

1. Die Landmark-Knoten messen paarweise untereinander durch das Versenden von Testnachrichten die Latenzen, die als physisches Abstandsmaß verwendet werden (s. Abbildung 3.1a). An zentraler Stelle (z. B. an einem der Landmark-Knoten) werden die gewonnenen Messergebnisse gesammelt und die Netzwerk-Koordinaten der Landmark-Knoten berechnet. Dabei werden den Landmark-Knoten solche Netzwerk-Koordinaten zugewiesen, sodass die Summe aller quadratischer Fehler zwischen den Distanzen im Koordinatenraum und den gemessenen Latenzen minimal wird.

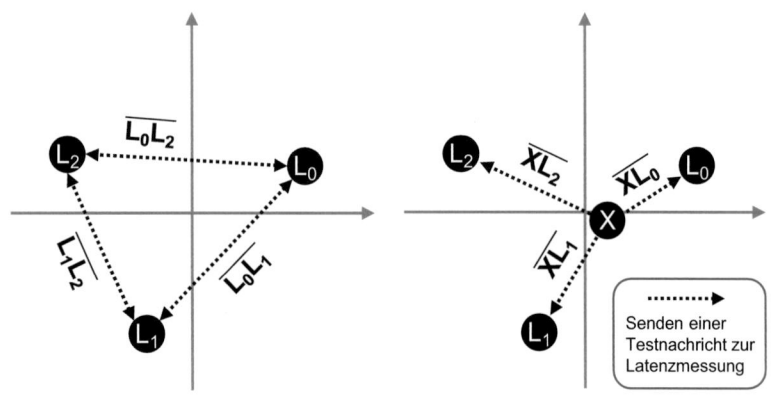

(a) Landmark-Knoten messen untereinander
paarweise die Latenzen

(b) Normaler Knoten misst Latenzen zu $d+1$
Landmark-Knoten

Abbildung 3.1   GNP: Landmark-Initialisierung und Koordinatenzuweisung

2. Normale Knoten, die sich Netzwerk-Koordinaten zuweisen möchten, kontaktieren $d+1$ der Landmark-Knoten, messen dabei die Latenzen zu diesen
Landmark-Knoten (s. Abbildung 3.1b) und empfangen deren Netzwerk-Koordinaten. Mit diesen Informationen werden dann die eigenen Netzwerk-Koordinaten berechnet, wieder durch Minimierung des quadratischen Fehlers. Nach
Berechnung der Koordinaten findet zunächst keine weitere Adaption statt. Die
Messungen und dann bei Bedarf die Berechnungen der Netzwerk-Koordinaten können jedoch periodisch durchgeführt werden, um sich Änderungen der
Netzwerktopologie anzupassen.

Zur Berechnung der Netzwerk-Koordinaten wird in beiden Phasen der *Simplex-Downhill-Algorithmus* [76] verwendet, ein Algorithmus zur Optimierung nicht-linearer
Funktionen. Dieser wird eingesetzt, um, ausgehend von zufälligen Startkoordinaten,
aus paarweise durchgeführten Latenzmessungen den Koordinatensatz zu finden, der
den geringsten quadratischen Fehler zwischen Distanz im Koordinatenraum und
gemessenen Latenzen aufweist. Der Koordinatensatz der Landmark-Knoten kann bei
unterschiedlichen Startkoordinaten verschoben, rotiert oder gespiegelt sein.

Eine Weiterentwicklung von GNP ist das *Network Positioning System* NPS [78], das
eine hierarchische Struktur bei Landmark-Knoten und normalen Knoten einführt: Je-
der Knoten wird einer Schicht (*layer*) zugeteilt, abhängig von den Knoten, die er zur
Berechnung seiner Netzwerk-Koordinaten kontaktiert hat. Die dedizierten Landmark-
Knoten werden Schicht 0 zugeteilt, der obersten Schicht. Jeder neu hinzukommende
Knoten wird eine Schicht unter der tiefsten Schicht der Knoten eingeordnet, die er zur
Berechnung seiner Netzwerk-Koordinaten kontaktiert hat. Jeder Knoten kann so als
Landmark-Knoten für andere Knoten fungieren, die Landmark-Knoten von Schicht 0
werden entlastet und das System skaliert besser mit steigender Knotenzahl. Üblicher-
weise wird ein Schwellenwert *maxLayer* eingeführt, der nur das Kontaktieren von
Knoten mit *layer* < *maxLayer* zulässt. Als zentrale Register aller Landmark-Knoten

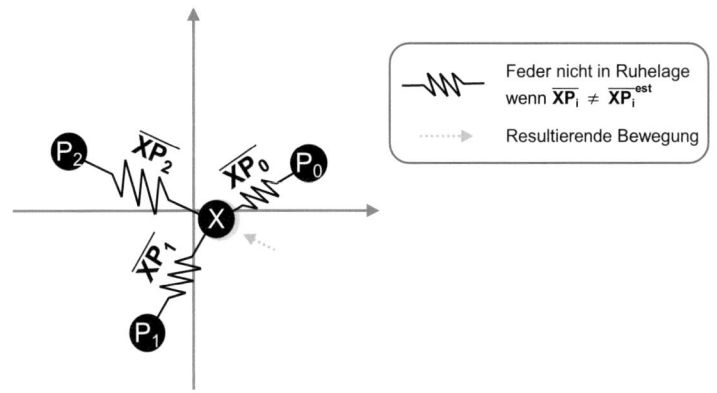

Abbildung 3.2 Vivaldi: Federmodell und Koordinatenadaption

mit *layer* < *maxLayer* dienen sog. *Membership Server*, deren Netzwerkadressen bekannt gemacht werden müssen.

3.3 Dezentrale Systeme

Vivaldi [27] ist der bekannteste Vertreter der dezentralen Netzwerk-Koordinatensysteme. Für dessen Einsatz werden keine zentralen Instanzen wie Landmark-Knoten oder Membership Server benötigt, die teilnehmenden Knoten tauschen bei jedem Kontakt untereinander ihre aktuellen Netzwerk-Koordinaten aus (diese werden *piggy-back* mit jeder Nachricht mit übertragen).

Vivaldi verwendet wie GNP und NPS euklidische Koordinaten. Initial werden den Knoten zufällige Koordinaten oder die Koordinaten des Ursprungs ($< 0, ..., 0 >$) zugewiesen. Zu den von Vivaldi jedem Knoten zugeordneten Koordinaten gehört jeweils zusätzlich ein Fehlerwert e_X, der die Güte der Koordinaten angibt. Das Koordinatensystem funktioniert nach dem Federmodell: Jede Latenzmessung entspricht einer zwischen den beiden beteiligten Knoten angesetzten Feder. Stimmen Latenzabschätzung und gemessene Latenz überein, d. h. es gilt $e^{rel} = 0$, ist die Feder in Ruhelage, es wirkt keine Kraft auf den Knoten. Gilt jedoch $e^{rel} \neq 0$, wirkt eine Kraft auf den Knoten X in Richtung oder entgegen dem anderen Knoten. Dieser Kraft wird dann teilweise (per Parameter steuerbar) nachgegeben, d. h., die Koordinaten werden verschoben, um den Fehler zu verringern. Diese Adaption wird mit dem Verhältnis des eigenen (e_X) und des Fehlerwerts des anderen Knotens (e_Y) gewichtet. Abbildung 3.2 zeigt das bei Vivaldi verwendete Federmodell. Die Kräfte der sich nicht in Ruhelage befindenden Federn und die daraus resultierende Bewegung des Knotens X im Koordinatenraum, d. h. die Adaption seiner Netzwerk-Koordinaten, werden hier grafisch dargestellt.

Algorithmus 3.1 wird bei jeder neuen Latenzmessung durchlaufen. Die Eingabewerte sind die gemessene Latenz $\overline{XY}$, die aktuellen Netzwerk-Koordinaten des kontaktierten Knotens $\vec{Y}$ und dessen aktueller Fehlerwert e_Y. $\vec{Y}$ und e_Y werden auf beliebige Anfragen piggy-back in den dazugehörigen Antwortnachrichten übertragen. Zunächst wird die Gewichtung der Messung anhand des eigenen (e_X) und des Fehlerwerts des

Prozedur: vivaldi()
Eingabe: $\overline{XY}, \vec{Y}, e_Y$

1: $w := \dfrac{e_X}{e_X + e_Y}$

2: $\overline{XY}^{\mathrm{est}} := ||\vec{X} - \vec{Y}||$

3: $e_{rel} := \dfrac{|\overline{XY}^{\mathrm{est}} - \overline{XY}|}{\overline{XY}}$

4: $e_X := e_{rel} \cdot \beta \cdot w + e_X \cdot (1 - \beta \cdot w)$

5: $\delta := w \cdot \alpha$

6: $\vec{X} := \vec{X} + \delta \cdot (\overline{XY} - \overline{XY}^{\mathrm{est}}) \cdot \dfrac{\vec{X} - \vec{Y}}{\overline{XY}^{\mathrm{est}}}$

Algorithmus 3.1 *vivaldi()*: Adaption der Vivaldi-Koordinaten

---

anderen Knotens (e_Y) berechnet (Zeile *1*). Dann wird durch Abstandsberechnung eine Latenzabschätzung zu Y durchgeführt (Zeile *2*) und der dazugehörige relative Fehler berechnet (Zeile *3*). Als nächstes werden gewichtet durch die Adaptionskonstanten α und β der neue eigene Fehlerwert e_X und das Ausmaß der Adaption δ bestimmt (Zeile *4/5*). Schließlich werden die eigenen Koordinaten $\vec{X}$ angepasst (Zeile *6*).

Optional kann Vivaldi einen sog. *Höhenvektor* pro Knoten verwenden. Dieser zusätzlich zu den Netzwerk-Koordinaten jedem Knoten zugewiesene skalare Wert $h_X \geq 0$ modelliert die Latenz im Zugangsnetz des Knotens. $[\vec{X}, h_X]$ bezeichnet bei Verwendung des Höhenvektors die vollständigen Netzwerk-Koordinaten des Knotens X. Knoten im selben Zugangsnetz können so nahe Netzwerk-Koordinaten zugewiesen bekommen, die sich ergebende Latenz wird dann fast ausschließlich durch den Höhenvektor modelliert. Bei einer Latenzabschätzung werden die Höhenvektoren beider beteiligten Knoten auf die durch den Abstand der Netzwerk-Koordinaten geschätzten Latenz addiert:

$$||[\vec{X}, h_X] - [\vec{Y}, h_Y]|| = ||\vec{X} - \vec{Y}|| + h_X + h_Y \tag{3.7}$$

Für Netzwerk-Koordinaten, die Höhenvektoren einsetzen, gelten die folgenden Rechenregeln, die durch Ersetzung von $\vec{X}$ mit $[\vec{X}, h_X]$ direkt in Algorithmus 3.1 angewandt werden können:

$$[\vec{X}, h_X] - [\vec{Y}, h_Y] = [(\vec{X} - \vec{Y}), h_X + h_Y] \tag{3.8}$$

$$||[\vec{X}, h_X]|| = ||\vec{X}|| + h_X \tag{3.9}$$

$$\alpha \cdot [\vec{X}, h_X] = [\alpha \cdot \vec{X}, \alpha \cdot h_X] \tag{3.10}$$

Evaluierungen von Vivaldi unter Verwendung des Höhenvektors in [27] zeigen, dass mit 2-dimensionalen Netzwerk-Koordinaten und aktiviertem Höhenvektor ein geringerer relativer Schätzfehler erreicht werden kann als mit 3-dimensionalen Netzwerk-Koordinaten ohne Höhenvektor.

3.3.1   Stand der Forschung und neue Entwicklungen

Für Vivaldi wurden verschiedene Verbesserungen und Erweiterungen publiziert: *SVivaldi* [59] erweitert Vivaldi um zwei Mechanismen: Den *Loss Factor* zur Verhinderung von oszillierenden Netzwerk-Koordinaten und eine verbesserte Abschätzung des lokalen Fehlers e_X. Bei der Berechnung der Bewegung eines Knotens, also bei der Korrektur seiner Netzwerk-Koordinaten wird das Ausmaß der Koordinatenadaption zusätzlich durch den Loss Factor *loss* gewichtet. Dieser Wert wird bei jeder Adaption dekrementiert, sodass je nach Parametrisierung die Netzwerk-Koordinaten nach einem bestimmten Zeitintervall einen stabilen Zustand annehmen, d. h. sich nicht mehr weiter verändern. Die Abschätzung des lokalen Fehlers wird dadurch verbessert, dass nicht nur die aktuelle Messung, sondern die Latenzen aller bisher kontaktierten Knoten in die Berechnung einfließen. Dies setzt jedoch das Speichern der Latenzen zu allen bisher kontaktierten Knoten voraus.

Die Entwickler von Myth [24, 25] setzen ihren Forschungsschwerpunkt auf die Güte der initial zugewiesenen Koordinaten bei Vivaldi. Dazu schlagen sie eine *Discovery Phase* vor, in der neue Knoten initial viele Messungen zu verschiedenen Knoten durchführen, um initiale Koordinaten berechnen zu können, die einen geringen Fehler aufweisen. Pyxida [61] verbessert Vivaldi durch verschiedene Latenzfilter und die nach Alter gewichtete Berücksichtigung früher kontaktierter Knoten. In [32] evaluieren die Autoren Vivaldi und Pyxida unter Verwendung verschiedener Latenzdatensätze und identifizieren geeignetere Parameter für die Netzwerk-Koordinatensysteme als von den Autoren der ursprünglichen Publikationen jeweils vorgeschlagen. Htrea [3] verwendet Kugelkoordinaten in Verbindung mit dem Vivaldi-Algorithmus und berechnet die initialen Koordinaten mit geografischen Koordinaten aus dem GeoIP-Datensatz [1]. Dieser enthält Zuordnungen von Internet-Adressen zu geografischen Koordinaten, d. h., jedem Knoten mit zugehöriger IP-Adresse kann mittels GeoIP ein Standort per Längen- und Breitengrad oder einem äquivalenten Darstellungssystem zugeordnet werden. Einen ungewöhnlichen Ansatz verfolgt das Netzwerk-Koordinatensystem Phoenix [23]: Teilnehmenden Knoten werden keine Netzwerk-Koordinaten, sondern jeweils ein Eingangs- und ein Ausgangsvektor zugewiesen. Die Latenzabschätzung erfolgt dann über das Skalarprodukt des Eingangsvektors des einen Knotens mit dem Ausgangsvektor des anderen.

Eine eigene Klasse von Netzwerk-Koordinatensystemen bilden hierarchische Systeme, bei denen der Koordinatenraum in mehrere Unterräume unterteilt wird. Die Abstände in den Ebenen modellieren je nach Hierarchieebene globale oder lokale Latenzen im Netzwerk. In [31] wird eine hierarchische Variante von Vivaldi vorgeschlagen, die verglichen mit dem Originalprotokoll eine signifikante Senkung des relativen Schätzfehlers erzielt.

3.4   Alternativen zu Netzwerk-Koordinatensystemen

Alternativ zu Latenzabschätzungen durch Netzwerk-Koordinatensysteme können die Latenzen zwischen Knoten eines Netzwerks sowohl anhand der Ergebnisse zuvor durchgeführter Messungen als auch durch Geolokation basierend auf IP-Adressen durchgeführt werden.

3.4.1 Aktive Latenzmessungen

Kennt ein Overlay-Knoten X die Netzwerk-, also im Internet die IP-Adresse eines anderen Overlay-Knotens Y, kann er durch Versenden eines ICMP[1] Typ 8 Pakets („Echo Request") und Messen der Zeitspanne bis zum Eintreffen des vom kontaktierten Overlay-Knoten als Antwort versendeten Typ 0 Pakets („Echo Reply") die RTT_{XY} bestimmen. Prinzipiell ist das auch mit eigenen Paketformaten möglich, in diesem Fall muss sich dann jedoch das Overlay-Protokoll um Antwort auf die Request-Nachricht kümmern, bei ICMP übernimmt diese Aufgabe üblicherweise das verwendete Betriebssystem.

Aufgrund von unterschiedlichen Füllständen der Warteschlangen der Router im Internet und temporärer Überlastungen von Netzabschnitten bzw. Stausituationen können die Hin-und-Rückweg-Latenzen (RTTs) schwanken (sog. *Jitter*). Deshalb sind mehrere Messungen notwendig, um genauere Vorhersagen anhand des Mittelwerts $\overline{RTT}_{XY}$ und der festgestellten Varianz $\sigma_{RTT_{XY}}$ der Messergebnisse über zukünftige Latenzen zwischen dem lokalen Knoten und dem betroffenen Peer zu treffen.

Latenzabschätzungen basierend auf aktiven Latenzmessungen führen – bei hinreichender Anzahl von gesendeten Testpaketen – zu sehr genauen Vorhersagen. Diese können jedoch nur in Bezug auf den lokalen Knoten verwendet werden, es kann keine Aussage darüber getroffen werden, wie groß die Latenz zwischen zwei fremden Overlay-Knoten ist. Werden Latenzabschätzungen spontan benötigt (um z. B. eine Routing-Entscheidung in strukturierten Overlay-Netzen zu beeinflussen), sind aktive Latenzmessungen keine Alternative, wenn zu dem Knoten, zu dem die Latenz geschätzt werden soll, bislang keine Messungen durchgeführt wurden.

3.4.2 IP-basierte Geolokation

Eine Alternative zu Netzwerk-Koordinatensystemen, bei denen die Netzwerk-Koordinaten basierend auf Latenzmessungen berechnet werden, ist die Verwendung einer Datenbank wie bespielsweise der von *GeoIP* [1]. Beliebige IP-Adressen können damit zu geografischen Koordinaten bzw. Kugelkoordinaten, d. h. Punkten auf der Erdkugel aufgelöst werden. Diese können, ähnlich wie Netzwerk-Koordinaten, zur Latenzabschätzung zwischen zwei Knoten genutzt werden. Der Abstand der Koordinaten multipliziert mit einem Faktor $s < c$ (mit c als Lichtgeschwindigkeit) entspricht dann der Latenzabschätzung. Bei dieser Vorgehensweise wird also genau wie bei Netzwerk-Koordinatensystemen von Zugangsnetzen, dem Internet-Backbone und Peering zwischen Providern abstrahiert; ebenso gilt die Dreiecksungleichung hierbei immer.

Ein großer Vorteil bei der Verwendung von GeoIP für Latenzabschätzungen ist, dass kein zusätzlicher Netzwerkverkehr benötigt wird, lediglich der GeoIP-Datensatz muss lokal auf allen Knoten vorhanden sein. Zur Abschätzung werden nur die IP-Adressen der beteiligten Knoten benötigt. In mehreren Publikationen [42, 87] wird die Genauigkeit der mittels GeoIP geschätzten geografischen Position untersucht und quantifiziert: Etwa 40 % aller IP-Adressen werden mit einer Abweichung von höchstens 200 km korrekt lokalisiert, weniger als 20 % der geschätzten geografischen Positionen liegen nur 10 - 20 km von der tatsächlichen Position entfernt. Die Kurve der restlichen Fehlerverteilung steigt an bis zu einer Abweichung von 800 km. Da

---

[1] Internet Control Message Protocol [88]

geografische Abstände wiederum nur eine Abschätzung für zu erwartende Netzwerklatenzen sein können, sind signifikante Fehlabschätzungen bei der Verwendung von IP-basierter Geolokation zu erwarten.

3.5 Evaluierungsmethodik für Netzwerk-Koordinatensysteme

Netzwerk-Koordinatensysteme sind etablierte Werkzeuge für Netzwerkanwendungen, die insbesondere in Overlay-Netzen von Bedeutung sind und Anwendung finden. Netzwerk-Koordinatensysteme können hier eingesetzt werden, um z. B. den durchschnittlichen Bandbreitenbedarf der Knoten eines Overlay-Netzes zu verringern, indem Latenzmessungen durch Latenzabschätzungen ersetzt werden. Im Rahmen dieser Arbeit werden Netzwerk-Koordinatensysteme zur Bewältigung der folgenden drei Aufgaben verwendet:

- **Erstellen eines globalen Bildes**: In Kapitel 6 bilden Netzwerk-Koordinatensysteme die Grundlage für die Generierung eines globalen Bildes auf das zugrunde liegende Netzwerk. Die Overlay-Knoten können unter Verwendung dieses Bildes unterschiedlich großen Arealen mit jeweils gleicher Anzahl an Knoten zugeteilt werden.

- **Optimierung von Routing-Entscheidungen**: In Kapitel 7 werden Netzwerk-Koordinatensysteme verwendet, um spontan Routing-Entscheidungen zu optimieren, indem (bislang unbekannte) physisch nahe Knoten bevorzugt kontaktiert werden.

- **Berechnung von RPC-Timeout-Intervallen**: Ebenfalls in Kapitel 7 werden Netzwerk-Koordinatensysteme verwendet, um für jeden per RPC zu kontaktierenden Knoten ein individuelles Timeout-Intervall zu berechnen, um frühzeitig Knotenausfälle zu erkennen, die Routing-Tabelle zu reparieren und die Lookup- oder Routing-Prozedur fortzusetzen.

In beiden Kapiteln haben die dort eingesetzten Netzwerk-Koordinatensysteme Einfluss auf die Evaluierung der vorgestellten Konzepte. Gleichzeitig gestaltet sich die Evaluierung von auf Netzwerk-Koordinatensystemen basierenden Systemen schwierig, da die Fehlerverteilung von Netzwerk-Koordinatensystemen bei Latenzabschätzungen stark vom zugrunde liegenden Netzwerk – ob real oder simuliert – abhängig ist. Dieses Problem betrifft auch die Messergebnisse in den zu den Netzwerk-Koordinatensystemen gehörigen Publikationen, die aufgrund der Verwendung unterschiedlicher Netzwerkszenarien bzw. Underlay-Modelle nur bedingt miteinander vergleichbar sind.

Für die im Rahmen dieser Arbeit durchzuführenden Simulationen von Overlay-Netzen mit mehreren Tausend Overlay-Knoten ist ein skalierbares Underlay-Modell nötig. Diese Anforderung steht jedoch im Widerspruch zu der Modellierung einer kompletten Netztopologie mit Zugangsnetzen und -Routern, dem Backbone-Netz, Autonomen Systemen mit Peering und einer realistischen geografischen Ausdehnung des Netzwerks. Diese komplexe Modellierung wäre aber erforderlich, um Netzwerk-Koordinatensysteme so zu simulieren, dass sich für das Internet realistische Fehlerverteilungen der Latenzabschätzungen ergeben. Alternativen zur Simulation wären Evaluierungsplattformen wie PlanetLab und G-Lab. Diese weisen – neben einer geringen Anzahl von Knoten – jedoch spezielle Netzwerkcharakteristika auf: Aufgrund der vielen Nutzer und der deshalb teilweise überlasteten Rechner im weltumspannenden PlanetLab-Testbett sind starke Latenzschwankungen von bis zu mehreren Sekunden zwischen den ≈ 1000 Knoten[2] zu beobachten. Im Gegensatz dazu sind bei dem auf Deutschland beschränkten G-Lab Latenzen von nur wenigen Millisekunden zwischen den ≈ 160 Knoten ohne signifikante Schwankungen üblich. Aus diesem Grund sind die Latenzen in beiden Plattformen nicht mit denen im Internet vergleichbar und somit nur sehr eingeschränkt für die Evaluierung von auf Netzwerk-Koordinatensystemen basierenden Systemen geeignet.

Folgerung: Um den Fokus der in dieser Arbeit durchgeführten Evaluationen auf die die Netzwerk-Koordinatensysteme nutzenden Systeme zu richten, muss die Komplexität bei der Simulation der Netzwerk-Koordinatensysteme verringert und der dazugehörige Parameterraum verkleinert werden. Aus diesem Grund wird die folgende Vereinfachung bei allen in dieser Arbeit durchgeführten Evaluierungen mit Netzwerk-Koordinatensystemen vorgenommen: Es wird ein einheitliches Fehlermodell für Netzwerk-Koordinatensysteme verwendet, das unabhängig von Klasse und Parametrisierung ist. Dieses Fehlermodell beschreibt die Fehlerverteilung bei Latenzabschätzungen. Die Aussagen, die anhand der damit gewonnenen Messergebnisse getroffen werden können, sind somit nur unter der Annahme gültig, dass jeweils ein Netzwerk-Koordinatensystem (mit entsprechender Parametrisierung) verwendet wurde, das diese modellierte Fehlerverteilung aufweist. Ein solches Fehlermodell ist direkt gekoppelt an das verwendete Simulationsmodell für das zugrunde liegende Netzwerk. Dieses Modell muss demnach die Simulation von für das Internet realistischen Latenzen und gleichzeitig eine realistische Fehlerverteilung für Netzwerk-Koordinatensystem bei Skalierbarkeit hinsichtlich der Knotenzahl ermöglichen. Details zu einem Fehlermodell, das den genannten Ansprüchen genügt, werden in Abschnitt 4.2.1 beschrieben.

3.6   Zusammenfassung

Netzwerk-Koordinatensysteme sind etablierte Werkzeuge für Netzwerkanwendungen, um physische Abstände zwischen Knoten im Netzwerk abzuschätzen. In diesem Kapitel wurden die Funktionsweise von Netzwerk-Koordinatensystemen beschrieben und ein Überblick über in diesem Bereich etablierte Systeme und aktuelle Entwicklungen gegeben. Im letzten Abschnitt wurde die Evaluierung von auf Netzwerk-Koordinatensystemen basierenden Systemen diskutiert und das dazu in dieser Arbeit angewandte Verfahren skizziert.

---

[2]von denen meist nur ≈ 500 Knoten aktiv sind

4. OverSim – Das Overlay-Simulations-Framework

OverSim [7–9] ist ein generisches Overlay-Framework, das im Rahmen dieser Arbeit in Zusammenarbeit mit zwei weiteren Doktoranden am Institut für Telematik des Karlsruher Instituts für Technologie (KIT) seit 2006 entwickelt wurde. Mit Over-Sim können Overlay-Netze sowohl mit mehreren Tausend Teilnehmern simuliert werden als auch in realen Netzwerken und Experimentierplattformen aufgebaut und untersucht werden – jeweils unter Verwendung derselben Protokollimplementierung. Dabei besteht zusätzlich die Möglichkeit, ein auf einem einzelnen Rechner emuliertes Overlay-Netz mit mehreren Teilnehmern mit anderen einzelnen OverSim-Instanzen über eine echte Netzwerkverbindung zu koppeln, was insbesondere für Demonstrationszwecke interessant ist. Als eine Beispielanwendung für die Anbindung von OverSim an echte Netzwerke dient dezentrale Internet-Telefonie, basierend auf strukturierten Overlay-Netzen [6].

OverSim bietet eine Vielzahl an Basis- und Hilfsklassen an, die eine schnelle Entwicklung neuer Overlay-Protokolle unterstützen. Zusätzlich kann mithilfe einer grafischen Benutzeroberfläche (s. Abbildung 4.1) das Geschehen im simulierten Overlay-Netz im Detail beobachtet und analysiert werden. Dies kann sowohl bei der Fehlersuche während eines Entwicklungsprozesses neuer Overlay-Protokolle und Applikationen verwendet werden als auch zu Anschauungszwecken in der Lehre. OverSim wird mittlerweile weltweit in der Forschergemeinde des Bereichs P2P- und Overlay-Netze eingesetzt.

In diesem Kapitel werden zunächst die allgemeinen Eigenschaften und Komponenten von OverSim beschrieben. Es folgt die Beschreibung der Teile von OverSim, die hinsichtlich Netzwerk-Koordinatensystemen, effizientem Overlay-Routing, Latenzmessungen und -abschätzungen eine entscheidende Rolle spielen und insbesondere zur Evaluierung der Konzepte dieser Arbeit entworfen und implementiert wurden. Diese eigenen Arbeiten umfassen ein Modell zur Simulation von Latenzen, die für das Internet typisch sind (Abschnitt 4.2.1), und das *NeighborCache-Modul* (Ab-

Simulations-
kontrollfenster

Felder einer
Overlay-Nachricht

Visualisierung
der Overlay-Struktur

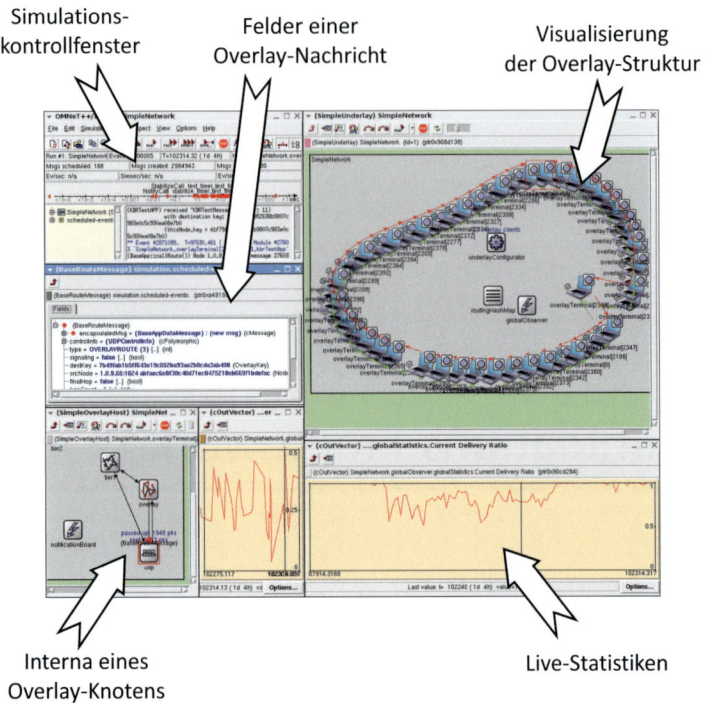

Interna eines
Overlay-Knotens

Live-Statistiken

Abbildung 4.1 OverSim: Bildschirmfoto der grafischen Benutzeroberfläche (GUI)
des Overlay-Frameworks OverSim

schnitt 4.2.3) mit u. a. den dort integrierten Netzwerk-Koordinatensystemen. Das
Kapitel schließt mit der Beschreibung der Evaluationsmethodik mit OverSim und
einem Überblick über die dabei verwendeten Standardparameter.

4.1   Das Simulations-Framework

Dieser Abschnitt gibt einen Überblick über das Overlay-Simulations-Framework
OverSim. Dabei werden zunächst Anforderungen an ein solches Framework auf-
gezählt, die die Entwicklung von OverSim motivierten. Anschließend wird in die
Konzepte des OverSim zugrunde liegenden diskreten Ereignissimulator OMNeT++
eingeführt. Es folgt ein Überblick über die Architektur von OverSim, den üblichen
Simulationsablauf, die verschiedenen austauschbaren Underlay-Modelle, verwendete
Schnittstellen und die Anbindung an echte Netze.

4.1.1   Anforderungen an OverSim

OverSim wurde aufgrund der Tatsache entwickelt, dass existierende Overlay-Frameworks (wie z. B. P2PSim [63], OverlayWeaver [105] und PlanetSim [40]) verschiedenen Anforderungen zur simulativen Evaluierung von Overlay-Netzen in heutigen

Netzwerkumgebungen nicht genügten. Folgenden Eigenschaften waren somit Vorgabe bei der Entwicklung von OverSim:

- **Skalierbarkeit**: Das zu entwickelnde Overlay-Framework soll in der Lage sein, Overlay-Netze mit mehr als 100 000 Overlay-Knoten in annehmbarer Geschwindigkeit auf Simulations-Hardware heutigen Stands zu simulieren.

- **Flexibilität**: Sowohl strukturierte als auch unstrukturierte Overlay-Netze sollten unterstützt werden. Der Benutzer soll in der Lage sein, die Simulationen bzw. Testläufe durch das Setzen von Parametern in von Menschen lesbaren Konfigurationsdateien zu spezifizieren. Knotenmobilität und -ausfälle sowie bösartige Overlay-Knoten sollen simuliert werden können.

- **Variable Modellierung des Underlays**: Zur Simulation des dem Overlay-Netz zugrunde liegenden Netzwerks (dem sog. Underlay) sollen hinsichtlich des Grades an Abstraktion verschiedene Modelle angeboten werden: von der kompletten Modellierung der Netzwerktopologie mit Simulation von Bandbreite, Paketverzögerung und -verlust bis zu einer starken Abstraktion zur schnellen Simulation größerer Overlay-Netze.

- **Wiederverwendung von Protokollimplementierungen**: Die Protokollimplementierungen sollen unverändert sowohl zur Simulation als auch für den Einsatz in echten Netzwerken und auf Experimentierplattformen wie PlanetLab [83] und G-Lab [85] verwendet werden können.

- **Sammlung und Auswertung statistischer Daten**: Zur Auswertung von Simulationen und Testreihen sollen alle relevanten statistischen Daten, wie die Anzahl gesendeter, empfangener und verworfener Pakete bzw. deren Datenmengen automatisch gesammelt werden. Auch die Anzahl erfolgreicher und gescheiterter Routing-Prozeduren sowie die Anzahl von Routing-Hops sollen aufgezeichnet werden. Zur Auswertung sollen Werkzeuge bereitstehen, die eine Weiterverwertung der erfassten Daten u. a. mit *gnuplot* [15] ermöglichen.

- **Dokumentation**: Für die Nutzung und Erweiterung des Frameworks mit z. B. neuen Overlay-Protokollen soll eine umfassende Anleitung zur Verfügung stehen. Der Quellcode und die angebotenen Schnittstellen sollen ausführlich dokumentiert sein.

- **Interaktive Benutzerschnittstelle und Visualisierung**: Zur Validierung neuer oder existierender Overlay-Protokolle und zur Fehlersuche sollen sowohl Underlay- als auch Overlay-Topologie in einer grafischen und interaktiven Benutzerschnittstelle darstellbar sein. Auch sollen die aktuellen Zustände aller simulierten Overlay-Knoten und die Felder aller zwischen den Overlay-Knoten versandten Nachrichten einsehbar sein.

OverSim genügt allen genannten Anforderungen und wird kontinuierlich weiterentwickelt. Das Framework ist quelloffen, steht unter der *GNU Public Licence* (GPL) und läuft auf verschiedenen Betriebssystemen wie Linux, Windows, Mac OS und der Smartphone-Plattform Maemo. Der Quellcode, die dazugehörige Dokumentation, die eingerichtete Mailing-Liste und Veröffentlichungen bzgl. OverSim sind auf den Web-Seiten http://www.oversim.org/ zu finden.

4.1.2 OMNeT++

OverSim basiert auf dem diskreten Ereignissimulations-Framework *OMNeT++* [117, 118]. OMNeT++ ist wie OverSim quelloffen und in C++ geschrieben. Es steht jedoch im Gegensatz zu OverSim unter der *Academic Public Licence*, d. h. für den nicht-kommerziellen Einsatz, bei dem die mittels OMNeT++ erlangten Ergebnisse veröffentlicht werden, ist es kostenlos verfügbar. Für den kommerziellen Einsatz gibt es mit OMNEST eine kostenpflichtige Variante. OMNeT++ deckt ein breites Feld an Anwendungsmöglichkeiten ab, u. a. wird es zur Simulation von Rechnernetzen, integrierten Schaltungen und Wirtschaftsabläufen eingesetzt.

Die grundlegenden Konzepte bzw. Bausteine einer Simulation in OMNeT++ sind

- Module
- Nachrichten und Ereignisse
- Gates und Kanäle

In OMNeT++ werden Nachrichten zwischen Modulen zu diskreten Zeitpunkten ausgetauscht. Die Nachrichten laufen dabei in den meisten Fällen durch Kanäle, die über ein Eingangs- und ein Ausgangs-Gate mit jeweils einem Modul verbunden sind. Nachrichten können aber auch von Modulen zu einem Zeitpunkt in der Zukunft an sich selbst geschickt werden. Diese sog. *self messages* werden u. a. zur Modellierung von Zeitgebern verwendet. Alle Nachrichten werden beim Versenden in eine Ereigniswarteschlange (*Future Event Set* / FES) eingefügt, welche nach den jeweiligen Empfangszeitpunkten der Nachrichten sortiert ist. Zur Verarbeitung einer Nachricht beim Empfängermodul wird eine spezielle Methode (`handleMessage()`) dieses Moduls aufgerufen. Ist diese abgearbeitet, wird die nächste zuzustellende Nachricht aus dem FES ausgewählt, die Simulationszeit auf die Empfangzeit der Nachricht gesetzt und dann die entsprechende `handleMessage()`-Methode des Empfängermoduls aufgerufen.

Module können rekursiv aus Submodulen aufgebaut sein, die unterste Ebene dabei bilden die nicht mehr aufteilbaren *Simple Modules*, die die eigentliche Verarbeitung von Nachrichten und Ereignissen übernehmen. Diese werden in C++ implementiert. Innerhalb zusammengesetzter Module (*compound modules*), deren interner Aufbau in einer eigenen Beschreibungssprache (NED) definiert wird, laufen Nachrichten wiederum über Kanäle, die die Submodule miteinander und nach außen verbinden. Analog zu den Modulen gibt es auch für Nachrichten eine eigene Beschreibungssprache (MSG), mit welcher die Felder der Nachrichten festgelegt werden. Nachrichten können andere Nachrichten kapseln, was z. B. bei Verwendung mehrerer *Protocol Data Units* (PDU) unterschiedlicher Netzwerkschichten verwendet wird.

OMNeT++ verfügt über eine grafische Benutzerschnittstelle (*Graphical User Interface*, GUI), die auf Tcl/Tk [80] basiert und alle beschriebenen Konzepte – also Module, Nachrichten, Gates und Kanäle – darstellen kann. Diese kann jedoch bei Bedarf deaktiviert werden, um eine höhere Simulationsgeschwindigkeit zu erreichen. Bei Verwendung der GUI kann die Simulation in verschiedenen Geschwindigkeitsstufen ablaufen und jederzeit angehalten werden, um den Status von Modulen oder den Inhalt von Nachrichten zu inspizieren. OverSim macht intensiven Gebrauch dieser Visualisierungsmöglichkeiten, u. a. um sowohl die Overlay- als auch die Underlay-Topologie darzustellen.

OverSim verwendet viele der von OMNeT++ angebotenen Funktionen und kann als
ein auf OMNeT++ basierendes Simulationsmodell angesehen werden. Somit kann
OverSim leicht die Funktionalität anderer Simulationsmodelle für OMNeT++ nutzen
und für weitere Anwendungsszenarien verwendet werden.

4.1.3   Architektur

OverSim verfügt über eine modulare Architektur (s. Abbildung 4.2), die in die
folgenden Bereiche eingeteilt werden kann:

- Underlay-Abstraktion

- Overlay-Ebene

- Applikationsebene (mit bis zu 3 Schichten, sog. *Tiers*)

- Globale Module

Mit Ausnahme der globalen Module sind alle Ebenen transparent für die anderen und
daher austauschbar, d. h., dass z. B. verschiedene Overlay-Protokolle auf Overlay-
Ebene nacheinander über unterschiedlichen Underlay-Modellen simuliert werden
können. Verbunden werden die Bereiche mit klar definierten Schnittstellen:

- UDP und TCP zwischen Overlay und Underlay.

- Eine Erweiterung der *Common API for structured P2P Overlays* (s. Abschnitt 2.4) zwischen Applikation und strukturierten Overlays.

- Zusätzliche spezielle Schnittstellen für unstrukturierte Overlays und ALM-
  Systeme zwischen Applikation und Overlay.

Zusätzlich zur klassischen Schichtenarchitektur ist es in OverSim möglich, dass
alle Komponenten eines Overlay-Knotens lokal und über Knotengrenzen hinweg
miteinander kommunizieren können.

In Abbildung 4.3 ist ein einzelner Overlay-Knoten mit seinen internen Komponenten
dargestellt: die TCP- und UDP-Anbindung, das zentrale Overlay-Modul und die 3
Tiers[1] auf Applikationsebene. Weiter Komponenten sind u. a. der *NeighborCache*
und die *Bootstrap-Liste*.

4.1.4   Simulationsablauf

Vor Beginn einer Simulation werden die Konfigurationsdateien `omnetpp.ini`
und `default.ini` eingelesen, um alle Laufzeitparameter zu setzen. Ein dann
gestarteter Simulationsdurchlauf läuft in mehreren Phasen ab, nach Beendigung der
letzten Phase wird die Simulation beendet:

- **Initialisierungsphase** (*init phase*): Zu Beginn der Simulation sind keine Overlay-Knoten im Netzwerk vorhanden. Diese werden im Laufe der Initialisierungs-
  oder Netzaufbauphase periodisch nacheinander dem Netzwerk hinzugefügt.

---

[1]In der Abbildung ist nur Tier 1 mit dem Overlay-Modul verbunden da Tier 2 und 3 bei diesem
Simulationslauf nicht verwendet wurden.

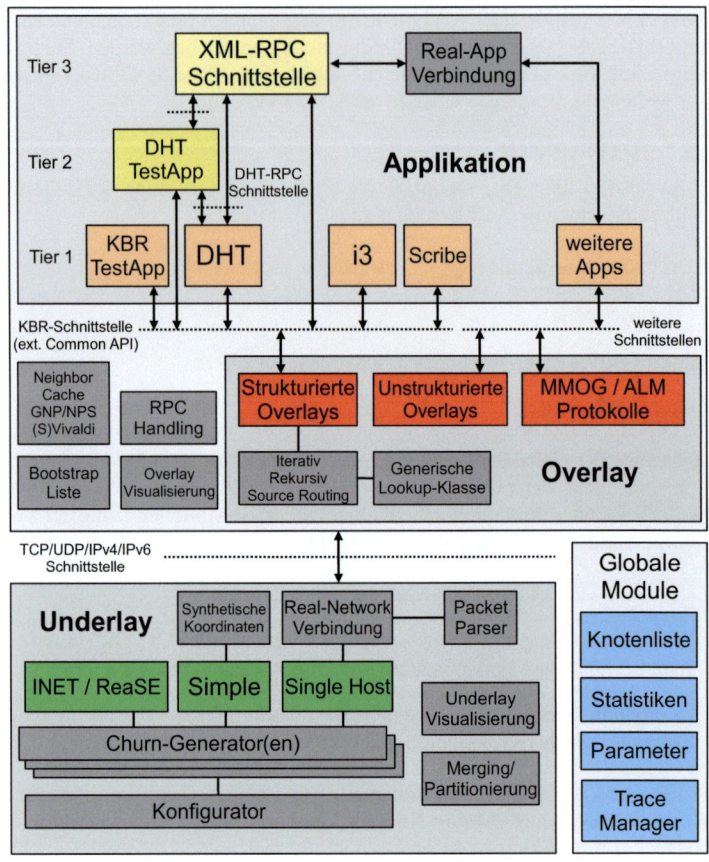

Abbildung 4.2 OverSim: Architektur des Overlay-Frameworks

Das Intervall zwischen zwei Knotenerzeugungen wird per Parameter (`init-PhaseCreationInterval`) festgelegt. Die Initialisierungsphase endet, wenn die ebenfalls per Parameter festgelegte Anzahl an Overlay-Knoten (`targetOverlayTerminalNum`) erreicht ist.

- **Übergangsphase** (*transition phase*): Nach Ende der Initialisierungsphase beginnt die Übergangsphase, deren Dauer per Parameter (`transitionTime`) angegeben wird. In dieser Phase werden noch keine statistischen Daten gesammelt. Die später in Abschnitt 4.1.4.2 beschriebenen *Churn-Generatoren* beginnen in dieser Phase mit der Generierung von Knotenfluktuation.

- **Datenerhebungsphase** (*measurement phase*): In der Datenerhebungs- oder Messphase werden statistische Daten gesammelt und bei Simulationsende einer zentralen Instanz (`GlobalStatistics`) übergeben. Die Dauer der Datener-

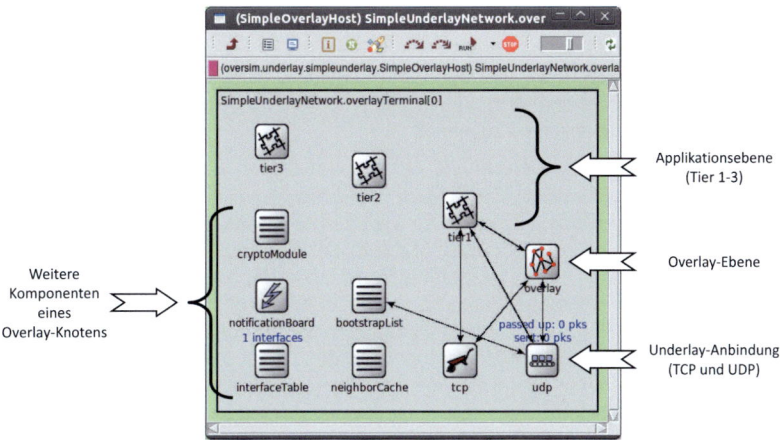

Abbildung 4.3 OverSim: Screenshot der internen Struktur eines Overlay-Knotens

hebung wird wieder per Parameter angegeben (`measurementPhase`). Wird
dieser nicht gesetzt, läuft die Simulation bis zu einem manuellen Abbruch.

`GlobalStatistics` und die *Churn-Generatoren* werden in Abschnitt 4.1.4.4
bzw. 4.1.4.2 im Detail beschrieben.

4.1.4.1 Austauschbare Underlay-Abstraktion

Die wichtigsten Module auf Underlay-Ebene sind die von der Klasse `Underlay-`
`Configurator` abgeleiteten Module und die *Churn-Generatoren*. Erstere sind für
die allgemeine Konfiguration einer bestimmten Underlay-Abstraktion zuständig, die
Churn-Generatoren für die Erzeugung und Zerstörung von Overlay-Knoten. Die
Funktion der *Churn-Generatoren* wird in Abschnitt 4.1.4.2 genauer beschrieben.

Es stehen verschiedene Modelle zur Verfügung, die das dem Overlay-Netz zugrunde
liegende Netzwerk unterschiedlich stark abstrahiert modellieren bzw. das Overlay mit echten Netzwerken verbinden. In der aktuellen Version von OverSim sind
das *INET-Underlay*, das davon abgeleitete *ReaSE-Underlay*, das *SimpleUnderlay*
und das *SingleHost-Underlay* integriert. Für jedes dieser Modelle existiert ein von
`UnderlayConfigurator` erbendes Modul (z. B. `INETUnderlayConfigu-`
`rator`). Ein Austausch der Underlay-Abstraktion erfolgt per Parameter der Konfi-
gurationsdatei. Anpassungen bei Overlay-Protokoll oder Applikation müssen nicht
vorgenommen werden.

- **INET-Underlay und ReaSE**:

  Das komplexe *INET-Underlay* basiert auf dem *INET-Framework* [116] für
  OMNeT++. Diese Underlay-Abstraktion modelliert pro Overlay-Knoten alle
  Netzwerkschichten inkl. MAC-Schicht, heterogene Zugangsnetze mit Access-
  Routern und alle Zwischensysteme (Router) im Netzwerk. Die Zwischensyste-
  me und die Access-Router können dabei auch Teilnehmer des Overlay-Netzes
  sein. Dieses Modell wurde zur Steigerung der Simulationsgeschwindigkeit

an einigen Stellen optimiert[2], um es auch zur Simulation von Netzwerken mit mehreren Tausend Teilnehmern verwenden zu können. Die Topologie des simulierten Netzwerks wird durch verschiedene Parameter bestimmt, welche die Anzahl und den Verbindungsgrad von Overlay-Knoten, Access-Routern und Zwischensystemen angeben.

Der Topologiegenerator *ReaSE* [39] kann alternativ dazu verwendet werden, realistischere Underlay-Topologien d. h. Topologien ähnlich dem Internet, bestehend aus mehreren *Autonomous Systems* (AS) zusammen mit dazugehörigen Zugangsnetzen zu generieren. Mit dem INET-Framework als Basis können die so erstellten Netzwerktopologien als Underlay-Abstraktion für OverSim verwendet werden. Statt eines Parameters für den Verbindungsgrad (wie beim *INET-Underlay*) wird die Anzahl der AS, der darin enthaltenen Router und Zugangsnetze angegeben, woraus dann die Topologie generiert wird. Dies geschieht alles vor dem Start einer Simulation mit OverSim, bei dem dann nur noch die generierte Topologie eingelesen und erzeugt wird. Von dritter Seite wurden weitere, auf GT-ITM [16] und BRITE [71] basierende Topologiegeneratoren für das INET-Underlay entwickelt (z. B. [53]).

- **SimpleUnderlay**:

  Das *SimpleUnderlay* ist ein skalierbares Modell zur Underlay-Abstraktion, das u. a. in der Lage ist, typische Internet-Latenzen zu simulieren. Die Pakete werden hier direkt, unter Verwendung einer globalen Routing-Tabelle, von einem Overlay-Knoten zum anderen versandt. Dabei wird die Paketverzögerung aus dem Abstand der Overlay-Knoten in einem euklidischen Koordinatensystem berechnet. Jedem Overlay-Knoten wird dazu bei Erzeugung ein Punkt im Koordinatenraum zugeordnet. Dies kann ein zufälliger Punkt in einem zuvor eingegrenzten Bereich sein oder ein Punkt aus einer zuvor eingelesenen XML-Datei. Dies lässt sich dafür nutzen, Koordinatenverteilungen mit einer gewünschten Latenzverteilung wie z. B. der des Internets zu verwenden (s. dazu Abschnitt 4.2.1).

  Zusätzlich zu der aus dem Abstand der Koordinaten berechneten Latenz kann jeder Overlay-Knoten X einem logischen, bei Bedarf asymmetrischen Zugangsnetz zugeordnet werden, das durch Eingangs- und Ausgangsbandbreite b_X^{in}, b_X^{out}, Ausbreitungsverzögerung (*propagation delay*) d_X und Paketverlustrate charakterisiert wird. Ein- und Ausgangsbandbreite werden zusammen mit der Paketgröße zur Berechnung der Übertragungsverzögerung (*transmission delay*) verwendet. Zusätzlich wird pro Overlay-Knoten der Zeitpunkt gespeichert, zu dem das zuletzt bearbeitete Paket komplett auf das Übertragungsmedium gelegt wurde. Die zeitliche Differenz zur aktuellen Simulationszeit wird bei der Berechnung der Latenz des nächsten Pakets dazu addiert. Auf diese Weise können heterogene Zugangsnetze mit Warteschlangenverzögerungen (*queuing delay*) modelliert werden. Darüber hinaus wird eine zusätzliche normalverteilte Latenz j dazu addiert (s. Formel 4.2), die den *delay jitter*, also Latenzschwankungen modelliert. Die Berechnung der Latenzschwankung erfolgt pro Paket neu, die Varianz ist proportional (einstellbar über den Parameter a_j) zur Gesamtlatenz ohne Latenzschwankung (s. Formel 4.1).

---

[2]z. B. wurden Hash-basierte Routing-Tabellen und Caches für Netzwerk-Interfaces hinzugefügt.

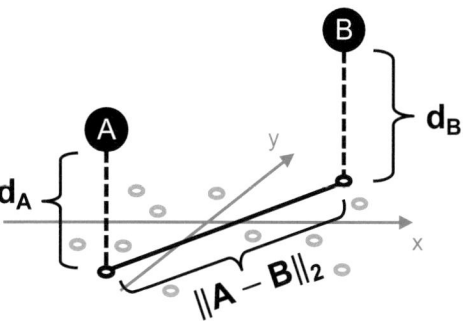

Abbildung 4.4 OverSim: Schematische Darstellung der Latenzberechnung im `SimpleUnderlay`

Insgesamt ergibt sich im *SimpleUnderlay* so als Ende-zu-Ende-Verzögerung d_e^P eines Pakets P mit der Länge l_P von Overlay-Knoten A zu Overlay-Knoten B der gemäß Formel 4.3 berechnete Wert.

$$\widehat{d_e^P} = d_A + \frac{l_P}{b_A^{out}} + \|A - B\|_2 + d_B + \frac{l_P}{b_B^{in}} \tag{4.1}$$

$$j \sim \mathcal{N}(0; a_j\widehat{d_e^P}) \tag{4.2}$$

$$d_e^P = \widehat{d_e^P} + |j| \tag{4.3}$$

Abbildung 4.4 illustriert diese Latenzberechnung, hier dargestellt ohne Übertragungsverzögerung und Jitter. Illustriert werden der Koordinatenraum des simulierten Underlays, die Koordinaten der Overlay-Knoten A und B und die drei Komponenten der Gesamtlatenz bzgl. Übertragungsverzögerung. Da diese Berechnungen nur geringen Simulationsaufwand[3] erfordern, kann dieses Modell zur Simulation von Overlay-Netzen mit größerer Teilnehmerzahl als bei Verwendung anderer Underlay-Abstraktionen genutzt werden.

4.1.4.2 Austauschbare Churn-Generatoren

OverSim verfügt über mehrere Module zur Erzeugung verschiedener Formen von Knotenfluktuation. Diese als *Churn-Generatoren* bezeichneten Module sind während der gesamten Simulation für das Erzeugen und Entfernen der Overlay-Knoten zuständig. Folgende Typen von *Churn-Generatoren* sind in OverSim verfügbar:

- `RandomChurn`: Bei diesem Churn-Generator werden periodisch in per Parameter festgelegten Abständen einzelne Knoten aus dem Overlay-Netz entfernt oder dem Overlay-Netz hinzugefügt (sog. Churn-Ereignisse). Hierbei können unterschiedliche Wahrscheinlichkeiten für Erzeugung und Entfernung angegeben werden, was zu einem Anwachsen bzw. Sinken der Anzahl der

---

[3]Pro Versand muss als Ereignis nur das Eintreffen des Pakets beim Empfänger simuliert werden

Overlay-Knoten im Overlay-Netz führt. Das Intervall zwischen zwei Churn-Ereignissen kann für Demonstrationszwecke periodisch verändert werden, um den Effekt von sich ändernder Knotenfluktuation vorzuführen und mithilfe der GUI zu visualisieren.

- `LifetimeChurn`: Dieses Modell entspricht dem in [115] und [111] vorgestellten Weibull-basierten Modell für Knotenfluktuation, welches in öffentlichen KAD-Netzwerken detektiert wurde (Einzelheiten dazu s. Abschnitt 5.1). Bei der Erzeugung eines neuen Overlay-Knotens wird dessen Lebenszeit basierend auf einer gegebenen Wahrscheinlichkeitsverteilung zufällig gewählt. Bei Ablauf der Zeit wird der Knoten entfernt und – nach Ablauf einer darauf folgenden Totzeit – ein neuer Knoten erzeugt. Die Totzeit weist dabei dieselbe Wahrscheinlichkeitsverteilung auf.

- `ParetoChurn`: Dieser Churn-Generator generiert ähnliche Knotenfluktuation wie die des `LifetimeChurn`, basiert aber auf der Pareto-Verteilung und auf einem 2-stufigen Verfahren [123].

- `NoChurn`: Dieser Churn-Generator erzeugt keine Knotenfluktuation, es werden weder neue Overlay-Knoten erstellt noch welche aus dem Overlay-Netz entfernt. Nach Aufbau des Overlay-Netzes bleibt dieses folglich in einem stabilen Zustand.

Pro Simulationslauf können mehrere Churn-Generatoren gleichzeitig verwendet werden, um z. B. mehrere Knotengruppen, die sich hinsichtlich der zu erwartenden Lebenszeit der Overlay-Knoten unterscheiden, in einem Overlay-Netz simulieren zu können. Für die Evaluierungen der in dieser Arbeit vorgestellten Konzepte wurde entweder der `LifetimeChurn` oder der `NoChurn` eingesetzt.

4.1.4.3 Basisklassen und Schnittstellen

OverSim bietet verschiedene Basisklassen für die Entwicklung von Overlay-Protokollen und darauf aufbauenden Applikationen an. Diese bieten u. a. Schnittstellen zur Kommunikation zwischen von diesen Basisklassen abgeleiteten Komponenten eines Overlay-Knotens an.

- **Basisklasse für Overlay-Protokolle** :

  OverSim bietet mit `BaseOverlay` eine Basisklasse für alle Overlay-Protokoll-Implementierungen an. `BaseOverlay` übernimmt insbesondere für KBR-Protokolle viele Aufgaben: Die abgeleiteten Klassen müssen nur noch einige wenige Methoden, die z. B. die Routing-Metrik, die Verantwortlichkeit für Zielschlüssel und Routingentscheidungen betreffen, überschreiben.

  `BaseOverlay` ist verantwortlich für die Erzeugung von Instanzen verschiedener Lookup-Klassen, leitet rekursiv Nachrichten weiter, versendet Bestätigungsnachrichten und ruft bei deren Ausbleiben entsprechende Methoden der Overlay-Protokoll-Instanzen auf. Es werden verschiedene rekursive und iterative Routing-Modi, unabhängig vom verwendeten Overlay-Protokoll, unterstützt[4]. Diese werden später in Abschnitt 5.1.2 detailliert beschrieben. Weitere

---

[4]Einige Overlay-Protokolle unterstützen aufgrund ihrer Struktur nur bestimmte Routing-Modi.

Aufgaben von `BaseOverlay` sind u. a. das Bootstrapping und die Visualisierung der Overlay-Topologie.

Für OverSim wurden bislang u. a. folgende Overlay-Protokolle implementiert, die die von `BaseOverlay` angebotenen Funktionen nutzen[5]: Chord [69], Pastry [81], Bamboo [84], Kademlia [74], GIA [82], Broose und Koorde [101]. Die Implementierungsdetails sind in den dazu angegebenen studentischen Arbeiten zu finden.

- **Basisklasse für Applikationen und Komponenten**:

  `BaseApp` stellt das Gegenstück zu `BaseOverlay` auf Applikationsebene dar. Sind beide Komponenten von den jeweiligen Basisklassen abgeleitet, kann die im nächsten Abschnitt beschriebene API zur Kommunikation zwischen den Schichten verwendet werden. Darüber hinaus bietet `BaseApp` genau wie `BaseOverlay` Schnittstellen für den RPC-Mechanismus und zur Visualisierung an. Neben den Modulen auf Applikationsebene erben auch weitere lokale Komponenten eines Overlay-Knotens von `BaseApp`, um u. a. ein einheitliches Initialisierungssystem zu ermöglichen.

  U. a. folgende von `BaseApp` erbende Applikationsmodule sind in OverSim integriert: Die *Internet Indirection Infrastructure* (i3) [112, 124], Scribe [19] und eine DHT-Implementierung [72] (s. Abschnitt 2.4.1). Zusätzlich bietet OverSim auf Applikationsebene zwei generische Testanwendungen an, die den KBR-Dienst (`KBRTestApp`, Tier 1) und einen darauf aufbauenden DHT-Dienst (`DHTTestApp`, Tier 2) verwenden, um diesen zu evaluieren. Die `KBRTestApp` startet in einstellbaren Intervallen Routing- oder Lookup-Prozeduren und zeichnet dabei u. a. Erfolgsrate und Latenz der einzelnen Prozeduren auf. Die `DHTTestApp` dagegen kommuniziert mit dem DHT-Modul und weist dieses periodisch an, Schlüssel-Wert-Paare in der DHT abzulegen (*put()*), zu löschen (*remove()*) oder zu bestimmten Schlüsseln den Wert abzufragen (*get()*).

  Alle Applikationen können bei entsprechender Implementierung mit externen Anwendungen, d. h. Anwendungen, die unabhängig von OverSim laufen, per *XML-RPC-Interface* [60] verbunden werden. So kann z. B. die `DHTTestApp` über eine Web-Schnittstelle angestoßen werden, den Wert zu einem bestimmten Schlüssel abzufragen.

- **Generische Schnittstelle für KBR-basierte Applikationen**:

  `BaseOverlay` und `BaseApp` realisieren eine an die *Common API for structured P2P Overlays* [29] angelehnte Schnittstelle zwischen KBR-Protokollen und deren Anwendungen. Hauptaufgabe der API ist es, Methoden zur schlüsselbasierten Adressierung von Nachrichten bereitzustellen. Die folgenden Methoden sind Bestandteil dieser erweiterten *Common API*:

  - `BaseOverlay::route()`: Wird verwendet, um im Overlay eine Nachricht entweder an einen Zielschlüssel oder an eine Transportadresse zu schicken, eine Empfangskomponente kann zusätzlich angegeben werden. Diese Methode kann vom Overlay-Protokoll selbst oder von das Overlay

---

[5]Eine nicht veröffentlichte Implementierung des Overlay-Protokolls *Distance Halving* wird in [58] beschrieben.

nutzenden Applikationen oder sonstigen Komponenten des Overlay-Knotens aufgerufen werden.

- `BaseApp::deliver()`: Wird bei der adressierten Komponente des Empfängers einer per `route()` zugestellten Nachricht aufgerufen, um diesem die Nachricht zu übergeben.

- `BaseApp::forward()`: Wird auf jedem Zwischenknoten des Routing-Pfades[6] bei der den KBR-Dienst nutzenden Applikationen auf Tier 1 aufgerufen. Die Applikation kann hier bei Bedarf die Nachricht manipulieren oder verwerfen, den Zielschlüssel ändern oder einen bestimmten nächsten Routing-Schritt erzwingen.

- `BaseOverlay::isSiblingFor()`: Kann von allen Komponenten eines Overlay-Knotens aufgerufen werden, um zu überprüfen, ob der lokale Knoten oder eine angegebene NodeId zurzeit verantwortlich ist für einen der Funktion übergebenen Schlüssel. Mit dem Übergabeparameter `numSiblings` wird dabei festgelegt, der wievielte nächste Knoten zum Schlüssel im ID-Raum der zur angegebenen NodeId gehörige Knoten höchstens sein darf, um als verantwortlich zu gelten. Das Ergebnis kann undefiniert sein, was bedeutet, dass der lokale Overlay-Knoten keine Aussage darüber treffen kann, ob der angegebenen Schlüssel im Verantwortungsbereich der angegebenen NodeId liegt.

- **Remote Procedure Calls (RPCs)**:

  OverSim bietet allen Komponenten eines Overlay-Knotens – also u. a. auch dem Overlay-Protokoll-Modul und den Applikationen – eine Schnittstelle zum Senden und Empfang von *Remote Procedure Calls* (RPCs) an. Die benötigte Funktionalität wird von der Klasse `BaseRpc` bereitgestellt, `BaseOverlay` und `BaseApp` erben davon. `BaseRpc` übernimmt den Versand von RPC-Nachrichten (*Call*), die Zuordnung einer empfangenen RPC-Nachricht (*Response*) an eine dazugehörige *Callback*-Funktion und evtl. gewünschte Sendewiederholungen bei Verlust einer Nachricht.

  Folgende Methoden zum Zugriff auf die RPC-Funktionalität stehen den Komponenten zur Verfügung:

  - `sendRpcCall()`: Wird zum Versand von RPC-Nachrichten aufgerufen. Die der Methode übergebenen Parameter sind u. a. die Zielkomponente, der gewünschte Routing-Modus bzw. Transportmodus[7], ein Zielschlüssel und/oder eine Transportadresse, die maximale Anzahl an Zustellungsversuchen und die zuzustellende Nachricht.

  - `handleRpcCall()`: Wird bei Empfang einer Call-Nachricht aufgerufen. Die Weiterleitung an die dazugehörige *Callback-Funktion* wird durch C++-Makros vereinfacht, welche u. a. Code-Duplizierungen vermeiden und zu einem einheitlichen Namensschema bei RPC-Nachrichten und Callback-Funktionen verhelfen.

---

[6]Zwischenknoten gibt es nur bei rekursiven Routing-Prozeduren.
[7]KBR- oder direkter Versand

- `handleRpcReponse()`: Wird bei Empfang einer Antwort auf eine zuvor versandte Nachricht aufgerufen. Auch hier können die erwähnten C++-
  Makros zur vereinfachten Weiterleitung an die dazugehörige Methode
  verwendet werden.

- `handleRpcTimeout()`: Wird beim Scheitern eines RPCs aufgerufen,
  d. h. beim Verlust einer Nachricht oder der dazugehörigen Antwort bei
  allen Sendewiederholungen. Ein Nachrichtenverlust wird beim Ablauf
  eines Zeitgebers angenommen, falls die betreffende Nachricht bis dahin
  nicht beantwortet wurde. In `BaseOverlay` wird zusätzlich die Methode
  `handleFailedNode()` aufgerufen, die für das Entfernen eines ausgefallenen Overlay-Knotens aus den Routing-Tabellen des jeweiligen
  Overlay-Protokolls sorgt. Diese kann von der konkreten Overlay-Proto-
  koll-Implementierung überschrieben werden.

RPCs können sowohl zwischen verschiedenen Overlay-Knoten als auch innerhalb eines Knotens zwischen Komponenten versendet werden. OverSim bietet
Basisklassen für die verwendeten Nachrichtentypen an, die die von `BaseRpc`
benötigten Felder enthalten.

4.1.4.4   Globale Instanzen

Während eines Simulationslaufs stehen allen simulierten Overlay-Knoten mehrere
globale Module zur Verfügung, die verschiedene Aufgaben erfüllen:

- `GlobalNodeList`: Diese globale Liste speichert alle aktuell vorhandenen
  Knoten und deren Merkmale, u. a.

  - Ist der Knoten Teilnehmer des Overlay-Netzes?
  - Die *Transportadresse* des Knotens
  - Die evtl. dem Knoten zugewiesene *NodeId*
  - Der für den Knoten zugehörige *Churn-Generator*

- `GlobalStatistics`: Dieses Modul dient als Sammelstelle für alle während
  der Simulation gesammelten statistischen Daten aller Overlay-Knoten. So werden z. B. die Routing-Latenzen aller durchgeführten Routing-Prozeduren bei
  deren Beendigung vom Initiator bzw. Empfänger an dieses Modul übertragen.
  Der Durchschnittswert dieser Ergebnisse wird bei Ende der Simulation in die
  Ergebnisdatei geschrieben.

- `GlobalParameters`: Dieses Modul speichert zur Laufzeit veränderbare
  global d. h. für alle Overlay-Knoten gültige Parameter, die auch über die GUI
  gesetzt werden können.

- `TraceManager`: Mit Hilfe des TraceManagers können sog. Trace-Dateien
  eingelesen werden, die Informationen über Ereignisse enthalten, die zu festgelegten Zeitpunkten stattfinden sollen. Der `TraceManager` löst diese dann
  zum gewünschten Zeitpunkt während der Simulation aus. Beispiele für solche
  Ereignisse sind Knotenbeitritte, Verbindungsabbrüche zwischen simulierten
  Teilnetzen und applikationsspezifische Ereignisse.

Methoden all dieser Module können von allen Overlay-Knoten zur Simulationslauf-
zeit aufgerufen werden.

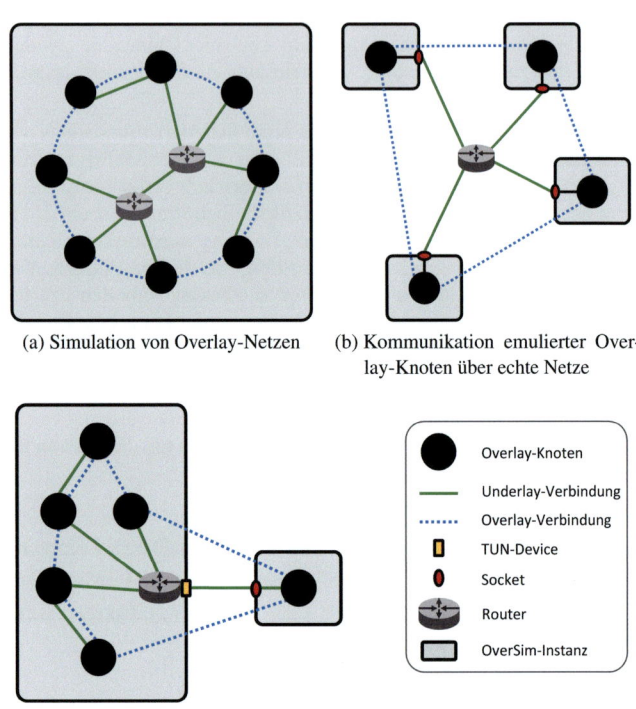

(a) Simulation von Overlay-Netzen (b) Kommunikation emulierter Over-
                                    lay-Knoten über echte Netze

(c) Emulierte Overlay-Netze

Abbildung 4.5 OverSim: Simulation, Emulation und Anbindung an echte Netze
von Overlay-Knoten und Overlay-Netzen

4.1.5   Anbindung an reale Netzwerke

Eines der herausragenden Merkmale von OverSim ist die Anbindung des Frameworks an reale Netzwerke unter Verwendung desselben Programmcodes für Overlay-Protokolle und Applikationen, der auch für die Simulation verwendet wird. Das
Simulations-Framework OMNeT++, auf dem OverSim aufbaut, ist nicht für eine
solche Anbindung entwickelt worden. Dessen Ereignis-Scheduler, also die Instanz,
die für das Auswählen und Ausführen des jeweils nächsten Ereignisses zuständig
ist, musste für diese Zwecke ausgetauscht werden. Der neue Scheduler führt diese
Auswahl in Echtzeit durch. Ohne diesen Austausch wird nach Abarbeitung eines
Ereignisses unabhängig von der realen Zeit die Simulationszeit auf den Zeitpunkt
des nächsten Ereignisses gesetzt, was bei kleinen simulierten Netzwerken zu einer
Simulationsgeschwindigkeit führt, die über Realzeit liegt.

Die Anbindung an echte Netze kann auf zwei Arten erfolgen:

- **Einzelner Overlay-Knoten mit *Socket*-Anbindung**: In diesem Modus wird
  ein einzelner Overlay-Knoten in einer OverSim-Instanz realisiert, d. h. ein
  Rechner, auf dem eine P2P- oder Overlay-Anwendung läuft, wird emuliert

(s. Abbildung 4.5b). Die Kommunikation mit dem echten Netzwerk erfolgt wie bei Netzwerkanwendungen üblich über *Netzwerk-Sockets*. Das hierbei verwendete Underlay-Modell ist das `SingleHostUnderlay`.

- **Anbindung eines emulierten Overlay-Netzes über das *Linux-TUN-Device***: Hierbei wird ein Netzwerk mit mehreren Overlay-Knoten in einer OverSim-Instanz emuliert. Die Kommunikation mit dem echten Netzwerk erfolgt über einen Router-Knoten im emulierten Netzwerk (s. Abbildung 4.5c). Dieser verwendet das *Linux-TUN-Device*, um ein virtuelles Netzwerk-Interface zu erzeugen. Eine eingetragene Netzwerk-Route auf dem Rechner, auf dem die OverSim-Instanz läuft, bewirkt dann, dass an eine Adresse des emulierten Overlay-Netzes gesendete Pakete über das *TUN*-Device in das emulierte Netzwerk geroutet werden.

Für beide Varianten müssen die von OverSim erzeugten Nachrichtenobjekte zu Paketen serialisiert und bei Empfang wieder deserialisiert werden. Diese Aufgabe übernimmt der *PacketParser*, der sich Nachrichtenfunktionen von OMNeT++ bedient. Das Simulationsmodell ist zum Vergleich zu den beiden Anbindungsarten an echte Netze in Abbildung 4.5a) dargestellt. In allen drei Abbildungen sind beispielhaft (teilweise simulierte) Underlay-Verbindungen, Overlay-Verbindungen, Router und Schnittstellen dargestellt.

4.2 Eigene Beiträge als Erweiterungen von OverSim

In diesem Abschnitt werden die Komponenten von OverSim beschrieben, die im Rahmen dieser Arbeit zur Evaluierung der entwickelten Konzepte in OverSim integriert wurden. Dies umfasst die Verwendung von Netzwerk-Koordinaten, die aus Internet-Messungen berechnet wurden, die Verfälschung der simulierten Netzwerklatenzen zur Simulation von Netzwerk-Koordinatensystemen mit realistischer Fehlerverteilung und Komponenten wie dem *NeighborCache*-Modul zur Verwaltung von Latenzinformationen über die Overlay-Knoten.

4.2.1 Realistische simulierte Paketverzögerungen

Um für das Internet realistische Latenzen simulieren zu können, wurden Latenzmessungen aus dem Skitter-Datensatz [51] des CAIDA-Projekts (*Cooperative Association for Internet Data Analysis*) [26] verwendet. CAIDA ist ein Projekt des San Diego Supercomputer Center (SDSC) der University of California in San Diego (UCSD). Ziel von CAIDA ist die Vermessung und Erforschung des Internets als Grundlage für zukünftige Weiterentwicklungen der Netzarchitektur. Skitter ist ein Teilprojekt von CAIDA, bei dem eine Menge von ca. 25 aktiven Knoten mehrere Hunderttausend Adressen aus dem gesamten IPv4-Raum[8] per ICMP-Paketen kontaktieren („anpingen").

Die Daten des Skitter-Projekts wurden über dort angebotene Schnittstellen abgerufen, aufbereitet und die dort vermessenen Rechner des Internets als Punkte in

---

[8]Diese zufällig ausgewählten Adressen wurden nach mindestens 90 % Verfügbarkeit und evtl. eingetroffenen Beschwerden der Besitzer gefiltert.

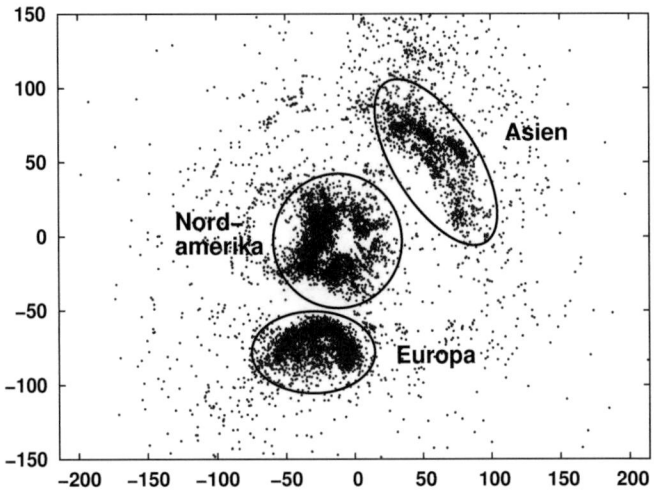

Abbildung 4.6 Skitter-Latenzmessungen: Resultierende Knotenverteilung im 2-dimensionalen Koordinatenraum (ohne Einheit)

einem 2- und 3-dimensionalen Koordinatensystem platziert [35]. Die dafür notwendigen Berechnungen und Fehlerminimierungen wurden mit dem *Simplex-Downhill-Algorithmus* und dem GNP-Verfahren (s. Abschnitt 3.2) durchgeführt. Die ca. 25 aktiven Knoten entsprechen dabei den bei GNP benötigten Landmark-Knoten, bei denen zunächst die gemessenen Latenzen untereinander verwendet werden, um durch Minimierung des quadratischen Schätzfehlers eine d-dimensionale Basis für das Koordinatensystem zu finden. Diese feste Basis wird dann zur Berechnung der Koordinaten der übrigen Knoten verwendet: Aus den Latenzen dieser Knoten zu jeweils mindestens $d+1$ Landmark-Knoten und den dazugehörigen Landmark-Koordinaten werden wiederum durch Minimierung des quadratischen Schätzfehlers die Koordinaten berechnet. Die insgesamt gewonnene Koordinatenmenge ist in Abbildung 4.6 in einer 2-dimensionalen Darstellung zu sehen. Die drei erkennbaren Ballungszentren der Koordinaten konnten durch Stichproben der dazugehörigen IP-Adressen den Kontinenten Asien, Nordamerika und Europa zugeordnet werden. Ein ähnliches Verfahren zur Berechnung von Koordinaten zur Simulation realistischer Netzwerklatenzen wurde in [57] vorgestellt.

4.2.2 Verfälschung der koordinatenbasierten Latenzen

Die auf Koordinatenabständen basierenden Latenzen im *SimpleUnderlay* folgen dem Gesetz der Dreiecksungleichung (s. Formel 4.4): Die Latenz zwischen Knoten A und Knoten C kann nicht größer sein, als die Summe der Latenz zwischen A und B und der Latenz zwischen B und C.

$$\overline{AC} \leq \overline{AB} + \overline{BC} \tag{4.4}$$

Im Internet z. B. wird diese Ungleichung verletzt (*Triangle Inequality Violation*, TIV), was u. a. am sog. Peering liegt [79]. Dies bezeichnet den meist kostenneutralen Zusammenschluss meist gleich großer Provider über einen sog. *Peering-Point* (z. B. den *German Commercial Internet Exchange* (DE-CIX) in Frankfurt/M.). Um im *SimpleUnderlay* eine solche Verletzung zu modellieren, müssen die nach dem oben beschriebenen Verfahren berechneten Latenzen verfälscht werden. Diese Verfälschung muss dabei paarweise konstant bleiben, um zu verhindern, dass die Latenzen zwischen zwei Knoten ständigen großen Schwankungen unterworfen sind.

Die Hauptmotivation des im Folgenden beschriebenen Verfahren ist die realistische Simulation von Netzwerk-Koordinatensystemen im *SimpleUnderlay* von OverSim. Folgende Ziele werden dabei gesetzt:

- Trotz Latenzverfälschung soll die Latenzverteilung, die ohne die vorgenommene Fehlermodellierung erzielt wird, beibehalten werden.

- Es soll eine realistische Nachbildung der Fehlerverteilung bei Latenzabschätzungen durch Netzwerk-Koordinatensysteme erreicht werden.

- Es soll eine realistische Modellierung des zum Berechnen der Koordinaten notwendigen Netzwerkverkehrs erfolgen.

- Die verwendeten Netzwerk-Koordinaten sollen eine für das Internet realistische Verteilung im Koordinatenraum aufweisen.

Im Folgenden wird eine im Rahmen dieser Arbeit und in [45] entwickelte Lösung des Problems beschrieben:

Als realistische Vorgabe für die Fehlerverteilung von Latenzabschätzungen mittels Netzwerk-Koordinatensystemen wurden die Ergebnisse aus [61] herangezogen. Diese wurden mit einer angepassten Version des BitTorrent-Clients *Vuze* gewonnen, der so erweitert wurde, dass er Messungen und Berechnungen in Bezug auf Netzwerk-Koordinaten vornehmen und dazugehörige Statistiken von über einer Million Nutzern übermitteln konnte. Die Eigenschaften und das Verhalten von Netzwerk-Koordinatensystemen konnten so im Internet anstatt in Simulationen und Experimentierplattformen evaluiert werden. Als Netzwerk-Koordinatensystem für *Vuze* kam *Pyxida* (s. Abschnitt 3.3.1) zum Einsatz. Die erzielten Ergebnisse können aber insofern auf Landmark-basierte Verfahren übertragen werden, als dass verschiedene Filter auf die ausgewerteten Latenzmessungen angewandt wurden und so relativ stabile, d. h. wenig adaptierende Koordinaten verwendet wurden. Aus diesem Grund werden die Ergebnisse auch als für Landmark-basierte Netzwerk-Koordinatensysteme anwendbar betrachtet.

4.2.2.1 Gemessene Wahrscheinlichkeitsverteilungen der Schätzfehler

Die aus [61] entnommene Abbildung 4.7 zeigt den Median der gemessenen Latenzschätzfehlerverteilung als kumulative Verteilungsfunktion (CDF) in drei verschiedenen Evaluationsszenarien: Simulation, Internet (*Live (All)*) und PlanetLab.

Die y-Achse zeigt jeweils die Wahrscheinlichkeit, mit der der Median des Schätzfehlers kleiner gleich dem zugehörigen Wert auf der x-Achse ist. Der einer Wahrscheinlichkeit y_0 zugehörige Wert x_0 wird als das y_0-Quantil bezeichnet. Folgende Erkenntnisse können so aus Abbildung 4.7 gewonnen werden: Bei Simulationen tritt

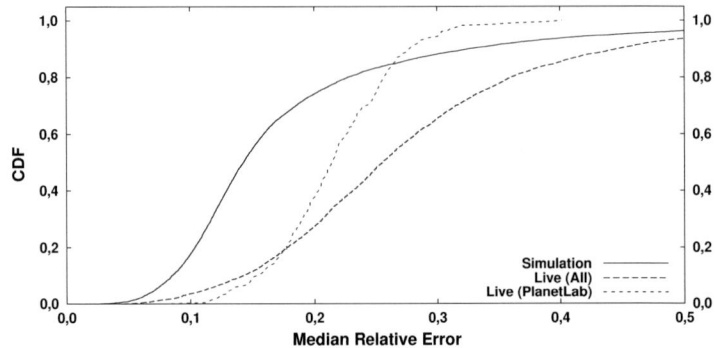

Abbildung 4.7 Netzwerk-Koordinatensysteme: Kumulative Verteilungsfunktionen
(CDF) des Medians der relativen Fehlerwahrscheinlichkeiten in
den drei Umgebungen Simulation, reales Internet und PlanetLab
(Quelle: [61])

mit einer Wahrscheinlichkeit von über 70 % ein relativer Fehler ≤ 20 %. Bei den Messungen im Internet liegt diese Wahrscheinlichkeit bei unter 30 %. Ein relativer Fehler von über 50 % ist in allen drei Fällen unwahrscheinlich, da sich die jeweiligen CDF bei einem *Median Relative Error* von 50 % einer kumulierten Wahrscheinlichkeit von 1 annähern.

4.2.2.2 Nachbildung der Wahrscheinlichkeitsverteilungen

Für die Berechnung der Latenzverfälschung im Simulator müssen Funktionen mit dazugehörigen Parametern identifiziert werden, die der Wahrscheinlichkeitsverteilung in Abbildung 4.7 möglichst nahe kommen, insbesondere der *Live (All)*-Verteilung. Für diesen Zweck wurde die *Kumaraswamy-Verteilung* [56] ausgewählt, einer der *Beta-Verteilung* ähnlichen, aber aufgrund ihrer Einfachheit leichter zu implementierenden Wahrscheinlichkeitsverteilung.

Die kumulative Verteilungsfunktion (*Cumulative Distribution Function*, CDF) der Kumaraswamy-Verteilung ist wie folgt definiert:

$$F(x) = 1 - (1 - x^a)^b \qquad \text{für } x \in [0,1],\ a > 0,\ b > 0 \qquad (4.5)$$
$$\text{mit} \quad F(0) = 0,\ F(1) = 1$$

Eine Verschiebung der Verteilungskurven gemäß Abbildung 4.7 wird durch den zusätzlichen Parameter x_0 erreicht:

$$F(x) = 1 - (1 - (x - x_0)^a)^b \qquad \text{für } (x - x_0) \in [0,1],\ a > 0,\ b > 0 \qquad (4.6)$$

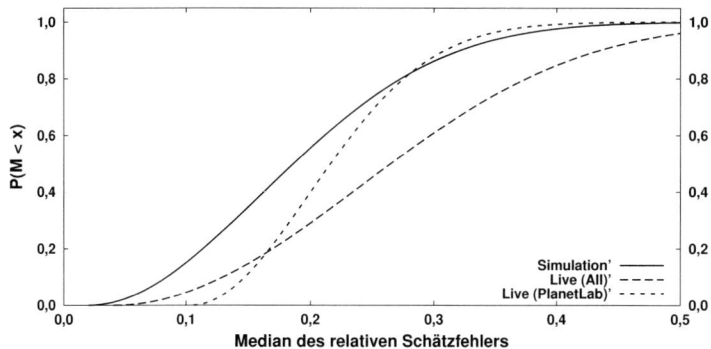

Abbildung 4.8 Netzwerk-Koordinatensysteme: Nachbildung der Kurven aus Abbildung 4.7 mit der Kumaraswamy-Verteilung

In [45] wurden Werte für die Parameter a, b und x_0 identifiziert, um die drei Kurven in Abbildung 4.7 nachzubilden. Daraus ergeben sich die folgenden Funktionen:

$$F_{Simulation'}(x) = 1 - (1 - (x - 0{,}02)^{1{,}96})^{23} \qquad (4.7)$$

$$F_{Live\,(All)'}(x) = 1 - (1 - (x - 0{,}04)^{2{,}03})^{14} \qquad (4.8)$$

$$F_{Live\,(PlanetLab)'}(x) = 1 - (1 - (x - 0{,}105)^{1{,}95})^{50} \qquad (4.9)$$

Die dazugehörigen Graphen sind in Abbildung 4.8 dargestellt. Die Kurven *Live (All)'* und *Live (PlanetLab)'* kommen dabei der Originalverteilung ziemlich nahe, die ursprüngliche Simulationskurve ist aufgrund ihrer erst sehr steilen und ab $x = 0{,}2$ sehr flachen Steigung schwieriger zu rekonstruieren. Die Nachbildung *Simulation'* verläuft im Bereich $0 < x < 0{,}2$ bedeutend flacher als das Original, bei Verwendung dieser Verteilung sind somit höhere Fehlerwerte zu erwarten.

4.2.2.3   Herleitung der Umkehrfunktionen

In einem nächsten Schritt musste eine Möglichkeit gefunden werden, Latenzverfälschungen mit den gerade identifizierten Verteilungsfunktionen zur Simulationszeit im *SimpleUnderlay* zu berechnen, welche paarweise d. h. zwischen zwei Overlay-Knoten konstant und dabei für beide Richtungen gleich sind. Mithilfe der *Inversionsmethode* [30] kann aus einer gleichverteilten Zufallsvariablen X eine Zufallsvariable Y mit einer beliebigen anderen kumulativen Verteilungsfunktion berechnet werden:

Satz. (Inversionsmethode) *Sei Y eine reelle, gleichverteilte Zufallsvariable in dem Intervall zwischen 0 und 1, und sei $F : \mathbb{R} \to [0,1]$ eine reelle Verteilungsfunktion. Dann ist $X = F^{-1}(Y)$ mit*

$$F^{-1}(y) = \inf\{x | F(x) = y,\, 0 < y < 1\} \qquad (4.10)$$

eine reelle Zufallsvariable, die die Verteilungsfunktion F besitzt.

Da die Funktion F der Kumaraswamy-Verteilung streng monoton steigend ist, kann für F^{-1} die Umkehrfunktion der Verteilung verwendet werden. Somit lässt sich die folgende Umformung vornehmen, wobei $y = F(x)$ gilt.

$$y = 1 - (1 - (x - x_0)^a)^b \tag{4.11}$$

$$\begin{aligned}
(1 - (x - x_0)^a)^b &= 1 - y \\
1 - (x - x_0)^a &= \sqrt[b]{1 - y} \\
(x - x_0)^a &= 1 - \sqrt[b]{1 - y} \\
x - x_0 &= \sqrt[a]{1 - \sqrt[b]{1 - y}} \\
x &= \sqrt[a]{1 - \sqrt[b]{1 - y}} + x_0
\end{aligned} \tag{4.12}$$

Da y gleichverteilt im Intervall $[0;1]$ liegt, kann man $(1 - y)$ durch y ersetzen, ohne dass sich die transformierte Verteilung ändert. Es werden hierdurch nur Anfangs- und Endwert des Intervalls vertauscht und somit das Intervall bei $y = 0{,}5$ gespiegelt:

$$x = \sqrt[a]{1 - \sqrt[b]{y}} + x_0 \tag{4.13}$$

Mit Y als einer gleichverteilten, reellen Zufallsvariable ist somit $X = \sqrt[a]{1 - \sqrt[b]{Y}} + x_0$ eine Zufallsvariable mit der um x_0 verschobenen Kumaraswamy-Verteilung und den Parametern a und b.

Um eine verfälschte Latenz zu berechnen, wird eine gleichverteilte Zufallszahl $x \in [0;1]$ benötigt. Diese wird durch die Anwendung einer *konsistenten Hash-Funktion* $\mathcal{H}$ auf die unverfälschte Latenz berechnet[9]. Da die unverfälschte Latenz anhand von festen Koordinaten berechnet wird, ist diese und damit auch deren Hash-Wert für beide Senderichtungen identisch. Zusätzlich wird per Zufallsentscheid entschieden, ob der errechnete Wert von der ursprünglichen Latenz abgezogen oder dazu addiert wird. Insgesamt ergibt sich für die fehlerbehaftete Latenz $\hat{\delta}_{AB}$ zwischen zwei Knoten A und B:

$$\hat{\delta}_{AB} = (1 \pm \gamma_{AB}) \cdot \delta_{AB} \tag{4.14}$$

mit

$$\gamma_{AB} = \sqrt[a]{1 - \sqrt[b]{\frac{\mathcal{H}(\delta_{AB})}{\mathcal{H}_{max}}}} + x_0 \tag{4.15}$$

und den Parametern

$a = 1{,}96$	$b = 23$	$x_0 = 0{,}02$	für *Simulation'*
$a = 2{,}03$	$b = 14$	$x_0 = 0{,}04$	für *Live (All)'*
$a = 1{,}95$	$b = 50$	$x_0 = 0{,}105$	für *Live (PlanetLab)'*

---

[9]Hat die Hash-Funktion einen Wertebereich von $[0; \mathcal{H}_{max}]$ mit $\mathcal{H}_{max} \neq 1$, muss das Ergebnis noch durch $\mathcal{H}_{max}$ geteilt werden.

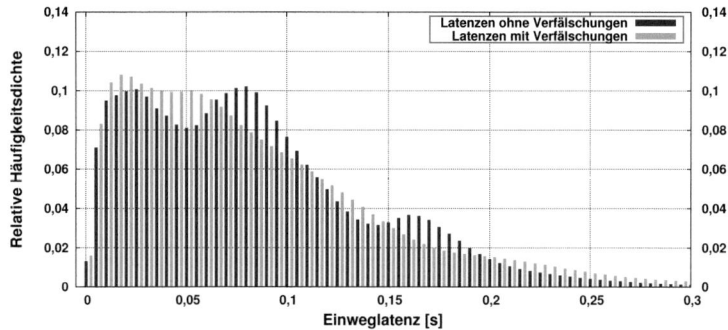

Abbildung 4.9 Latenzverfälschungen: Resultierende relative Häufigkeitsdichte der simulierten Einweglatenzen mit und ohne Verfälschungen

4.2.2.4 Resultierende Latenzen

Die in Abbildung 4.9 dargestellten relativen Häufigkeitsdichten der Einweglatenzen ergeben sich bei Verwendung des 2-dimensionalen Datensatzes der Skitter-basierten Koordinaten – hier dargestellt mit und ohne die beschriebenen Verfälschungen. Dazu wurden in 100 Durchläufen für 5 000 Knoten Koordinaten aus dem Skitter-Datensatz mit 15 000 Koordinaten zufällig ausgewählt. Die Ergebnisse ohne Verfälschungen stimmen überwiegend mit denen aus [50] überein, wo mit einem ähnlichen Verfahren Koordinaten zur Simulation von Netzwerklatenzen berechnet wurden. Eine Verfälschung der Latenzen wurde dort jedoch nicht vorgenommen.

Der Durchschnittswert der resultierenden Einweglatenzen liegt in beiden Fällen – mit und ohne Latenzverfälschungen – bei 85 ms. Die deutlich zu erkennenden Spitzen in der Kurve der unverfälschten Häufigkeitsdichte entstehen durch die Konzentration der Koordinaten in wenigen Ballungszentren im Koordinatenraum. Diese entsprechen den Standorten der dazugehörigen Rechner auf den auch in Abbildung 4.6 markierten Kontinenten. Verglichen dazu ist die Häufigkeitsdichte der verfälschten Einweglatenzen abgeflacht und weist weniger Spitzen auf.

4.2.2.5 Einsatzszenario der Fehlermodellierung

Um das vorgestellte Fehlermodellierung bei der Simulation von Landmark-basierten Netzwerk-Koordinatensystemen einzusetzen, muss wie im Folgenden beschrieben vorgegangen werden:

1. Die simulierten Landmark-Knoten übernehmen die Koordinaten aus dem Underlay als ihre Netzwerk-Koordinaten. Diese übermitteln sie auf Anfrage an gewöhnliche Overlay-Knoten.

2. Ein dem Overlay-Netz neu beitretender Knoten sendet Anfragen an $d + 1$ Landmark-Knoten. Diese antworten mit ihren Netzwerk-Koordinaten. Die Latenz der Anfragenachricht wird dabei *nicht* verfälscht. Der Knoten verwendet die somit unverfälschte Latenz und die ebenso unverfälschten Landmark-Koordinaten zur Berechnung der eigenen Netzwerk-Koordinaten. Bei einer hinreichend

großen Anzahl von Durchläufen des *Simplex-Downhill-Algorithmus* mit unterschiedlichen Initialisierungswerten werden so mit hoher Wahrscheinlichkeit Koordinaten berechnet, die nahe bei denen im Underlay verwendeten liegen. Alternativ können diese auch direkt übernommen werden.

3. Die Latenzen der Pakete jeder weiteren Kommunikation zwischen gewöhnlichen Overlay-Knoten werden nach dem vorgestellten Verfahren verfälscht.

Die vorgestellte Lösung kann nicht verwendet werden, um bei dezentralen Netzwerk-Koordinatensystemen wie Vivaldi (s. Abschnitt 3.3) die dort zu erwartende Fehlerverteilung bei Latenzabschätzungen zu erreichen. Dies liegt in der dort durchgeführten kontinuierlichen Adaption der Netzwerk-Koordinaten begründet: Der aufmodellierte Fehler wird durch die Adaption im Laufe der Simulation wieder ausgeglichen. Der Erwartungswert des Fehlers sinkt weit unter eine für das Internet realistische gewünschte Schwelle, wie entsprechende Versuche mit OverSim gezeigt haben. Für die Simulation von dezentralen, die Koordinaten adaptierenden Netzwerk-Koordinatensystemen mit realistischen Fehlerverteilungen müssen die Latenzen im simulierten Underlay ohne die Verwendung von Koordinaten zur Latenzmodellierung berechnet werden. Alternativ kann in der Simulation auf die Berechnung der Netzwerk-Koordinaten verzichtet werden: Stattdessen können für Netzwerk-Koordinatensysteme realistische Latenzabschätzungen mit Hilfe der Parameter des simulierten Underlays (z. B. den dort verwendeten Koordinaten zur Latenzberechnung) und einem entsprechenden Fehlermodell modelliert werden.

4.2.3 Zentrales Modul zur Verwaltung von Latenzinformationen

Ohne entsprechende Erweiterung wird für Overlay-Knoten in OverSim kein Mechanismus angeboten, der Informationen über bisher kennengelernte Overlay-Knoten zwischenspeichert, um diese bei Bedarf wieder verwenden zu können. Dies ist z. B. hilfreich bei der Entscheidung, ob ein Knoten (evtl. erneut) in die Routing-Tabellen eingetragen werden soll. Zu diesem Zweck wurde im Rahmen dieser Arbeit das *NeighborCache*-Modul für OverSim entwickelt, das die im Folgenden aufgelisteten Aufgaben übernimmt:

- **Speichern von Latenzinformationen**: Das Modul speichert jede gemessene Latenz zu anderen Knoten, um deren Durchschnitt und Varianz berechnen zu können, was z. B. für die optimale Berechnung von RPC-Timeouts genutzt werden kann. Die Anzahl der gespeicherten Knoten und Latenzen pro Knoten kann per Parameter beschränkt werden, um den Speicherbedarf zu begrenzen. Bei Überschreitung der maximalen Anzahl wird das *Least Recently Used*-Verfahren LRU eingesetzt, um zu entscheiden, welcher Knoten aus dem *NeighborCache* entfernt wird.

- **Speichern von Aktivitätsinformationen**: Im *NeighborCache*-Modul werden Knoten speziell markiert, welche auf Anfragen in der Vergangenheit nicht reagiert haben und deshalb als ausgefallen angesehen werden müssen. Dies kann verwendet werden, um zu verhindern, dass ausgefallene Knoten (wieder) in die lokalen Routing-Tabellen eingetragen werden. Dies ist insbesondere sinnvoll bei Knoten, über deren Existenz ein lokaler Knoten durch andere Knoten informiert wurde.

- **Verwaltung von Netzwerk-Koordinaten**: Der *NeighborCache* speichert die Netzwerk-Koordinaten des lokalen Knotens und die aller anderen Overlay-Knoten, soweit sie bekannt sind. Zusätzlich wird eine einheitliche Schnittstelle zu verschiedenen Netzwerk-Koordinatensystemen zur Verarbeitung von Netzwerk-Koordinaten angeboten.

- **Durchführung der Discovery Phase**: Unabhängig vom verwendeten Overlay-Protokoll und Netzwerk-Koordinatensystem kann das *NeighborCache*-Modul eine generische *Discovery Phase* durchführen, um vor Beitritt des lokalen Knotens in das Overlay-Netz andere Overlay-Knoten zu kontaktieren. Details dazu sind in Abschnitt 4.2.3.1 zu finden.

- **Generische Schnittstelle für Latenzabschätzungen**: Das *NeighborCache*-Modul bietet eine generische Schnittstelle an, um unabhängig davon, ob und welches Netzwerk-Koordinatensystem verwendet wird, Latenzabschätzungen durchzuführen. Dabei kann auch auf die schon gesammelten Latenzen zu bestimmten Overlay-Knoten zurückgegriffen werden. Die zurückgelieferten Abschätzungen beinhalten auch immer eine Einschätzung der Güte der Latenzabschätzung: Die Komponente, die die Latenzabschätzung abfragt, kann so die Rückgabe besser verwerten.

Der *NeighborCache* arbeitet völlig transparent für das verwendete Overlay-Protokoll und die dazugehörigen Anwendungen. Um Latenzinformationen zu sammeln, werden bei aktiviertem *NeighborCache* automatisch die RTTs aller RPCs, die ohne Umweg durch das Overlay-Netz versandt wurden, ausgewertet. Bleibt auch nach einer konfigurierbaren Anzahl von Zustellversuchen die Antwortnachricht aus, wird der entsprechende Overlay-Knoten als ausgefallen markiert. Die gesammelten Informationen über andere Overlay-Knoten werden in einer Hash-Tabelle gespeichert, Details dazu sind in Anhang A zu finden.

4.2.3.1 Generische Discovery Phase

Das *NeighborCache-Modul* ermöglicht die Durchführung einer protokollunabhängigen *Discovery Phase*. Diese kann – wie z. B. für Pastry vorgeschlagen (s. Abschnitt 2.7.2) – zum einen dafür verwendet werden, einen physisch möglichst nahen *Bootstrap-Knoten* zu finden. In einem anderen Einsatzszenario wird die *Discovery Phase* dafür genutzt, die Netzwerk-Koordinaten und RTTs sowohl von physisch nahen als auch im Koordinatenraum gestreuten Overlay-Knoten zu erlangen, um möglichst stabile initiale Netzwerk-Koordinaten berechnen zu können. Erst nach Abschluss der *Discovery Phase* tritt der lokale Knoten dem Overlay-Netz bei, indem er eine JOIN-Nachricht an den (evtl. neu gewählten) *Bootstrap-Knoten* sendet.

4.2.3.2 Integration von GNP/NPS

Die Landmark-basierten Netzwerk-Koordinatensysteme GNP und NPS (s. Abschnitt 3.2) werden beide in der Klasse `Nps` implementiert. Jedem Overlay-Knoten wird ein *NPS-Layer* zugeordnet, welches in der `GlobalNodeList` gespeichert wird. Den Landmark-Knoten wird dabei die 0 zugewiesen. Bei der Initialisierung wird die `GlobalNodeList` nach Knoten gefragt, deren *NPS-Layer* kleiner oder gleich einem angegebenen `maxLayer` liegen. Bei Verwendung von GNP gilt `max-Layer` $= 0$. Je nach Dimension d des Netzwerk-Koordinatensystems werden dann

$d+1$ Knoten per RPC kontaktiert und aus den zurückgelieferten Netzwerk-Koordinaten und den gemessenen RTTs die eigenen Koordinaten und, bei Verwendung von NPS, das eigene *NPS-Layer* berechnet. Nachdem ein Overlay-Knoten sein *NPS-Layer* berechnet hat, wird dieses in der `GlobalNodeList` aktualisiert, damit er bei entsprechend niedrigem Layer von anderen Knoten als Landmark-Knoten verwendet werden kann. Der Knoten tritt dann dem Overlay-Netz bei, die Koordinaten bleiben bis zum Austritt des Overlay-Knotens aus dem Overlay-Netz stabil.

Für die Berechnung der Netzwerk-Koordinaten der Landmark-Knoten sind zwei Verfahren möglich:

- In einer Pre-Initialisierungsphase kontaktieren sich die Landmark-Knoten untereinander und sammeln die dabei gemessenen RTTs bei einem der Landmark-Knoten. Dieser berechnet daraus die Koordinaten aller Landmark-Knoten mit dem kleinsten quadratischen Fehler und verteilt diese entsprechend.

- Bei Verwendung des `SimpleUnderlays` können alternativ alle Koordinaten direkt aus dem koordinatenbasierten Modell zur Underlay-Abstraktion verwendet werden.

In der Simulation werden zwei *Churn-Generatoren* benötigt, um normale Overlay-Knoten und Landmark-Knoten unabhängig voneinander erzeugen zu können. Üblicherweise werden hier auch unterschiedliche Modelle für Knotenfluktuation verwendet, z. B. `LifetimeChurn` für normale Overlay-Knoten und `NoChurn` für die Landmark-Knoten. Die Landmark-Knoten nehmen nicht am Overlay-Netz teil, sondern antworten nur auf Anfragen der Overlay-Knoten mit ihren Netzwerk-Koordinaten. Weitere Details der GNP- und NPS-Implementierung für *OverSim* sind in [34] beschrieben.

4.2.3.3 Integration von (S)Vivaldi

Bei Vivaldi (s. Abschnitt 3.3) und dem davon erbenden SVivaldi (s. Abschnitt 3.3.1) müssen keine Landmark-Knoten simuliert werden, da es sich um dezentrale Netzwerk-Koordinatensysteme handelt. Aus diesem Grund sind auch keine zusätzlichen simulierten Pakete notwendig. Die Klassen `Vivaldi` und `SVivaldi` implementieren die Koordinatenadaption, die beim Empfang jeder Antwort auf einen RPC durchgeführt wird. Diese Information wird bei Empfang entsprechender Nachrichten vom *NeighborCache* übergeben, der diese zuvor ausgelesen hat. Zusätzlich fügt der *NeighborCache* bei aktiviertem Vivaldi die notwendigen Informationen ausgehenden RPC-Antworten hinzu (*piggy-back*). Beide Vorgänge, Hinzufügen und Auslesen von Netzwerk-Koordinaten-Informationen, geschehen jeweils transparent für die Komponente, die den RPC versendet.

4.2.3.4 Pseudo-Netzwerk-Koordinatensystem mit realistischer Fehlerverteilung

Basierend auf den in Abschnitt 4.2.2 beschriebenen Verfälschungen von Latenzen im *SimpleUnderlay* wurde im Rahmen dieser Arbeit für OverSim ein das gleiche Verfahren nutzendes Netzwerk-Koordinatensystem implementiert. Dieses Pseudo-Netzwerk-Koordinatensystem berechnet oder adaptiert keine Netzwerk-Koordinaten, sondern liefert Latenzabschätzungen zurück, die eine für das Internet realistische Fehlerverteilung aufweisen. Als Basis dafür dienen die Koordinaten, die vom *SimpleUnderlay* zur Berechnung der simulierten Latenzen verwendet werden.

Dieses `SimpleNCS` genannte Netzwerk-Koordinatensystem kann in zwei verschiedenen Modi verwendet werden, je nach Ansatzpunkt der Verfälschungen:

- Das Pseudo-Netzwerk-Koordinatensystem übernimmt die unverfälschten Koordinaten des *SimpleUnderlay* und gibt auf Anfrage die daraus berechneten Latenzen zurück, die zusätzlich nach dem in Abschnitt 4.2.2 beschriebenen Verfahren verfälscht wurden. Die simulierten Latenzen werden in diesem Modus also nicht verfälscht, sondern nur die Abschätzungen.

- Das `SimpleNCS` wird über einem mit dem *SimpleUnderlay* simulierten Underlay-Netz mit Latenzverfälschungen eingesetzt. Die Netzwerk-Koordinaten ergeben sich direkt aus den Koordinaten des *SimpleUnderlays*, die darauf basierenden Latenzabschätzungen sind durch die Verfälschungen im simulierten Underlay fehlerbehaftet.

Im simulierten Overlay-Netz versendet dieses Pseudo-Netzwerk-Koordinatensystem die Netzwerk-Koordinaten wie Vivaldi *piggy-back* zwischen Overlay-Knoten bei Antwortnachrichten auf RPCs. Die versendeten Koordinaten entsprechen denen, die vom *SimpleUnderlay* verwendet werden. Der Kommunikationsaufwand des Netzwerk-Koordinatensystems gleicht somit dem von Vivaldi mit d-dimensionalen Netzwerk-Koordinaten, wobei d der Dimension der dem Underlay zugrunde liegenden Koordinaten entspricht.

4.3 Evaluierung mit OverSim

OverSim wird in dieser Arbeit als Evaluationsplattform für alle untersuchten und entwickelten Konzepte und Protokolle verwendet. Für alle Simulationen wird dazu die Revision 8995 des SVN-Repositories von OverSim verwendet. Um Vergleichbarkeit zu schaffen, müssen zusätzlich zur Verwendung einer einheitlichen Plattform auch die von den zu untersuchenden Systemen unabhängigen Konfigurationsparameter bei allen Simulationsläufen identisch sein. Bei Overlay-Netzen spielen besonders die Parameter des zugrunde liegenden Netzwerks, dem Underlay-Netz, eine entscheidende Rolle. Diese legen sowohl die Größe (d. h. Anzahl der Overlay-Knoten N) und die Ausdehnung (d. h. Verteilung der Latenzen) des Overlay-Netzes fest als auch die Ausprägung von Knotenfluktuation (d. h. die erwartete Lebenszeit pro Overlay-Knoten $E[L]$).

Fokus der Evaluierungen sind die in Abschnitt 2.9 beschriebenen Kenngrößen *Routing-Latenz* δ'_o, *Kommunikationsaufwand* und *Zustellrate* $\mathcal{D}$ bei Routing-Prozeduren in strukturierten Overlay-Netzen. Alle zu evaluierenden Systeme bieten darüber liegenden Netzwerkschichten die *CommonAPI* für strukturierte P2P Overlays an und können so von der in Abschnitt 4.1.4.3 beschriebenen `KBRTestApp` genutzt werden. Diese wird – soweit nicht anders angegeben – in allen Simulationen zur Modellierung einer einheitlichen Applikation bzw. eines Nutzers des Overlay-Netzes verwendet. Die `KBRTestApp` startet in allen Simulationen periodisch drei voneinander unabhängige Testprozeduren:

- **Einwegtest**: Zu einer zufällig ausgewählten NodeId eines noch mind. 15 s im Overlay-Netz aktiven Knotens wird eine Testnachricht geroutet, wobei bei erfolgreicher Zustellung die Einweglatenz und die Anzahl der benötigten Overlay-Hops aufgezeichnet werden. Am Ende eines Simulationslaufs wird anhand des Verhältnisses von gesendeten und empfangenen Nachrichten die erzielte Zustellrate abgeleitet.

- **RPC-Test**: Wie beim Einwegtest wird zu einer zufällig ausgewählten Node-Id eines noch mind. 15 s im Overlay-Netz aktiven Knotens ein Test-RPC geroutet, worauf dieser mit einer RPC-Response-Nachricht antwortet. Dabei werden beim Eintreffen der Antwortnachricht die Gesamtlatenz und die Anzahl der benötigten Overlay-Hops aufgezeichnet. Wie beim Einwegtest wird am Ende eines Simulationslaufs anhand des Verhältnisses von gesendeten und empfangenen Nachrichten die Zustellrate abgeleitet.

- **Lookup-Test**: Hierbei wird auf eine zufällig ausgewählte NodeId eines noch mind. 15 s im Overlay-Netz aktiven Knotens ein – je nach Konfigurationsparameter des verwendeten Overlay-Protokolls – rekursiver oder iterativer KBR-Lookup ausgeführt. Aufgezeichnet werden die Gesamtlatenz der Lookup-Prozedur und die Anzahl der dabei kontaktierten Overlay-Knoten.

Die 15 s, die die ausgewählten Zielknoten bei allen drei Testprozeduren noch mind. im Netzwerk verbleiben müssen, sind notwendig, um zu verhindern, dass die angestoßenen Routing- oder Lookup-Prozeduren nur aufgrund des Ausfalls der Zielknoten fehlschlagen. Da die Evaluierung aber zeigen soll, ob das verwendete Overlay-Protokoll trotz Knotenfluktuation eine stabile Overlay-Struktur aufrechterhält und die Routing- oder Lookup-Prozeduren korrekt durchführt, ist diese Vorgabe notwendig.

Die Zeitintervalle zwischen einzelnen durchgeführten Testprozeduren sind jeweils normalverteilt mit einem Erwartungswert von $60\,s$ und einer Varianz von $6\,s$, was einem einfachen Modell einer den KBR-Dienst nutzenden Anwendung entspricht. In allen drei Fällen werden die Prozeduren nur dann als erfolgreich gewertet, wenn der Knoten, dessen NodeId adressiert wurde, innerhalb eines Timeout-Intervalls von $t_f = 10\,s$ die gesendete Nachricht empfängt und – falls es sich dabei um einem RPC handelt – darauf antwortet und die Antwort beim Initiator der Routing-Prozedur ankommt. Ein Lookup gilt als erfolgreich, wenn bei Abbruch des Lookups der adressierte Knoten an erster Stelle des Ergebnisvektors $\bar{L}_y$ steht. Da jeder Overlay-Knoten zu jedem Zeitpunkt hauptverantwortlich für seine eigene NodeId ist, wird bei diesem Vorgehen die Frage, ob auch wirklich der hauptverantwortliche Knoten die Nachricht empfangen hat bzw. bei einem Lookup als hauptverantwortlicher Knoten identifiziert wurde, eindeutig beantwortet.

Pro Simulationslauf werden die arithmetischen Mittelwerte der genannten Kenngrößen über alle Overlay-Knoten aufgezeichnet. Die Mittelwerte werden wiederum über alle 15 durchgeführten Simulationsdurchläufe gemittelt. Das in allen in dieser Arbeit dargestellten Ergebnissen mit angegebene 99%-Konfidenzintervall macht somit eine Aussage über die Genauigkeit der Lageschätzung des Mittelwerts.

4.3.1   Simulationsparameter

Tabelle 4.1 gibt eine Übersicht über die – falls nicht explizit anders angegeben – in allen durchgeführten Simulationen verwendeten Simulationsparameter bzgl. des simulierten Underlay-Netzes und der Testapplikation. Die Parameter der zu evaluierenden Protokolle und Konzepte werden in den dazugehörigen Evaluierungsabschnit-

Evaluationsparameter	Wert
Anzahl an Simulationsläufen pro Parameterkonfiguration	15
Anzahl N der Knoten im Overlay-Netz	5 000
Knotenfluktuation	keine (NoChurn) oder *Weibull*-verteilte Lebenszeit (LifetimeChurn) mit variablem $\lambda \in [50; 50\,000]$ und $k = 0,5$, das entspricht $E[L] \in [100; 100\,000]$
Applikationsnachrichten	periodisch mit normalverteiltem Intervall t_{app} ($E[t_{\text{app}}] = 60\,s$, $\sigma_{t_{\text{app}}} = 6\,s$) 2×100 Bytes an existierende NodeIds (Einweg und RPC), Lookup auf existierende NodeId
Initialisierungsphase	5 000 s, d. h., jede Sekunde tritt ein Knoten dem Overlay-Netz bei
Übergangsphase	1 000 s
Datenerhebungsphase	2 500 s
Underlay-Modell	*SimpleUnderlay*
Basis für simulierte Latenzen	15 000 aus Skitter-Daten berechnete 2-dimensionale Koordinaten, Verfälschungen gemäß Pyxida-Fehlerverteilung *Live (All)'*

Tabelle 4.1 OverSim: Verwendete KBR-Evaluationsparameter

ten angegeben. Die simulierten Netzwerke bestehen aus 5 000 Overlay-Knoten[10], welche in der Initialisierungsphase nacheinander – jeweils einer pro Sekunde – dem Netzwerk beitreten. Nach einer 1 000 s langen Übergangsphase, in der sich das Netzwerk stabilisiert, werden über einen Zeitraum von 2 500 s statistische Daten erfasst und gesammelt. Jeder Simulationsdurchlauf wird 15 mal mit jeweils unterschiedlichen Werten für den Initialisierungsvektor des Pseudozufallszahlengenerators von OMNeT++ wiederholt.

Um Netzwerke mit dieser Anzahl an Overlay-Knoten in akzeptabler Zeit simulieren zu können, wurde für alle in dieser Arbeit durchgeführten Simulationen das *SimpleUnderlay* als Modell für das zugrunde liegende Netzwerk verwendet. Die in Abschnitt 4.2.1 beschriebenen synthetischen Koordinaten wurden zur Latenzberechnung verwendet. Um die in Netzwerkszenarien mit und ohne Netzwerk-Koordinatensystem erzielten Simulationsergebnisse vergleichen zu können, wurden die in Abschnitt 4.2.2 beschriebenen Verfälschungen der Netzwerklatenzen in allen Simulationen aktiviert[11]. Knotenfluktuation wurde mit dem in Abschnitt 4.1.4.2

---

[10]Bei Verwendung von rechenintensiven Overlay-Protokollen wie z. B. Pastry können mit OverSim nur Simulationen von Overlay-Netzen dieser Größe mit vertretbarem zeitlichen Aufwand durchgeführt werden. Diese Netzgröße wurde auch für weniger rechenintensive Protokolle gewählt, um einen Vergleich der Ergebnisse zu ermöglichen.

[11]Für Netzwerkszenarien ohne Netzwerk-Koordinatensystem wurden zusätzlich auch Simulationsläufe ohne Latenzverfälschungen durchgeführt. Die dabei erzielten Simulationsergebnisse werden hier jedoch nicht präsentiert, da diese nur geringfügig von denen mit aktivierten Latenzverfälschungen abweichen.

beschriebenen *Churn-Generator* vom Typ `LifetimeChurn` generiert, die durchschnittliche Lebenszeit $E[L]$ der Overlay-Knoten wurde dabei zwischen $100\,s$ und $100\,000\,s$ variiert. Zusätzlich wurden bei allen Evaluierungen auch Simulationsläufe ohne Knotenfluktuation durchgeführt. Bei Angabe der durchschnittlichen Lebenszeit pro Knoten auf der x-Achse werden diese Ergebnisse dann bei „$\to \infty$" aufgetragen.

Die drei von der `KBRTestApp` periodisch angestoßenen Prozeduren verursachen ohne Signalisierung und Sendewiederholungen bei aktivierten Bestätigungsnachrichten im rekursiven Routing-Modus eine Senderate pro Knoten von 35 Bytes/s[12]. Bei der Evaluierung des Kommunikationsaufwands werden jedoch immer alle Nachrichten, die ein Overlay-Knoten versendet berücksichtigt, d. h. sowohl Applikationsdaten als auch die Nachrichten für die Signalisierung im Overlay-Netz. Dies ist insofern sinnvoll und notwendig, da sich das Aufkommen an Signalisierungs- und Applikationsdaten gegenseitig bedingt: Mehr Signalisierungsaufwand führt ggf. zu weniger Applikationsnachrichten, da aufgrund aktueller gehaltener Routing-Tabellen (die weniger ausgefallene Overlay-Knoten enthalten) weniger Sendewiederholungen notwendig sind. Umgekehrt können bei einer höheren Anzahl von durch die Applikation versendeten Nachrichten – während der dazu durchgeführten Routing- oder Lookup-Prozeduren – mehr Overlay-Knoten einander kennenlernen, was u. U. Signalisierungsnachrichten unnötig macht und somit einspart.

4.4   Zusammenfassung

OverSim stellt ein mächtiges Werkzeug zur Analyse von P2P- und Overlay-Netzen dar. OverSim bietet eine Vielzahl an Funktionen, die das Entwickeln von P2P- und Overlay-Anwendungen unterstützen. Besonders hervorzuheben ist dabei die flexible und modulare Architektur und die Anbindung an echte Netzwerke. Eine Vielzahl von Overlay-Protokollen und Anwendungen ist bereits in das Framework integriert, welches kontinuierlich weiterentwickelt wird. Aufgrund seiner Eigenschaften und freien Verfügbarkeit wird OverSim mittlerweile weltweit zu wissenschaftlichen Zwecken eingesetzt und dient dabei häufig als Plattform zur schnellen Realisierung und Evaluierung von Protokollprototypen, was die auf http://www.oversim.org/ zu findende Literaturliste zeigt.

Aufgrund seiner Flexibilität, Erweiterbarkeit und seiner Eigenschaften als Evaluierungswerkzeug für P2P- und Overlay-Netze wird OverSim für die Evaluierung der in dieser Arbeit vorgestellten Konzepte verwendet. Die allgemeinen Eigenschaften und dafür notwendigen Erweiterungen, wie die Integration von Netzwerk-Koordinatensystemen und die Simulation von für das Internet realistischen Latenzen, wurden in diesem Kapitel dargestellt. Spezielle, nur auf einzelne Konzepte zugeschnittene Erweiterungen werden in den dazugehörigen Kapiteln beschrieben.

---

[12]Gemessen mit Pastry (rekursives Routing) bei 5 000 Overlay-Knoten, ohne Knotenfluktuation benötigt Pastry keine Signalisierung, nachdem alle Knoten dem Overlay-Netz beigetreten sind.

5. R/Kademlia – Rekursives Kademlia

In diesem Kapitel wird der Fokus auf den Entwurf des rekursiven und strukturierten Overlay-Protokolls *R/Kademlia* gerichtet. Abbildung 5.1 gibt einen Überblick über die in diesem Kapitel vorgenommenen Schritte. Zunächst wird motiviert und analysiert, warum und in welchen Netzwerk-Szenarien rekursives Routing aufgrund seiner dort erzielten Routing-Effizienz bevorzugt verwendet werden sollte. Dabei werden insbesondere das Verhalten verschiedener Routing-Modi von Overlay-Protokollen unter Knotenfluktuation analysiert. Als ein Ergebnis wird dabei ein analytisches Modell präsentiert, das Routing-Modus und Knotenfluktuation berücksichtigt. In einem nächsten Schritt werden Verfahren zur Topologieadaption strukturierter Overlay-Netze identifiziert und bewertet. Im Anschluss daran werden die Protokolle Bamboo und Kademlia kurz gegenübergestellt, um eine günstige Kombination von Protokoll-Mechanismen für einen neuen Protokollentwurf zu finden. Das Protokoll R/Kademlia mit seinen beiden Signalisierungsmodi und konkreten Topologieadaptionsmechanismen wird im darauf folgenden Abschnitt beschrieben. Unter Verwendung von R/Kademlia wird dann das zuvor erstellte analytische Modell validiert. Das Kapitel schließt mit einer umfassenden Evaluierung von R/Kademlia.

5.1 Analyse: Knotenfluktuation

Knotenfluktuation – also das Bei- und Austreten von Knoten in das bzw. aus dem Overlay-Netz – muss vom verwendeten Overlay-Protokoll durch entsprechende Signalisierung berücksichtigt werden. Ziel ist es, die Overlay-Struktur zu erhalten und den KBR-Dienst zuverlässig zu erbringen. Knotenfluktuation hat jedoch immer negativen Einfluss auf Zustellrate und Routing-Latenzen, da mit höheren Raten von Knotenfluktuation die Wahrscheinlichkeit steigt, dass der Zielknoten oder ein Knoten auf dem Routing-Pfad ausgefallen ist.

Ausfälle von Overlay-Knoten, die in den Routing-Tabellen anderer Overlay-Knoten eingetragen sind, haben insofern Einfluss auf die Routing-Latenzen, als – je

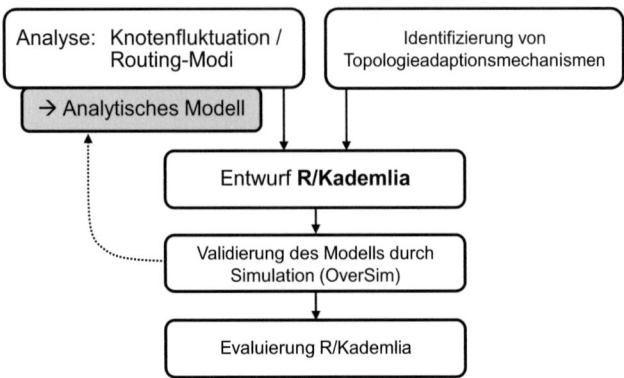

Abbildung 5.1 R/Kademlia: Ablauf der Analyse und Struktur des Kapitels

nach Szenario – ein bedeutender Teil der Gesamtlatenz einer Routing-Prozedur durch Wartezeiten auf Antworten von nicht mehr existenten Overlay-Knoten benötigt wird. Auch ist je nach Overlay-Protokoll der nach einem Knotenausfall kontaktierte Ersatzknoten u. U. physisch weiter entfernt als der ursprünglich gewählte Peer, sodass weitere Verzögerungen die Folge sind.

5.1.1 Mathematische Modellierung von Knotenfluktuation

Zur mathematischen Analyse kann Knotenfluktuation mit stochastischen Lebenszeitmodellen von Overlay-Knoten (sog. *Churn-Modelle*) beschrieben werden. Ein Weibull-basiertes Modell und dazugehörige Parameter für die Knotenfluktuation in den im Internet verbreiteten P2P-Netzen wie dem KAD-Netzwerk wurden in [115] und [111] vorgestellt. In [123] wird alternativ dazu ein 2-stufiges Churn-Modell, basierend auf der *Pareto-Verteilung*, vorgestellt. Sowohl die Weibull- als auch die Pareto-basierten Churn-Modelle haben als gemeinsame Charakteristik wenige langlebige Knoten und einen großen Anteil von Overlay-Knoten, die – relativ zum Erwartungswert $E[L]$ der Lebenszeit L der Overlay-Knoten – nur eine kurze Zeit Teil des Overlay-Netzes sind.

Das Weibull-basierte Churn-Modell basiert auf abwechselnden Lebens- und Totzeiten der teilnehmenden Overlay-Knoten und wird mit der *Weibull-Verteilung* $\mathrm{Wei}(x; k, \lambda)$ mit dem *shape*-Parameter $k = 0,5$ und der Wahrscheinlichkeitsdichtefunktion und der kumulativen Verteilungsfunktion

$$f(x) = \begin{cases} \frac{k}{\lambda}\left(\frac{x}{\lambda}\right)^{k-1}\mathrm{e}^{-\left(\frac{x}{\lambda}\right)^k} & x \geq 0 \\ 0 & x < 0 \end{cases} \tag{5.1}$$

$$F(x) = 1 - \mathrm{e}^{-\left(\frac{x}{\lambda}\right)^k} \tag{5.2}$$

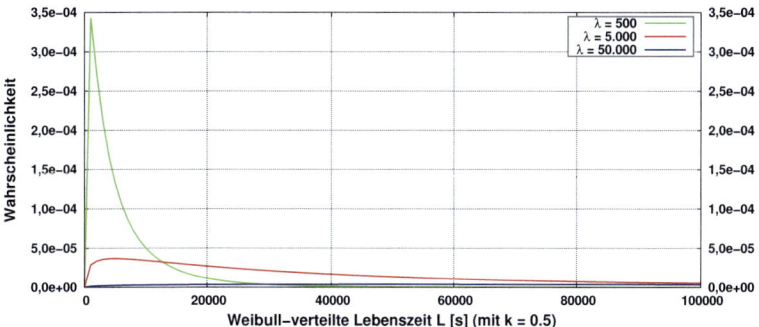

(a) Wahrscheinlichkeitsdichtefunktion (*Probability Density Function* / PDF) der Lebenszeit L der Overlay-Knoten

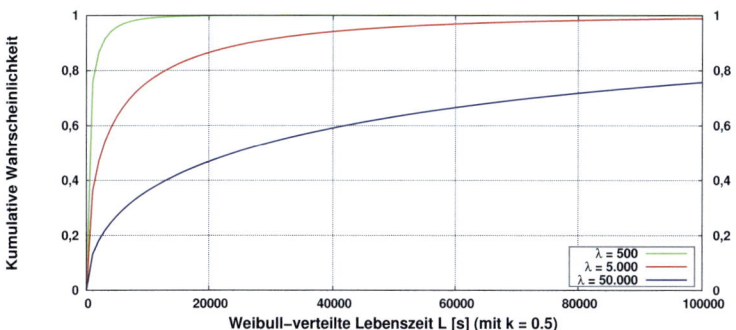

(b) Kumulative Verteilungsfunktion (*Cumulative Distribution Function* / CDF) der Lebenszeit L der Overlay-Knoten

Abbildung 5.2 Weibull-Verteilung: Wahrscheinlichkeitsdichtefunktion und kumulative Verteilungsfunktion

modelliert. In [115] und [111] wurden die Erwartungswerte $E[L] = E[T] = 10\,000\,s$ der Lebens- und Totzeiten (L und T) der Overlay-Knoten festgestellt. Für den Erwartungswert einer weibullverteilten Zufallsvariable X gilt:

$$E[X] = \lambda \Gamma(1 + \frac{1}{k}) \tag{5.3}$$

Mit $k = 0,5$ ergibt sich so für den *scale*-Parameter λ

$$\lambda = \frac{E[L]}{\Gamma(1 + \frac{1}{k})} = \frac{E[L]}{\Gamma(3)} = \frac{E[L]}{2} \tag{5.4}$$

$$\text{mit} \quad \Gamma(n) = (n-1)! \quad \text{für} \quad n \in \mathbb{N},\, n > 0$$

Für $E[L] = 10\,000$ gilt somit $\lambda = 5\,000$. Für $E[L] = 1\,000\,s$ bzw. $100\,000\,s$ als Vergleichswerte für Netze mit hoher bzw. niedriger Knotenfluktuation – die später in der Evaluierung als Vergleichsszenarien dienen – ergeben sich für $\lambda = 500$ bzw. 50 000. Abbildung 5.2 zeigt die resultierende Wahrscheinlichkeitsdichtefunktion (PDF) und die kumulative Verteilungsfunktion (CDF).

Aus der Lebenszeitverteilung ergibt sich nach [120] die Verteilung $F_R(x)$ der Restlebenszeit R, die eine Aussage darüber trifft, ob ein Overlay-Knoten, der zum Zeitpunkt t_0 in einem bzgl. der durchschnittlichen Knotenzahl stabilen Overlay-Netz aktiv ist, auch noch bei t_0+R aktiv sein wird. $F_R(x)$ kann aus der kumulativen Verteilungsfunktion $F(x)$ und dem Erwartungswert $E[L]$ der Lebenszeit L abgeleitet werden:

$$
\begin{aligned}
F_R(x) &= P(R < x) \\
&= \frac{1}{E[L]} \int_0^x (1 - F(z))\, dz \\
&= \frac{1}{\lambda \Gamma(1 + \frac{1}{k})} \int_0^x (1 - (1 - e^{-(\frac{z}{\lambda})^k}))\, dz
\end{aligned}
\tag{5.5}
$$

Mit $k = 0{,}5$ ergibt sich

$$
\begin{aligned}
F_R(x) &= \frac{1}{\lambda \Gamma(3)} \int_0^x (e^{-\sqrt{\frac{z}{\lambda}}})\, dz \\
&= \frac{1}{2\lambda} [-2\lambda e^{-\sqrt{\frac{x}{\lambda}}} (\sqrt{\frac{x}{\lambda}} + 1)]_0^x \\
&= \frac{1}{2\lambda} [(-2\lambda e^{-\sqrt{\frac{x}{\lambda}}} (\sqrt{\frac{x}{\lambda}} + 1)) - (-2\lambda)] \\
&= 1 - (e^{-\sqrt{\frac{x}{\lambda}}} (\sqrt{\frac{x}{\lambda}} + 1))
\end{aligned}
\tag{5.6}
$$

Die sich für $\lambda \in \{500, 5\,000, 50\,000\}$ ergebenden kumulativen Verteilungsfunktionen (CDF) – also die kumulierte Wahrscheinlichkeit, dass die Restlebenszeit $R < x$ ist – sind in Abbildung 5.3 dargestellt.

Der Erwartungswert der Restlebenszeit $E[R]$ lässt sich dann direkt aus $F_R(x)$ ableiten:

$$
\begin{aligned}
E[R] &= \int_0^\infty (1 - F_R(x))\, dx \\
&= \int_0^\infty (1 - (1 - (e^{-\sqrt{\frac{x}{\lambda}}} (\sqrt{\frac{x}{\lambda}} + 1))))\, dx \\
&= \int_0^\infty e^{-\sqrt{\frac{x}{\lambda}}} (\sqrt{\frac{x}{\lambda}} + 1)\, dx \\
&= [-2e^{-\sqrt{\frac{x}{\lambda}}} (3\lambda (\sqrt{\frac{x}{\lambda}} + 1) + x)]_0^\infty \\
&= \lim_{x \to \infty} (-2e^{-\sqrt{\frac{x}{\lambda}}} (3\lambda (\sqrt{\frac{x}{\lambda}} + 1) + x)) + 6\lambda \\
&= 6\lambda
\end{aligned}
\tag{5.7}
$$

Es ergeben sich bei $\lambda \in \{500, 5\,000, 50\,000\}$ für $E[R]$ $3000\,s$, $30\,000\,s$ und $300\,000\,s$. Die Wahrscheinlichkeit p_{active}, dass ein Overlay-Knoten bei Kontakt während einer Routing-Prozedur noch aktiv ist, ist zusätzlich noch vom durchschnittlichen

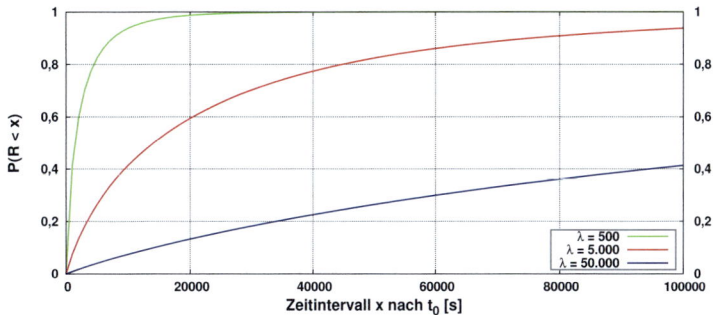

Abbildung 5.3 Restlebenszeit: Wahrscheinlichkeit für die Restlebenszeit $R < x$
eines Overlay-Knotens als Funktion des nach t_0 vergangenen Zeit-
intervalls x

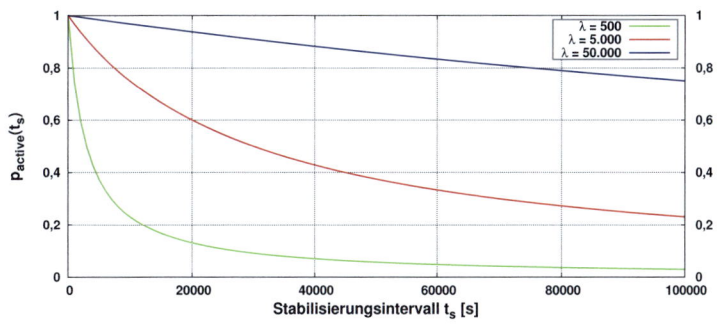

Abbildung 5.4 p_{active}: Wahrscheinlichkeit p, dass ein Knoten aktiv ist als Funktion
des Stabilisierungsintervalls t_s

effektiven Stabilisierungsintervall t_s abhängig. t_s bezeichnet die durchschnittliche
Zeitspanne zwischen Ausfall eines Knotens der Routing-Tabellen und dem Zeitpunkt,
bei dem dieser Knoten nach dem Erkennen des Ausfalls ersetzt wird.

$$p_{\text{active}} = \frac{E[R]}{E[R] + t_s} \qquad (5.8)$$

Abbildung 5.4 zeigt p_{active} in Abhängigkeit von t_s.

Folgerung: *Die in dieser Arbeit entwickelten Verfahren zur Latenzreduktion müssen
Knotenfluktuation in strukturierten Overlay-Netzen als einen der bedeutendsten
Faktoren für KBR-Routing-Verzögerungen berücksichtigen. Für die Evaluierungen
wird dabei als wichtigste Modellierung für Knotenfluktuation in strukturierten Overlay-Netzen die in populären Overlay-Netzen im Internet detektierte Knotenfluktuation verwendet. Im Fokus der Betrachtungen soll insbesondere die Verringerung*

des effektiven Stabilisierungsintervalls t_s liegen, da dieses die Auswirkungen von Knotenfluktuation auf die Routing-Effizienz direkt beeinflusst.

5.1.2 Analyse verschiedener Routing-Modi bei Knotenfluktuation

Jedes der hier behandelten Overlay-Protokolle (s. Abschnitt 2.3) unterstützt einen oder mehrere Routing-Modi, welche man in *rekursive* und *iterative* Modi unterteilen kann. Der verwendete Routing-Modus hat bedeutenden Einfluss auf die benötigte Latenz von Lookup- und Routing-Prozeduren, da sich die verschiedenen Routing-Modi u. a. hinsichtlich der Anzahl der benötigten Routing-Schritte über andere Overlay-Knoten unterscheiden.

Zusätzlich zu den im Abschnitt zuvor beschriebenen Betrachtungen bzgl. Knotenfluktuation und Lebenszeit von Overlay-Knoten analysieren die Autoren in [120] verschiedene iterative und rekursive Modi in Kombination mit Bestätigungsnachrichten mittels eines analytischen Modells bei unterschiedlichen Verlustraten von Nachrichten. Die in diesem Abschnitt durchgeführten analytischen Betrachtungen basieren größtenteils auf den dort vorgestellten Modellen.

In der folgenden Klassifizierung muss nochmals auf die Unterscheidung zwischen KBR-Routing und KBR-Lookup hingewiesen werden: Unter KBR-Routing wird das Zustellen einer Nachricht an einen für einen Zielschlüssel verantwortlichen Knoten verstanden. Bei einem KBR-Lookup werden die verantwortlichen Knoten gesucht, d. h., das Ergebnis der Prozedur ist eine Liste (die auch die Länge 1 haben kann) von verantwortlichen Overlay-Knoten (d. h. deren Transportadressen), an die dann bei Bedarf eine Nachricht ohne Umwege durch das Overlay-Netz geschickt werden kann. Diese Kombination von KBR-Lookup mit anschließender direkter Zustellung der Nachricht wird (insbesondere im iterativen Fall) im Folgenden auch als KBR-Routing-Prozedur aufgefasst.

Die Anzahl der Routing-Schritte – im Folgenden mit H bezeichnet – gibt die Anzahl der in eine Richtung („one-way") gesendeten Nachrichten zwischen einzelnen Overlay-Knoten an. Bei einer durchschnittlichen Einweglatenz von δ_u ergibt sich so für die Gesamtlatenz $W = \delta_u \cdot H$. H ist direkt abhängig von der (vom Routing-Modus unabhängigen) durchschnittlichen Anzahl l an zu kontaktierenden Overlay-Knoten. l wiederum ist abhängig vom verwendeten Overlay-Protokoll, d. h. von dessen Routing-Aufwand in Abhängigkeit von der Anzahl an Overlay-Knoten N im Overlay-Netz.

5.1.2.1 Rekursives Routing und rekursiver Lookup

Die hier im Folgenden vorgestellten rekursiven Routing-Modi unterscheiden sich nur in der Wegewahl einer evtl. versendeten Antwortnachricht auf eine geroutete Anfrage. Ist keine Antwort vorgesehen, kann allgemein von *rekursivem Routing* gesprochen werden.

- **Semi-Rekursiv** (R_{semi}): Bei semi-rekursivem („semi-recursive") Routing werden Nachrichten, die an einen Zielschlüssel y gesendet werden sollen, von jedem Knoten auf dem Routing-Pfad an den Peer weitergeleitet, dessen Knotenidentität den geringsten Abstand nach der verwendeten Routing-Metrik d_{route} zum Zielschlüssel aufweist (*greedy routing*). So nähert sich die Nachricht M in jedem Routing-Schritt ($A_i \rightarrow A_{i+1}$) dem Zielschlüssel y im ID-Raum (d. h. $d_{\text{route}}(A_i, y) > d_{\text{route}}(A_{i+1}, y)$), bis entweder ein Overlay-Knoten den für den

Zielschlüssel verantwortlichen Knoten kennt und die Nachricht an diesen weiterleitet oder der Knoten, an dem sich die Nachricht zurzeit befindet, feststellt, dass der Zielschlüssel der Nachricht in seinen Verantwortungsbereich fällt. Eine evtl. versendete Antwortnachricht wird ohne Nutzung des KBR-Dienstes direkt an die Transportadresse des Initiators der ursprünglichen Nachricht geschickt. Für die Anzahl der Routing-Schritte $H_{R_{semi}}$ (inkl. einem Schritt für die Antwortnachricht) bei l Knoten auf dem Routing-Pfad ergibt sich so:

$$H_{R_{semi}} = l + 1 \tag{5.9}$$

- **Voll-Rekursiv** (R_{full}): Der *voll-rekursive* („full-recursive") Routing-Modus unterscheidet sich vom semi-rekursiven nur durch die Wegewahl der Antwortnachricht: Diese wird nicht direkt an die Transportadresse des Initiators der ursprünglichen Nachricht gesendet, sondern an dessen Knotenidentität geroutet. Im Durchschnitt werden dabei für Hin- und Rückweg jeweils l Routing-Schritte benötigt. Dem Nachteil einer verzögerten Antwort steht in diesem Modus der Vorteil gegenüber, dass alle Knoten auf dem Routing-Pfad nur jeweils mit ihren Peers kommunizieren, also mit Knoten, die in den meisten Fällen schon bei vorherigen Routing- oder Stabilisierungs-Prozeduren erfolgreich kontaktiert wurden. Insbesondere in Netzwerken mit per NAT/PAT[1] angebundenen Overlay-Knoten ist dies von Vorteil, da hier oft Overlay-Knoten paarweise nicht miteinander kommunizieren können. Im voll-rekursiven Modus ergibt sich für die Anzahl an Routing-Schritten

$$H_{R_{full}} = 2 \cdot l \tag{5.10}$$

- **Source-Routing-Rekursiv** (R_{sr}): Die rekursive Source-Routing-Variante entspricht dem voll-rekursiven Modus mit dem Unterschied, dass die Antwortnachricht über dieselben Knoten geleitet wird wie die Anfragenachricht an den Zielschlüssel y - nur in umgekehrter Reihenfolge. Beim Hinweg müssen dazu alle Knoten auf dem Pfad in der Nachricht protokolliert werden. Auch bei diesem Modus liegt der Vorteil darin, dass nur mit Overlay-Knoten kommuniziert wird, mit denen schon Nachrichten ausgetauscht wurden, hier direkt zuvor beim Routen der ursprünglichen Nachricht. Im Source-Routing-Modus ergibt sich für die Anzahl an Routing-Schritten wie beim voll-rekursiven Modus:

$$H_{R_{sr}} = 2 \cdot l \tag{5.11}$$

Unter einem *rekursiven Lookup* wird in dieser Arbeit das rekursive Routen einer speziellen *Lookup-Nachricht* an den Schlüssel, für den der Lookup durchgeführt werden soll, bezeichnet. Der Knoten antwortet mit einer Liste der ihm bekannten, für diesen Schlüssel verantwortlichen Overlay-Knoten. Eine Variante hierbei ist es, dass die Lookup-Nachricht nicht direkt zurückgesandt wird, sondern an den gemäß Routing-Metrik d_{route} nächsten Overlay-Knoten, an den die Nachricht noch nicht geleitet wurde, gesendet wird, der dann die Liste der verantwortlichen Knoten ergänzt. So können Overlay-Knoten in die Liste aufgenommen werden, die dem Hauptverantwortlichen nicht bekannt sind. Dies wird solange fortgesetzt, bis eine

---

[1]Network Address Translation / Port Address Translation

zuvor festgelegte obere Schranke für die Anzahl der Routing-Schritte überschritten wird. Eine Antwortnachricht mit der vollständigen Liste der verantwortlichen Knoten wird dann an den Initiator zurückgesendet.

Um während einer Routing-Prozedur feststellen zu können, ob ein Overlay-Knoten auf dem Routing-Pfad oder der Zielknoten ausgefallen ist, werden auch in Overlay-Netzen Bestätigungsnachrichten (*acknowledgements*) verwendet. Es kann zwischen zwei Arten von Bestätigungsnachrichten unterschieden werden:

- **Ende-zu-Ende-Bestätigungen**: Bei der Verwendung von Ende-zu-Ende-Bestätigungsnachrichten sendet der Empfänger einer gerouteten Nachricht – also der verantwortliche Overlay-Knoten für den Zielschlüssel der Nachricht – eine Bestätigungsmeldung an den Absender. Bleibt diese Nachricht aus, muss dieser davon ausgehen, dass die ursprüngliche Nachricht verloren gegangen ist[2], und kann bei Bedarf eine Sendewiederholung anstoßen. Ein dafür notwendiges Timeout-Intervall muss in Abhängigkeit von Netzgröße, verwendetem Overlay-Protokoll und evtl. der aktuellen Knotenfluktuation festgelegt werden.

- **Per-Hop-Bestätigungen**: Bei der Verwendung von Per-Hop-Bestätigungen meldet jeder Overlay-Knoten auf dem Routing-Pfad das Eintreffen bzw. das erfolgreiche Weiterleiten einer zu routenden Nachricht. Dabei kann entweder der letzte Knoten auf dem Routing-Pfad oder der Initiator der Nachricht benachrichtigt werden. Die Timeout-Berechnung ist bei Benachrichtigung des letzten Knotens auf dem Routing-Pfad einfacher, da von einer einzelnen Round-Trip-Time zwischen Weiterleitung der Nachricht und Empfang der Bestätigungsnachricht ausgegangen werden kann. Beim Senden der Bestätigungsnachrichten an den Initiator der Nachricht muss die Anzahl der bisher eingegangenen Bestätigungsnachrichten beim Initiator protokolliert werden, um daraus auf die Anzahl der bisher zurückgelegten Schritte n der gerouteten Nachricht zu schließen. Das zu verwendende Timeout-Intervall beim Initiatorknoten muss sich dann (unter der Annahme homogener Einweglatenzen) entweder an $(n+1)\delta_u$ orientieren (mit δ_u als Einweglatenz zwischen den Overlay-Knoten) oder nur an δ_u, wenn jeweils ab der Ankunftszeit der letzten Bestätigungsnachricht gemessen wird.

In beiden Fällen muss bei der Verwendung von Bestätigungsnachrichten von einer dadurch erhöhten Senderate pro Overlay-Knoten ausgegangen werden.

Beim Ausbleiben einer Bestätigungsnachricht auf eine gesendete Nachricht kann ein Overlay-Knoten – unabhängig ob Absender oder Knoten auf dem Routing-Pfad – auf verschiedene Weise reagieren:

- **Sendewiederholung**: Bei entsprechender Konfiguration versendet der Knoten eine Nachricht, von der angenommen wird, dass sie verloren gegangen ist, nochmals. Dabei wird entweder der gleiche Adressat verwendet – unter der Annahme, dass dieser nur temporär ausgefallen ist bzw. die Nachricht auf dem Hin- oder die dazugehörige Antwort auf dem Rückweg verloren gegangen ist – oder an einen alternativen Overlay-Knoten. Hier kann ein sog. *Retry-Counter* eingesetzt werden, der die fehlgeschlagenen Zustellversuche einer Nachricht

---

[2]Ob die ursprüngliche Nachricht oder die Bestätigungsnachricht verloren gegangen ist, kann vom Sender nicht unterschieden werden.

an einen bestimmten Overlay-Knoten zählt und nach einer vorher festgelegten Anzahl einen alternativen Knoten als Adressaten auswählt.

- **Entfernen des nicht erreichbaren Knotens aus den Routing-Tabellen**: Der nicht erreichbare Overlay-Knoten wird aus der oder den Routing-Tabellen entfernt, es wird also davon ausgegangen, dass der Knoten ausgefallen ist bzw. das Overlay-Netz verlassen hat. Auch hier kann wie oben beschrieben ein Retry-Counter eingesetzt werden; der Knoten wird dann erst nach einer bestimmten Anzahl von fehlgeschlagenen Versuchen entfernt. Hier kann zusätzlich noch ein sog. *Stale-Counter* eingesetzt werden, der die fehlgeschlagenen Zustellversuche an einen bestimmten Overlay-Knoten – unabhängig von der zu versendeten Nachricht – zählt. Überschreitet dieser Zähler einen zuvor festgelegten Wert, wird angenommen, dass der Knoten das Netz verlassen hat. Bis dahin wird von einem temporären Ausfall ausgegangen. Antwortet der Knoten jedoch, wird der Zähler zurückgesetzt.

- **Abbruch der Routing-Prozedur**: Der Overlay-Knoten bricht die Routing-Prozedur bzw. den Lookup ab und meldet der Applikation den Fehlschlag.

5.1.2.2 Iteratives Routing und iterativer Lookup

Beim iterativen Routing wird im Gegensatz zu den rekursiven Verfahren die betreffende Nachricht immer nur direkt an den Zielknoten, d. h. an dessen Transportadresse, gesendet. Um diesen zu identifizieren, muss dazu davor ein iterativer Lookup auf den Zielschlüssel y durchgeführt werden. Zunächst wird ein sog. lokaler Lookup durchgeführt, der in den Routing-Tabellen nach den gemäß der Routing-Metrik d_{route} nächsten Peers zu y sucht. Dann wird eine *Lookup-Nachricht* als *Remote Procedure Call* (RPC) an den dabei identifizierten nächsten Peer geschickt, welcher mit einer Liste seiner u-nächsten Knoten zu y antwortet. Diese Liste wird Basis des lokal verwalteten, nach Distanz zu y sortierten Ergebnisvektors $\bar{L}_y$, der durch die Knoten aus den Listen weiterer Antworten ergänzt wird. In den nächsten Schritten wird jeweils der Kopf des Ergebnisvektors – also der gemäß d_{route} nächste Knoten zu y – nach den ihn bekannten nahen Knoten zu y per Lookup-RPC gefragt.

Die hier vorgestellten iterativen Varianten unterscheiden sich in der Abbruchbedingung des Lookups:

- **Sibling-basiert Iterativ** (I_{sib}): Bei dieser Variante bricht der Lookup ab, wenn einer der angefragten Overlay-Knoten mittels einer speziellen Markierung in der Antwort dem Initiator mitteilt, dass der Kopfknoten der zurückgegebenen Liste der Hauptverantwortliche, also der nächste Knoten hinsichtlich d_{route} zum Zielschlüssel y ist. Im Falle einer Routing-Prozedur sendet der Initiator dann die zu routende Nachricht direkt an die Transportadresse dieses hauptverantwortlichen Overlay-Knotens. Für die Anzahl der Routing-Schritte (inkl. Antworten) $H_{I_{sib}}$ bei l anzufragenden Overlay-Knoten ergibt sich so:

$$H_{I_{sib}} = 2 \cdot l \tag{5.12}$$

- **Vollständig Iterativ** (I_{exh}): Im *vollständig iterativen* („exhaustive-iterative") Modus muss auf Initiatorseite folgende Bedingung zum Abbruch des Lookups erfüllt sein: Sobald keine neuen Knoten in den lokal verwalteten Ergebnisvektor

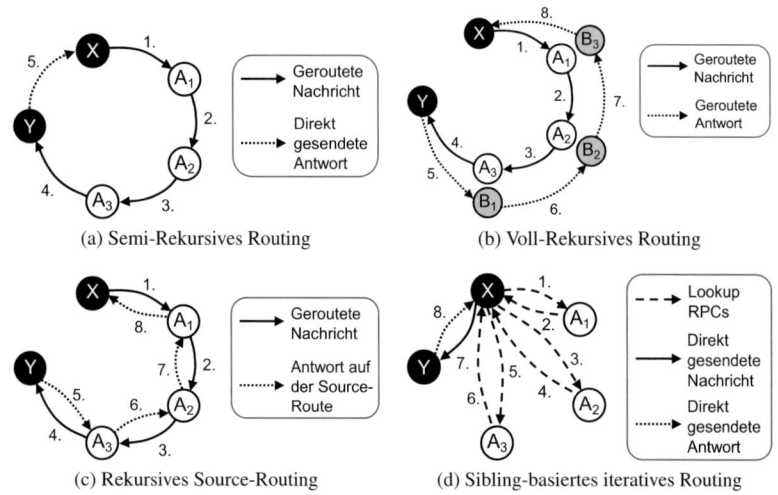

Abbildung 5.5 Routing-Modi: Rekursives und iteratives Routing in KBR-Overlays

$\overline{L}_y$ mehr aufgenommen werden und daraufhin alle bisher noch nicht befragten Knoten des Vektors keine weiteren passenden Overlay-Knoten zurückliefern, bricht der Initiator den Lookup ab und liefert ggf. die zu routende Nachricht an den ersten Eintrag von $\overline{L}_y$ aus.

In beiden iterativen Varianten können statt einzelner RPCs auch mehrere RPCs parallel versendet werden. Diese werden dann an die jeweils zu y nächsten v bekannten Overlay-Knoten aus $\overline{L}_y$ gemäß d_{route} verschickt. Die zu unterschiedlichen Zeitpunkten eintreffenden Antworten werden in $\overline{L}_y$ einsortiert, um dann direkt einen neuen RPC zu versenden. v bezeichnet dabei die max. Anzahl von RPCs, auf deren Antworten gleichzeitig gewartet wird[3]. Die dazugehörigen Routing-Modi werden im Folgenden mit I^v_{sib} bzw. I^v_{exh} bezeichnet.

Bestätigungsnachrichten von den beim Lookup angefragten Overlay-Knoten sind überflüssig, da diese direkt auf die Anfragen antworten und so durch das Ausbleiben der Antwortnachrichten ein Knotenausfall erkannt werden kann. Beim Versenden der eigentlichen Nachricht an den für den Zielschlüssel verantwortlichen Overlay-Knoten können Bestätigungsnachrichten jedoch sinnvoll eingesetzt werden, um die tatsächliche Zustellung zu bestätigen.

5.1.2.3 Vergleich der Routing-Modi

Abbildung 5.5 illustriert den grundsätzlichen Unterschied zwischen den verschiedenen rekursiven Routing-Modi und dem Sibling-basierten iterativen Routing-Modus: Abbildung 5.5a zeigt den semi-rekursiven Modus, bei dem eine Nachricht vom Initiator X beim Zielknoten Y angekommen auf direktem Wege – also ohne Umwege durch das Overlay-Netz beantwortet wird. Abbildung 5.5b stellt den voll-rekursiven

---

[3]In Kapitel 7 wird dbzgl. eine alternative Definition von v formuliert.

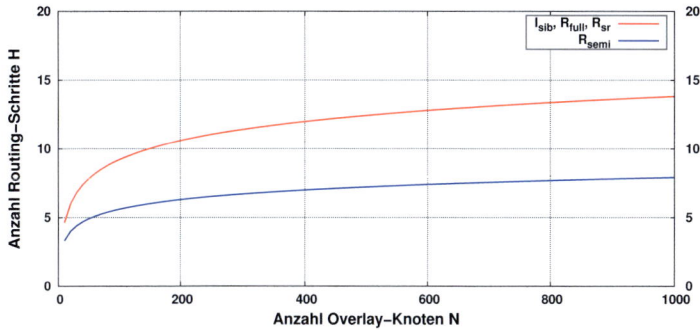

Abbildung 5.6 Routing-Modi: Anzahl der benötigten Routing-Schritte durch das Overlay-Netz bei rekursivem und iterativem KBR-Routing mit logarithmischem Routing-Aufwand

Modus dar, der sich hinsichtlich der gerouteten Nachricht genauso wie die semi-rekursive Variante verhält; die Antwort dagegen wird an die Identität des Initiators geroutet[4]. Beim rekursiven Modus mit Source-Routing (s. Abbildung 5.5c) wird die Antwort über den Routing-Pfad der ursprünglichen Nachricht zurückgesendet. Abbildung 5.5d zeigt die Sibling-basierte iterative Variante: Die zu routende Nachricht wird erst dann direkt verschickt, wenn ein zuvor durchgeführter Lookup den Zielknoten Y identifiziert hat. Im vollständig iterativen Modus (hier nicht dargestellt) werden mehr Overlay-Knoten beim Lookup kontaktiert, was die Zeitspanne bis zur Identifikation des Zielknotens verlängert.

In Abbildung 5.6 wird die Anzahl der benötigten Routing-Schritte H eines Overlay-Protokolls, das in einem Overlay-Netz mit N Overlay-Knoten exakt $ln(N)$ Overlay-Knoten kontaktieren muss, um den Zielknoten zu finden, im semi-rekursiven ($H_{R_{\text{semi}}}$) und Sibling-basierten ($H_{I_{\text{sib}}}$) iterativen Modus dargestellt. Es gilt also $l = ln(N)$. Der Vorteil der semi-rekursiven Routing-Variante hinsichtlich der benötigten Routing-Schritte pro Routing-Prozedur wird hier deutlich sichtbar.

In Overlay-Netzen mit Knotenfluktuation hängt der Erfolg einzelner Routing-Schritte und damit die Gesamtlatenz W einer Routing-Prozedur von der Wahrscheinlichkeit p ab, ob einzelne Knoten auf dem Routing-Pfad noch aktiv sind, d. h. auf Anfragen antworten. Ein erfolgreicher Routing-Schritt ist dabei die erfolgreiche Zustellung einer Nachricht an den nächsten aktiven Knoten im rekursiven Modus bzw. der Empfang einer Antwortnachricht eines kontaktierten Knoten im iterativen Routing-Modus. Abbildung 5.7 zeigt die zu erwartende KBR-Routing-Latenz $E[W]$ von je zwei rekursiven (R_{semi} und $R_{\text{semi}}^{\text{ack}}$) und iterativen ($I_{\text{sib}}^{1}$ und I_{sib}^{5}) Routing-Varianten bei unterschiedlichen Raten von Knotenfluktuation, hier unabhängig vom Lebenszeitmodell der Overlay-Knoten. Die Wahrscheinlichkeit ist mit $P(\text{„Knoten ist aktiv“}) \in [0; 1]$ angegeben. Die dargestellten Latenzen werden nach den folgenden, aus [120] ent-

---

[4]In der Abbildung wird zur Vereinfachung Hin- und Rückweg des Routing-Pfads gleich lang dargestellt. Da es sich bei l um einen vom verwendeten Overlay-Protokoll abhängigen Durchschnittswert handelt, ist dies nicht zwangsläufig immer der Fall.

nommenen Formeln berechnet, wobei von einer Einweglatenz von δ_u und einer Pfadlänge durch das Overlay-Netz von $l = 5$ bzw. $l = 10$ ausgegangen wird[5]:

$$E[W_{R_{semi}}] = H_{R_{semi}}\delta_u + \frac{1-p^l}{p^l}T_l \tag{5.13}$$

$$E[W_{R_{semi}^{ack}}] = H_{R_{semi}}\delta_u + \frac{1-p}{p}lT_h \tag{5.14}$$

$$E[W_{I_{sib}^1}] = H_{I_{sib}}\delta_u + \frac{1-p}{p}lT_h \tag{5.15}$$

$$E[W_{I_{sib}^v}] = H_{I_{sib}}\delta_u + [\frac{(1-p)^v}{1-(1-p)^v}(l-1) + \frac{1-p}{p}]T_h \tag{5.16}$$

Die hier verwendeten Zeitspannen („Timeouts") T_l und T_h, nach deren Ablauf von einem Knotenausfall ausgegangen wird, werden an das bei TCP [89] verwendete Verfahren angelehnt berechnet. T_l ist dabei der Timeout einer kompletten Routing-Prozedur, T_h der beim direkten Senden eines einzelnen RPCs zu einem Overlay-Knoten verwendete.

$$T_l = (l+1)(\delta_u + 4\sigma) \tag{5.17}$$

$$T_h = 2(\delta_u + 4\sigma) \tag{5.18}$$

$$\text{mit } \sigma = 0{,}1\delta_u$$

Durch dieses Modell können die folgenden Erwartungswerte berechnet werden:

- $E[W_{R_{semi}}]$ steht für den Erwartungswert der Routing-Latenz bei rekursivem Routing, falls der gesamte Routing-Vorgang wiederholt werden muss, sobald auch nur ein einziger Knoten auf dem Routing-Pfad ausgefallen ist. Dementsprechend ist hier auch der Einfluss der Ausfallwahrscheinlichkeit bei wachsender Länge des Routingpfades besonders hoch.

- $E[W_{R_{semi}^{ack}}]$ ist der Erwartungswert bei rekursivem Routing mit aktivierten Per-Hop-Acknowledgements, also Bestätigungsnachrichten zwischen den Knoten auf dem Routing-Pfad. Im Falle eines Knotenausfalls kann die Routing-Prozedur beim letzten aktiven Knoten auf dem Routing-Pfad, bei dem die Bestätigungsnachricht ausgeblieben ist, wiederaufgenommen werden.

- $E[W_{I_{sib}^1}]$ stellt den Erwartungswert bei iterativem Routing dar. Bei einem Knotenausfall kann bei dem Overlay-Knoten neu angefragt werden, der den ausgefallenen Knoten zurückgeliefert hat; der iterative Lookup muss also nicht komplett neu durchgeführt werden.

- $E[W_{I_{sib}^v}]$ zeigt zum Vergleich die iterative Variante mit $v > 1$ parallel versandten RPCs. Da nur einer der v kontaktierten Knoten aktiv sein muss, um die Routing-Prozedur fortsetzen zu können, werden hier bei steigender Knotenfluktuationsrate signifikant geringere Latenzen erwartet als beim Versenden einzelner RPCs pro Lookup-Schritt.

---

[5]Dies entspricht bei $l = \ln N$ einem Overlay-Netz mit $N \approx 150$ bzw. $N \approx 22\,000$ Overlay-Knoten.

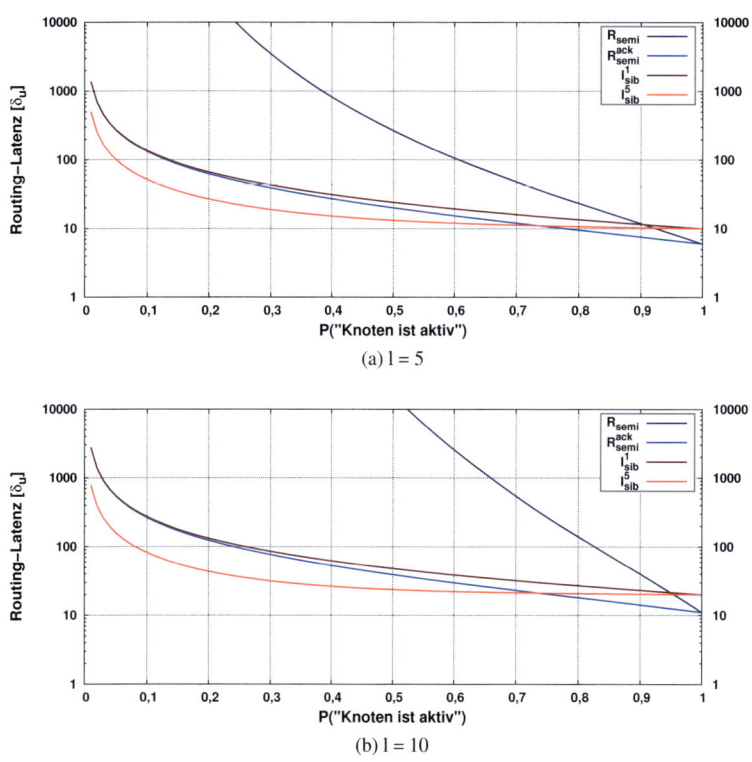

(a) l = 5

(b) l = 10

Abbildung 5.7 Routing-Modi: Routing-Latenzen bei rekursivem und iterativem Routing bei 5 bzw. 10 zu kontaktierenden Overlay-Knoten

Die Abbildungen 5.7a und 5.7b zeigen einen signifikanten Anstieg der Routing-Latenzen im rekursiven Modus ohne Bestätigungsnachrichten (R_{semi}) bei sinkender Lebenswahrscheinlichkeit der Overlay-Knoten – mit beiden dargestellten Pfadlängen l. Dies ist damit zu begründen, dass bei nur einem Knotenausfall auf dem Routing-Pfad die komplette Routing-Prozedur wiederholt werden muss. Werden Bestätigungsnachrichten aktiviert (R_{semi}^{ack}), muss nur der jeweils letzte Routing-Schritt wiederholt werden, was bei sinkender Lebenswahrscheinlichkeit der Overlay-Knoten deutlich geringere Latenzen als ohne Bestätigungsnachrichten zur Folge hat. Bei einer Lebenswahrscheinlichkeit von 1 weisen beide rekursiven Varianten durch die niedrigere Anzahl an Routing-Schritten geringere Latenzen als die iterativen Modi auf. Die Ergebnisse der iterativen Modi sind mit einem und mit $v = 5$ parallelen RPCs dargestellt: Die einfache Variante (I_{sib}^{1}) erzielt immer schlechtere Ergebnisse als R_{semi}^{ack}. Werden 5 parallele RPCs pro Lookup verwendet (I_{sib}^{5}), ist der iterative Modus dem rekursiven bei einer Lebenswahrscheinlichkeit $\leq 75\%$ hinsichtlich der zu erwartenden Routing-Latenzen überlegen.

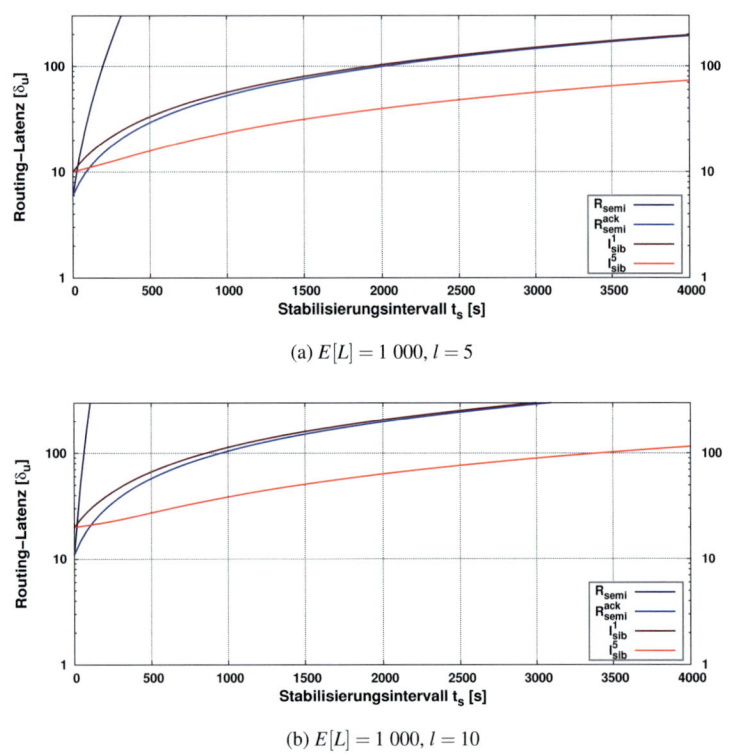

(a) $E[L] = 1\,000, l = 5$

(b) $E[L] = 1\,000, l = 10$

Abbildung 5.8 Routing-Modi: Routing-Latenzen unterschiedlicher Routing-Modi in Abhängigkeit vom Stabilisierungsintervall ($E[L] = 1\,000$)

Dieses Modell berücksichtigt nicht den Fall, bei dem eine Routing-Prozedur nach wiederholten Knotenausfällen aufgegeben wird. Dies ist bei diesem protokollunabhängigen Modell insofern nicht möglich, als dass ein Abbruch einerseits von der Anzahl der Peers, d. h. der Redundanz in den Routing-Tabellen des verwendeten Overlay-Protokolls abhängt und andererseits eine genau definierte Abbruchbedingung benötigt. Im dargestellten Modell ist letztere nur beim semi-rekursiven Modus ohne Bestätigungsnachrichten möglich – die Routing-Prozedur kann als gescheitert angesehen werden, wenn ein Knoten auf dem Routing-Pfad ausgefallen ist. In allen anderen Fällen kann die Routing-Prozedur immer fortgesetzt werden, solange der Knoten, bei dem sich die zu routende Nachricht befindet noch Teil des Overlay-Netzes ist. Mit sinkender Wahrscheinlichkeit, dass ein Overlay-Knoten noch aktiv ist ($P(\text{„Knoten ist aktiv“})$), geht der Erwartungswert der Routing-Latenz bei allen Routing-Modi gegen ∞.

Fließen die Erkenntnisse hinsichtlich der Knotenfluktuation in strukturierten Overlay-Netzen in die hier dargestellten Modellierungen der Routing-Modi ein, können direkte Zusammenhänge von Knotenfluktuation, Routing-Modus und Stabilisierungsinter-

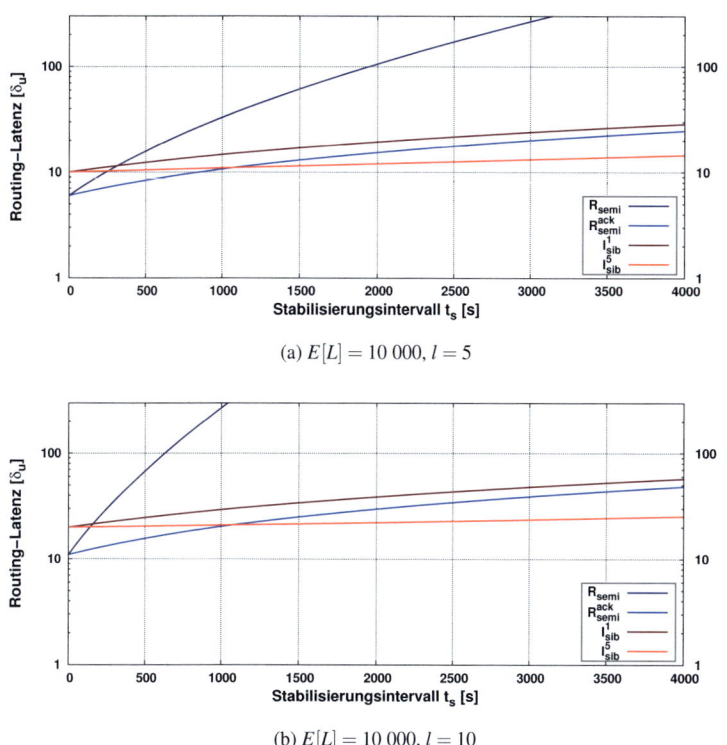

(a) $E[L] = 10\,000, l = 5$

(b) $E[L] = 10\,000, l = 10$

Abbildung 5.9 Routing-Modi: Routing-Latenzen unterschiedlicher Routing-Modi in Abhängigkeit vom Stabilisierungsintervall ($E[L] = 10\,000$)

vall hergestellt werden: Setzt man p_{active} (s. Formel 5.8) für die Wahrscheinlichkeit p in den Formeln 5.13, 5.14, 5.15 und 5.16 ein, kann man die erwartete Routing-Latenz in Abhängigkeit vom Stabilisierungsintervall t_s berechnen. Abbildung 5.8 und 5.9 stellen die Ergebnisse dazu dar, jeweils mit einer erwarteten Lebenszeit der Overlay-Knoten von $1\,000\,s$ bzw. $10\,000\,s$ und durchschnittlich 5 bzw. 10 pro Routing- bzw. Lookup-Prozedur zu kontaktierenden Knoten.

Insgesamt kann festgestellt werden, dass der Einsatz von rekursivem Routing in Szenarien mit Knotenfluktuation nur mit Bestätigungsnachrichten sinnvoll ist. Ab einem bestimmten Schwellenwert von t_s sind die iterativen Verfahren den rekursiven überlegen. Der Schwellenwert ergibt sich aus dem Lebenszeitmodell und dem Erwartungswert der Lebenszeit der Overlay-Knoten.

Die Feststellung, dass der rekursive Modus bei niedriger und der iterative Modus bei höherer Knotenfluktuation bessere Ergebnisse erzielen, gilt nur für den theoretischen Fall, in dem auch das Stabilisierungsintervall t_s bei beiden Routing-Modi gleich groß ist. t_s ist jedoch nicht nur von den Intervallen der vom Overlay-Protokoll verwendeten periodischen Stabilisierungsprozeduren (falls überhaupt verwendet) abhängig. Ebenso haben auch andere Faktoren Einfluss auf t_s:

- Bei rekursivem Routing mit aktivierten Bestätigungsnachrichten kontaktieren alle Overlay-Knoten auf dem Routing-Pfad mind. einen ihrer Peers, um die zu routende Nachricht weiterzuleiten. Ist dieser noch aktiv, antwortet er mit einer Bestätigungsnachricht. Andernfalls wird durch das Ausbleiben der Bestätigungsnachricht der Ausfall erkannt und der entsprechende Knoten aus den Routing-Tabellen entfernt.

- Zur Bestimmung von Latenzen für den Einsatz von Topologieadaptionsmechanismen muss ein Knoten Testnachrichten zu seinen Peers oder den Kandidaten für seine Routing-Tabelle schicken. Hierbei können ebenfalls Knotenausfälle erkannt werden.

- Bei hohen Raten von Knotenfluktuation und der Verwendung eines Overlay-Protokolls mit aufwendiger Beitrittsprozedur (*Join*$_{\text{key}}$ und/oder *Join*$_{\text{path}}$) werden von vielen beitretenden Overlay-Knoten viele Nachrichten an andere Knoten gesendet, um die Routing-Tabellen zu füllen. Diese wiederum tragen u. U. die neuen und aktiven Knoten ihrerseits in ihre Routing-Tabellen ein.

Durch alle drei Vorgänge wird das effektive Stabilisierungsintervall t_s unabhängig von sonstigen Stabilisierungsprozeduren verkürzt.

Wird von einem festen Stabilisierungsintervall ausgegangen, gilt für p_{active} (s. Formel 5.8 und 5.4) bei Weibull-verteilten Lebenszeiten mit $k = 0{,}5$

$$p_{\text{active}} = \frac{E[R]}{E[R]+t_s} = \frac{6\lambda}{6\lambda+t_s} = \frac{3E[L]}{3E[L]+t_s} \tag{5.19}$$

Das so berechnete p_{active} kann wie zur Erstellung der Abbildungen 5.8 und 5.9 in die Formeln 5.14, 5.15 und 5.16 eingesetzt werden. Abbildung 5.10 zeigt die sich daraus ergebenden erwarteten Routing-Latenzen bei unterschiedlichen Erwartungswerten für $E[L]$ auf den x-Achsen und einem jeweils festem $l \in \{5, 10\}$ und $t_s \in \{1\,000\,s, 10\,000\,s\}$. Der rekursive Routing-Modus ohne Bestätigungsnachrichten ist in den Abbildungen ausgelassen, da dieser aufgrund der notwendigen Wiederholungen der kompletten Routing-Prozeduren keine Praxisrelevanz hat.

Zur allgemeinen Bestimmung des Werts für $E[L]$, ab dem rekursives Routing dem iterativen hinsichtlich der Routing-Latenzen überlegen ist, müssen die Formeln aus 5.14 und 5.16 gleichgesetzt werden:

$$E[W_{R_{\text{semi}}^{\text{ack}}}] = E[W_{I_{\text{sib}}^{v}}] \tag{5.20}$$

$$H_{R_{\text{semi}}}\delta_u + \frac{1-p}{p}lT_h = H_{I_{\text{sib}}}\delta_u + [\frac{(1-p)^v}{1-(1-p)^v}(l-1) + \frac{1-p}{p}]T_h \tag{5.21}$$

$$H_{R_{\text{semi}}}\delta_u + \frac{1-\frac{3E[L]}{3E[L]+t_s}}{\frac{3E[L]}{3E[L]+t_s}}lT_h = H_{I_{\text{sib}}}\delta_u + [\frac{(1-\frac{3E[L]}{3E[L]+t_s})^v}{1-(1-\frac{3E[L]}{3E[L]+t_s})^v}(l-1) + \frac{1-\frac{3E[L]}{3E[L]+t_s}}{\frac{3E[L]}{3E[L]+t_s}}]T_h$$

$$\tag{5.22}$$

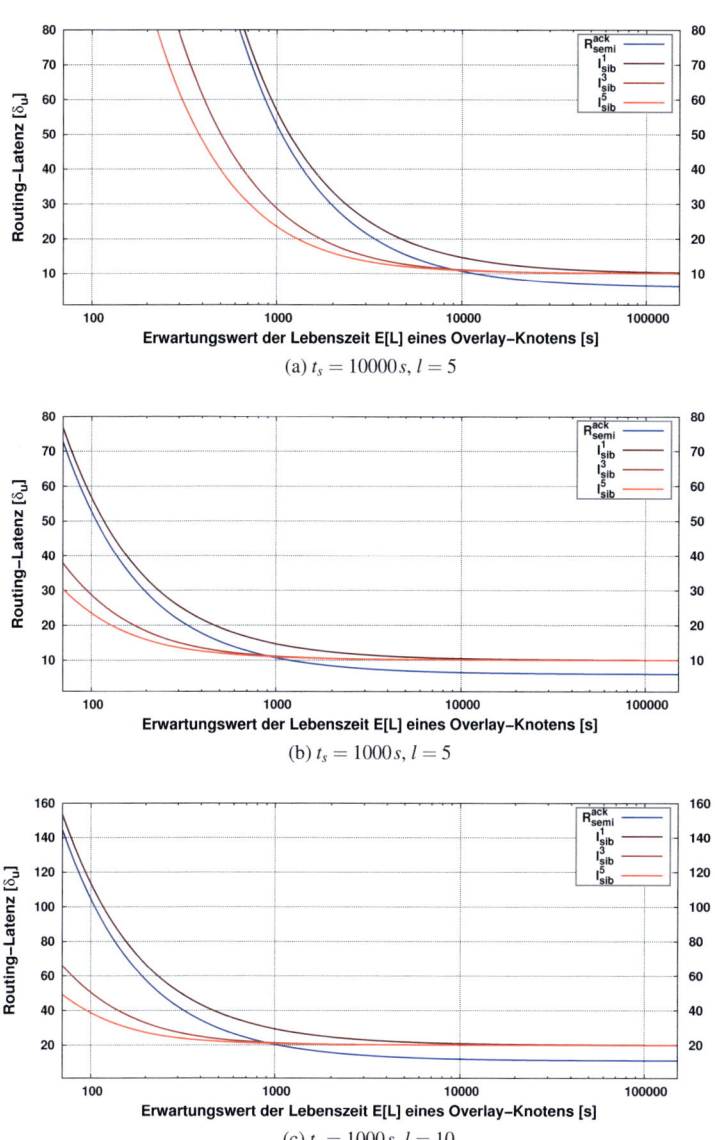

(a) $t_s = 10000\,s$, $l = 5$

(b) $t_s = 1000\,s$, $l = 5$

(c) $t_s = 1000\,s$, $l = 10$

Abbildung 5.10 Routing-Modi: Erwartungswerte der Routing-Latenzen unterschiedlicher Routing-Modi bei festem Stabiliserungsintervall t_s
und Pfadlänge l in Abhängigkeit vom Erwartungswert der Lebenszeit der Overlay-Knoten

Eine Funktionsanalyse ergab, dass eine Auflösung nach $E[L]$ – und somit der Schnittpunkt der Kurven – nicht für beliebige Parameter v, l und σ gefunden werden kann. Es kann jedoch festgestellt werden, dass der Schnittpunkt direkt von der Länge des Stabilisierungsintervalls t_s abhängt. Ein Variieren der Pfadlänge l (und damit der Größe des Overlay-Netzes) in realistischen Bereichen zeigte keinen Einfluss auf den Schnittpunkt. Mit dem in Formel 5.18 festgelegten Timeout-Intervall T_h ist bei $v = 5$ ab einer erwarteten Lebenszeit von $E[L] \approx 0{,}93\,t_s$ der rekursive Routing-Modus mit Bestätigungsnachrichten dem iterativen Modus mit mehreren parallelen RPCs hinsichtlich der erzielten Routing-Latenzen überlegen. Für $v = 3$ liegt der Schnittpunkt bei $\approx 0{,}88\,t_s$. Für $v = 1$ gibt es für kein t_s einen Schnittpunkt von $E[W_{R_{semi}^{ack}}]$ und $E[W_{I_{sib}^1}]$, was mit Blick auf die Formeln 5.14 und 5.15 offensichtlich ist.

Folgerung: In Netzwerk-Szenarien ohne bzw. mit geringer Knotenfluktuation ist rekursives Routing grundsätzlich aufgrund der geringeren Anzahl benötigter Routing-Schritte schneller als iteratives Routing. In Overlay-Netzen mit vielen Knotenausfällen und der Verwendung paralleler RPCs ist iteratives Routing vorzuziehen. Dies gilt jedoch nur bei gleich großem Stabilisierungsintervall und ab einem bestimmten Wert für die erwartete Lebenszeit $E[L]$ der Overlay-Knoten. Eine Verringerung des Stabilisierungsintervalls t_s führt unabhängig vom Routing-Modus zu geringeren Routing-Latenzen und ist somit ein Ansatzpunkt für Optimierungen. Insbesondere beim rekursiven Routing ist die Verwendung von Bestätigungsnachrichten essenziell, um geringe Routing-Latenzen zu gewährleisten und um die Routing-Tabellen aktuell zu halten. Die Verwendung von Bestätigungsnachrichten führt jedoch zu einem erhöhten Kommunikationsaufwand. Per-Hop-Bestätigungen sind dabei den Ende-zu-Ende-Bestätigungen vorzuziehen, da schneller auf einen Knotenausfall reagiert werden kann. Der Routing-Modus muss dem Netzwerk-Szenario, d. h. der zu erwartenden Knotenfluktuation angepasst werden.

5.2 Topologieadaption: Existierende Ansätze

In den folgenden Abschnitten werden die Topologieadaptionsverfahren *Proximity Routing* (PR) und *Proximity Neighbor Selection* (PNS) für strukturierte Overlay-Netze im Detail betrachtet. Beide Verfahren werden anhand existierender Ansätze, d. h. von Overlay-Protokollen, die diese Verfahren einsetzen, analysiert. Da das dritte Topologieadaptionsverfahren – *Topology-based NodeId Assignment* (TbNA) – in diesem Kapitel nicht eingesetzt wird, ist eine detaillierte Analyse dieses Verfahrens erst in Kapitel 6 zu finden, wo die TbNA-Variante CBR im Fokus steht.

5.2.1 Proximity Routing

Proximity Routing (PR) ist ein Topologieadaptionsmechanismus, der nur während der Routing-Prozeduren in strukturierten Overlay-Protokollen zum Einsatz kommt. Voraussetzung für die Verwendung von PR ist eine Abstandsmetrik $d_{\mathrm{prox}}(X, P_i)$ für die paarweise Festlegung eines Abstandsmaßes zwischen dem Overlay-Knoten X und seinen Peers $P_i \in \mathcal{P}_X$ (mit $\mathcal{P}_X$ als Menge aller Peers von X und $0 \leq i < |\mathcal{P}_X|$). Weiterhin werden Parameter für die kombinierte Metrik d_{PR} benötigt (s. Abschnitt 2.8.3). Diese legen fest, ob Nähe im ID-Raum oder physische Nähe zweier Overlay-Knoten stärker bei der Auswahl des nächsten Routing-Schritts gewertet werden soll. Proximity Routing stellt somit einen Kompromiss zwischen Nähe im ID-Raum und physischer Nähe dar.

Um PR verwenden zu können, müssen mehrere Peers als Ziel des nächsten Routing-Schritts infrage kommen können, d. h., es muss eine Auswahl an Overlay-Knoten aus einem Bereich des ID-Raums geben. Folglich ist PR nur entweder in Verbindung mit einem der Redundanzmodelle *mP|nK* bzw. *mP|nG* oder mit Modellen der Form *1P*, bei denen die Positionen in der Routing-Tabelle sehr nahen Positionen im ID-Raum entsprechen, sinnvoll (s. Abschnitt 2.8.2). Da PR Einfluss auf die lokale Entscheidung hat, welcher Overlay-Knoten als Nächster kontaktiert werden soll, unterscheidet sich dieses Verfahren deutlich im rekursiven und iterativen Routing-Modus. Im rekursiven Fall fällt die Entscheidung grundsätzlich zwischen Peers aus P_X, also Knoten aus den lokalen Routing-Tabellen von Knoten X. Da mit diesen u. U. auch schon Nachrichten ausgetauscht wurden, sind Informationen über die Latenz gegeben, $d_{\text{prox}}(X, P_i)$ also definiert. Bei nicht vorhandener Information wird $d_{\text{prox}}(X, P_i) = \infty$ gesetzt.

Wenn direkte Latenzmessungen vorgenommen werden, um die für PR notwendigen Informationen zu erhalten, müssen alle Peers, die für eine Auswahl infrage kommen, kontaktiert werden. Sobald die Routing-Tabellen gefüllt sind (wobei PR keinen Einfluss darauf nimmt, welche Overlay-Knoten in die Routing-Tabellen aufgenommen werden) müssen beim Kennenlernen neuer Overlay-Knoten nicht die Latenzen zu diesen gemessen werden, da keine neuen Knoten in die Routing-Tabellen aufgenommen werden. Fallen jedoch in den Routing-Tabellen eingetragene Knoten aufgrund von Knotenfluktuation aus und werden ersetzt, müssen Latenzmessungen zu den neuen Einträgen vorgenommen werden.

Im iterativen Fall muss lokal entschieden werden, welcher oder welche der während des Lookup kennengelernten Overlay-Knoten als Nächster kontaktiert werden sollen. Mit diesen ist, da sie nicht aus den eigenen Routing-Tabellen stammen, noch kein Kontakt aufgenommen worden, d. h., $d_{\text{prox}}(X, P_i)$ ist üblicherweise $= \infty$. Eine Lösung dieses Problems – ein von Netzwerk-Koordinatensystemen abhängiges d_{prox} – wird in Kapitel 7 dargestellt.

Chord [113, 114] (s. Abschnitt 2.7.1) benötigt für den Einsatz von PR eine erweiterte Fingertabelle: Anstatt bei den *FixFingersCalls* nur einen einzelnen Overlay-Knoten zu erfragen und in die Fingertabelle einzutragen, sendet in einer erweiterten *fix_fingers()*-Prozedur der für den Finger aktuell verantwortliche Knoten seine komplette oder die ersten n Einträge seiner Successor-Liste an den anfragenden Knoten X zurück. Dieser trägt dann diese Liste statt des einzelnen Knoten in seine Fingertabelle ein (dann mit F_X bezeichnet). Die Auswahl der Peers dieser erweiterten Finger-Tabelle ist unabhängig von gemessenen oder abgeschätzten Latenzen, sondern erfolgt nur anhand der Anordnung der Overlay-Knoten auf dem Chord-Ring. Bei einer Routing-Prozedur kann dann – falls gemäß dem Chord-Protokoll über einen Finger geroutet werden soll – ein Knoten A_i dieser Liste ausgewählt werden, der auf dem Ring noch vor dem Zielschlüssel y liegt ($d_{\text{route}}(X, y) > d_{\text{route}}(A_i, y) \geq 0$).

Ist zusätzlich zur erweiterten Finger-Tabelle PR aktiviert, kann bei jeder Routing-Entscheidung zwischen Fortschritt im ID-Raum und geringer Latenz zum Besitzer der Fingertabelle abgewogen werden: Es wird der Knoten der erweiterten Finger-Tabelle ausgewählt, der zur Successor-Liste des vom unveränderten Protokoll ausgewählten Fingers gehört und daraus die geringste Latenz zum lokalen Knoten ausweist. Die Routing-Metrik d_{route} wird somit durch d_{PR} ersetzt (s. Abschnitt 2.8.3).

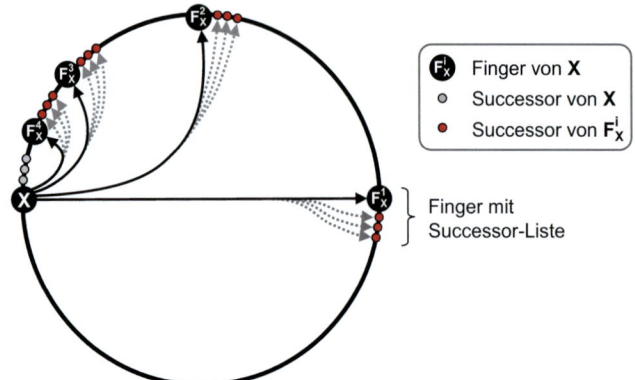

Abbildung 5.11 Chord: Erweiterte Fingertabelle für *Proximity Routing*

Die verwendete Metrik sieht dann bei Knoten X wie folgt aus:

$$d_{\text{ChordPR}}(A_i, y) = \begin{cases} d_{\text{prox}}(A_i, y) & , A_i \in \mathcal{F}_X^j \wedge d_{\text{route}}(X, y) > d_{\text{route}}(A_i, y) \geq 0 \\ d_{\text{route}}(A_i, y) & , sonst \end{cases}$$

$$(5.23)$$

Hierbei steht $\mathcal{F}_X^j$ für den Finger F_X^j und der dazugehörigen Erweiterungsliste, die nach d_{route} am nächsten an y liegt. j ist also von y abhängig. Es gilt somit

$$\mathcal{F}_X^j = \{F_X^j, \text{succ}^0_{F_X^j}, ..., \text{succ}^n_{F_X^j}\} \qquad (5.24)$$

Für die Metrik zur Bestimmung der physischen Nähe gilt $d_{\text{prox}}(A_i, y) \in [0; 1)$. Für die mit dieser Metrik ermöglichten Vergleiche von Latenzen müssen diese zuvor gemessen worden sein (z. B. per ICMP-Ping-Nachrichten) oder Informationen zu Latenzabschätzung (z. B. Netzwerk-Koordinaten) vorhanden sein. Die in [114] vorgenommene Evaluierung von PR für Chord zeigt eine Reduzierung der Routing-Latenzen um bis zu 63 % (bei einer Größe der erweiterten Fingertabelle von 16 Successor-Knoten pro Finger) verglichen mit dem Originalprotokoll ohne PR. Zur Evaluation wurde hierbei ein koordinatenbasiertes Underlay-Modell verwendet, wobei die verwendeten Koordinaten nicht auf Basis von Latenzmessungen im Internet berechnet wurden. Knotenfluktuation wurde nicht betrachtet.

Abbildung 5.11 veranschaulicht die Verwendung von Proximity Routing in Chord: Zusätzlich zu seinen Fingern speichert der Overlay-Knoten X die jeweils dazugehörigen Successor-Listen (oder Teile davon) in seiner Fingertabelle ab. Wird während einer Routing-Prozedur ein Finger F_X^j gemäß dem Chord-Protokoll als nächster Knoten auf dem Routing-Pfad ausgewählt, kommen zusätzlich zu dem einzelnen Finger alle Knoten aus der dazugehörigen Successor-Liste ($\mathcal{F}_X^j$) als nächster Knoten infrage; der Knoten $A_i \in \mathcal{F}_X^j$, der die geringste Latenz zum lokalen Knoten X aufweist (und auf dem unidirektionalen Ring zwischen dem lokalen Knoten X und dem Zielschlüssel y liegt, d. h., es gilt $d_{\text{route}}(X, y) > d_{\text{route}}(A_i, y) \geq 0$), wird ausgewählt.

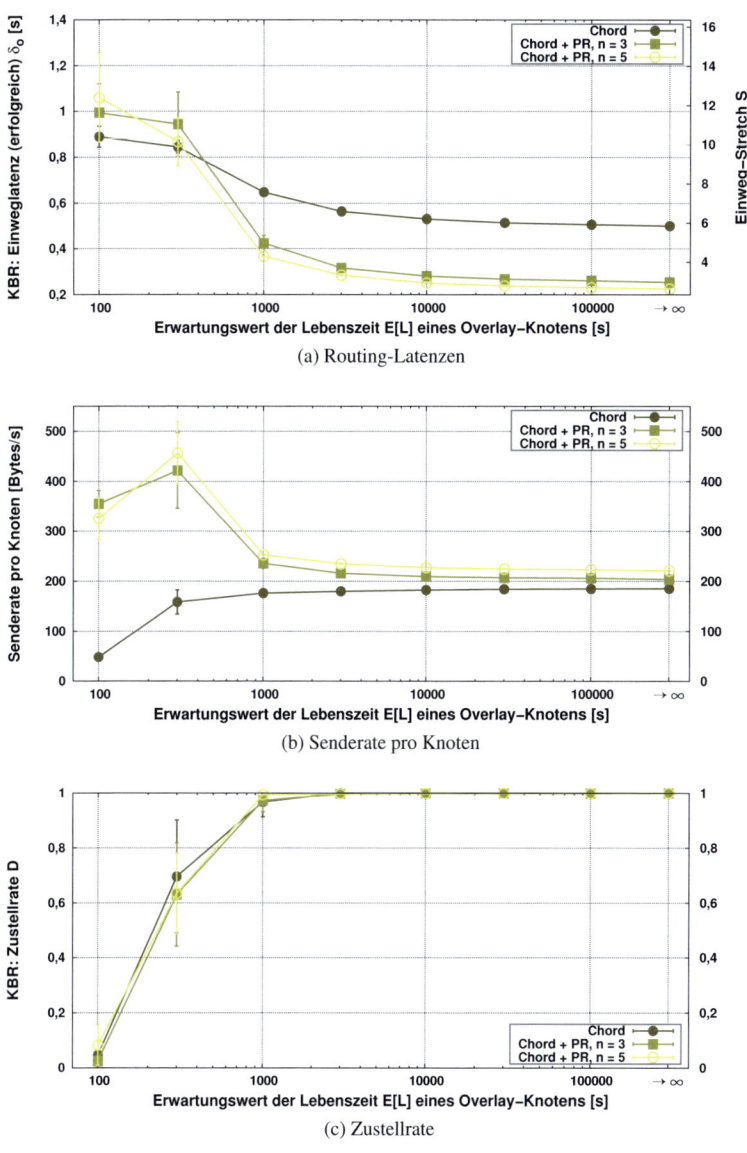

(a) Routing-Latenzen

(b) Senderate pro Knoten

(c) Zustellrate

Abbildung 5.12 PR: Chord mit *Proximity Routing* bei unterschiedlichen Raten von Knotenfluktuation

Abbildung 5.12 zeigt mit OverSim gewonnene Simulationsergebnisse von Chord bei aktiviertem und deaktiviertem *Proximity Routing* (PR). Bei Verwendung von PR wurden $n = 3$ oder $n = 5$ Knoten der *Successor-Listen* zu den dazugehörigen Fingerknoten gespeichert. Die RTTs zu diesen Knoten werden beim Kennenlernen per Testnachricht gemessen. Die in Abbildung 5.12a dargestellten Routing-Latenzen δ_o (nur die der erfolgreichen Routing-Prozeduren) zeigen deutlich ein Absinken der Routing-Latenzen in Netzwerken mit moderater und niedriger Knotenfluktuation ($E[L] \geq 1\,000\,s$). Der Effekt ist mit einer um $n = 5$ Finger erweiterten Fingertabelle größer als bei $n = 3$, höhere Werte für n erscheinen jedoch aufgrund der nur geringen Differenz der gemessenen Routing-Latenzen nicht sinnvoll. Bei hoher Knotenfluktuation werden mit aktiviertem PR schlechtere Ergebnisse erzielt als ohne PR, da die erweiterten Finger seltener kontaktiert werden und damit das effektive Stabilisierungsintervall t_s steigt. Dies führt dazu, dass versucht wird, ausgefallene erweiterte Finger zu kontaktieren und Sendewiederholungen notwendig werden. Dies zeigt sich auch in der bei hoher Knotenfluktuation schlechter werdenden, in Abbildung 5.12c dargestellten Zustellrate. Der Kommunikationsaufwand (in Abbildung 5.12b mit der durchschnittlichen Senderate pro Knoten angegeben) steigt durch die zusätzlichen Testnachrichten leicht an, bei hoher Knotenfluktuation sinkt dieser wieder, da das Overlay-Netz teilweise auseinanderbricht und weniger Kommunikation zwischen Overlay-Knoten möglich ist.

Folgerung: Proximity Routing kann die Routing-Effizienz steigern, wenn pro Routing-Schritt mehrere Peers infrage kommen. Latenzmessungen oder -abschätzungen zu allen Einträgen in den Routing-Tabellen sind nicht zwingend notwendig, je mehr Latenzinformationen jedoch vorhanden sind, desto größer ist der zu erwartende Effekt von PR: Da mehr Knoten pro Routing-Schritt hinsichtlich Latenz miteinander verglichen werden können, sinkt die durchschnittliche Latenz zwischen zwei Knoten auf dem Routing-Pfad. Werden die zusätzlichen Peers in den erweiterten Fingertabellen selten kontaktiert, sinkt bei hoher Knotenfluktuation aufgrund von Knotenausfällen die Zustellrate und die Routing-Latenzen steigen aufgrund von notwendigen Sendewiederholungen.

5.2.2 Proximity Neighbor Selection

Bei aktivierter *Proximity Neighbor Selection* (PNS) wird nur während des Aufbaus und der Wartung der Routing-Tabellen Einfluss auf das Verhalten des Overlay-Protokolls genommen. Das Vorgehen bei Routing-Prozeduren wird durch den Einsatz von PNS nicht beeinflusst. PNS bewirkt, dass der oder die physisch nächsten Knoten an einzelne Stellen der lokalen Routing-Tabellen eingetragen werden, solange sie den Vorgaben der Routing-Tabellen genügen. Um PNS einsetzen zu können, kommen also nur die Redundanzmodelle nK und nG (s. Abschnitt 2.8.2) infrage, da nur bei diesen verschiedene Overlay-Knoten an eine Stelle der Routing-Tabelle eingetragen werden können. Werden die Latenzen bei PNS durch aktive Messungen, d. h. durch das Senden von Testpaketen ermittelt, führt dies dazu, dass jeder neu kennengelernte Knoten kontaktiert werden muss, um zu entscheiden, ob er in die Routing-Tabellen aufgenommen werden soll.

PNS hat den Effekt, dass bei Routing-Prozeduren zum lokalen Knoten X physisch nahe Overlay-Knoten kontaktiert werden – unabhängig vom Zielschlüssel. Im rekursiven Routing-Modus bedeutet dies, dass in jedem einzelnen Routing-Schritt die Nachricht an den nächsten oder einen der nächsten aller bisher kennengelernten

und für die entsprechenden Stellen der Routing-Tabelle passenden Overlay-Knoten
weitergeleitet werden. Die einzelnen Latenzen sind damit abhängig von den verwendeten Stabilisierungsmethoden (s. Abschnitt 2.8.4) des Overlay-Protokolls und der
Auswahl an Knoten für die verwendete Stelle der Routing-Tabelle.

Im iterativen Modus macht sich der Effekt von PNS direkt nur bei dem ersten vom
Initiator X kontaktierten Overlay-Knoten A_1 bemerkbar (d. h. $\overline{XA_1} \ll \delta_u$), da dieser
aus der per PNS optimierten Routing-Tabelle von X ausgewählt wird ($A_1 \in \mathcal{P}_X$).
Alle weiteren am Lookup beteiligten Knoten sind nicht aus der Routing-Tabelle des
Initiators ($A_i \notin \mathcal{P}_X, i > 1$), sondern aus der des im Laufe der Lookup-Prozedur zuvor
kontaktierten Knoten entnommen und damit physisch nahe zu diesem Knoten, d. h.
$\overline{A_iA_{i+1}} \ll \delta_u$. Bei Gültigkeit der Dreiecksungleichung für Latenzen im zugrunde
liegenden Netzwerk

$$\overline{XA_{i+1}} \leq \overline{XA_i} + \overline{A_iA_{i+1}} \qquad (5.25)$$

führt der Einsatz von PNS so aber auch bei allen $\overline{XA_i}$ zu geringeren Latenzen.
Hierbei ist jedoch zu berücksichtigen, dass im Internet die Dreiecksungleichung u. a.
aufgrund von Peerings [79] zwischen Internet Service Providern (ISPs) nicht immer
gilt.

PNS wird bei den Overlay-Protokollen Pastry [17, 99] (s. Abschnitt 2.7.2) und
Bamboo [92, 93] (s. Abschnitt 2.7.3) schon in ihrer ursprünglich vorgeschlagenen
Version in Verbindung mit rekursivem Routing verwendet. Die Protokolle verwenden
die Redundanzmodelle *1P|nG* bzw. *1P(j)|nG*, d. h., für jeden einzelnen Eintrag in der
Routing-Tabelle kommen mehrere bzgl. der Metrik im ID-Raum gleichwertige Overlay-Knoten infrage. Die Einträge in den Routing-Tabellen von Pastry und Bamboo
zeichnen sich dadurch aus, dass diese in der i-ten Zeile der Routing-Tabelle ein $i - 1$
langes gemeinsames NodeId-Präfix mit der Knotenidentität des Besitzers der Routing-Tabelle haben. Diese Eigenschaft hat direkte Folgen für die Größe der Menge
K_p der für eine Position der Routing-Tabelle passenden Overlay-Knoten: Für ein
gemeinsames Präfix von mind. der Länge $p > 0$ in einem Overlay-Netz mit insgesamt
N Overlay-Knoten und gleichverteilten NodeIds ergibt sich für den Erwartungswert
von $|K_p|$

$$E[|K_p|] = \frac{N}{2^{bp}} - 1 \qquad (5.26)$$

wenn jeweils b Bits zusammengefasst werden. Daraus folgt, dass die Auswahl an
passenden Knoten mit steigender Zeilennummer i abnimmt ($K_p \sim \frac{1}{2^{bi}}$). Bei größerer
Auswahl an Knoten für eine Position in der Routing-Tabelle ist die Wahrscheinlichkeit hoch, einen physisch nahen Knoten kennenzulernen. Im Gegensatz dazu ist bei
kleinerer Auswahl die Wahrscheinlichkeit geringer und damit der Erwartungswert
der Latenz zu dem eingetragenen Overlay-Knoten höher. Somit ist die physische
Nähe der Knoten an den einzelnen Positionen der Routing-Tabelle direkt von der
Größe der Auswahl an Kandidaten abhängig, was simulativ in [81] bestätigt wurde.

Dies führt wiederum dazu, dass im ersten Routing-Schritt sehr nahe Knoten kontaktiert werden können, in jedem weiteren Routing-Schritt jedoch immer weiter
entfernte Knoten. Der zuletzt kontaktierte Knoten – also der Zielknoten – wird fast
immer über Pastrys Leaf Set ausgewählt. Da dieses die Vorgänger und Nachfolger
des lokalen Knotens auf dem Ring beinhaltet, können nur bestimmte Overlay-Knoten

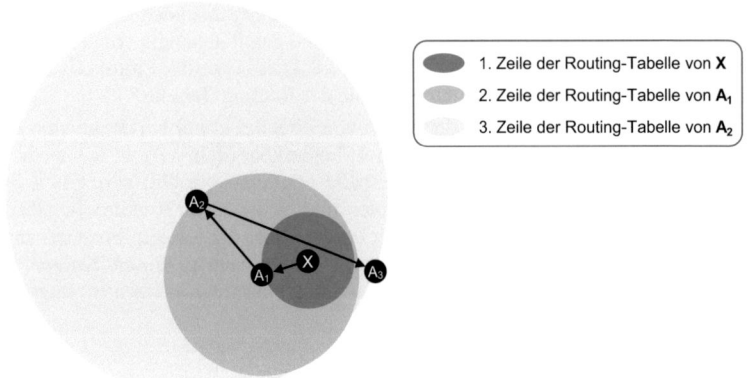

Abbildung 5.13 PNS: Latenzen der einzelnen Routing-Schritte bei Verwendung
von *Proximity Neighbor Selection*

eingetragen werden, eine Auswahl kann nicht getroffen werden. Dies entspricht dem
Redundanzmodell *1P|1K*, es kann hier demnach kein PNS verwendet werden. Die zu
erwartende Latenz zu Peers aus dem Leaf Set entspricht somit der durchschnittlichen
Latenz δ_u im zugrunde liegenden Netzwerk.

In Abbildung 5.13 wird der Effekt von PNS in Overlay-Netzen dargestellt, bei
denen die Menge potenzieller nächster Knoten auf dem Routing-Pfad in jedem
Routing-Schritt abnimmt: Der erste Overlay-Knoten auf dem Routing-Pfad A_1 liegt
in einem kleinen Radius um den Initiator-Knoten X herum. Bei jedem Routing-
Schritt vergrößert sich der dazugehörige Radius, d. h., die Latenz vergrößert sich.
Die Richtung der einzelnen Routing-Schritte ist unabhängig vom Zielschlüssel, im
ungünstigsten Fall verlaufen sie entgegengesetzt, was eine hohe Gesamtlatenz der
Routing-Prozedur zur Folge hat.

Für Kademlia [70], das ursprünglich nur iteratives Routing unterstützt, wird in [54]
der Effekt von PNS evaluiert. Es zeigt sich, dass auch bei einem iterativen Overlay-
Protokoll die Routing-Latenzen beträchtlich gesenkt werden können. Der weitaus
größere Effekt von PNS (und PR) auf rekursives Routing wird im Folgenden am im
Rahmen dieser Arbeit entwickelten R/Kademlia dargestellt und genauer untersucht.

Der Effekt von PNS in Pastry und Bamboo wird in den in Abbildung 5.14 dargestellten mit OverSim[6] erzielten Simulationsergebnissen illustriert. Abbildung 5.14a zeigt
die gemessenen Latenzen δ_o erfolgreich durchgeführter Routing-Prozeduren. Bei
allen Raten von Knotenfluktuation werden bei aktiviertem PNS signifikant geringere
Routing-Latenzen gemessen als bei Simulationen ohne PNS. Je kürzer die erwartete
Lebenszeit der Overlay-Knoten ist, desto deutlicher ist der Unterschied der Routing-
Latenzen. Ohne PNS erzielt Bamboo geringere Latenzen als Pastry, bei aktiviertem
PNS sind in fast allen Netzwerkszenarien ähnliche Ergebnisse festzustellen.

---

[6]Es wurden jeweils die in Abschnitt 4.3.1, 2.7.2 und 2.7.3 als Standard angegebenen Konfigurationsparameter verwendet.

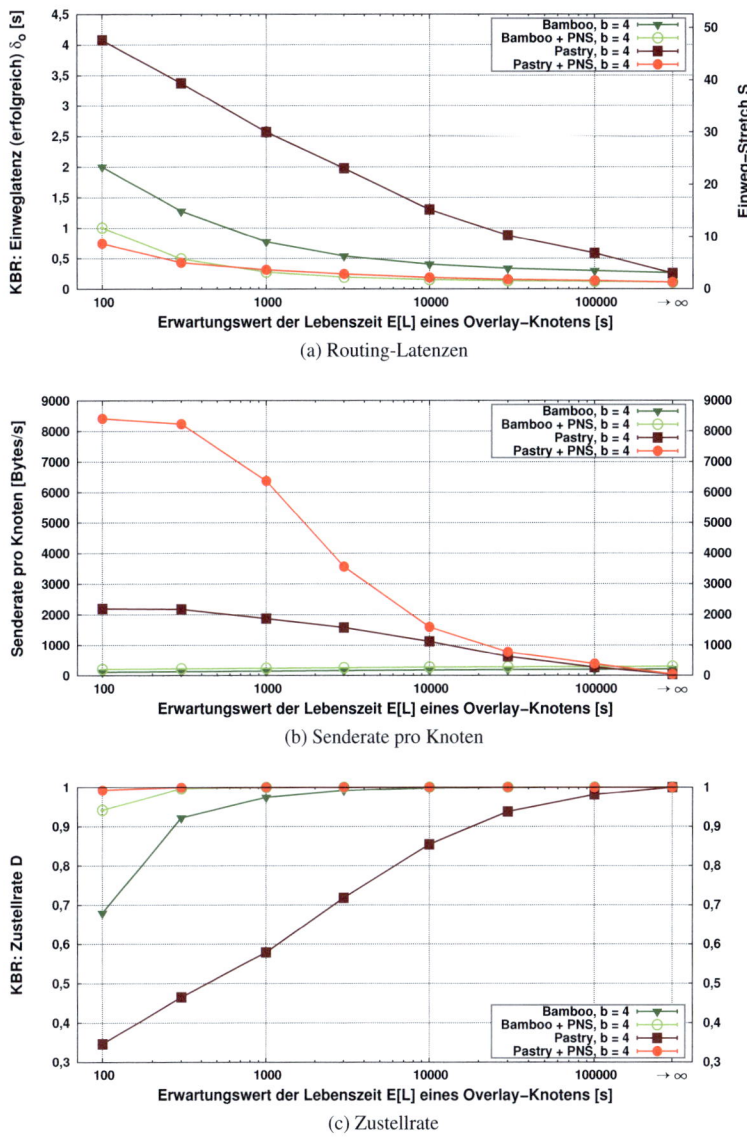

(a) Routing-Latenzen

(b) Senderate pro Knoten

(c) Zustellrate

Abbildung 5.14 PNS: Pastry und Bamboo mit *Proximity Neighbor Selection* bei unterschiedlichen Raten von Knotenfluktuation

Deutliche Unterschiede sind bei den gemessenen Senderaten pro Knoten zu erkennen (s. Abbildung 5.14b). Pastry weist bei allen Raten von Knotenfluktuation ab $E[L] \leq 100\,000$ einen höheren Kommunikationsaufwand als Bamboo auf – sowohl mit als auch ohne PNS. Dies liegt insbesondere an der aufwendigen Beitrittsprozedur von Pastry. Die Zahl der bei der Verwendung von PNS notwendigen Testnachrichten zur Messung der Latenzen zwischen den Overlay-Knoten steigt rapide mit sinkender erwarteter Lebenszeit der Knoten. Dies erklärt den deutlichen Unterschied des Kommunikationsaufwands bei Pastry mit und ohne PNS. Durch die nur periodisch durchgeführten Stabilisierungsprozeduren bei Bamboo bliebt hier der Kommunikationsaufwand konstant und ist unabhängig von $E[L]$. Bei der Zustellrate (s. Abbildung 5.14c) führt der Einsatz von PNS bei beiden Protokollen zu besseren Ergebnissen. Der Grund dafür ist das durch Testnachrichten verringerte effektive Stabilisierungsintervall t_s. Ohne PNS ist Pastry Bamboo unterlegen, da Knotenausfälle nur reaktiv behandelt werden.

Folgerung: Proximity Neighbor Selection verringert die Routing-Latenzen in strukturierten Overlay-Netzen signifikant ohne Eingriff in die Routing-Prozeduren und ist damit ein zu bevorzugendes Verfahren zur Steigerung der Routing-Effizienz. Um zu entscheiden, ob ein Overlay-Knoten in die Routing-Tabellen aufgenommen wird, sind jedoch Informationen über die Latenzen zu allen potenziellen Peers notwendig. Durch dazu versendete Testnachrichten steigt einerseits der Kommunikationsaufwand, andererseits verringert sich aber das effektive Stabilisierungsintervall t_s und die Zustellrate bei Routing-Prozeduren steigt. Bei rekursivem Routing ist der latenzmindernde Effekt von PNS pro Routing-Schritt abhängig von der Anzahl an potenziellen nächsten Knoten auf dem Routing-Pfad. PNS senkt zwar die Gesamtlatenzen von Routing-Prozeduren, hat jedoch keinen Einfluss auf die Richtung der einzelnen Routing-Schritte. Diese können im ungünstigsten Fall in entgegengesetzte Richtungen weisen.

5.3 Motivation

Wie aus der Analyse in Abschnitt 5.1 hervorgeht, ist der rekursive Routing-Modus für KBR-Protokolle in vielen Netzwerkszenarien aufgrund geringerer Latenzen zu bevorzugen. Dies betrifft Netze mit Overlay-Knoten, deren durchschnittliche Lebenszeit L – also die Zeit, in der sich die Overlay-Knoten aktiv am Overlay-Netz beteiligen – eine bestimmte Grenze überschreiten. Der Vorteil des rekursiven Modus bzgl. der Knotenzahl N ergibt sich direkt aus der Anzahl der benötigten Routing-Schritte (s. Abschnitt 5.1.2). Die Differenz der absolut benötigten Schritte zwischen rekursivem und iterativem Modus steigt bei größer werdendem N.

Die Analyse zeigt aber auch, dass verschiedene Mechanismen notwendig sind, um strukturierte Overlay-Netze bei Knotenfluktuation zu stabilisieren. Entscheidend hier ist ein möglichst geringes effektives Stabilisierungsintervall t_s (s. Abschnitt 5.1.2). Die Mechanismen und Protokolleigenschaften, die das Stabilisierungsintervall gering halten – eine Kombination reaktiver Maßnahmen (Opt_{reac}) auf Knotenausfälle und Wartung der Routing-Tabellen durch Auswertung des Applikationsverkehrs ($Meet_{app}$), werden so nicht von den bekannten rekursiven Protokollen eingesetzt. Das in diesem Kapitel vorgestellte R/Kademlia dagegen verwendet diese Kombination von Mechanismen zur Stabilisierung.

Weitere in diesem Zusammenhang wichtige Aspekte sind Flexibilität der verwendeten Overlay-Struktur und die sich daraus ergebende Redundanz der Routing-Tabellen. Flexibilität ermöglicht eine Auswahl an Peers, ein hoher Grad an Redundanz ist vorteilhaft bei Knotenausfällen und Knotenfluktuation und ermöglicht den Einsatz von Topologieadaptionsverfahren. Der sich aus der XOR-Metrik ergebende Baum von k-Buckets bei Kademlia bietet diese Eigenschaften.

Eine weitere wünschenswerte Eigenschaft von strukturierten Overlay-Protokollen ist die Verträglichkeit mit NAT/PAT-Routern, welche zurzeit an den Rändern, d. h. u. a. bei den Privatnutzern des Internets üblicherweise verwendet werden. Zusätzlich sollten die den KBR-Dienst nutzenden Applikationen die Wahl über den verwendeten Routing-Modus haben. Je nach Verwendungszweck kann der Einsatz von iterativem bzw. rekursivem Routing sinnvoll sein[7].

Als Ansatzpunkt für den Entwurf eines neuen Protokolls werden die beiden etablierten Protokolle *Bamboo* und *Kademlia* herangezogen: Bamboo wird aufgrund seines standardmäßig verwendeten rekursiven Routings und seines auf niedrige Routing-Latenzen bei hoher Knotenfluktuation ausgerichteten Designs näher betrachtet. Kademlia wird aufgrund seiner hohen Verbreitung im Internet, seiner Eigenschaft, neue Peers bei Applikations-Lookups kennenzulernen, und der Redundanz in den k-Buckets ebenfalls bei den Untersuchungen berücksichtigt.

Zusammenfassend soll das neue Protokoll den folgenden Anforderungen genügen:

- Effizientes, rekursives KBR-Routing

  - Möglichkeit zur parallelen Verwendung iterativer Routing- und Lookup-Prozeduren durch die den KBR-Dienst nutzende Applikation

- Eignung für den Einsatz verschiedener Topologieadaptionsverfahren

- Verwendung *einer* einfachen Metrik $d_{route} = d_{resp}$

- Verwendung einer einzigen Routing-Tabelle (anstatt mehreren mit verschiedenen Strukturen)

- Auswertung der Anwendungsdaten zur Vermeidung periodischer Stabilisierungs-Prozeduren

- Redundanz in den Routing-Tabellen nach dem Modell *mP|nG* oder *mP|nK*

- Basierend auf einem etablierten und populären Overlay-Protokoll

- Verwendbarkeit in Netzwerken mit NAT/PAT-Routern

Im Folgenden werden zunächst die Protokolle Bamboo und Kademlia gegenübergestellt, um geeignete Mechanismen und Ansatzpunkte für den neuen Protokollentwurf zu identifizieren.

---

[7]Bei einem *get()*-Aufruf in einer DHT, also dem Abfragen eines Datums, kann schnelleres rekursives Routing bevorzugt werden, bei einem *put()*-Aufruf eignet sich ein iterativer Lookup besser, wenn der Verteiler des Datums mehr Kontrolle über die Replikate behalten möchte.

5.4   Gegenüberstellung: Bamboo und Kademlia

Bamboo ist ein rekursives KBR-Protokoll, bei dem für die Designentscheidungen die Knotenfluktuation ausschlaggebend war. Zur Pflege der Routing-Tabellen verwendet es deshalb mehrere periodisch angestoßene Prozeduren, um einerseits Knotenausfälle zu detektieren (Opt_{per}) und andererseits physisch nahe Overlay-Knoten kennenzulernen, die physisch weiter entfernte Knoten aus den Routing-Tabellen ersetzen ($Meet_{per}$). PNS ist also in der Protokollspezifikation festgeschrieben. Um auch unter hoher Knotenfluktuation die Senderate pro Knoten klein zu halten, wird eine sehr schlanke Knotenbeitrittsprozedur ($Join_{id}$) verwendet.

Als nachteilig erweisen sich jedoch die folgenden Eigenschaften: Die von Bamboo verwendete Routing-Tabelle bietet keine Redundanz ($1P|nG$). Der Einsatz von PR (s. Abschnitt 5.2.1) ist somit nicht möglich. Außerdem setzt Bamboo auf zwei verschiedene Overlay-Strukturen: ein Plaxton-Mesh und ein bidirektionaler Ring. Dies hat zur Folge, dass zwei Metriken zum Einsatz kommen und damit zwei Strukturen – *Routing Table* und *Leaf Set* – gesondert gepflegt werden müssen.

Kademlia, das zurzeit populärste Overlay-Protokoll im Internet, dagegen verwendet nur iterative Lookups zum Auffinden von Overlay-Knoten, die verantwortlich für angegebene Zielschlüssel sind. Es basiert auf der XOR-Metrik d_{XOR} und hat dementsprechend nur eine Routing-Tabellen-Struktur zu pflegen. $mP|nK$ kommt als Redundanzmodell zum Einsatz. Als besondere Eigenschaft lernt Kademlia neue Overlay-Knoten durch Lookup-Prozeduren kennen, die durch Applikationen angestoßen wurden. Neu kennengelernte Knoten verdrängen ggf. alte und evtl. ausgefallene Knoten aus den k-Buckets. Regelmäßige Applikations-Lookups verringern somit das effektive Stabilisierungsintervall t_s (s. Abschnitt 5.1.2).

Folgerung: Um ein effizientes und rekursives KBR-Protokoll zu entwerfen, ist der Ansatz, die Mechanismen der Protokolle Bamboo und Kademlia zu kombinieren, vielversprechend. Die XOR-Metrik d_{XOR}, welche von Kademlia verwendet wird, wird dabei aufgrund ihrer Einfachheit verwendet. Lookup-Prozeduren, die von den KBR-Dienst nutzenden Applikationen angestoßen werden, sollen wie bei Kademlia ausgewertet werden, um die Routing-Tabellen aktuell zu halten und neue Peers kennenzulernen. Teure, periodisch angestoßene Prozeduren werden so vermieden. $mP|nK$ ist als Redundanzmodell vorzuziehen, um einerseits Stabilität unter hoher Knotenfluktuation zu gewährleisten und andererseits sowohl PNS als auch PR zu ermöglichen.

5.5   Rekursives Kademlia (R/Kademlia)

In diesem Abschnitt wird das im Rahmen dieser Arbeit entwickelte KBR-Protokoll *R/Kademlia* [49] vorgestellt. Es basiert auf dem in Abschnitt 2.7.4 beschriebenen Protokoll *Kademlia* und kann entweder als eigenständiges Protokoll oder als rekursive Variante bzw. Routing-Modus des Originalprotokolls angesehen werden.

R/Kademlia verhält sich in den folgenden Punkten ähnlich zum Originalprotokoll:

- k-Buckets werden als Routing-Tabellen verwaltet.

- Neue Peers werden während Routing- und Lookup-Prozeduren kennengelernt, die von den Applikationen höherer Schichten, die den KBR-Dienst nutzen, angestoßen werden.

- Um Distanzen im ID-Raum zwischen Overlay-Knoten und Schlüsseln zu bestimmen, wird die XOR-Metrik d_{XOR} verwendet.

Der Hauptunterschied zu Kademlia liegt bei den Routing- und Lookup-Prozeduren, beide werden rekursiv durchgeführt.

5.5.1 Routing

Kademlia in seiner ursprünglichen Form unterstützt nur iterative Lookups. Wie in Abschnitt 5.1.2.2 beschrieben, wird im iterativen Modus eine Routing-Prozedur durch das direkte Senden einer Nachricht M an den Zielknoten Y realisiert. Y wird dabei durch einen zuvor durchgeführten iterativen Lookup als für den Zielschlüssel y verantwortlich identifiziert.

R/Kademlia bietet wie alle rekursiven KBR-Protokolle direkte Routing-Prozeduren an, d. h., ohne zuvor eine Lookup-Prozedur durchführen zu müssen, wie es bei iterativen Protokollen notwendig ist. Rekursives Routing in R/Kademlia wird dabei auf die gleiche Art (*greedy routing*, s. Abschnitt 5.1.2.1) durchgeführt wie z. B. bei Pastry: Eine Nachricht M mit einem Zielschlüssel y wird auf jedem Overlay-Knoten, der sie empfängt oder initial versenden will, an den Peer P_X^i seiner Routing-Tabellen (k-Buckets bei R/Kademlia) weitergeleitet, dessen NodeId den gemäß d_{route} geringsten Abstand im ID-Raum zum Zielschlüssel y aufweist, d. h. an den P_X^i, für den gilt

$$\forall P_X^j \in P_X : d_{route}(P_X^i, y) < d_{route}(P_X^j, y), i \neq j$$

Existieren mehrere Knoten P_X^i für die dies zutrifft, müssen weitere, evtl. protokollspezifische Kriterien zur Wahl des nächsten Knotens herangezogen werden. Da R/Kademlia $d_{route} = d_{XOR}$ verwendet und bei d_{XOR}

$$\forall P_X^j, P_X^i \in P_X, \ P_X^j \neq P_X^i : d_{XOR}(P_X^i, y) \neq d_{XOR}(P_X^j, y)$$

gilt [70], tritt dieser Fall bei R/Kademlia nicht auf.

Zusätzlich zu Routing-Prozeduren ist R/Kademlia auch in der Lage, Lookup-Prozeduren durchzuführen. In diesem Zusammenhang wird unter einem *rekursivem Lookup* eine erweiterte rekursive Routing-Prozedur verstanden: Statt einer Applikationsnachricht wird eine spezielle Lookup-Nachricht rekursiv zum Zielknoten Y geroutet. Dieser sendet die gemäß seiner Routing-Tabelle zu y nächsten u Overlay-Knoten zurück. Dieses Verfahren kann so erweitert werden, dass der eigentliche Zielknoten eine Liste nächster Knoten zu y in die Lookup-Nachricht schreibt und an den zweitnächsten Knoten zu y weiterleitet. Dieser ergänzt die Liste gemäß seiner k-Buckets und leitet diese dann bei Bedarf wiederum weiter oder sendet die Liste in einer Antwortnachricht an X zurück.

Bei allen durchgeführten Routing-Prozeduren werden *Hop-by-Hop-Acknowledgements* verwendet, d. h., jeder Knoten A_{i+1} auf dem Routing-Pfad sendet beim Eintreffen einer Nachricht eine Bestätigungsnachricht an den unmittelbaren Vorgänger A_i auf dem Routing-Pfad. Bleibt die Bestätigungsnachricht länger als ein zuvor festgelegtes oder an den jeweils kontaktierten Knoten angepasstes Zeitintervall t_o

aus, sendet A_i die zu routende Nachricht M an den Peer aus seinen k-Buckets, der als
zweitnächstes gemäß Routing-Metrik d_{XOR} im ID-Raum zum Zielschlüssel y liegt.
Ohne bisherige Kontakte zu A_i wird $t_o = 1,5\,s$ gesetzt. Bei schon vorhandenen Informationen über die Latenz zu A_i verwendet R/Kademlia das in Kapitel 7 beschriebene,
auf bisheriger Durchschnittslatenz und Varianz basierende Verfahren zur Berechnung
des Timeout-Intervalls. Es wird jedoch kein Netzwerk-Koordinatensystem zur Berechnung von t_o verwendet, da im rekursiven Modus meist mit zuvor kontaktierten
Knoten kommuniziert wird und somit schon Informationen über die zu erwartende
Latenz vorliegen. Da dies nicht für iterative Lookups gilt, wird in Abschnitt 7.3.1 ein
auf Netzwerk-Koordinatensystemen basierendes Verfahren vorgestellt.

5.5.2 Wartung der k-Buckets

Unter Wartung der k-Buckets werden bei R/Kademlia folgende Aufgaben gezählt:

- Das Entfernen ausgefallener Overlay-Knoten aus den k-Buckets

- Das Füllen der k-Buckets mit möglichst vielen passenden Peers

Ausgefallene Knoten in den k-Buckets eines Overlay-Knotens in einem R/Kademlia-
Netzwerk werden während der Routing-Prozeduren anhand von ausgebliebenen
Bestätigungsnachrichten identifiziert: Bleibt eine Bestätigungsnachricht aus, wird
ein dem betreffenden Overlay-Knoten zugeordneter Zähler, der sog. *Stale Counter*,
inkrementiert. Übersteigt dieser Zähler einen zuvor festgelegten Wert[8], wird der
Knoten als ausgefallen angesehen und aus dem k-Bucket entfernt.

Potenzielle Peers, die kennengelernt werden, wenn der dazu passende k-Bucket schon
komplett gefüllt ist, werden wie im Originalprotokoll in einen sog. *replacement
cache* beschränkter Größe aufgenommen. Falls vorhanden ersetzen diese Einträge
als ausgefallen angesehene Knoten der k-Buckets.

Um seine k-Buckets zu füllen, benötigt der Initiator einer Lookup-Prozedur im
Originalprotokoll Informationen über alle Overlay-Knoten, die direkt oder indirekt
an einer Lookup-Prozedur beteiligt sind, um seine k-Buckets zu füllen und aktuell zu
halten. Im iterativen Modus lernt ein Lookup-Initiator neue Peers beim Empfang von
Antworten auf Lookup-RPCs[9] kennen, was im rekursiven Modus so nicht möglich
ist, da kontaktierte Overlay-Knoten dem Initiator nicht antworten.

Für R/Kademlia werden zu diesem Problem zwei Lösungen in Form von verschiede-
nen Signalisierungsmodi – *direkter Modus* und *Source-Routing-Modus* – vorgestellt.
Bei diesen Signalisierungsmodi werden während einer Routing-Prozedur zusätzliche
Nachrichten von allen Knoten auf dem Routing-Pfad (*direkter Modus*) bzw. vom
Empfänger der Nachricht (*Source-Routing-Modus*) an den Initiator der Routing-Pro-
zedur geschickt. Diese Nachrichten enthalten die Informationen über potenzielle
Peers, die der Initiator im iterativen Modus erhalten würde.

Die beiden Signalisierungsmodi werden im Folgenden mittels in Pseudocode dargestellten Algorithmen der Hauptprozedur *receiveMsg( )* erläutert. *receiveMsg( )* wird
bei Empfang einer Nachricht während einer Routing-Prozedur auf einem Overlay-
Knoten aufgerufen. Der Overlay-Knoten kann dabei der Empfängerknoten y oder
ein Knoten A_i auf dem Routing-Pfad sein.

---

[8]Ein Wert $\in \{0,1,2\}$ hat sich als praxistauglich herausgestellt.
[9]bei Kademlia FIND_NODE-RPCs genannt

Weitere benötigte Prozeduren werden hier kurz vorgestellt:

- **boolean** $\leftarrow$ **resp**(y): liefert *true* zurück, falls der aufrufende Knoten der Hauptverantwortliche für y ist („responsibility")

- **nodeList** $\leftarrow$ **getClosestNodes**(y, u): liefert eine Liste der dem aufrufenden Knoten bekannten und im ID-Raum nächsten Knoten zu y zurück. Die Liste hat u Einträge, außer der aufrufende Knoten hat weniger Knoten in seinen k-Buckets (dann liefert die Prozedur alle Peers des aufrufenden Knotens zurück)

- **send** $M \rightarrow X$: sendet eine Nachricht M direkt an Overlay-Knoten X

- **merge** nodeList$_A$ $\rightarrow$ nodeList$_B$: ergänzt nodeList$_B$ gemäß deren Sortierung und Kapazität mit Knoten aus nodeList$_A$

- **deliver** M: leitet die am Zielknoten angekommene Nachricht M zur Verarbeitung an die den KBR-Dienst nutzende Applikation weiter (s. Abschnitt 2.4)

Als Datentypen werden *RouteMsg* und *KadSignalMsg* verwendet:

- *RouteMsg* ist eine Nachricht, die geroutet werden soll inkl. Zielschlüssel y und NodeHandle des Initiators X.

- *KadSignalMsg* beinhaltet eine Liste von bei der Routing-Prozedur kennengelernten Overlay-Knoten und optional eine jeweils dazugehörige Markierung, ob der Knoten als aktiv detektiert wurde.

5.5.2.1 Direkte Signalisierung

Der *direkte Modus* („direct mode") kann als iterativer Lookup mit gleichzeitiger sofortiger Weitersendung der zu routenden Nachricht beschrieben werden. Abbildung 5.15 stellt den Ablauf schematisch dar: Der Initiatorknoten X leitet die Nachricht an den Knoten A_1 seiner k-Buckets weiter, der gemäß d_{XOR} den geringsten Abstand zum Zielschlüssel y hat. A_1 leitet die Nachricht auf die gleiche Weise an A_2, sendet aber zusätzlich die u ihm bekannten nächsten Knoten zu y in einer Nachricht vom Typ *KadSignalMsg* an den Initiator zurück, wobei A_2 einer der u Overlay-Knoten der Liste ist. Alle weiteren Knoten auf dem Routing-Pfad verfahren auf die gleiche Weise und senden die nach den jeweils lokalen Routing-Tabellen nächsten Knoten zu y an X zurück.

Wird optional der aktuelle Schrittzähler („Hop Count") der zu routenden Nachricht in jeder Signalisierungsnachricht vermerkt, behält der Initiatorknoten den Überblick über die von ihm angestoßene Routing-Prozedur. Zusätzlich kann der Initiatorknoten X das Eintragen von ausgefallenen Knoten in seine Routing-Tabellen vermeiden: Ein Knoten A_j, der in der *KadSignalMsg* von A_i als zu y nächster Knoten aufgelistet ist, selbst aber keine Signalisierungsnachricht gesendet hat, kann von X als ausgefallen angesehen werden. Dies gilt insbesondere dann, wenn ein Knoten A_{i+1}, der in der Nachricht von A_i als zweitnächster Knoten zu y eingetragen ist, mit einer *KadSignalMsg* antwortet. Die zu routende Nachricht M ist dann nach Ausbleiben des *Hop-by-Hop-Acknowledgements* von A_j nach A_i von A_i an A_{i+1} gesendet worden. Diese Annahme kann mithilfe der Schrittzähler in den Signalisierungsnachrichten verifiziert werden.

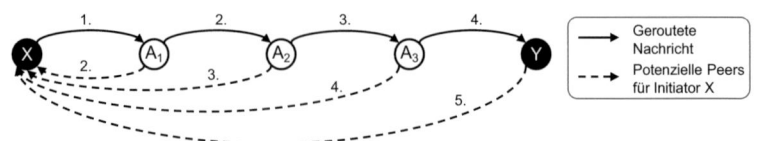

Abbildung 5.15 R/Kademlia: Schematische Darstellung des *direkten Modus*

Prozedur: receiveMsg()
Eingabe: M, u, thisNode

```
 1: if (M.type = RouteMsg) then
 2:     nextHops[] := getClosestNodes(M.destKey,u);
 3:     signalMsg := new KadSignalMsg;
 4:     signalMsg.nextHops[] := nextHops[];
 5:     send signalMsg → M.initiator;
 6:     if (resp(thisNode) = true) then
 7:         deliver M;
 8:     else
 9:         send M → nextHops[0];
10:     end if
11: else if (M.type = KadSignalMsg) then
12:     merge M.nextHops[] → thisNode.kBuckets;
13: end if
```

Algorithmus 5.1 *receiveMsg()*: Bei Empfang einer Nachricht angestoßene Prozedur
auf einem Overlay-Knoten im *direkten Modus*

Algorithmus 5.1 stellt den Ablauf des *direkten Modus* auf jedem einzelnen Knoten in Pseudocode dar: Die Funktion *receiveMsg()* wird jeweils beim Eintreffen einer Nachricht auf einem Overlay-Knoten aufgerufen. Handelt es sich bei der Nachricht um eine an einen Zielschlüssel y zu routende Nachricht (*RouteMsg*, Zeile 1), werden zunächst die zu y nächsten Knoten mit der Prozedur *getClosestNodes()* abgefragt (Zeile 2). Diese werden dann in eine neu erstellte (Zeile 3) Signalisierungsnachricht vom Typ *KadSignalMsg* eingetragen (Zeile 4). Diese Nachricht wird dann an den Initiator der zu routenden Nachricht gesendet (Zeile 5). Ist der lokale Knoten hauptverantwortlich für y, wird die Nachricht M mit der Prozedur *deliver()* der Anwendung übergeben (Zeile 7). Andernfalls wird M an den ersten Knoten der von *getClosest-Nodes()* zurückgelieferten Liste weitergeleitet (Zeile 9). Handelt es sich aber bei M um eine Nachricht vom Typ *KadSignalMsg*, werden die darin eingetragenen Knoten in die lokalen k-Buckets aufgenommen (Zeile 12).

5.5.2.2 Signalisierung per Source-Routing

Beim *Source-Routing-Modus* („Source-Routing Mode") tauschen während einer Routing-Prozedur die daran beteiligten Overlay-Knoten nur paarweise Nachrichten aus, d. h., ein Knoten A_i leitet zunächst die zu routende Nachricht M an seinen Peer A_{i+1} weiter. Dieser sendet nach Zustellung von M an den Zielknoten Y eine Signalisierungsnachricht an A_i zurück. Somit werden nur Nachrichten zwischen Overlay-Knoten ausgetauscht, bei denen sich entweder der Empfängerknoten in den

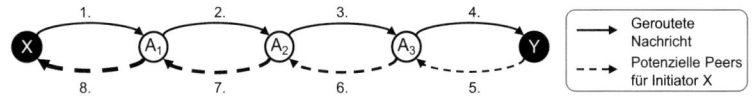

Abbildung 5.16 R/Kademlia: Schematische Darstellung des *Source-Routing-Modus*

Prozedur: receiveMsg()
Eingabe: M, u, thisNode

```
 1: if (M.type = RouteMsg) then
 2:     nextHops[] := getClosestNodes(M.destKey,u);
 3:     if (resp(thisNode) = true) then
 4:         signalMsg := new KadSignalMsg;
 5:         signalMsg.nextHops[] := nextHops[];
 6:         signalMsg.destNode := M.initiator;
 7:         signalMsg.route := M.sourceRoute[];
 8:         signalMsg.i := 0;
 9:         send signalMsg → M.route[i];
10:         deliver M;
11:     end if
12:     send M → nextHops[0];
13: else if (M.type = KadSignalMsg) then
14:     merge M.nextHops[] → thisNode.kBuckets;
15:     if (M.destNode ≠ thisNode) then
16:         nextHops[] := getClosestNodes(M.destKey,u);
17:         merge nextHops[] → M.nextHops[];
18:         M.i := M.i +1
19:         send M → M.route[M.i];
20:     end if
21: end if
```

Algorithmus 5.2 *receiveMsg()*: Bei Empfang einer Nachricht angestoßene Prozedur auf einem Overlay-Knoten im *Source-Routing-Modus*

k-Buckets des Senders befindet oder der Empfänger den Sender unmittelbar zuvor erfolgreich kontaktiert hat.

Nach Empfang der Nachricht *M* beim Zielknoten *Y* werden Informationen über zum Zielschlüssel *y* nahe Knoten (d. h. die dazugehörigen NodeHandles) entlang der *Source Route*, also dem Routing-Pfad der gerouteten Nachricht *M*, gesammelt und dabei zurück an den Initiator geleitet. Dabei können alle auf dem Routing-Pfad liegenden Overlay-Knoten die Informationen einsehen und die enthaltenen Knoten bei Bedarf in ihre Routing-Tabellen aufnehmen. Abbildung 5.16 stellt den Ablauf einer Routing-Prozedur unter Verwendung des Source-Routing-Modus dar: Nachdem die zu routende Nachricht beim Empfänger, d. h. dem hauptverantwortlichen Overlay-Knoten für den Zielschlüssel *y* angekommen ist, schickt dieser die gemäß seiner Routing-Tabellen *u* nächsten Overlay-Knoten zu *y* auf der Source-Route zurück (gestrichelte Linie). Dafür wird wie beim *direkten Modus* (s. Abschnitt 5.5.2.2) eine Nachricht vom Typ *KadSignalMsg* verwendet.

Algorithmus 5.2 stellt den Ablauf des *Source-Routing-Modus* auf jedem einzelnen Knoten in Pseudocode dar: Die Funktion *receiveMsg()* wird wieder jeweils beim Eintreffen einer Nachricht *M* auf einem Overlay-Knoten aufgerufen. Handelt es sich dabei um eine zu einem Zielschlüssel *y* zu routende Nachricht (Zeile 1), wird die Prozedur *getClosestNodes()* aufgerufen (Zeile 2), um die zu *y* nächsten Knoten der lokalen *k*-Buckets abzufragen. Ist die Nachricht am Ziel, da der lokale Knoten hauptverantwortlich für *y* ist (Zeile 3), wird eine neue Nachricht vom Typ *KadSignalMsg* erstellt (Zeile 4). Darin werden die nächsten Knoten zu *y*, die Transportadresse des Initiators und die Source-Route der Nachricht *M* eingetragen (Zeile 5–7). Die Signalisierungsnachricht wird dann entlang der Source-Route zurückgesendet (Zeile 9), *M* wird per *deliver()* der Anwendung übergeben (Zeile 10). Ist *M* vom Typ *KadSignalMsg* (Zeile 13), werden die darin enthaltenen Knoten in die lokalen *k*-Buckets eingetragen (Zeile 14). Falls der lokale Knoten nicht der Initiator der ursprünglichen Nachricht ist, wird zusätzlich die Prozedur *getClosestNodes()* aufgerufen, die Liste von Knoten in *M* um die zurückgegebenen Knoten ergänzt und die Nachricht weiter die Source-Route entlang zurück zum Initiator gesendet (Zeile 16–19).

5.5.2.3 Vergleich der Signalisierungsmodi

Beide vorgestellten Signalisierungsmodi liefern dem Initiatorknoten die NodeHandles der Knoten zurück, die er auch bei einem Sibling-basierten iterativen Lookup erhalten hätte. Im *Source-Routing-Modus* erhalten zusätzlich die Knoten auf dem Routing-Pfad Informationen über Knoten, die Nachfolgerknoten auf dem Routing-Pfad dem Initiator zurücksenden. Diese sind auf den Zwischenknoten zum Auffüllen tieferer *k*-Buckets, d. h. *k*-Buckets für Peers mit längerem gemeinsamen NodeId-Präfix, geeignet, da das gemeinsame Präfix eines Zwischenknotens und des Zielschlüssels mit jedem Routing-Schritt länger wird.

Dies ist einerseits von Vorteil, da aufgrund der – bei gleichverteilten NodeIds – kleineren Auswahl an potenziellen Peers für die tieferen *k*-Buckets so die Wahrscheinlichkeit erhöht wird, dass diese *k*-Buckets gefüllt werden und so weniger Schritte pro Routing-Prozedur benötigt werden. Zum anderen können so in Verbindung mit *Proximity Neighbor Selection* (PNS, s. Abschnitt 5.2.2) für die letzten Routing-Schritte, die über Overlay-Knoten aus den tieferen *k*-Buckets gehen, physisch nähere Knoten kennengelernt werden, was die Routing-Latenz weiter senkt.

In Netzwerken, in denen NAT/PAT-Router eingesetzt werden, ist der *Source-Routing-Modus* im Vorteil, da hier nur mit direkt zuvor kontaktierten Knoten Nachrichten ausgetauscht werden. Im Gegensatz dazu senden im *direkten Modus* alle Knoten auf dem Routing-Pfad ihre *KadSignalMsg* direkt an den Initiatorknoten. Bei Einsatz eines *Restricted Cone NAT* oder *Symmetric NAT* [97, 109] beim Initiator werden diese Nachrichten vom NAT-Router verworfen.

In Netzwerk-Szenarien mit Knotenfluktuation besteht im *Source-Routing-Modus* die Gefahr, dass Knoten auf dem Routing-Pfad nach Weiterleitung der zu routenden Nachricht *M*, aber vor Ankunft der *KadSignalMsg* das Overlay-Netz verlassen bzw. ausgefallen sind. Beim Einsatz von Bestätigungsnachrichten auf dem Pfad der *KadSignalMsg* kann nach Erkennung des Knotenausfalls unter Verwendung der in der Nachricht enthaltenen Source-Route der ausgefallene Knoten übersprungen werden. Im *direkten Modus* sind Ausfälle auf dem Routing-Pfad nach Zustellung

	Direkter Modus	Source-Routing-Modus
NAT/PAT-Verträglichkeit	–	×
Source-Route in zu routender Nachricht	–	×
Lerneffekt bei Knoten auf Routing-Pfad	–	×
Robustheit bzgl. Knotenfluktuation	×	•
Kontakt zu aktiven Knoten	×	–

Tabelle 5.1 R/Kademlia: Vergleich der Eigenschaften von *direktem Modus* und *Source-Routing-Modus*

der Nachricht unkritisch, da alle *KadSignalMsg*-Nachrichten direkt zum Initiator gesendet werden, also an seine IP-Adresse adressiert sind.

Im *direkten Modus* müssen bei jeder Routing-Prozedur l zusätzliche Nachrichten mit jeweils u NodeHandles versendet werden, d. h., es müssen $l \cdot u$ NodeHandles verschickt werden. Dagegen müssen im *Source-Routing-Modus* l Nachrichten verschickt werden, bei denen auf jedem Knoten des Rückwegs maximal u NodeHandles eingefügt werden[10]. Dies führt zum Versenden von bis zu $l \cdot u \cdot \frac{l+1}{2}$ NodeHandles. Ein weiterer Nachteil des *Source-Routing-Modus* besteht darin, dass bei jeder zu routenden Nachricht die Source-Route aufgezeichnet werden muss, was zu zusätzlichem Datenaufkommen im Netzwerk führt.

Die beiden Modi unterscheiden sich auch in der Anzahl kennengelernter Knoten, bei denen der lokale Knoten selbst feststellen kann, ob diese aktiv sind. Im *direkten Modus* sind dies alle Overlay-Knoten auf dem Routing-Pfad, im *Source-Routing-Modus* jedoch nur der erste Knoten, der aber schon in den k-Buckets des Initiators enthalten ist. Alle weiteren Knoten des Routing-Pfades können aber beim Zurücksenden der *KadSignalMsg* in der Nachricht als aktiv markiert werden. Tabelle 5.1 gibt eine Übersicht über die Unterschiede von *direktem Modus* und *Source-Routing-Modus*. Ein „×" steht dabei für „unterstützt", ein „–" für „nicht unterstützt" und ein „•" für „eingeschränkt unterstützt".

5.5.2.4 Auffrischen von k-Buckets

Falls weder die durch die Applikationen angestoßenen Routing-Prozeduren noch die Beitrittsprozeduren neuer Overlay-Knoten einzelne k-Buckets in ausreichend kleinen Intervallen auffrischen, wird bei R/Kademlia (wie auch beim Originalprotokoll) ein Lookup auf einen in den betroffenen k-Bucket fallenden Schlüssel durchgeführt. Unter Auffrischen wird hier der Kontakt zu mindestens einem Knoten des Buckets verstanden. Das zeitliche Intervall, nach dessen Ablauf dieser Lookup startet, wird als das *Bucket-Refresh-Intervall* t_b bezeichnet.

5.5.3 Topologieadaption in R/Kademlia

R/Kademlia kann beide zuvor in diesem Kapitel vorgestellten Verfahren zur Topologieadaption – Proximity Routing und Proximity Neighbor Selection – verwenden, um geringere Routing-Latenzen zu erzielen.

In Kapitel 6 wird ein Verfahren vorgestellt, dass *Topology-based NodeId Assignment* bei gleichverteilten NodeIds für Präfix-orientierte strukturierte Overlay-Protokolle

---

[10]Doppelte NodeHandles werden nicht eingetragen.

möglich macht. Da R/Kademlia wie Pastry und Bamboo auch als Präfix-orientiertes
Overlay-Protokoll anzusehen ist, wird das dort vorgestellte CBR-Verfahren auch bei
R/Kademlia angewendet.

5.5.3.1 PR in R/Kademlia

Für den Einsatz von PR in R/Kademlia kommt eine veränderte Routing-Metrik
$d_{\text{route}} = d_{\text{KadPR}}$ anstelle der im Original verwendeten $d_{\text{route}} = d_{\text{XOR}}$ zum Einsatz.
Diese hat Einfluss auf die Entscheidung jedes Knotens auf dem Routing-Pfad, zu
welchem Overlay-Knoten eine Nachricht weitergeleitet werden soll:

$$d_{\text{KadPR}}(X,Y) = d_{\text{prox}}(X,Y) + d_{\text{prefix}}(X,Y) \tag{5.27}$$

$$d_{\text{prefix}}(X,Y) = \begin{cases} 0 & , X_i = Y_i \forall 0 \le i < m \\ m - n & , \exists n : X_i = Y_i, X_{n+1} \ne Y_{n+1} \\ & \forall 0 \le i \le n < m \end{cases} \tag{5.28}$$

mit $X = X_1 X_2 ... X_m$, $Y = Y_1 Y_2 ... Y_m$, , und $d_{\text{prefix}}(X,Y) \in [0;m] \subset \mathbb{N}$ (es gilt $m = 160$).
$d_{\text{prox}}(X,Y) \in [0;1) \subset \mathbb{R}$, wobei ein niedriger Wert eine niedrige Latenz darstellt.

Wird d_{KadPR} verwendet, werden Nachrichten jeweils zu dem Overlay-Knoten weitergeleitet, der die geringste Latenz ($d_{\text{prox}}(X,Y)$) zum dem Knoten auf dem Routing-Pfad aufweist, bei dem sich die zu routende Nachricht aktuell befindet. Der
Knoten wird dabei aber nur aus der Menge von Peers ausgewählt, die das längste
gemeinsame NodeId-Präfix mit dem Zielschlüssel y haben. Da die Peers in den
k-Buckets gemäß ihres gemeinsamen Präfixes mit der NodeId des lokalen Knotens
organisiert sind, verlängert der Austausch der Routing-Metrik d_{route} nicht den Routing-Pfad: Wenn A_{i+1} und A_{i+2} Peers (aus demselben k-Bucket) von A_i sind, mit
$d_{\text{prefix}}(A_{i+1},y) = d_{\text{prefix}}(A_{i+2},y)$, fällt y in denselben k-Bucket von A_{i+1} bzw. A_{i+2}.
Zur Bestimmung von d_{prox} muss die Latenz zu allen Peers im Voraus gemessen
werden. Ist dies noch nicht geschehen, gilt $d_{\text{prox}} = 0.\overline{9}$. Neu kennengelernte Knoten
müssen nur kontaktiert werden, wenn sie in einen lokalen k-Bucket passen, folglich
sind Messungen nur notwendig, wenn der passende k-Bucket noch nicht voll ist.

5.5.3.2 PNS in R/Kademlia

Um PNS in R/Kademlia zu ermöglichen, wird die für die Pflege der k-Buckets
verwendete *Least Recently Used*-Strategie durch die folgende Strategie ersetzt: Alle
k-Buckets werden mit den physisch nächsten Overlay-Knoten gefüllt, die vom lokalen
Knoten kennengelernt werden und das entsprechende NodeId-Präfix aufweisen. Um
festzustellen, ob ein Overlay-Knoten zu den nächsten Knoten gehört, muss die Latenz
aller Kandidaten bestimmt werden. Dies betrifft alle bislang unbekannten Knoten,
die während einer Routing- oder Lookup-Prozedur kennengelernt werden. Wird ein
Overlay-Knoten gefunden, der physisch näher am lokalen Knoten gelegen ist als
ein beliebiger Knoten eines k-Buckets, wird der am weitesten entfernte Knoten des
k-Buckets durch diesen ersetzt. Aufgrund der Tatsache, dass neu kennengelernte
Knoten auch auf Verfügbarkeit getestet werden müssen, bevor sie in die k-Buckets
eingetragen werden, sind Netzwerk-Koordinatensysteme hierbei nutzlos, da diese
zwar Latenzen, nicht jedoch die Verfügbarkeit bzw. Restlebenszeit von Overlay-Knoten abschätzen können.

5.5.4 Aktive Latenzmessungen

Ein bedeutender Parameter sowohl für beide Signalisierungsmodi als auch für die
einsetzbaren Topologieadaptionsverfahren ist *activeProbing*. Dieser legt fest, ob neu

kennengelernte Overlay-Knoten mittels Ping-Paketen auf Verfügbarkeit und Latenz getestet werden, und zwar auch dann, wenn Latenzinformationen nicht nötig wären, um zu entscheiden, ob der Overlay-Knoten in die k-Buckets des lokalen Knotens aufgenommen werden soll. Bei Verwendung von *activeProbing* wird somit garantiert, dass keine Knoten in den k-Buckets eingetragen werden, deren Latenz unbekannt ist. Gleichzeitig ist jedoch eine erhöhte Senderate pro Overlay-Knoten zu erwarten.

Ohne Verwendung von Topologieadaptionsmechanismen und beim Einsatz von PR hat aktiviertes *activeProbing* zur Folge, dass, solange ein k-Bucket noch nicht voll ist, jeder Knoten, der eingetragen wird, angepingt wird. Bei deaktiviertem *activeProbing* werden nur gegebene Informationen verwendet. Sobald ein k-Bucket mit k Knoten gefüllt ist, werden nur noch Knoten als Kandidaten für die k-Buckets angesehen, von denen zumindest eine Nachricht direkt empfangen wurde.

Im Gegensatz dazu werden bei Verwendung von PNS alle neu kennengelernten Overlay-Knoten, mit denen zuvor nicht kommuniziert wurde und die gemäß ihres NodeId-Präfixes in einen schon gefüllten k-Bucket passen, zur Latenzmessung kontaktiert. Dies ist notwendig, um entscheiden zu können, ob der neu kennengelernte Knoten einen schon eingetragenen aufgrund geringerer Latenz ersetzt. Das führt einerseits zu einer erhöhten Senderate pro Knoten, andererseits werden die k-Buckets sowohl hinsichtlich Latenz als auch Aktualität der eingetragenen Knoten optimiert. *active-Probing* hat bei PNS nur Einfluss auf Latenzmessungen zu Overlay-Knoten, die zu den gemäß d_{XOR} s nächsten Overlay-Knoten zum lokalen Knoten gehören[11]. Ist es aktiviert, werden alle dazugehörigen Knoten, von denen keine Latenzinformationen vorhanden sind, angepingt. Ein evtl. vorhandenes Wissen über deren Verfügbarkeit reicht dann nicht aus.

Algorithmus 5.3 stellt den Ablauf beim Kennenlernen eines bislang unbekannten Overlay-Knotens in Pseudocode dar. Dabei zusätzlich benötigte Prozeduren sind im Folgenden aufgelistet:

- **boolean $\leftarrow$ isAmongSClosestNodes**(X): Liefert *true* zurück, falls der übergebene Knoten X unter den s nächsten Overlay-Knoten des aufrufenden Knotens ist und deshalb in die k-Buckets aufgenommen werden soll.

- **boolean $\leftarrow$ fitsIntoBuckets**(X): Liefert *true* zurück, falls der übergebene Knoten X aufgrund seiner NodeId in einen k-Bucket des aufrufenden Knotens aufgenommen werden soll.

- **boolean $\leftarrow$ fitsIntoBucketsPNS**(RTT): Liefert *true* zurück, falls der übergebene Knoten X in einen k-Bucket des aufrufenden Knotens aufgrund seiner Latenz gemäß PNS-Kriterien aufgenommen werden soll.

- **put** $X \rightarrow kBuckets$: Trägt einen Knoten X in die k-Buckets ein.

- **probe** X: Sendet eine Testnachricht an Knoten X, um diesen auf Verfügbarkeit und Latenz zu testen.

Zunächst wird mit *isAmongSClosestNodes()* überprüft, ob der neu kennengelernte Knoten Y zu den s nächsten Knoten zur NodeId des lokalen Knoten gehört (Zeile 1). Ist dies der Fall und Y ist entweder nicht direkt kennengelernt worden oder die RTT zu

---

[11]In OverSim werden diese Knoten in der *Sibling Table* eingetragen.

Prozedur: addNewNode()
Eingabe: Y, thisNode

```
 1: if (isAmongSClostestNodes(Y) = true) then
 2:     if (NOT Y.isAlive OR
        (thisNode.activeProbing = true AND Y.rtt = undef)) then
 3:         probe Y;
 4:     else
 5:         put Y → thisNode.kBuckets;
 6:     end if
 7: else if (thisNode.PNSenabled = true) then
 8:     if (Y.rtt = undef) then
 9:         probe Y;
10:     else if (fitsIntoBucketsPNS(Y.rtt)) then
11:         put Y → thisNode.kBuckets;
12:     end if
13: else if (fitsIntoBuckets(Y) = true) then
14:     if (thisNode.activeProbing = true) then
15:         probe Y;
16:     else if (Y.isAlive = true) then
17:         put Y → thisNode.kBuckets;
18:     end if
19: end if
```

Algorithmus 5.3 *addNewNode( )*: Aufruf beim Kennenlernen eines bisher unbekannten Overlay-Knotens auf einem R/Kademlia-Knoten

y ist unbekannt und *activeProbing* ist aktiviert, wird eine Testnachricht an *Y* gesendet (Zeile 3). Andernfalls wird *Y* in die *k*-Buckets aufgenommen (Zeile 5). Gehört *Y* nicht zu den *s* nächsten Knoten und ist PNS aktiviert, wird *Y* eine Testnachricht gesendet, falls seine RTT unbekannt ist (8–9). Andernfalls wird mittels *fitsIntoBucketsPNS( )* überprüft, ob er aufgrund seiner niedrigen RTT in die *k*-Buckets aufgenommen wird (Zeile 10–11). Ist PNS jedoch deaktiviert und *Y* passt gemäß der Prozedur *fitsIntoBuckets( )* in die lokalen *k*-Buckets, wird bei aktiviertem *activeProbing* dem Knoten eine Testnachricht gesendet (Zeile 14–15) oder andernfalls – falls direkter Kontakt zu *Y* bestand – *Y* in die *k*-Buckets aufgenommen (Zeile 16–17).

5.6   Implementierung

R/Kademlia wurde im Rahmen dieser Arbeit für das Overlay-Framework *OverSim* implementiert und darin integriert. Die Implementierung baut dabei auf der in OverSim vorhandenen Kademlia-Implementierung auf. Konkret werden folgende OverSim-Module und -Klassen mit den darin bereitgestellten Funktionen verwendet:

- *NeighborCache*-Modul

    - Speicherung von Latenzinformationen

- Basisklasse `BaseOverlay`

  - Unterstützung für *Source-Routing*
  - Hop-by-Hop Acknowledgements bei rekursivem Routing
  - Rekursive Lookups

Das *NeighborCache*-Modul, welches auf jedem einzelnen Overlay-Knoten vorhanden ist, wird zur Zwischenspeicherung von Informationen über andere Overlay-Knoten verwendet. Die R/Kademlia-Implementierung verwendet es, um die Senderate pro Knoten zu verringern: Einmal gemessene Latenzen können zu einem späteren Zeitpunkt wieder abgerufen werden, um z. B. zu entscheiden, ob ein Knoten in einen k-Bucket aufgenommen werden soll. Auch hält der *NeighborCache* Informationen über ausgefallene Knoten, was verhindert, dass solche Knoten erneut in die k-Buckets eingetragen werden. Der *NeighborCache* ist in seiner Größe beschränkt, die maximale Anzahl an Knoten, über die Informationen gehalten werden, kann über den Parameter `maxSize` festgelegt werden. Bei Überschreitung dieser Grenze werden die ältesten Einträge entfernt.

Da R/Kademlia wie Kademlia von der Basisklasse `BaseOverlay` erbt, steht damit der Implementierung vieles an benötigter Funktionalität zur Verfügung: *Source-Routing* wird sowohl in den dort verwendeten Nachrichtentypen als auch in den diese Nachrichten verarbeitenden Funktionen unterstützt, was die Implementierung des *Source-Routing-Modus* vereinfacht. Hop-by-Hop-Acknowledgements werden auch von anderen rekursiven Protokollen in OverSim eingesetzt und können einfach per Parameter auch für R/Kademlia aktiviert werden.

Für rekursive Lookups werden in `BaseOverlay` Nachrichten vom Typ `Find-NodeCall` und `FindNodeResponse` verwendet. Rekursive Lookups werden wie iterative über die Funktion `lookup()` angestoßen. Für Routing-Prozeduren steht die *Common-API*-Funktion `route()` für Applikationen zur Verfügung.

5.6.1 Erweiterung der Kademlia-Implementierung

Die Implementierung von R/Kademlia beschränkt sich auf Erweiterungen am Programmcode der in OverSim vorhandenen Kademlia-Implementierung, also `Kademlia.cc`, `Kademlia.h` und `Kademlia.ned`. Zusätzlich wird in der neuen Datei `KademliaMessage.msg` die *KadSignalMsg* im von OMNeT++ definierten .msg-Format formuliert.

Als erste Erweiterung der vorhandenen Kademlia-Implementierung werden alle in k-Buckets gespeicherte Overlay-Knoten jetzt mittels eines `KademliaNode-Handle` statt eines `NodeHandles` repräsentiert. Diese von `NodeHandle` abgeleitete Klasse erweitert diese u. a. um einen Latenzwert, der für PR und PNS verwendet wird. Alle weiteren Änderungen am Kademlia-Programmcode aus OverSim wurden entweder an den Funktionen `Kademlia::routingAdd()` und `Kademlia::findNode()` vorgenommen oder sind in zwei neu hinzugefügten Funktionen (`Kademlia::recursiveRoutingHook()` und `Kademlia::handle-UDPMessage()`) enthalten:

- `Kademlia::findNode()`: Diese von allen Overlay-Implementierungen in OverSim zu überschreibende Funktion wird von `BaseOverlay` bei jeder Routing-Entscheidung aufgerufen. Da die hier getroffene Wahl des nächsten

Knotens auf dem Routing-Pfad von PR beeinflusst wird, wurde die PR-Funktionalität in diese Funktion integriert. Bei aktiviertem PR wird der hier erstellte Ergebnisvektor $\bar{L}_y$ nach der alternativen Metrik d_{KadPR} sortiert. Die zu routende Nachricht wird dann an den Kopfknoten der Liste weitergeleitet.

• `Kademlia::routingAdd()`: Diese Funktion wurde um Funktionalität für PNS erweitert – was dann unabhängig vom Routing-Modus, also auch für iterative Lookups verwendet werden kann. Die hier implementierte *Least Recently Used*-Strategie wird bei aktiviertem PNS ersetzt (s. Abschnitt 5.5.3.2). Falls Latenzinformationen über Kandidaten für die k-Buckets fehlen, wird von hier aus der `NeighborCache` befragt, der die gewünschte Information zurückliefert oder – falls diese nicht vorhanden ist – eine Messung anstößt.

• `Kademlia::recursiveRoutingHook()`: Diese Funktion wird von der Basisklasse `BaseOverlay` im rekursiven Modus aufgerufen, nachdem eine Routing-Entscheidung getroffen wurde. Abgeleitete Overlay-Protokoll-Implementierungen können hier vor dem Versenden der Nachricht diese manipulieren, löschen oder den Zielknoten bzw. den Zielschlüssel ändern. R/Kademlia verwendet die Funktion, um die *KadSignalMsg* zu versenden. Je nach Signalisierungsmodus wird diese dann auf allen Knoten auf dem Routing-Pfad oder nur auf dem Zielknoten versendet.

• `Kademlia::handleUDPMessage()`: Die Funktion in BaseOverlay wird von Kademlia überschrieben, um empfangene *KadSignalMsg*-Nachrichten zu verarbeiten. Die dort eingetragenen NodeHandles werden `routingAdd()` übergeben, inkl. jeweils einer Markierung (*isAlive*), ob mit dem betroffenen Knoten direkt kommuniziert wurde und somit seine aktuelle Verfügbarkeit bekannt ist.

Alle durchgeführten Änderungen an der ursprünglichen Implementierung sind parametrisiert und damit einfach zu aktivieren bzw. deaktivieren.

5.7 Validierung der Analyse

Vor der Evaluierung von R/Kademlia wurden zunächst Simulationen mit OverSim durchgeführt, die die Analyseergebnisse aus Abschnitt 5.1.2 – dabei speziell die der Abbildungen 5.10 – bestätigen sollen. Für diese Simulationsläufe wurden spezielle Parameter gewählt, um das mathematische Modell möglichst genau nachvollziehen zu können: Simuliert wurde ein Overlay-Netz mit 1 000 Knoten. Verwendet wurde R/Kademlia (semi-rekursiver Routing-Modus) mit Per-Hop-Bestätigungsnachrichten ($R_{\mathrm{semi}}^{\mathrm{ack}}$) und der Sibling-basierte iterative Modus (I_{sib}^{v}) des Originalprotokolls mit $v \in \{1, 3, 5\}$ parallelen Lookup-RPCs. Um das effektive Stabilisierungsintervall t_s zu beeinflussen, wurden Simulationen sowohl mit aktiviertem als auch mit deaktiviertem *activeProbing* durchgeführt.

Pro Konfiguration wurden 15 Simulationsläufe mit einer Messphase von $1\,000\,s$ durchgeführt, auf eine Übergangsphase wurde verzichtet (s. Abschnitt 4.3). Die `KBRTestApp` führte periodisch nur den *RPC-Test* durch. Gescheiterte Routing-Prozeduren wurden mit $300\,s$ bewertet. Im verwendeten *SimpleUnderlay* wurde $\delta_u = 1\,s$ gesetzt, das Timeout-Intervall gemäß Formel 5.18 auf $T_h = 2{,}8\,s$.

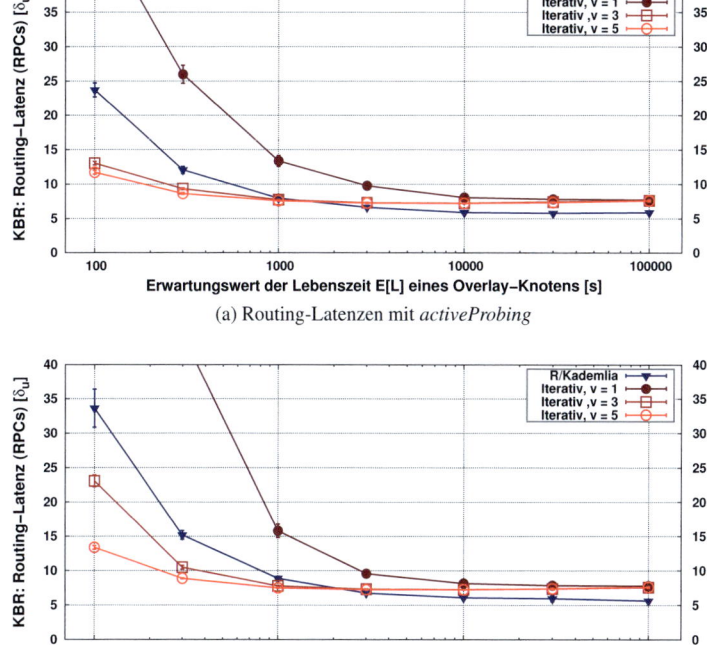

(a) Routing-Latenzen mit *activeProbing*

(b) Routing-Latenzen ohne *activeProbing*

Abbildung 5.17 Evaluierung R/Kademlia: Vergleich von iterativem und rekursivem Routing-Modus ohne Topologieadaption

Abbildung 5.17 zeigt die Ergebnisse der zur Validierung des analytischen Modells durchgeführten Simulationen, Abbildung 5.17a stellt dabei die Ergebnisse mit aktiviertem *activeProbing* dar, für Abbildung 5.17b wurde *activeProbing* deaktiviert. Grundsätzlich ist in beiden Abbildungen festzustellen, dass die Simulationsergebnisse bei leichten Abweichungen mit dem analytischen Modell übereinstimmen: Bei geringer Knotenfluktuation ($E[L] = 100\,000$) sind deutlich die längeren Routing-Pfade (H) der iterativen Routing-Modi gegenüber dem rekursiven Modus zu erkennen. Während der iterative Modus mit einem gleichzeitig versendeten Lookup-RPC auch bei ansteigender Knotenfluktuation keine niedrigeren Routing-Latenzen als der rekursive Modus erzielt, gibt es für $v = 3$ und $v = 5$ einen Schnittpunkt mit der Kurve des rekursiven Modus. Bei Vergleich der beiden Abbildungen kann festgestellt werden, dass sich dieser Schnittpunkt in Abhängigkeit von *activeProbing* verschiebt.

Unterschiede zwischen den Simulationsergebnissen und dem analytischen Modell sind insbesondere bei den schlechteren Ergebnissen des iterativen Modus mit $v = 1$ im Vergleich zum rekursiven Modus (R/Kademlia) zu sehen: Der Abstand der Routing-Latenzen nimmt mit steigender Knotenfluktuation zu. Im analytischen Modell bleibt dieser konstant. Diese Abweichungen können mit den folgenden Unterschieden zwischen Simulation und dem analytischen Modell begründet werden:

- **Fehlgeschlagene Routing-Prozeduren**: Das analytische Modell berücksichtigt keine fehlgeschlagenen Routing-Prozeduren. Diese treten jedoch in der Simulation mit steigender Knotenfluktuation gehäuft auf. Als Ausgleich wird in der Simulation eine fehlgeschlagene Routing-Prozedur mit einer Strafzeit gewertet. Diese hat mit steigender Knotenfluktuation einen größeren Einfluss auf die Routing-Latenzen.

- **Unterschiedliches Stabilisierungsintervall** t_s: In der Simulation kann nicht davon ausgegangen werden, dass das Stabilisierungsintervall bei allen Routing-Modi gleich groß ist. Die in Abschnitt 5.1.2.3 aufgelisteten Einflussfaktoren auf t_s werden vom analytischen Modell nicht berücksichtigt. Die abweichenden Simulationsergebnisse des iterativen Modus mit $v = 1$ sind somit durch ein größeres Stabilisierungsintervall bedingt.

- **Erreichbarkeit des Zielknotens**: Im analytischen Modell wird davon ausgegangen, dass der Zielknoten einer Routing-Prozedur bis zur erfolgreichen Zustellung der Nachricht im Overlay-Netz bleibt. In der Simulation wird dies nur eine begrenzte Zeit (15 s) garantiert. Die Folge sind vermehrt scheiternde Routing-Prozeduren.

5.8   Evaluierung

In diesem Kapitel wird das rekursive R/Kademlia mit dem Originalprotokoll Kademlia in zwei verschiedenen iterativen Modi simulativ verglichen. Für die Evaluierung werden mit Hilfe des *Performance vs. Cost* Frameworks die erzielten Routing-Latenzen der dafür benötigten Senderate gegenübergestellt. Die beiden in Abschnitt 5.5.2 vorgestellten Signalisierungsmodi und die verschiedenen Routing-Modi werden bei unterschiedlichen Raten von Knotenfluktuation miteinander verglichen.

5.8.1   Szenarien und Parameter

Die Evaluierung wurde mit dem in Kapitel 4 vorgestellten Overlay-Framework *OverSim* und den in Abschnitt 5.6.1 beschriebenen Erweiterungen der vorhandenen Kademlia-Implementierung durchgeführt. Zur Konfiguration des simulierten Underlay-Netzes wurden die in Abschnitt 4.3.1 aufgeführten Parameter verwendet. Knotenfluktuation wurde nach dem in Abschnitt 5.1 beschriebenen Weibull-basierten Lebenszeitmodell für Overlay-Knoten modelliert. Um verschiedene Raten von Knotenfluktuation und damit verschiedenartige Netzwerkszenarien zu simulieren, wurden neben einer erwarteten Lebenszeit der Overlay-Knoten von $E[L] = 10\,000\,s$ auch weitere Werte zwischen $1\,000\,s$ und $100\,000\,s$ verwendet. Zusätzlich wurde auch ein Netzwerk ohne Knotenfluktuation simuliert.

Auch für die verwendete Testanwendung – die KBRTestApp von OverSim – gelten die in Abschnitt 4.3.1 vorgestellten Parameter. Von den drei durch die KBRTestApp durchgeführten Tests des Overlay-Netzes werden nur die Ergebnisse des Einwegtests ausgewertet. Jede Parameterkombination wurde 15-mal mit unterschiedlichen Initialisierungsvektoren für den Zufallszahlengenerator gestartet, um aussagekräftige Ergebnisse zu erzielen. Die 99 %-Konfidenzintervalle werden in allen Plots dargestellt, sind aber aufgrund ihrer geringen Größe nicht immer erkennbar.

Beide iterativen Routing-Modi wurden mit $v = 1$, 3 und 5 parallelen RPCs pro Look-up simuliert. PNS wurde sowohl bei R/Kademlia als auch beim Sibling-basierten iterativen Modus aktiviert, PR nur bei R/Kademlia. Für alle Routing-Modi wurden die in 2.7.4 angegebenen Standardparameter verwendet: Die Größe der k-Buckets wurde auf $k = 8$ festgelegt, t_b auf 1 000 s. Alle Simulationsläufe wurden sowohl mit aktiviertem als auch deaktiviertem *activeProbing* durchgeführt.

5.8.2   Simulationsergebnisse

Die in Abbildung 5.18 dargestellten Ergebnisse zeigen die konvexen Hüllen aller simulierten Parameterkombinationen von R/Kademlia und dem Originalprotokoll im vollständig-iterativen und im Sibling-basierten iterativen Modus. Hier dargestellt sind nur die Ergebnisse ohne Knotenfluktuation ($E[L] = \infty$) und für $E[L] = 100\,s$ und 10 000 s. Die variierten Parameter umfassten die Aktivierung bzw. Deaktivierung der verschiedenen Topologieadaptionsverfahren, die beiden Signalisierungsmodi bei R/Kademlia, die Anzahl paralleler RPCs bei iterativen Lookups und den Konfigurationsparameter *activeProbing*.

R/Kademlia zeigt in alle drei Szenarien das beste Kosten-Nutzen-Verhältnis von Routing-Latenzen und benötigter Senderate pro Overlay-Knoten. Kademlia im ursprünglich vorgesehenen vollständig-iterativen Modus weist ein wesentlich schlechteres Kosten-Nutzen-Verhältnis auf. Der Sibling-basierte iterative Modus liefert zwar bedeutend bessere Ergebnisse als das Originalprotokoll, keine Parameterkombination erreicht jedoch ein gleiches oder besseres Kosten-Nutzen-Verhältnis als das von R/Kademlia erzielte.

Die beiden alternativen Signalisierungsmodi wurden – ebenfalls mit dem PVC Framework – bei unterschiedlichen Raten von Knotenfluktuation verglichen. Die dazugehörigen konvexen Hüllen sind in Abbildung 5.19 dargestellt. Sie zeigen, dass der *direkte Modus* in R/Kademlia dem *Source-Routing-Modus* ohne Knotenfluktuation (Abbildung 5.19c) und bei mittlerer Knotenfluktuation ($E[L] = 10\,000\,s$, Abbildung 5.19b) hinsichtlich der benötigten Senderate überlegen ist. Bei hoher Knotenfluktuation (Abbildung 5.19a) zeigt sich, dass der *Source-Routing-Modus* sowohl bei den erzielten Routing-Latenzen als auch bei der Senderate im Vorteil ist, da die beteiligten Overlay-Knoten mehr andere Overlay-Knoten kennenlernen und so ihre Routing-Tabellen durch PNS weiter optimieren können. Gleichzeitig führt dies dazu, dass mehr Knoten auf Verfügbarkeit geprüft werden, was die k-Buckets aktuell hält. So werden u. a. Sendewiederholungen bei Routing-Prozeduren vermieden, was die durchschnittliche Senderate senkt. Alle weiteren hier vorgestellten Simulationsergebnisse wurden aufgrund dieser Ergebnisse mit dem *Source-Routing-Modus* durchgeführt. In Anhang B sind weitere Ergebnisse von R/Kademlia unter Verwendung des *direkten Modus* dargestellt.

In den nächsten Abbildungen werden Routing-Latenzen und benötigte Bandbreite getrennt voneinander betrachtet: Abbildung 5.20a zeigt die benötigten Einweglatenzen von durch das Overlay-Netz gerouteten Nachrichten bei unterschiedlichen Raten von Knotenfluktuation. Verglichen werden hierbei R/Kademlia ohne Topologieadaption, mit PR und mit PNS auf der einen Seite und das Originalprotokoll im vollständig-iterativen und im Sibling-basierten Modus; Letzterer mit und ohne aktiviertes PNS. *activeProbing* ist dabei bei allen Protokollvarianten aktiviert.

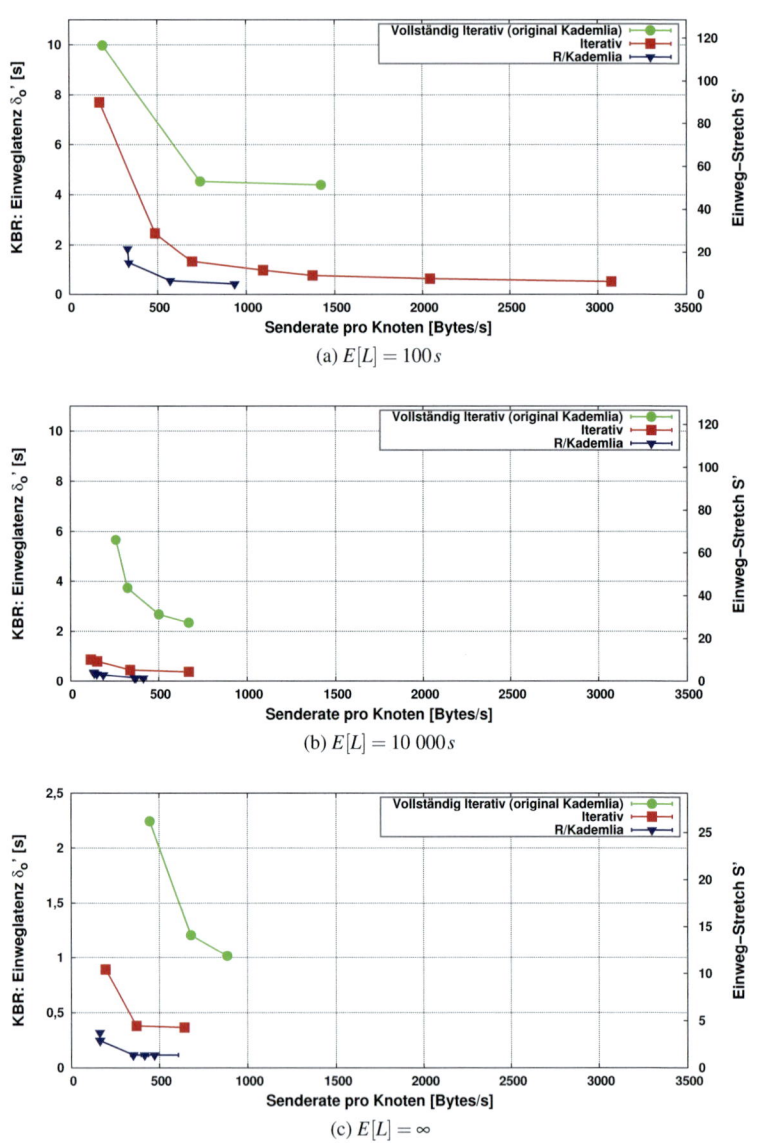

(a) $E[L] = 100\,s$

(b) $E[L] = 10\,000\,s$

(c) $E[L] = \infty$

Abbildung 5.18 Evaluierung R/Kademlia: Konvexe Hüllen von Kademlia (original, vollständig-iterativ), Sibling-basiert iterativ und R/Kademlia bei unterschiedlichen erwarteten Lebenszeiten $E[L]$

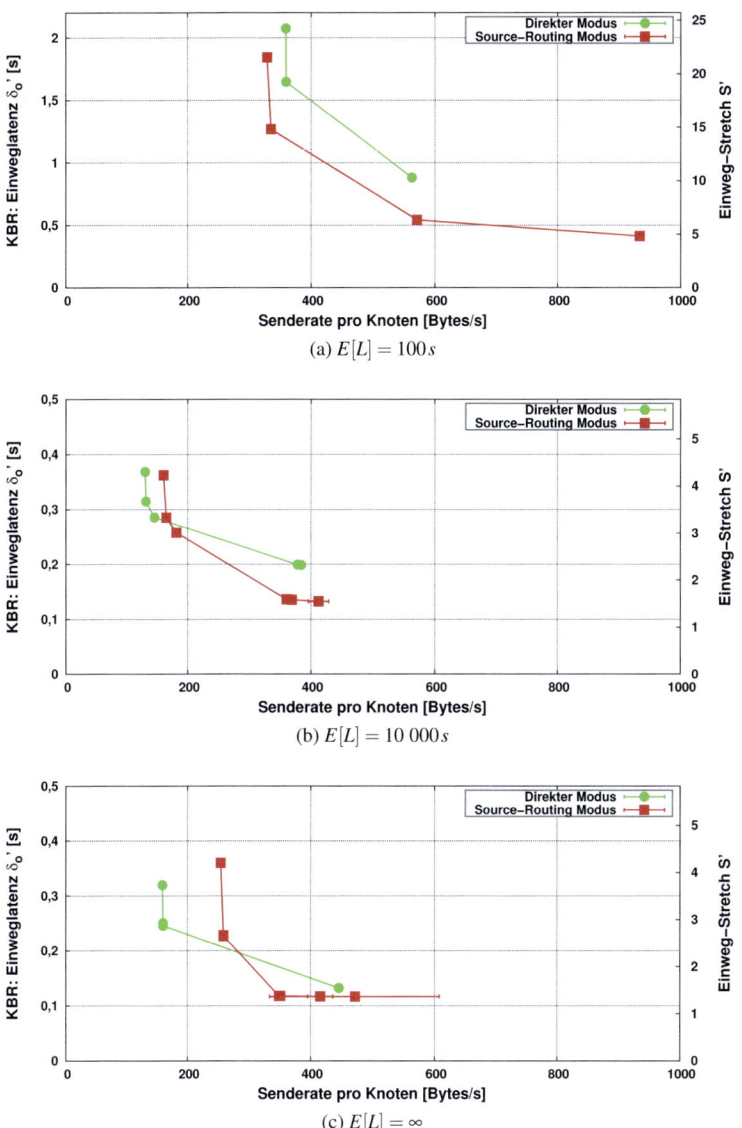

(a) $E[L] = 100\,s$

(b) $E[L] = 10\,000\,s$

(c) $E[L] = \infty$

Abbildung 5.19 Evaluierung R/Kademlia: Konvexe Hüllen des *direkten Modus* und des *Source-Routing-Modus* von R/Kademlia bei unterschiedlichen erwarteten Lebenszeiten $E[L]$

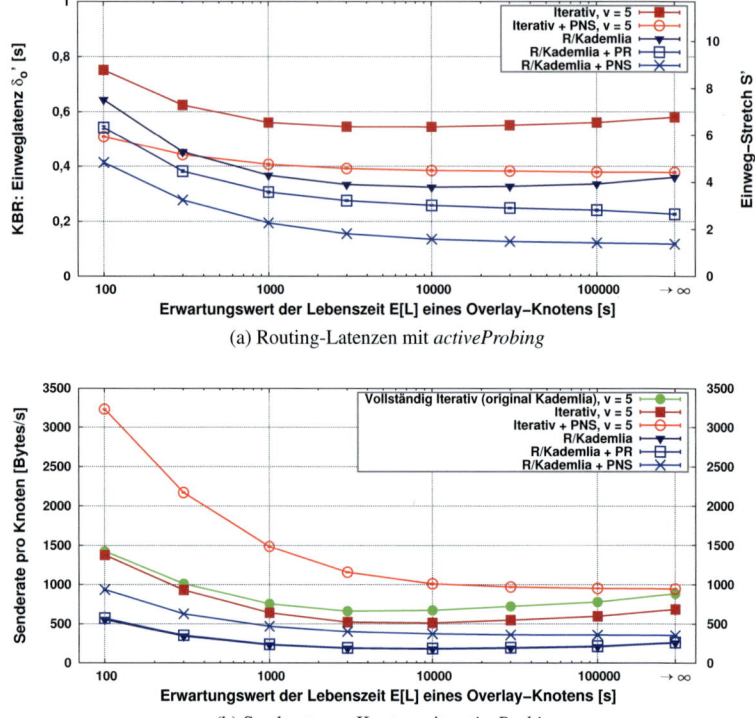

(a) Routing-Latenzen mit *activeProbing*

(b) Senderate pro Knoten mit *activeProbing*

Abbildung 5.20 Evaluierung R/Kademlia: Unterschiedliche Raten von Knotenfluktuation mit *activeProbing* (*Source-Routing-Modus*)

Ohne den Einsatz von Topologieadaptionsmechanismen erreicht R/Kademlia niedrigere Latenzen (z. B. 324 ms bei $E[L] = 10\,000\,s$) als die Sibling-basierte iterative Variante (545 ms), hier bei Verwendung 5 paralleler RPCs. Beim vollständig-iterativen Modus können – je nach Rate der Knotenfluktuation – nur Latenzen von 2-5 s erzielt werden. Um die unterschiedlichen Ergebnisse des iterativen Modus und von R/Kademlia herauszustellen, werden deshalb bzgl. Routing-Latenzen keine Ergebnisse des vollständig-iterativen Routing-Modus in den Abbildungen dargestellt.

Der latenzreduzierende Effekt von PR ist verglichen mit dem von PNS klein, dafür wird die Senderate pro Knoten fast nicht erhöht. Bei PNS dagegen ist eine signifikante Reduktion der Routing-Latenzen festzustellen: Im iterativen Modus werden 384 ms bei $E[L] = 10\,000\,s$ erreicht, bei R/Kademlia sogar 135 ms. Eine Kombination beider Topologieadaptionsverfahren brachte keine signifikante Verbesserung (133 ms) und ist deshalb nicht dargestellt. R/Kademlia mit aktiviertem PR erzielt außer bei sehr hoher Knotenfluktuation niedrigere Routing-Latenzen (258 ms bei $E[L] = 10\,000\,s$) als der iterative Modus mit PNS. Die insgesamt geringsten Routing-Latenzen (117 ms) werden mit R/Kademlia und aktiviertem PR und PNS ohne Knotenfluktuation erzielt.

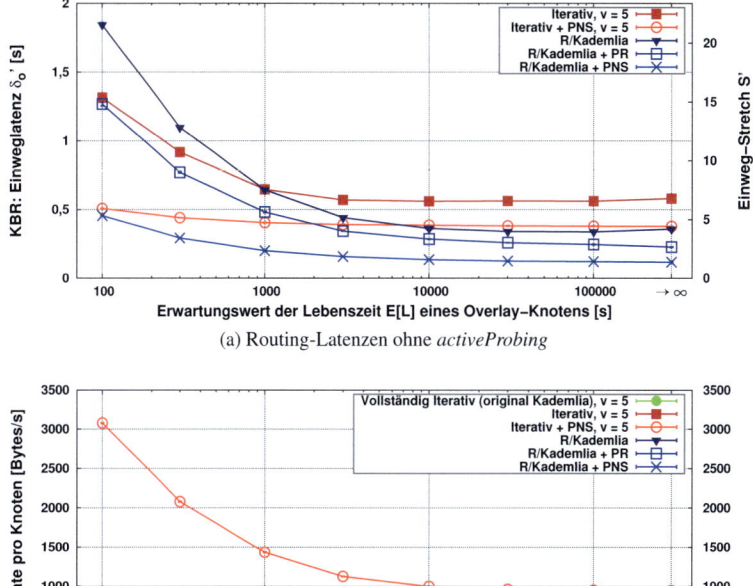

(a) Routing-Latenzen ohne *activeProbing*

(b) Senderate pro Knoten ohne *activeProbing*

Abbildung 5.21 Evaluierung R/Kademlia: Unterschiedlichen Raten von Knotenfluktuation ohne *activeProbing* (*Source-Routing-Modus*)

In Abbildung 5.20b sind die gemessenen Senderaten dargestellt: Bei jeder simulierten
Rate von Knotenfluktuation zeichnet sich R/Kademlia sowohl ohne Topologieadaption als auch mit aktiviertem PR durch bedeutend niedrigere Senderaten (176 Bytes/s
bei $E[L] = 10\,000\,s$) als beide iterativen Modi (≈ 671 und 511 Bytes/s) aus. PNS
benötigt sowohl im rekursiven als auch im iterativen Modus etwa das 2-fache an
Bandbreite. Der Grund für den niedrigeren Bandbreitenverbrauch von PR gegenüber
PNS ist der, dass bei vollen k-Buckets bei PR die Latenzen neu kennengelernter
Knoten nicht gemessen werden müssen. Bei PNS dagegen müssen alle diese Overlay-Knoten angepingt werden, um anhand der gemessenen Latenz zu entscheiden,
ob ein Knoten in einen k-Bucket aufgenommen wird oder nicht.

In Abbildung 5.21a und Abbildung 5.21b sind die Ergebnisse der gleichen Simu-
lationsreihen wie zuvor dargestellt – diesmal bei deaktiviertem *activeProbing*. Bei
allen Konfigurationen – insbesondere aber bei denen ohne aktiviertes PNS – sind
niedrigere Senderaten verglichen mit den Ergebnissen mit aktiviertem *activeProbing*
festzustellen. Der Grund hierfür ist die geringere Anzahl von durchgeführten Latenzmessungen. Das daraus resultierende vergrößerte Stabilisierungsintervall t_s führt

zu höheren Routing-Latenzen aufgrund von Knotenausfällen auf den Routing-Pfaden. R/Kademlia erreicht somit nur bei mittlerer und niedrigerer Knotenfluktuation bessere Resultate als der Sibling-basierte iterative Modus. Dieser ist bei aktiviertem PNS in Szenarien mit hoher Knotenfluktuation schneller als R/Kademlia mit und ohne PR – bei einer aber deutlich höheren Senderate. Die Simulationsergebnisse bestätigen nochmal die Ergebnisse der Analyse aus Abbildung 5.1.2: Bei gleich großem Stabilisierungsintervall t_s ist der rekursive Routing-Modus trotz aktivierter Bestätigungsnachrichten dem iterativen Modus mit parallelen RPCs ab einem bestimmten Ausmaß an Knotenfluktuation (hier bei $E[L] < 1\ 000\,s$ ohne PR/PNS) hinsichtlich der erzielten Routing-Latenzen unterlegen.

Bei allen hier dargestellten Ergebnissen ist insbesondere bei den iterativen Routing-Modi zu beobachten, dass die durchschnittliche Senderate pro Overlay-Knoten – von moderater Knotenfluktuation ($E[L] = 10\ 000\,s$) ausgehend – nicht nur bei steigender sondern auch bei sinkender Knotenfluktuation anwächst. Bei hoher Knotenfluktuation sind Sendewiederholungen die Ursache der erhöhten Senderate pro Overlay-Knoten. Bei niedriger Knotenfluktuation liegt dies in den seltener durchgeführten Beitrittsprozeduren begründet: Die k-Buckets der Overlay-Knoten werden seltener aufgefrischt, so dass nach Ablauf des *Bucket-Refresh-Intervalls* t_b auf mehr in diesem Intervall nicht aufgefrischte k-Buckets ein Lookup durchgeführt werden muss. Die k-Buckets werden bei jeder von der Applikation angestoßenen Routing-Prozedur verwendet und damit aufgefrischt. Im iterativen Fall betrifft dies den k-Bucket des Initiators X, in dem der während des Lookups zuerst kontaktierte Knoten A_1 eingetragen ist. Im rekursiven Fall dagegen wird von jedem Knoten A_i auf dem Routing-Pfad der k-Bucket aufgefrischt, in dem der nächste Knoten A_{i+1} des Routing-Pfads eingetragen ist. Somit ist im rekursiven Routing-Modus bei gleichem Aufkommen von der Applikation angestoßener Routing-Prozeduren die Wahrscheinlichkeit höher, dass innerhalb des *Bucket-Refresh-Intervalls* ein k-Bucket aufgefrischt wird – die Senderate wird nicht durch zusätzlich benötigte Lookup-Prozeduren erhöht.

5.9   Zusammenfassung

In diesem Kapitel wurde das rekursive Overlay-Protokoll R/Kademlia vorgestellt und simulativ mit dem Originalprotokoll Kademlia verglichen. R/Kademlia zeigt in der Evaluierung deutliche Vorteile gegenüber dem Originalprotokoll, sowohl hinsichtlich Bandbreitenbedarf als auch bei den Routing-Latenzen. Die Auswertung mit Hilfe des PVC Frameworks zeigt keine Parameterkombination der iterativen Varianten, die bessere Ergebnisse bzgl. Bandbreite oder Latenz erzielt als die günstigsten Parameterkombinationen von R/Kademlia. Topologieadaptionsmechanismen wie *Proximity Routing* (PR) und *Proximity Neighbor Selection* (PNS) haben bei R/Kademlia einen signifikant latenzreduzierenden Effekt. PR benötigt dazu kaum mehr Bandbreite als R/Kademlia ohne Topologieadaption, mit PNS dagegen werden die geringsten Routing-Latenzen erzielt. *activeProbing* erweist sich vor allem in Netzwerkszenarien mit hoher Knotenfluktuation als wichtiger Protokollmechanismus, da offensichtlich mit dessen Aktivierung das effektive Stabilisierungsintervall t_s entscheidend gesenkt werden kann.

Der Quellcode der hier verwendeten R/Kademlia-Implementierung ist in das Overlay-Framework OverSim integriert und somit online zugänglich. Bei einer Live-Demo eines auf OverSim basierenden verteilten Namensdienstes [5] in *PlanetLab* und *G-Lab* (http://www.p2pns.org/) können über eine Kommandoschnittstelle Routing-Anfragen an ein laufendes R/Kademlia-Netz gestellt werden[12] und so dessen Funktionalität außerhalb von Simulationen getestet werden.

---

[12]Es steht ein Kademlia-Netzwerk zur Verfügung, das auch rekursive Routing-Prozeduren durchführen kann. Diese verwenden zur Signalisierung den *direkten Modus*. Die bei Bedarf periodisch angestoßenen Stabilisierungsprozeduren werden iterativ durchgeführt.

6. CBR – Coordinate-based Routing

In diesem Kapitel erfolgt die ausführliche Beschreibung des *Coordinate-based Routings* (CBR), eines im Rahmen dieser Arbeit entwickelten Verfahrens zur gleichverteilten, aber topologieabhängigen Vergabe von Knotenidentitäten in strukturierten Overlay-Netzen. Die Topologieadaptionsverfahren *Topology-based NodeId Assignment* (TbNA) und *Proximity Neighbor Selection* (PNS) werden bei CBR so kombiniert, dass durch zielgerichtetes Routing deutlich geringere Routing-Latenzen erreicht werden als ohne den Einsatz von CBR. Für die Beschaffung der für TbNA benötigten Informationen über die relative physische Lage der Overlay-Knoten untereinander werden Netzwerk-Koordinatensysteme (s. Kapitel 3) eingesetzt.

CBR eignet sich für verteilte, KBR-basierte Anwendungen, bei denen niedrige Routing-Latenzen erwünscht bzw. notwendig sind, wie z. B. bei dem in Abschnitt 1.1 angesprochenen dezentralen DNS. Zusätzlich kann durch eine in diesem Kapitel vorgestellte auf CBR basierende Replikationsstrategie für *Distributed Hash Tables* (DHTs) ohne zusätzlichen Bandbreitenbedarf das Abfragen von Informationen in verteilten Speichersystemen beschleunigt werden.

In den folgenden Abschnitten wird zunächst das Topologieadaptionsverfahren *Topology-based NodeId Assignment* (TbNA) analysiert und ein Überblick über dazu verwandte Arbeiten gegeben. Insbesondere wird dabei auf das Kernproblem von TbNA eingegangen: ungleichverteilte Knotenidentitäten. Im Anschluss daran wird die Motivation für die Entwicklung von CBR und dessen Grundkonzept – die Einteilung des Koordinatenraums in unterschiedlich große Präfixareale – dargestellt, zunächst noch unabhängig vom verwendeten Netzwerk-Koordinatensystem. In den dann folgenden zwei Abschnitten werden die Landmark-basierte bzw. die dezentrale Variante vorgestellt. Es folgt die Erläuterung der auf CBR basierenden Replikationsstrategie für das verteilte Speichern von Informationen in einem CBR-Overlay-Netz.

Das Kapitel schließt mit der Beschreibung der Implementierung von CBR in OverSim und der Präsentation und Evaluierung der von CBR erzielten Ergebnisse.

6.1   Analyse: Topology-based NodeId Assignment

Topology-based NodeId Assignment (TbNA) (auch *Proximity Identifier Selection* (PIS) genannt) bezeichnet die Anpassung der Knotenidentitäten im Overlay-Netz an die Positionen der Overlay-Knoten im zugrunde liegenden Netzwerk. Ziel dabei ist es, physisch nahe Knoten auch im ID-Raum des Overlays gemäß der verwendeten Routing-Metrik d_{route} nah beieinander zu platzieren. Knoten, die im zugrunde liegenden Netzwerk weit auseinanderliegen, werden dementsprechend NodeIds zugewiesen, deren Distanz im ID-Raum groß ist. TbNA benötigt dazu vor der Zuweisung von Knotenidentitäten an einzelne Knoten eine Möglichkeit, deren Lage im physischen Netzwerk zu bestimmen. Hierfür kommen u. a. Netzwerk-Koordinatensysteme und daran angelehnte Verfahren infrage (s. Kapitel 3). Im Folgenden wird immer von der Verwendung von euklidischen Netzwerk-Koordinatensystemen ausgegangen.

Abbildung 6.1 veranschaulicht das Topologieadaptionsverfahren TbNA: Ein geringerer Abstand im ID-Raum des Overlays gemäß der dort verwendeten Routing-Metrik d_{route} ($d_{route}(X, A_i) < d_{route}(X, A_j)$) entspricht bei Verwendung von TbNA einem geringeren physischen Abstand im Underlay-Netz ($\overline{XA_i} < \overline{XA_j}$). Gilt für die verwendete Routing-Metrik d_{route}

$$d_{route}(X, A_i) = d_{route}(X, A_j) \longleftrightarrow i = j \tag{6.1}$$

gilt bei *perfektem* TbNA, also der perfekten Abbildung des Underlay-Netzes auf den ID-Raum des Overlay-Netzes

$$\overline{XY} \sim d_{route}(X, Y) \tag{6.2}$$

Wird beispielsweise die Präfix-Metrik d_{prefix} verwendet, haben nahe Knoten im ID-Raum ein längeres gemeinsames NodeId-Präfix als weiter entfernte. TbNA bewirkt dann, dass je näher Knoten im physischen Raum beieinanderliegen, diese ein längeres gemeinsames NodeId-Präfix haben. Eine geringe Latenz zwischen den Knoten X und Y hat also ein kleineres $d_{route} = d_{prefix}(X, Y)$ zur Folge.

Da sich bei rekursivem Routing in strukturierten Overlay-Netzen der Abstand einer zu routenden Nachricht M im ID-Raum zum Zielschlüssel in jedem Routing-Schritt verringert, wird in Verbindung mit TbNA auch physisch zielgerichtetes Routing erreicht. Die geroutete Nachricht M bewegt sich in jedem Routing-Schritt von A_i nach A_{i+1} aufgrund der Verknüpfung von ID-Raum und Underlay physisch auf den Zielknoten Y zu:

$$\overline{A_i Y} \geq \overline{A_{i+1} Y} \ \forall \ 0 \leq i < l \tag{6.3}$$

TbNA bietet Overlay-Knoten als einziges Topologieadaptionsverfahren eine Verknüpfung von physischer Lage und Position im ID-Raum. Es begünstigt damit u. a. die Entwicklung von ortsbezogenen Diensten (*location-based services*) und kann die Basis eines KBR-basierten *GeoCast*-Dienstes bilden, indem innerhalb eines Bereichs des ID-Raums ein *Broadcast* durchgeführt wird. Auch sind optimierte, auf KBR/TbNA basierende Strukturen für *Application Layer Multicast* denkbar.

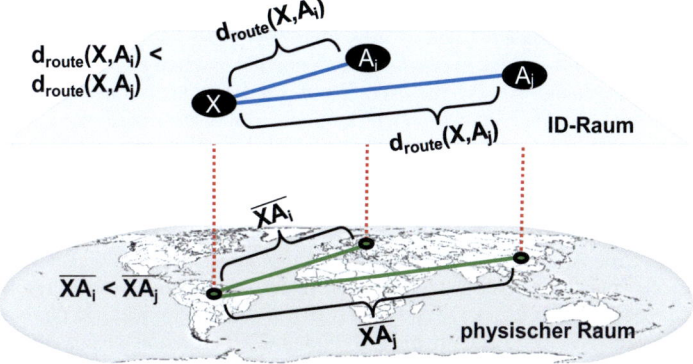

Abbildung 6.1 TbNA: Abbildung des zugrunde liegenden Netzwerks auf die Topologie des Overlay-Netzes

6.1.1 Existierende Ansätze und Stand der Forschung

In [91] wird (zusätzlich zu dem Protokoll CAN selbst) ein TbNA-System für CAN (s. Abschnitt 2.3) vorgeschlagen, das zwar auf Landmark-Knoten basiert, aber kein Netzwerk-Koordinatensystem verwendet: Wie bei GNP (s. Abschnitt 3.2) müssen m dedizierte Knoten, die üblicherweise nicht Teil des Overlay-Netzes sind, im physischen Netz vorhanden und erreichbar sein. Beitrittskandidaten für das Overlay-Netz kontaktieren all diese Landmark-Knoten und messen dabei die Latenz zu jedem Einzelnen. Pro Knoten werden die Landmark-Knoten nach ihren gemessenen Latenzen sortiert, was zu maximal $m!$ verschiedenen Reihenfolgen führt. Nacheinander wird dann der CAN-ID-Raum in allen d Dimensionen in m, $m-1$, usw. Bereiche aufgeteilt. Ist $m! > d$, wird nach Aufteilung der letzten Dimension der Vorgang bei der ersten fortgesetzt. Die Knoten werden dann entsprechend ihrer Landmark-Reihenfolge einem dieser Bereiche zugeordnet, aus dem sie dann eine NodeId auswählen müssen. Ziel des Verfahrens ist es, physisch nahe Knoten in einem gemeinsamen Bereich zu platzieren – unter der Annahme, dass Knoten mit gleicher Landmark-Reihenfolge auch eine geringe Latenz untereinander aufweisen. Da die Sortierung der maximal $m!$ Reihenfolgen nicht festgelegt ist, gibt es jedoch keinen physischen Zusammenhang zwischen den Bereichen des ID-Raums untereinander, d. h., sowohl zwischen benachbarten als auch zwischen weit entfernten Bereichen sind für das gesamte Overlay-Netz durchschnittliche Latenzen zu erwarten.

In [55] bilden die Autoren Vivaldi-Koordinaten (s. Abschnitt 3.3) direkt auf CAN-Identitäten ab, d. h., die Vivaldi-Koordinaten werden direkt als Overlay-Identität verwendet. Die Routing-Metrik $d_{\text{route}} = d_{\text{CAN}}$ (s. Abschnitt 2.8.3) entspricht also der Abstandsmetrik von Vivaldi. Im Gegensatz zu dem oben beschriebenen Verfahren in CAN führt die Verwendung von Netzwerk-Koordinatensystemen dazu, dass nicht nur physisch nahe Knoten im ID-Raum nahe sind, sondern auch, dass Zwischenknoten auf dem Routing-Pfad näher am Zielknoten sind als der Absender der zu routenden Nachricht. Neben einer lokalen Optimierung wird also auch eine globale Sicht miteinbezogen. Die in [55] präsentierten Simulationsergebnisse zeigen eine signifikante Absenkung der Routing-Latenzen, verglichen u. a. mit CAN in der ursprünglichen Version und Chord (s. Abschnitt 2.7.1). Die Autoren gehen aber nicht auf die entstehende Ungleichverteilung der Knotenidentitäten ein, die u. a. zu einer unfairen Lastverteilung im Overlay-Netz führen kann: Einige Overlay-Knoten, deren Koordinaten sich in spärlich besetzten Bereichen des Koordinatenraums befinden, sind für größere Schlüsselräume verantwortlich als Knoten in sog. Hot-Spots – also Anhäufungen von Knoten im Koordinatenraum.

Auch weitere Vorschläge, TbNA in strukturierten Overlay-Protokollen einzusetzen, bieten keine Lösung des Problems ungleichverteilter Knotenidentitäten: In [121] verwenden die Autoren die AS-Nummern (*Autonomous System*), denen die Overlay-Knoten zugehörig sind, und bilden diese in präfixbasierten Overlay-Protokollen auf ein NodeId-Präfix ab. In [122] wird das IPv6-Präfix verwendet, um das NodeId-Präfix festzulegen. Die Autoren von [33] bilden GNP-Koordinaten auf einen Ring ab und bilden so Knotenidentitäten für Chord. In [128] und [129] präsentieren die Autoren ein System zur Vergabe von lokationsabhängigen NodeId-Präfixen in Chord und präfixbasierten Overlay-Netzen wie Pastry und Bamboo. Dabei orientiert sich die Präfix-Vergabe an geografischen Regionen (wie z. B. der Nordwesten der USA). Um Gleichverteilung der Knotenidentitäten zu erreichen, verlassen sich die Autoren auf Annahmen über die Knotendichte in den betreffenden Regionen.

Mehrere Publikationen widmen sich dem Problem von sinkender Routing-Effizienz und unfairer Lastverteilung bei ungleich verteilten NodeIds, sehen aber keinen Einsatz von TbNA vor: Chord# [102, 103] erweitert Chord um die Fähigkeit, auch bei nicht gleichverteilten, d. h. auch bei nicht auf konsistenten Hash-Funktionen basierenden NodeIds, eine obere Schranke von Routing-Schritten von $\mathcal{O}(\log N)$ zu gewährleisten und erleichtert Bereichsabfragen in alphanumerischen Datensätzen. Dazu wird die Fingertabelle von Chord der Dichte der abgelegten Daten (bei Bedarf kontinuierlich) angepasst. Chord# ist auf Chord beschränkt, zur Aufrechterhaltung fairer Lastverteilung zwischen den Overlay-Knoten wird auf andere Publikationen verwiesen. Papnet [90] ist ein an Chord orientiertes Overlay-Netz, das ähnlich wie Chord# Bereichsabfragen und faire Lastverteilung auf Basis eines alphanumerischen ID-Raums bietet. Ein ähnlicher Ansatz für Pastry wird in [4] beschrieben.

6.1.2   Probleme bisheriger TbNA-Ansätze

Im vorigen Kapitel wurden verschiedene Vorschläge für den Einsatz von TbNA vorgestellt. All diese Ansätze führen jedoch zu einer Ungleichverteilung der erzeugten Knotenidentitäten, welche die folgenden negativen Folgen haben kann:

- Die meisten in der Literatur vorgeschlagenen KBR-Protokolle (z. B. Chord und Pastry, aber nicht CAN) gewährleisten nur bei gleichverteilten Knotenidentitäten eine nach oben beschränkte Anzahl von Routing-Schritten. Diese Schranke liegt bei $\mathcal{O}(\log N)$, d. h., der Abstand zum Zielknoten wird in jedem Routing-Schritt halbiert. Bei Ungleichverteilung der Knotenidentitäten ist diese Halbierung nicht in jedem Routing-Schritt möglich, die Routing-Effizienz ist folglich beeinträchtigt.

- Nur bei gegebener Gleichverteilung der Knotenidentitäten sind die Zuständigkeitsbereiche der Overlay-Knoten annähernd gleich groß, d. h. sog. *Load-Balancing* ist gewährleistet: Die Overlay-Knoten teilen sowohl beim Routing als auch bei der Speicherung von Applikationsdaten die Last fair untereinander auf. Eine Ungleichverteilung der NodeIds hingegen kann dazu führen, dass einzelne Overlay-Knoten bedingt durch ihren vergrößerten Zuständigkeitsbereich eine erhöhte Last zu tragen haben.

Diese negativen Folgen von ungleichverteilten Knotenidentitäten motivieren den Entwurf von CBR und begründen dessen Eigenschaft, keine direkt aus Netzwerk-Koordinaten abgeleiteten Knotenidentitäten zu verwenden, sondern gleichverteilte Knotenidentitäten auf Basis eines Gesamtbildes aller vergebenen Netzwerk-Koordinaten einzusetzen.

Einige der in Abschnitt 6.1.1 vorgestellten Ansätze erhalten $\mathcal{O}(\log N)$ als obere Schranke von Routing-Schritten auch bei ungleichverteilten NodeIds, sind jedoch immer an ein bestimmtes Overlay-Protokoll gebunden. Außerdem sind sie nicht für den Einsatz von TbNA konzipiert worden, sondern speziell für die Nutzung mit alphanumerischen Daten ausgelegt. Bei CBR liegt der Schwerpunkt auf Topologieadaption und Routing-Effizienz. CBR bietet bzgl. der Daten auf Applikationsebene einen – verglichen mit den genannten Verfahren – allgemeineren Ansatz und erhält die Gleichverteilung der NodeIds.

6.1.3   Kombination verschiedener Topologieadaptionsmechanismen

Alle in Abschnitt 2.6 vorgestellten Verfahren zur Topologieadaption in strukturierten Overlay-Netzen können unabhängig voneinander und damit auch gleichzeitig eingesetzt werden, da die Verfahren drei verschiedene Entscheidungen, die ein Overlay-Protokoll zu unterschiedlichen Zeitpunkten treffen muss, beeinflussen:

- **Wahl der Identität** im Overlay-Netz (TbNA)
  → vor Beitritt des Overlay-Knotens in das Overlay-Netz

- **Auswahl der Nachbarn** im Overlay-Netz (PNS)
  → beim Kennenlernen anderer, unbekannter Overlay-Knoten

- **Wegewahl** durch das Overlay-Netz (PR)
  → bei Routing-Prozeduren

Auch wenn grundsätzlich alle 4 Kombinationen (PR+PNS, PR+TbNA, PNS+TbNA und PR+PNS+TbNA) möglich sind, ist bei gleichzeitiger Verwendung mehrerer Verfahren nicht die Summe der Latenzminderungen der einzelnen Verfahren als Ergebnis zu erwarten: Bei der Kombination von PR und PNS ist eines der Redundanzmodelle *nP|mK* bzw. *nP|mG* Voraussetzung, d. h., es müssen pro Routing-Schritt lokal mehrere Overlay-Knoten zur Auswahl stehen, deren Identitäten hinsichtlich des Abstandes im ID-Raum zum Zielschlüssel unterschiedlich sind. PNS bewirkt in diesem Fall, dass alle n Positionen mit physisch nahen Knoten zum lokalen Knoten X besetzt werden. Wird ein Knoten kennengelernt, der näher ist als der am weitesten entfernte der bisherigen n Knoten, wird dieser ersetzt. PR wählt aus dieser so optimierten Routing-Tabelle den Knoten A_i (mit $0 \leq i < n$) nach der Metrik d_{PR} aus, sodass gilt: $d_{PR}(X,A_i) = $ min. Da die Unterschiede hinsichtlich der Latenz in einer durch PNS optimierten Routing-Tabelle geringer ausfallen als ohne die Verwendung von PNS, also die durchschnittliche Latenz zu X $\overline{d_{prox}(X,P_i)}$ (mit $P_i \in P_X$) und damit auch die durchschnittliche Differenz der Abstände $\overline{|d_{\mathrm{prox}}(X, P_i) - d_{\mathrm{prox}}(X, P_j)|}$ (mit $P_i, P_j \in P_X$) kleiner ist, ist auch der durch PR erzielte „Gewinn" geringer. Folglich kann PR in Verbindung mit PNS nicht im gleichen Maße effektiv eingesetzt werden wie ohne PNS.

In Abschnitt 5.2.2 wird dargestellt, wie mit PNS niedrige Routing-Latenzen erreicht werden. Im ungünstigsten Fall kann aber der Einsatz von PNS zu entgegengesetzten Routing-Schritten führen (s. dazu Abbildung 5.13). Im Idealfall hätte jeder einzelne Overlay-Knoten Kenntnis über die Latenzen zu allen in seine Routing-Tabellen passenden Overlay-Knoten[1]. Somit wäre er in der Lage, die physisch nächsten Knoten des Overlay-Netzes als Peers für seine Routing-Tabelle auszuwählen. Dies kann als *perfektes* PNS verstanden werden. In diesem Fall gilt, dass der Abstand zwischen den Knoten auf dem Routing-Pfad $\overline{A_i A_{i+1}}$ durch die Auswahl der physisch nächsten Peers maximal verringert wird. Die Richtung der einzelnen Routing-Schritte wird aber nicht beeinflusst. Bei Kombination von TbNA und PNS jedoch ergeben sich zielgerichtete Routing-Pfade mit geringen Latenzen zwischen den einzelnen Knoten auf dem Routing-Pfad: In jedem Routing-Schritt kommt die zu routende Nachricht dem Zielknoten Y physisch näher (Effekt von TbNA), der nächste Knoten auf dem Routing-Pfad A_{i+1} ist dabei der physisch nächste Knoten zu A_i (Effekt von PNS) aus einem Gebiet um Y. Insbesondere gilt, dass jeweils der nächste Knoten auf dem Routing-Pfad immer physisch näher am aktuellen Knoten auf dem Routing-Pfad liegt als der Zielknoten:

$$\overline{A_i A_{i+1}} \leq \overline{A_i Y} \, \forall \, 0 \leq i < l, A_i \neq Y \tag{6.4}$$

Gilt dies nicht, ist das PNS nicht als *perfekt* anzusehen: Der nächste Routing-Schritt würde bei *perfektem* PNS direkt zu Y führen, da dieser durch PNS anstatt A_{i+1} für die entsprechende Stelle in der Routing-Tabelle ausgewählt worden wäre.

Folgerung: Mehrere unterschiedliche Verfahren zur Topologieadaption in strukturierten Overlay-Netzen können gewinnbringend kombiniert werden, da sie an unterschiedlichen Stellen des Protokollablaufs eingreifen. Der latenzmindernde Effekt kann aber bei der Kombination bestimmter Mechanismen, wie z. B. bei PR kombiniert mit PNS teilweise aufgehoben werden. Insbesondere bei der Kombination von PNS und TbNA jedoch sind durch das dabei ermöglichte zielgerichtete Routing signifikante Verringerungen der Routing-Latenzen zu erwarten.

6.2 Motivation

Die Motivation für die Entwicklung von CBR ist die Aussicht auf signifikant reduzierte Routing-Latenzen. Diese sollen durch das in Abschnitt 6.1.3 beschriebene zielgerichtete Routing in $\mathcal{O}(\log N)$ Routing-Schritten in strukturierten Overlay-Netzen realisiert werden. Dabei soll ein Alleinstellungsmerkmal von CBR die Beibehaltung gleichverteilter Knotenidentitäten sein, wie sie von anderen TbNA-Ansätzen nicht gewährleistet werden kann (mehr dazu in Abschnitt 6.1.2). Auch soll CBR nicht auf ein strukturiertes Overlay-Protokoll beschränkt sein, alle Overlay-Protokolle, die als Routing-Metrik die Präfix- oder die XOR-Metrik verwenden ($d_{\mathrm{route}} = d_{\mathrm{prefix}}$ bzw. $d_{\mathrm{route}} = d_{\mathrm{XOR}}$), sollen CBR einsetzen können.

---

[1]Dies ist in Overlay-Netzen ab mehreren Tausend Knoten unpraktikabel, da hierfür N^2 Latenzmessungen durchgeführt werden müssten.

Ein hervorzuhebener Aspekt bei CBR ist die Verknüpfung von Lokalität und Identität der Overlay-Knoten, die bestimmten Anwendungsklassen Vorteile bietet:

- Knoten in verteilten Speicheranwendungen und Verzeichnisdiensten können in Abhängigkeit von ihrer Lokalität physisch nahe Replikate von gesuchten Schlüssel-Wert-Paaren auswählen und abfragen, was das Eintreffen der Antwortnachricht beschleunigt. Ein Konzept dazu wird in Abschnitt 6.8 vorgestellt.

- Auf strukturierten Overlay-Netzen aufbauende Baumstrukturen, wie sie u. a. für *Application Layer Multicast* verwendet werden (beispielsweise Scribe [19]), können leichter hinsichtlich Latenz optimiert werden, indem in den dort verwendeten Multicast-Bäumen viele Verbindungen zwischen nahen Knoten und wenige Verbindungen zu weit entfernten Knoten aufgebaut werden.

6.3   Grundkonzept

Die Kernidee von CBR ist es, die Netzwerk-Koordinaten eines Overlay-Knotens als Repräsentation seiner physischen Lage im Netzwerk auf sein NodeId-Präfix abzubilden – vergleichbar mit dem Abbilden eines Stadtteils auf eine Postleitzahl. Zunächst wird dazu die Topologie des Underlays – repräsentiert durch Netzwerk-Koordinaten – in 2^d *Präfixareale erster Ordnung*, aufgespalten (mit d als Dimension des Netzwerk-Koordinatensystems), welche dann rekursiv weiter in *Präfixareale höhere Ordnung* unterteilt werden. Mit jedem Rekursionsschritt werden die Areale kleiner und die ihnen zugeordneten NodeId-Präfixe länger. Auf diese Weise wird eine Abhängigkeit zwischen der präfixbasierten Overlay-Struktur und der Position im Underlay hergestellt. Da das gemeinsame Präfix vom aktuellen Knoten A_i auf dem Routing-Pfad und dem Zielschlüssel y mit jedem Routing-Schritt wächst, führt der erste Hop schon in die Nähe, d. h. in das Präfixareal erster Ordnung des Zielknotens Y. Alle weiteren Routing-Schritte führen immer näher – zielgerichtet – an den Zielknoten heran.

Abbildung 6.2 illustriert diesen von CBR genutzten, in Abschnitt 6.1.3 beschriebenen Effekt der Kombination von PNS und TbNA. Dargestellt ist beispielhaft ein 2-dimensionales euklidisches Netzwerk-Koordinatensystem. Die Zuteilung von Node-Ids erfolgt gemäß der Struktur der Routing-Tabellen der verwendeten Overlay-Protokolle: Areale gleicher Farbe stellen jeweils eine Zeile der Routing-Tabelle dar (dunkelgrau $\hat{=}$ 1. Zeile der Routing-Tabelle, mittelgrau $\hat{=}$ 2. Zeile der Routing-Tabelle, hellgrau $\hat{=}$ 3. Zeile der Routing-Tabelle), die angegebenen Präfixe die Spalten.

In Abbildung 6.2a ist die Routing-Tabelle eines Overlay-Knotens X im physischen Raum, repräsentiert durch das Netzwerk-Koordinatensystem, grafisch dargestellt, bei aktiviertem TbNA, aber mit deaktiviertem PNS. TbNA bewirkt hier, dass jeder Overlay-Knoten andere Knoten aus physisch entfernten Bereichen kennt. Die Routing-Schritte führen dann in die jeweils zum Zielknoten näheren Bereiche, darin aber unabhängig vom Zielknoten bzw. Zielschlüssel (s. Abbildung 6.2b). Wird zusätzlich zu TbNA auch PNS aktiviert (Abbildung 6.2c), sind es pro Routing-Tabelleneintrag und damit pro Routing-Schritt die physisch nächsten Knoten aus dem jeweiligen Zielbereich, was insgesamt zu zielgerichteterem Routing über alle Routing-Schritte hinweg führt (s. Abbildung 6.2d).

Bevor ein Overlay-Knoten seine Knotenidentität bilden und dem Overlay-Netz beitreten kann, muss er seine Position im Underlay bestimmen. Die beiden in dieser

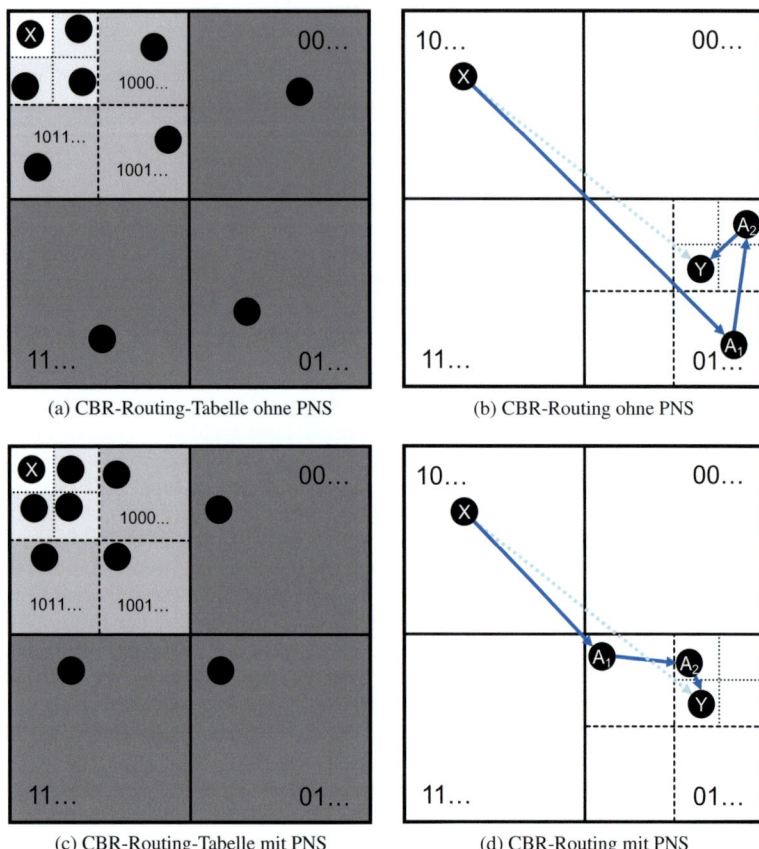

(a) CBR-Routing-Tabelle ohne PNS

(b) CBR-Routing ohne PNS

(c) CBR-Routing-Tabelle mit PNS

(d) CBR-Routing mit PNS

Abbildung 6.2 CBR: Routing-Tabellen und Routing mit und ohne aktiviertes PNS (mit $d = b = 2$)

Arbeit vorgestellten Varianten von CBR unterschieden sich in der Art, wie die Overlay-Knoten ihre Koordinaten bestimmen. Wenn dies erfolgt ist, wird im nächsten Schritt das dazugehörige NodeId-Präfix bestimmt. Dabei wird eine Funktion f_{CBR} verwendet, die d-dimensionale Koordinaten auf ein NodeId-Präfix abbildet:

$$f_{\text{CBR}} : \mathbb{R}^d \rightarrow P \quad \text{mit } P = \{p_1 p_2 \dots p_n \mid p_i \in \{0; 1\}, 1 \leq i \leq n\} \tag{6.5}$$

Die Anzahl an Bits $n \leq n_{\max}$ der NodeId-Präfixe kann variieren, wobei $n_{\max}$ die maximale Anzahl darstellt. Wie bei den präfixbasierten Overlay-Protokollen Pastry und Bamboo werden auch bei f_{CBR} b Bits zu sog. Digits zusammengefasst:

$$\underbrace{p_1 p_2 \cdots p_b}_{d_1} \underbrace{p_{b+1} p_{p+2} \cdots p_{2b}}_{d_2} \cdots \tag{6.6}$$

f_{CBR} muss allen Overlay-Knoten im Overlay-Netz bekannt sein oder beim Beitritt bekannt gegeben werden.

Die Realisierung der Funktion f_{CBR} erfolgt bei CBR durch ein Partitionierungs-schema zur Einteilung des Underlays in Präfixareale. Dabei wird jedes Areal in jeder Dimension durch jeweils eine obere und eine untere Schranke bestimmt. Im 2-dimensionalen Fall führt dies zu einer Einteilung in Rechtecke, im 3-dimensionalen Fall in Quader. Höhere Dimensionen sind – obwohl weniger gut bildlich vorstellbar – ebenso möglich.

Bei der Größe des durch CBR festgelegten NodeId-Präfixes muss Folgendes in Erwä-gung gezogen werden: Ein zu kurzes Präfix führt zu weniger zielgerichteten Routing-Schritten, d. h., der latenzreduzierende Effekt von CBR wird verringert. Andererseits muss das zufällig gewählte Suffix aber lang genug sein, um Kollisionen bei den Kno-tenidentitäten zu vermeiden. Bei den üblicherweise verwendeten Knotenidentitäten von 128 bzw. 160 Bits und den in dieser Arbeit untersuchten NodeId-Präfixen von bis zu 16 Bits ist diese Gefahr nicht gegeben.

6.3.1 Partitionierung ungleichverteilter Koordinaten

Eine wichtige Aufgabe bei der Bereitstellung von CBR ist es, die passende Zuordnung von Koordinaten auf NodeId-Präfix in Abhängigkeit von Anzahl und Positionen der teilnehmenden Overlay-Knoten festzulegen. Jeder Overlay-Knoten, der dem Over-lay-Netz beitreten will, benötigt die Zuordungsfunktion f_{CBR} bzw. das verwendete Partitionierungsschema, um vor dem Beitritt mit seinen Koordinaten ein NodeId-Präfix zu wählen. Entscheidend hierbei ist, dass alle Präfixe gleich oft an Overlay-Knoten vergeben werden, um eine Gleichverteilung der Identitäten – wie bei zufällig gewählten NodeIds – zu gewährleisten. Bei dieser Vorgabe muss beachtet werden, dass in Netzwerken wie z. B. dem Internet die Overlay-Knoten nicht gleichmäßig im Underlay und damit ihre Koordinaten nicht gleichmäßig über den d-dimensionalen Koordinatenraum verteilt sind; es gibt dichter und dünner besiedelte Areale. Die Kernidee in CBR ist deshalb, die NodeId-Präfixe auf Areale verschiedener Größe abzubilden, wobei die Größe abhängig von der Knotendichte, d. h. der Anzahl an Knoten pro Fläche, im jeweiligen Bereich sein muss: Je dünner ein Gebiet besiedelt ist, desto größer muss das dort befindliche Areal dimensioniert werden, so dass sich in jedem Areal die gleiche Anzahl an Knoten befindet.

Abbildung 6.3 zeigt beispielhaft im 2-dimensionalen Fall das bei CBR verwendete Verfahren, um den Koordinatenraum in gleich dicht besiedelte Areale aufzuteilen: Für die erste Dimension wird der Koordinatenraum in zwei Teile aufgespalten. Die Grenze wird dabei genau so gezogen, dass einerseits in beiden Teilen die gleiche Anzahl von Knoten vorhanden ist und andererseits die Grenze den gleichen Abstand zu den jeweils zur Grenze nächsten Knoten der beiden Teilräume hat (s. Abbil-dung 6.3a). Dies wird nacheinander mit allen weiteren Dimensionen durchgeführt (s. Abbildung 6.3b). Im nächsten Rekursionsschritt werden die so erzeugten Areale höherer Ordnung auf die gleiche Weise weiter unterteilt (s. Abbildung 6.3c und 6.3d). Voraussetzung dieses Verfahrens ist das Vorhandensein eines Gesamtbildes aller am Overlay-Netz beteiligten Overlay-Knoten oder einer repräsentativen Teilmenge dieser Overlay-Knoten.

Das Partitionierungsschema wird nochmals in Abbildung 6.4 beispielhaft anhand von realistischen Internet-Netzwerk-Koordinaten dargestellt: Hier wird ein 2-dimensio-

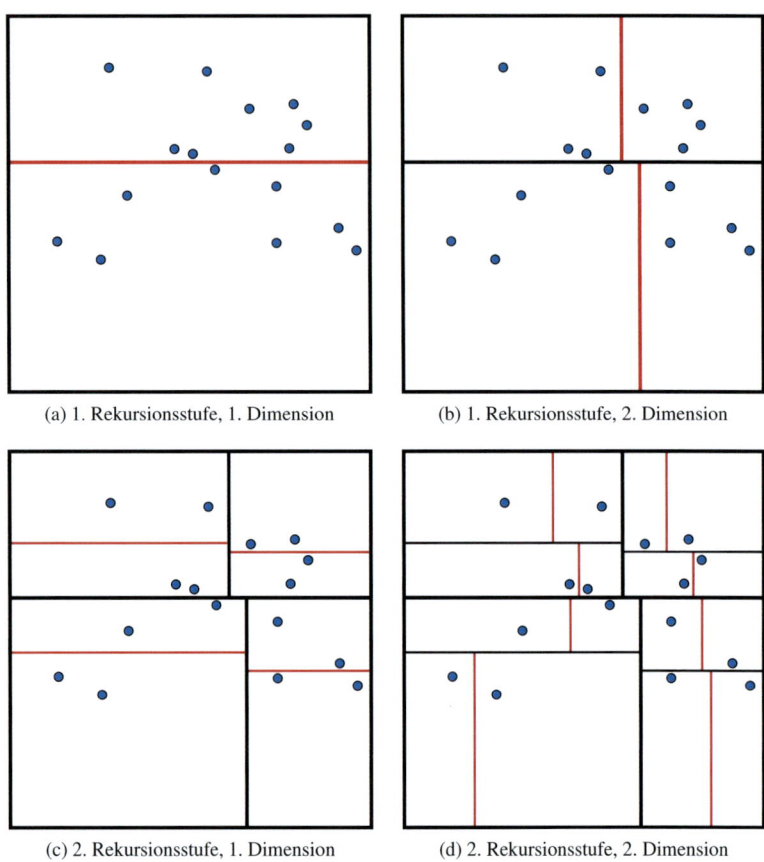

(a) 1. Rekursionsstufe, 1. Dimension   (b) 1. Rekursionsstufe, 2. Dimension

(c) 2. Rekursionsstufe, 1. Dimension   (d) 2. Rekursionsstufe, 2. Dimension

Abbildung 6.3 CBR: Rekursive Partitionierung des Koordinatenraums

naler Koordinatenraum mit ungleichverteilten Koordinaten[2] in 4 Rekursionsschritten in Präfixareale unterteilt (s. Abbildung 6.4b - 6.4e). Dargestellt ist die Aufteilung des Koordinatenraums in Präfixareale jeweils nach einem weiteren Rekursionsschritt. Pro Rekursionsschritt verlängern sich die NodeId-Präfixe, die den Arealen zugeordnet werden, um eine Stelle der Länge d. Durch die so erreichte gleiche Anzahl von Overlay-Knoten, denen jeweils ein NodeId-Präfix zugeteilt wird, ermöglicht dieses Vorgehen gleichverteilte Knotenidentitäten bei ungleichverteilten Koordinaten.

Algorithmus 6.1 beschreibt formal die Umwandlung einer Koordinatenmenge bzw. der sog. *Global Coordinate Distribution* (GCD) in ein Partitionierungsschema mit zugehörigen NodeId-Präfixen (d. h. der sog. *Global Area Partitioning*, GAP).

---

[2]Die in Abbildung 6.4a dargestellte Koordinatenmenge ist der in Abschnitt 4.2.1 beschriebene, aus Skitter-Internet-Messungen berechnete Datensatz.

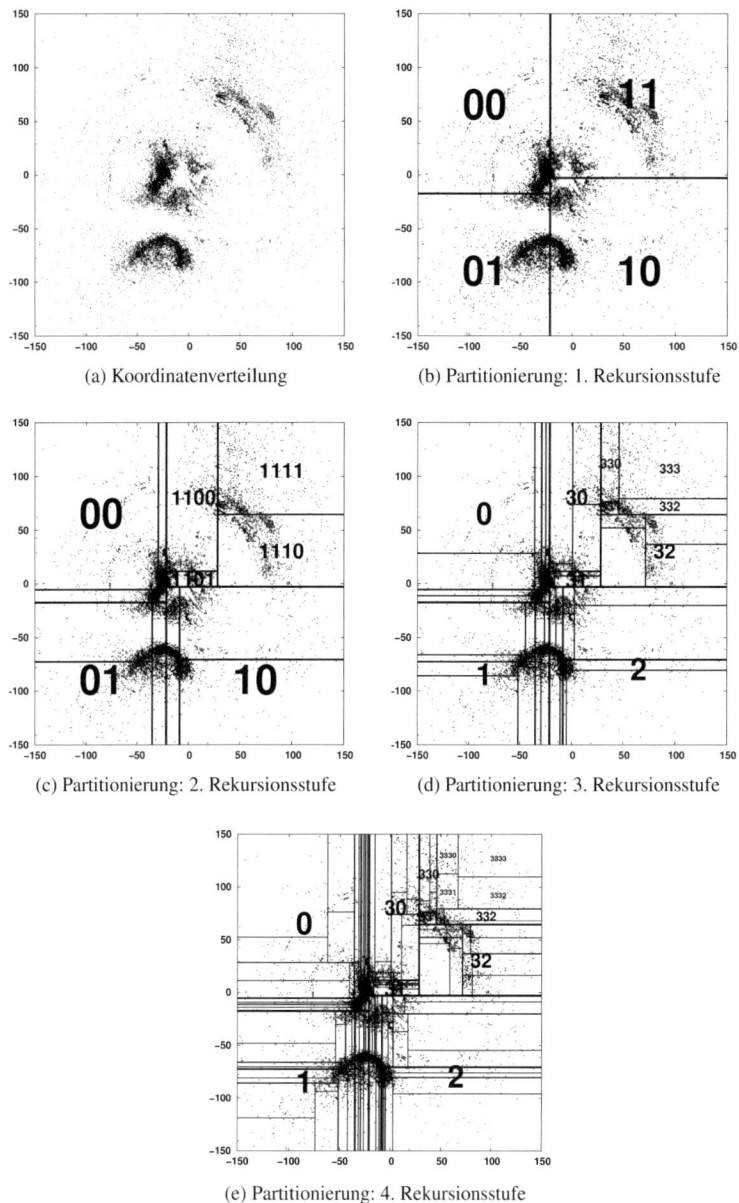

(a) Koordinatenverteilung

(b) Partitionierung: 1. Rekursionsstufe

(c) Partitionierung: 2. Rekursionsstufe

(d) Partitionierung: 3. Rekursionsstufe

(e) Partitionierung: 4. Rekursionsstufe

Abbildung 6.4 CBR: Rekursive Partitionierung des Koordinatenraums und entsprechende Zuteilung von NodeId-Präfixen (in Oktalschreibweise)

Prozedur: cbrRecursivePartitioning()
Eingabe: *CoordArea* area

1: dim := |area.p| **mod** d
2: N_l := **getLowerHalf**(area.N, dim);
3: N_u := **getUpperHalf**(area.N, dim);
4: boundary := **getBoundary**(area.N, dim);
5: **if** ($|N_l| \leq N_{min}$ **OR** $|N_u| \leq N_{min}$ **OR** |area.p| > l_p^{max}) **then**
6:     **put new** *PrefixArea(*area.p, area.tops[], area.bottoms[]*)* → AP;
7:     **return**
8: **end if**
9: newTops[] := area.tops[];
10: newTops[dim] := boundary;
11: newBottoms[] := area.bottoms[];
12: newBottoms[dim] := boundary;
13: *CoordArea* lArea := {N_u, p + '1', newBottoms, tops};
14: **cbrRecursivePartitioning**(lArea);
15: *CoordArea* uArea := {N_l, p + '0', bottoms, newTops};
16: **cbrRecursivePartitioning**(uArea);

Algorithmus 6.1   *cbrRecursivePartitioning()*: Rekursive Formulierung der CBR-
Partitionierung

Folgende Hilfsfunktionen werden von Algorithmus 6.1 benötigt:

- coords[] ← **getLowerHalf**(N, dim): Liefert die gemäß der übergebenen Dimension *dim* untere Hälfte von Koordinaten der Knotenmenge *N* zurück.

- coords[] ← **getUpperHalf**(N, dim): Liefert die gemäß der übergebenen Dimension *dim* obere Hälfte von Knoten der Menge *N* zurück.

- coords ← **getBoundary**(N, dim): Liefert die Koordinaten zurück, die gemäß der übergebenen Dimension *dim* in der Mitte zwischen den niedrigsten Koordinaten der oberen Hälfte und den höchsten Koordinaten der untereren Hälfte von *N* liegen.

Die im Algorithmus verwendete Hilfsstruktur *CoordArea* stellt einen Bereich aus der Koordinatenmenge dar und beinhaltet die Felder

- *N*: die Menge der im Areal befindlichen Koordinaten

- *P*: das dem Areal zugeordnete NodeId-Präfix

- bottoms[]: die unteren Grenzen des Areals in allen Dimensionen

- tops[]: die oberen Grenzen des Areals in allen Dimensionen

Ausgangspunkt des Algorithmus ist die Gesamtmenge aller Koordinaten – repräsentiert als ein Areal mit in allen Dimensionen unendlichen Grenzen, d. h. *bottoms[]* und *tops[]* werden in allen Dimensionen mit ∞ bzw. $-\infty$ initialisiert. Dieses Areal und alle davon abgeleiteten Areale werden jeweils rekursiv in 2 Areale höherer

Ordnung unterteilt. Die Grenzen der Areale höherer Ordnung werden dabei durch die Funktion *getBoundary()* berechnet. Gleichzeitig wird das dem ursprünglichen Areal zugeordnete Präfix um ein Bit, d. h. um eine '1' bzw. eine '0', verlängert. Diese neuen Präfixe werden den beiden Präfixarealen höherer Ordnung zugeordnet. Die Areale höherer Ordnung werden dann auf die gleiche Weise weiter unterteilt, bis die maximale Präfixlänge $l_P^{\max}$ erreicht ist oder die Anzahl der Knoten in einem Präfixareal höherer Ordnung einen zuvor festgelegten Schwellenwert $N_{\min}$ unterschreitet[3]. Das Areal auf der untersten Rekursionsstufe – mit oberen und unteren Grenzen in allen Dimensionen und zugeordnetem NodeId-Präfix – wird dann in die GAP aufgenommen. Sind auf diese Weise alle Areale rekursiv unterteilt worden, bricht der Algorithmus ab, und die GAP, d. h. die darin enthaltenen Präfixareale, decken lückenlos den gesamten Koordinatenraum ab.

Der Algorithmus entspricht dem, der zum Aufbau eines in der Höhe durch l_P beschränkten *k-d-Baums* [11] verwendet wird. k steht dabei für die Dimension d des Koordinatenraums. Die Prozedur *cbrRecursivePartitioning()* hat demzufolge ohne Beschränkung der Höhe des Baumes durch l_P einen Aufwand von $\mathcal{O}(N \log N)$. Mit Beschränkung liegt der Aufwand bei $\mathcal{O}(N)$.

Abbildung 6.5 zeigt das sich nach der Partitionierung ergebende CBR-Routing. Trotz ungleich großer Areale wird zielgerichtetes Routing ermöglicht (s. Abbildung 6.5a), was auch an der durch PNS vorgenommenen Wahl von physisch nahen Peers pro Präfixareal liegt (s. Abbildung 6.5b).

6.3.2 Festlegung der NodeId

Zur Festlegung seiner Knotenidentität in einem CBR-basierten Overlay-Netz muss ein Overlay-Knoten X vor Beitritt in das Overlay-Netz seine Netzwerk-Koordinaten bestimmen. Zusätzlich wird eine zur Zeit der Koordinatenbestimmung gültige GAP vorausgesetzt. Mithilfe der Koordinaten wird aus den oben beschriebenen Präfixarealen das Areal herausgesucht, in das die Koordinaten fallen. Das dazugehörige NodeId-Präfix

$$P_X = p_1 p_2 \ldots p_{l_P} \tag{6.7}$$

der Länge l_P bildet dann das Präfix der Knotenidentität Id_X. Hat beispielsweise ein Overlay-Knoten die Netzwerk-Koordinaten <100;100> und verwendet die in Abbildung 6.4e dargestellte GAP, wird ihm (bei einer Präfixlänge von $l_P = 8$) das NodeId-Präfix $P = 3332_8 = 11111110_2$ zugeordnet. Das Präfix wird dann mit einem zufälligen Suffix (d. h. einer gleichverteilten Zufallszahl $S \in [0 : 2^{m-l_P} - 1]$, $S = s_1 s_2 s_{m-l_P}$) zu einer NodeId (mit insgesamt m Bits) vervollständigt:

$$\mathrm{Id}_X = PS = p_1 p_2 \ldots p_{l_P} s_1 s_2 \ldots s_{m-l_P} \tag{6.8}$$

Mit der vollständigen Knotenidentität tritt der Knoten dann dem Overlay-Netz bei.

Die Netzwerk-Koordinaten sind im Idealfall nach ihrer initialen Berechnung fest, d. h., sie verändern sich nicht mehr nach Bestimmung der Knotenidentität. Andernfalls muss der oben beschriebene Vorgang bei Änderung der Koordinaten wiederholt werden und je nach Ausmaß der Änderung der Koordinaten u. U. ein anderes NodeId-

---

[3]Da dieser Fall bei den in dieser Arbeit durchgeführten Untersuchungen nicht auftritt (d. h. es gilt immer $l_P = l_P^{\max}$), wird künftig nur noch l_P statt $l_P^{\max}$ verwendet.

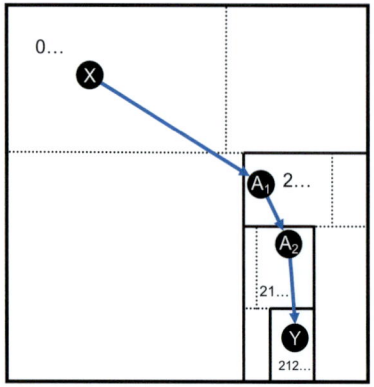
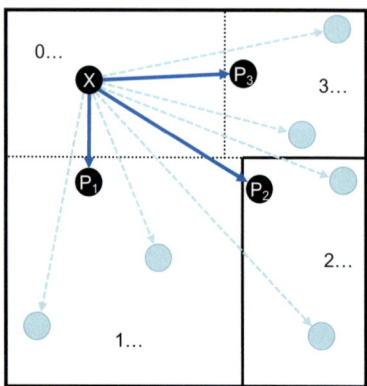

(a) In jedem Routing-Schritt zielgerichtetes Routing in Richtung des Zielknotens

(b) Auswahl physisch naher Overlay-Knoten aus allen Präfixarealen

Abbildung 6.5 CBR: Routing nach der Partitionierung: Während das gemeinsame Präfix von NodeId und Zielschüssel wächst, nähert sich die Nachricht M dem Zielknoten Y mit jedem Routing-Schritt, wobei die dabei kontaktierten Knoten immer physisch nahe am vorherigen Knoten auf dem Routing-Pfad sind.

Präfix und damit eine neue NodeId gewählt werden. Da der Overlay-Knoten schon Teil des Overlay-Netzes ist, muss der Knoten das Overlay-Netz verlassen, um diesem dann sofort mit geänderter Knotenidentität neu beizutreten. Dieser Fall tritt dann ein, wenn sich die Netzwerk-Koordinaten des Overlay-Knotens soweit geändert haben, dass diese in ein anderes Präfixareal der GAP fallen. Dies ist zu vermeiden, da jeder Knotenaus- und -eintritt die Knotenfluktuation im Netzwerk erhöht und damit die Routing-Effizienz senkt (s. Abschnitt 2.5.2). Knoten, die Mobilität aufweisen, d. h. während sie Teil des Overlay-Netzes sind das Zugangsnetzwerk bzw. die Funkzelle eines Mobilfunknetzes wechseln, können hiervon betroffen sein. Dies gilt jedoch nur, wenn der mobile Knoten nicht nur den Zugangspunkt (*access point*) des Netzwerks, sondern auch den Zugangsrouter wechselt und sich damit die Routing-Pfade im Underlay ändern. Dies ist jedoch z. B. in Mobilfunknetzen nur bei der Zurücklegung größerer Strecken und nicht bei jedem Wechsel der Funkzelle üblich.

Verwendet das eingesetzte Netzwerk-Koordinatensystem einen *Höhenvektor* (s. Abbildung 3.3) zur Modellierung der Latenzen in den Zugangsnetzen der Overlay-Knoten, wird dieser sowohl bei der Erstellung der GAP als auch bei der Auswahl des NodeId-Präfixes ignoriert. Overlay-Knoten, die dasselbe Zugangsnetz nutzen, haben ohne Höhenvektor im Idealfall, d. h. bei fehlerfreien Koordinaten, die gleichen Netzwerk-Koordinaten. Solange sich die Latenzen in den Zugangsnetzen nicht signifikant unterscheiden, sind keine Nachteile hinsichtlich der erzielten Routing-Latenzen beim Einsatz von CBR zu erwarten, da weiterhin zielgerichtetes Routing gewährleistet werden kann.

6.3.3   Zusammenspiel der Parameter

Die Parameter b, d und l_P bzw. l_P^d – also die Länge der verwendeten Digits, die Dimension der Netzwerk-Koordinaten und die Länge des durch CBR bestimmten NodeId-Präfixes – spielen eine entscheidende Rolle für die Effizienz des CBR-Verfahrens. Es ist zu erwarten, dass bestimmte Kombinationen dabei für geringe Routing-Latenzen günstiger sind als andere: Gilt $b = d$, ist jedem Eintrag der ersten Zeile der Routing-Tabelle eines präfixbasierten Overlay-Protokolls wie Pastry, Bamboo und R/Kademlia ein Präfixareal erster Ordnung der GAP zugeordnet. In diesem Fall hat der Overlay-Knoten also mindestens einen Peer aus jedem Bereich des Underlays. Dies ist dadurch begründet, dass bei den betreffenden Protokollen in der ersten Zeile der Routing-Tabelle jeweils ein Peer mit einem aller möglichen NodeId-Präfixe der Länge b eingetragen wird. Diese Präfixe entsprechen bei $b = d$ genau einem Präfixareal erster Ordnung. Gilt dagegen $b < d$, sind nicht alle Präfixareale erster Ordnung durch die erste Zeile der Routing-Tabelle abgedeckt, sondern mehrere Areale zusammengefasst. Der erste Routing-Schritt führt so nicht unbedingt in das Präfixareal erster Ordnung des Zielschlüssels, was die Gesamtlatenz der Routing-Prozedur verlängern kann.

Gilt jedoch umgekehrt $b > d$, gibt es sogar mehrere Peers in der ersten Zeile der Routing-Tabelle, die bei beliebigem Zielschlüssel y in dessen Präfixareal erster Ordnung liegen. Der zuerst kontaktierte Knoten liegt dann schon im Präfixareal des Zielschlüssels und damit näher am Zielknoten. Somit sind weitere Verringerungen der Routing-Latenzen zu erwarten, solange die Overlay-Knoten aus allen Präfixarealen höherer Ordnung Knoten kennenlernen.

Das folgende Beispiel der NodeId Id_X verdeutlicht den Fall mit $d = 2$, $b = 4$ und $l_P^d = 2$ (daraus folgt $l_P = 8$):

$$\mathrm{Id}_X = \underbrace{\underbrace{\overbrace{p_1 p_2 p_3 p_4}^{d} \overbrace{p_5 p_6 p_7 p_8}^{d}}_{b} \underbrace{}_{b}}_{l_P} s_1 \ldots s_{m-l_P} = \underbrace{d_1 d_2}_{l_P^d} s_1 \ldots s_{m - b l_P^d} \tag{6.9}$$

Das Präfix besteht aus den Digits $d_1 = p_1 p_2 p_3 p_4$ und $d_2 = p_5 p_6 p_7 p_8$. Da sich in jedem Routing-Schritt das gemeinsame Präfix von Zielschlüssel y und dem aktuellen Knoten auf dem Routing-Pfad um ein Vielfaches von b, d. h. um mindestens ein Digit vergrößert, werden pro Routing-Schritt in diesem Beispiel alle Dimensionen des Netzwerk-Koordinatensystems mindestens 2 mal berücksichtigt.

Da l_P (bzw. l_P^d) die Länge des durch CBR festgelegten NodeId-Präfixes angibt, bestimmt dieser Parameter das Ausmaß der Adaption des Overlays auf die Underlay-Topologie. Somit ist zu erwarten, dass bei entsprechend genauer Repräsentation des Underlays durch das verwendete Netzwerk-Koordinatensystem ein größer werdendes l_P zu geringeren Routing-Latenzen führt. Bei den in der Literatur festgestellten Ungenauigkeiten der Latenzabschätzungen von Netzwerk-Koordinatensystemen (s. Abschnitt 6.4) muss jedoch davon ausgegangen werden, dass ab einer bestimmten Länge l_P des Präfixes die durch die letzten Stellen des Präfixes beeinflussten Routing-Schritte aufgrund von Fehlplatzierungen der Koordinaten bzw. fehlerhaft abgeschätzten Latenzen nicht mehr zielgerichtet sind. Da keines der bislang in der Literatur vorgeschlagenen Netzwerk-Koordinatensysteme eine perfekte, d. h. fehlerfreie Adaption der Underlay-Topologie auf Netzwerk-Koordinaten bietet, ist eine Beschränkung von l_P sinnvoll.

Ein weiterer die Effizienz des CBR-Verfahrens beeinflussender Faktor ist die Anzahl der Overlay-Knoten N. Da durch N bei gleichverteilten NodeIds die Anzahl an benötigten Routing-Schritten nach oben beschränkt wird, sollte l_P in Abhängigkeit vom verwendeten Overlay-Protokoll so an das zu erwartende N angepasst werden, dass die Anzahl der möglichen zielgerichteten Routing-Schritte die maximale Anzahl an Routing-Schritten nicht überschreitet.

6.4 Güte der Netzwerk-Koordinaten

CBR basiert auf Netzwerk-Koordinatensystemen, die als Repräsentation des Underlays dienen. Wie in Kapitel 3 dargestellt, bieten Netzwerk-Koordinatensysteme eine Abschätzung der zu erwartenden Latenzen zwischen Knoten in einem Netzwerk an. Von den Knoten müssen dazu nur jeweils die Netzwerk-Koordinaten bekannt sein. Je nach Netzwerk-Koordinatensystem sind diese Abschätzungen mit unterschiedlich großen Fehlern behaftet. In [61] wird die dazugehörige Fehlerverteilung exemplarisch am Netzwerk-Koordinatensystem *Pyxida* (s. Abschnitt 3.3.1) gemessen.

Im theoretischen Idealfall, der in realen Netzwerken nicht zu erreichen ist, entspricht das durch das Netzwerk-Koordinatensystem geformte Bild vollständig dem des Netzwerks, d. h., es treten keine Latenzabschätzungsfehler auf. Im ungünstigsten Fall sind Latenzabschätzung und reale Latenz stochastisch unabhängig voneinander. In beiden Fällen wird das Gesamtbild der Koordinaten durch CBR so in Präfixareale eingeteilt, dass die davon abgeleiteten NodeId-Präfixe – und damit die vergebenen NodeIds – gleichverteilt sind. Im oben genannten ungünstigsten Fall der Latenzabschätzungen bedeutet dies, dass sich das Overlay-Protokoll genau so verhält wie beim Einsatz ohne aktiviertes CBR: Bedingt durch die zufällige Streuung der Overlay-Knoten im ID-Raum und den Einsatz von PNS entsprechen die Latenzen zwischen zwei Knoten auf den Routing-Pfaden und die Gesamtlatenzen kompletter Routing-Prozeduren denen ohne CBR. Eine geringere Routing-Effizienz, d. h. höhere Routing-Latenzen sind nicht zu erwarten.

Nur bei einer falschen Zuordnung von Overlay-Knoten zu Präfixarealen kann es zu einer Ungleichverteilung der NodeId-Präfixe kommen. Dies führt zu längeren Routing-Pfaden und dadurch bedingt zu höheren Routing-Latenzen. Eine falsche Zuordnung der eigenen Netzwerk-Koordinaten kann dadurch verhindert werden, dass mehrfache *Ping*-Nachrichten zur Ermittlung der Latenz zwischen zwei Overlay-Knoten bzw. zwischen Overlay-Knoten und Landmark-Knoten versendet werden, was Jitter und sonstige Verzögerungen ausgleicht. Bei Verwendung des *Simplex-Downhill*-Algorithmus bei GNP oder NPS (s. Abschnitt 3.2) kann durch eine größere Anzahl an Durchläufen des Algorithmus mit unterschiedlichen zufälligen Initialisierungswerten die Wahrscheinlichkeit gesteigert werden, die Koordinaten mit dem absoluten Fehlerminimum zu finden.

6.5 Landmark-basierte Variante

Die im Rahmen dieser Arbeit entwickelte und in [46] publizierte Landmark-basierte Version von CBR (LM-CBR) wird im Folgenden beschrieben. Grundidee dieser Variante ist die Verwendung eines Landmark-basierten Netzwerk-Koordinatensystems und eines a priori erstellten Wissens über die Koordinatenverteilung im Overlay-Netz zur Vergabe gleichverteilter NodeId-Präfixe.

Die folgenden vier Schritte geben einen groben Überblick über das zur Bereitstellung von LM-CBR notwendige Vorgehen:

1. **Landmark Initialisierung**: Die Landmark-Knoten werden von einem Betreiber bereitgestellt. Diese führen Latenzmessungen untereinander durch und berechnen die Landmark-Koordinaten, welche als feste Basis für das zu erstellende GCD verwendet werden.

2. **Koordinaten-Sammel-Phase**: Die Netzwerk-Koordinaten der am Overlay-Netz teilnehmenden Knoten werden gesammelt[4], um ein repräsentatives Bild (GCD) der teilnehmenden Overlay-Knoten zu erstellen.

3. **Partitionierung der GCD**: Die gesammelte GCD wird nach dem in Abschnitt 6.3.1 beschriebenen Verfahren abhängig von der Koordinatendichte in unterschiedlich große Präfixareale partitioniert (GAP), den Arealen werden dabei rekursiv NodeId-Präfixe zugewiesen.

4. **Einsatz von LM-CBR**: Die GAP wird an die teilnehmenden Knoten vor Beitritt in das Overlay-Netz verteilt. Die Knoten kontaktieren die Landmark-Knoten und weisen sich eine aus GAP und Netzwerk-Koordinaten abgeleitete NodeId zu. Das präfixbasierte KBR-Overlay-Netz mit CBR-basierten Knotenidentitäten wird aufgebaut.

Voraussetzung für den Einsatz von LM-CBR ist die Verfügbarkeit einer Infrastruktur von Landmark-Knoten, die bei Verwendung eines entsprechenden Netzwerk-Koordinatensystems wie GNP oder NPS zur Berechnung der Netzwerk-Koordinaten der einzelnen Overlay-Knoten verwendet werden. Die GCD, bei LM-CBR auch a-priori-Wissen genannt, ist die Koordinatenverteilung der später am Overlay-Netz teilnehmenden Knoten. Diese wird durch das Einsammeln der Netzwerk-Koordinaten aller Overlay-Knoten bestimmt. Hierfür kann auch eine repräsentative Teilmenge der Knoten verwendet werden, solange diese die gleiche Koordinatenverteilung wie die Gesamtmenge aller Knoten aufweist. Annahme bei LM-CBR ist, dass sich diese Verteilung nach einmaliger Erfassung nicht mehr ändert, d. h., die gesammelte Koordinatenverteilung verliert nicht während des Betriebs des Overlay-Netzes ihre Gültigkeit – auch nicht bei Knotenfluktuation. Overlay-Knoten, die während ihrer Teilnahme am Overlay-Netz so mobil sind, dass sich dadurch ihre Netzwerk-Koordinaten verändern, werden bei diesem Ansatz nicht berücksichtigt. Aus der gesammelten GCD wird dann die GAP berechnet und den Overlay-Knoten vor Beitritt in das Overlay-Netz übergeben. Diese kontaktieren vor Beitritt in das Overlay-Netz mehrere Landmark-Knoten, berechnen aus den gemessenen Latenzen und den Koordinaten der Landmark-Knoten ihre eigenen Netzwerk-Koordinaten, berechnen mit diesen und der GAP ihre eigene NodeId und treten mit dieser dann dem Overlay-Netz bei.

Das a priori erstellte Bild über die Koordinatenverteilung ist nur gültig in Bezug auf eine bestimmte Koordinatenbasis. Diese muss sowohl bei der Erstellung der Koordinatenverteilung, d. h. vor dem Betrieb, als auch bei der Berechnung der einzelnen

---

[4]Dies kann z. B. auf einem der Landmark-Knoten geschehen.

Netzwerk-Koordinaten, d. h. während des Betriebs des Overlay-Netzes, gelten und zur jeweiligen Berechnung verwendet werden. Die Koordinatenbasis wird dabei durch die Koordinaten der $d+1$ Referenzknoten – den Landmark-Knoten – aufgespannt. Somit basiert das Landmark-basierte CBR zwangsläufig auf Landmark-basierten Netzwerk-Koordinatensystemen wie z. B. GNP und NPS. Die Notwendigkeit einer festen Koordinatenbasis ist folgendermaßen begründet: Nach einer Koordinatentransformation[5] behalten Koordinaten in einem euklidischen Koordinatensystem ihre relativen Abstände, die Koordinatenbasis hat sich aber bei der Transformation verändert. Wurde zur Erstellung der Koordinatenverteilung eine andere Basis verwendet als die, die für die aktuell vergebenen Koordinaten im Overlay-Netz gilt und ist keine Transformationsvorschrift bekannt, um die Basis zu wechseln, ist ein zuvor erstelltes Partitionierungsschema ungültig und damit unbrauchbar. Overlay-Knoten, die ihre Netzwerk-Koordinaten unter Verwendung der neuen Basis berechnet haben, können nicht sinnvoll Arealen einer GAP zugeordnet werden, die aus einer die alte Basis verwendenden GCD berechnet wurde. Es muss somit für die Erstellung der Koordinatenverteilung und für die Vergabe der tatsächlich verwendeten Koordinaten auf dieselbe Koordinatenbasis – hier von den Landmark-Knoten aufgespannt – zurückgegriffen werden.

Die erste Phase der Bereitstellung von LM-CBR umfasst einmalig durchgeführte Messungen zwischen den Landmark-Knoten (s. Abschnitt 3.2); die dabei berechneten Koordinaten bilden dann die oben genannte feste Basis. Zweite Phase ist die Erstellung eines globalen Bildes (der GCD) über die Koordinaten der teilnehmenden Overlay-Knoten. Die Grenzen des daraus berechneten Partitionierungsschemas (der GAP) werden direkt von der in der GCD vorgefundenen Knotenverteilung abgeleitet. Hierbei wird angenommen, dass die GCD repräsentativ für die am betreffenden Overlay-Netz teilnehmenden Overlay-Knoten ist. Da die GCD allen Knoten bekannt sein muss, die am Overlay-Netz teilnehmen wollen, muss sie a priori erstellt werden. Dies wird in der *Koordinaten-Sammel-Phase* durchgeführt: Der Betreiber des Overlay-Netzes, der auch die Landmark-Infrastruktur bereitstellt, sammelt möglichst viele Koordinaten der teilnehmenden Knoten ein; dies wird bevorzugterweise von den Landmark-Knoten übernommen. Zu diesem Zeitpunkt ist CBR noch nicht aktiviert. Sobald eine ausreichende Anzahl von Koordinaten gesammelt ist, wird die GCD erstellt und die Partitionierung mit der gewünschten Dimensionalität durchgeführt. Die erstellte GAP muss dann beim erneuten Aufbau des Overlay-Netzes – diesmal mit aktiviertem CBR – an zentraler Stelle für den ersten Overlay-Knoten abrufbar sein, welcher die GAP dann beim Beitritt weiterer Overlay-Knoten diesen zukommen lässt. Auf diese Weise erhält jeder Overlay-Knoten die verwendete GAP und kann diese, falls er als Bootstrap-Knoten fungiert, an neu beitretende Knoten übergeben.

Abbildung 6.6 stellt den Beitritt eines Overlay-Knotens X in ein LM-CBR-basiertes Overlay-Netz dar: X kontaktiert seinen *Bootstrap-Knoten B* per RPC und erhält von diesem eine Liste von Adressen im Netzwerk vorhandener Landmark-Knoten $\{L_1,...,L_n\}$ und die GAP (*1*). War der Kontakt zum Bootstrap-Knoten erfolgreich, kontaktiert X wiederum per RPC mind. $d+1$ Landmark-Knoten und empfängt als Antwort deren Netzwerk-Koordinaten (*2*). Diese und die beim Kontaktieren gemessenen Latenzen zu den Landmark-Knoten werden vom Netzwerk-Koordinatensystem zur Berechnung der Netzwerk-Koordinaten von X verwendet (*3*). Das CBR-Modul

---

[5]*Rotation* (Drehung), *Translation* (Verschiebung) und/oder Skalierung

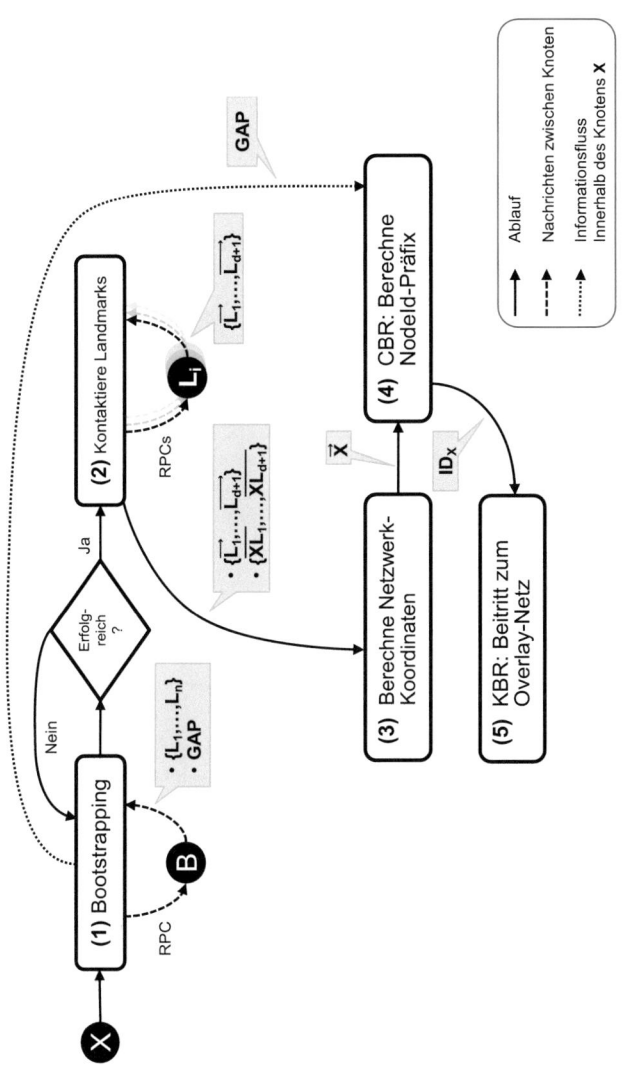

Abbildung 6.6 LM-CBR: Überblick und Ablauf der einzelnen Funktionen

kann dann aus den Netzwerk-Koordinaten und der GAP das NodeId-Präfix berechnen (*4*) und X mit der damit gebildeten NodeId dem Overlay-Netz beitreten (*5*).

6.5.1 Vor- und Nachteile von LM-CBR

Vorteil der Landmark-basierten CBR-Variante ist die Tatsache, dass LM-CBR pro Overlay-Knoten – abgesehen von wenigen initialen Ping-Nachrichten an die Landmark-Knoten – ohne zusätzlichen Bandbreitenbedarf auskommt. Sobald die Knotenidentität mit dem durch CBR bestimmten Präfix feststeht, verändert LM-CBR nicht mehr den Ablauf des zugrunde liegenden Overlay-Protokolls.

Der Einsatz von LM-CBR ist jedoch mit folgenden Nachteilen verbunden:

- Die Verwendung von Landmark-basierten Netzwerk-Koordinatensystemen wie GNP und NPS ist zwingend vorgegeben, was folgende Einschränkungen mit sich bringt:

    - Eine Landmark-Infrastruktur muss von einem Betreiber dauerhaft bereitgestellt und betrieben werden.

    - Den teilnehmenden Overlay-Knoten werden feste, nicht an zukünftige Latenzmessungen anpassbare Netzwerk-Koordinaten zugeteilt. Eine Adaption der Netzwerk-Koordinaten ist somit nicht möglich, was verglichen mit adaptierenden Systemen wie Vivaldi zu einer größeren Ungenauigkeit bei Latenzabschätzungen und damit auch zu ineffizienterem Routing führen kann.

- Die GCD und die GAP müssen a priori erstellt werden, eine spontane Bereitstellung von LM-CBR ist daher nicht möglich.

- LM-CBR kann aufgrund der unveränderlichen GAP weder auf abrupte noch auf anhaltende Veränderungen in der Koordinatenverteilung reagieren; die Routing-Effizienz sinkt in beiden Fällen.

    Bei zyklischer Änderung der Koordinatenverteilung (z. B. in einem 24-Stunden-Zyklus) kann eine mehrdimensionale GAP verwendet werden, die aus z. B. 24 einzelnen Global Area Partitioning (GAP)s besteht. Die einzelnen GAPs gelten in diesem Fall dann jeweils für eine Stunde eines 24-Stunden-Zyklus. Dieser Ansatz benötigt jedoch synchronisierte Uhren auf allen Overlay-Knoten.

Für LM-CBR gibt es aufgrund der beschriebenen Nachteile, insbesondere der Notwendigkeit einer Landmark-Infrastruktur, nur eine eingeschränkte Zahl von Einsatzszenarien. Im folgenden Abschnitt wird deshalb ein dezentraler, d. h. Landmarkunabhängiger Ansatz für CBR vorgestellt, der die Nachteile von LM-CBR durch den Einsatz dezentraler Netzwerk-Koordinatensysteme vermeidet.

6.6 Decentralized Coordinate-based Routing (dCBR)

Der als Erweiterung des Landmark-basierten CBR-Systems im Rahmen dieser Arbeit entwickelte *dCBR*-Ansatz [48] basiert auf dezentralen Netzwerk-Koordinatensystemen (s. Abschnitt 3.3), sodass keine Landmark-Knoten benötigt werden. Die

GCD wird ersetzt durch die *Current Coordinate Distribution* (CCD), welche die Koordinatenverteilung der sich *aktuell* im Overlay-Netz befindlichen Overlay-Knoten darstellt. Die *Current Area Partitioning* (CAP), das Pendant zur GAP, wird periodisch aus der CCD errechnet und beinhaltet Informationen über die Grenzen der Präfixareale. Diese kann sich zwar während des Betriebs des Overlay-Netzes verändern, ist aber wie die GAP global eindeutig: So wie die CCD im Betrieb des Overlay-Netzes gesammelt wird, wird auch die CAP zur Laufzeit an alle Overlay-Knoten verteilt, d. h., keinerlei Information muss a priori vorhanden sein bzw. berechnet und verteilt werden.

6.6.1 Funktionsweise

dCBR verwendet zwei bekannte Techniken, um die Nachteile von LM-CBR zu vermeiden: *Dezentrale Netzwerk-Koordinatensysteme* und *Monitoring in strukturierten P2P Systemen*. In dCBR wird die Koordinatenverteilung nicht a priori bestimmt, sondern von den aktuell im Overlay-Netz vorhandenen Overlay-Knoten mit der dann aktuellen Koordinatenbasis abgeleitet. Somit werden keine feste Koordinatenbasis und damit auch keine Landmark-Knoten benötigt. Ein zwischenzeitiges Rotieren oder Verschieben des Koordinatensystems ist bei Vivaldi und davon abgeleiteten Netzwerk-Koordinatensystemen aufgrund der kontinuierlichen Adaption der Netzwerk-Koordinaten zu erwarten. Die daraus folgende Zuteilung falscher NodeId-Präfixe kann durch Verwendung ausreichend kleiner Intervalle zur Sammlung der Koordinaten einerseits und möglichst stabile Netzwerk-Koordinaten andererseits vermieden werden.

Die Kernidee von dCBR ist, die CCD periodisch zu sammeln, die CAP ebenso periodisch auf einem durch seine NodeId bestimmten Overlay-Knoten[6] mithilfe des Partitionierungsschemas aus Abschnitt 6.3.1 neu zu berechnen und diese dann an alle Overlay-Knoten zu verteilen. Die Overlay-Knoten leiten dann die CAP an beitrittswillige Knoten weiter, welche dann ihre NodeId direkt nach Berechnung der eigenen initialen Koordinaten bilden können.

6.6.1.1 Verwendung dezentraler Netzwerk-Koordinatensysteme

Dezentrale Netzwerk-Koordinatensysteme haben üblicherweise die Eigenschaft, Koordinaten nicht einmalig pro Knoten festzulegen, sondern – um bessere Latenzabschätzungen bieten zu können – diese zur Laufzeit kontinuierlich anzupassen. Da CBR zur Bestimmung des zu einem Overlay-Knoten passenden Präfixareals stabile Koordinaten benötigt, um ein permanentes Wechseln des zugehörigen Präfixareals zu vermeiden, werden initiale Koordinaten benötigt, die so genau wie möglich das Underlay abbilden. Dies kann durch die zusätzliche Verwendung von Geolokationsdaten[7] und / oder durch eine ausführliche *Discovery Phase* (u. a. verwendet vom Netzwerk-Koordinatensystem *Myth*, s. Abschnitt 3.3.1) unterstützt werden. In einer Discovery Phase kontaktiert ein Overlay-Knoten vor Beitritt zum Overlay-Netz möglichst viele andere Overlay-Knoten, um deren Latenz und Koordinaten in Erfahrung zu bringen. Je mehr Informationen auf diese Weise gesammelt werden, desto genauere und stabilere initiale Koordinaten können daraus berechnet werden.

---

[6]Die Verantwortung für die Berechnung der CAP kann aufgrund von Knotenfluktuation auf andere Knoten übergehen.

[7]Bei Verwendung von Htrae (s. Abschnitt 3.3.1) ist dies obligatorisch.

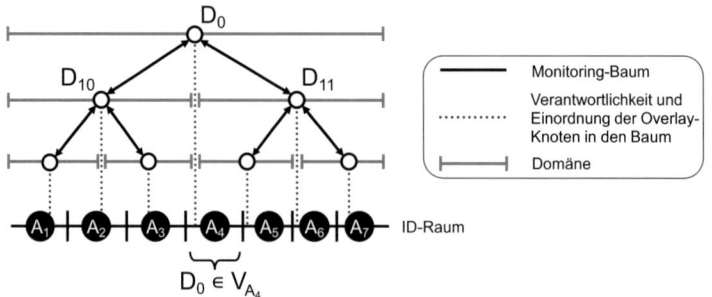

Abbildung 6.7 dCBR: Struktur des Monitoring-Baums

Bei einigen Netzwerk-Koordinatensystemen wie z. B. SVivaldi (s. Abschnitt 3.3.1) wird die Adaption der Koordinaten durch einen in jedem Adaptionsschritt kleiner werdenden Anpassungsfaktor (*Loss-Faktor*) zeitlich limitiert. Dieser kann für dCBR an die Anzahl von Overlay-Knoten angepasst werden, die während der *Discovery Phase* kontaktiert werden, um direkt vor Beitritt ins Overlay-Netz die Adaption auslaufen zu lassen und damit feste Koordinaten zu erhalten.

6.6.1.2 Monitoring der Netzwerk-Koordinaten

Das Sammeln der Koordinatendaten und die Verteilung der CAP werden mittels einer *Monitoring*-Einheit durchgeführt. Dieses auf allen Overlay-Knoten vorhandene Modul bildet dazu ein zweites Overlay – einen Baum – über dem bestehenden KBR-Overlay-Netz. Da diese Baumstruktur den KBR-Dienst nutzt, ist ihre Robustheit bei Knotenfluktuation abhängig von der Robustheit des verwendeten Overlay-Protokolls: Kann dieses die Bereitstellung des KBR-Dienstes gewährleisten, bleibt auch die Monitoring-Struktur stabil. Die von dCBR verwendete Struktur ist inspiriert von den in [41, 126] vorgestellten Monitoring-Systemen, Details zur Aufrechterhaltung und Wartung des Monitoring-Baumes sind in diesen Publikationen zu finden.

Das Grundkonzept dieses Monitoring-Baums besteht darin, den ID-Raum $\mathcal{I}$ des zugrunde liegenden Overlay-Netzes als Strecke aufzufassen und hierarchisch in *Domänen*, d. h. Streckenabschnitte einzuteilen. Für jede Domäne ist genau der Overlay-Knoten verantwortlich, der gemäß der verwendeten Verantwortungsmetrik d_{resp} hauptverantwortlich für den Schlüssel in der Mitte (den *Domain Key*) der Domäne ist. Dieser Knoten wird dann *Domain Controller* genannt. Die Domäne auf oberster Ebene mit dem Domain Key D_0 ist der gesamte ID-Raum. Diese wird in h Sub-Domänen unterteilt, die sich in der Mitte dieser Sub-Domänen befindenden Schlüssel $\{D_{10}, ..., D_{1h}\}$ sind deren Domain Keys. Diese Einteilung wird nicht global, sondern von jedem einzelnen Overlay-Knoten, der seine Position im Baum sucht, durchgeführt: Ist er der Hauptverantwortliche für die oberste Ebene, d. h. gilt $D_0 \in V_X$, wird er Wurzelknoten. Falls nicht, berechnet er den Domain Key der Domäne eine Ebene darunter, in die seine NodeId fällt. Dies wird solange wiederholt, bis er die Domäne gefunden hat, für die er Domain Controller ist. Jeder Knoten im Baum registriert sich dann bei seinem Vaterknoten, also dem verantwortlichen Overlay-Knoten für die Domäne eine Ebene höher. Diesen kann er mittels *Key-based Routing* mit dem Domain Key der nächst höheren Ebene als Zielschlüssel erreichen. Der Vaterknoten trägt diesen Knoten dann als Kindknoten in seine Kindknotenliste ein. Abbildung 6.7 zeigt beispielhaft den Aufbau eines Monitoring-Baums.

Für das Monitoring der Netzwerk-Koordinaten senden die Blattknoten des Baumes periodisch ihre aktuellen Netzwerk-Koordinaten jeweils eine Schicht den Baum nach oben der Wurzel entgegen. Die Empfänger auf der zweituntersten Schicht sammeln die Koordinaten all ihrer Kindknoten, ergänzen diese um die eigenen Koordinaten und senden alle Koordinaten weiter den Baum nach oben zu ihren Elternknoten, die auf dieselbe Weise verfahren. Der Wurzelknoten des Baumes empfängt so die Koordinaten aller teilnehmenden Overlay-Knoten, bildet daraus zunächst die CCD und berechnet daraus schließlich die CAP. Die CAP wird dann über die Kindknoten des Wurzelknotens den Baum nach unten gesendet, sodass alle Overlay-Knoten die CAP erhalten und an potenzielle Beitrittskandidaten weitergeben können. Da dieser gesamte Ablauf periodisch stattfindet, kann die Aktualität der CCD über die Länge der Periode angepasst werden.

6.6.1.3 Aggregation & Kompression der Koordinaten

Bei der Weiterleitung der Koordinaten kann bei entsprechend großem N unvertretbar großes Datenaufkommen auftreten. Die Senderate der Overlay-Knoten – insbesondere auf den oberen Schichten nahe des Wurzelknotens – darf nicht linear mit der Anzahl N der Overlay-Knoten steigen, da das System sonst nicht mit größer werdendem N skaliert. Zur Lösung dieses Problems sind folgende Ansätze möglich:

- **Zufälliges Entfernen**: Die Menge der an jedem Knoten im Baum ankommenden Koordinaten kann „ausgedünnt" werden, d. h. ein prozentualer Anteil an Koordinaten oder die Anzahl an Koordinaten, die einen zuvor festgelegten Schwellenwert überschreitet, wird zufällig entfernt. Auf diese Weise wird die Menge an weitergeleiteten Koordinaten limitiert, wobei jedoch ein repräsentatives Bild der globalen Koordinatenverteilung erhalten bleibt.

- **Runden**: Die Koordinatenwerte können gerundet oder quantisiert werden, um ein Versenden von unnötig genauen Koordinaten zu vermeiden, die nicht für die Berechnung der CAP benötigt werden. Die zu versendeden Nachrichten sind somit aufgrund der geringeren Größe der Netzwerk-Koordinaten (z. B. 16 statt 64 Bits pro Dimension) kleiner, der Kommunikationsaufwand sinkt.

- **Regionen**: Die Untermenge $\hat{\mathcal{K}}$ des gesamten d-dimensionalen Koordinatenraums $\mathcal{K}$, in den voraussichtlich alle Netzwerk-Koordinaten fallen (d. h. die Koordinatenmenge $\hat{\mathcal{K}} = \{\overline{X} = \{X_1, ..., X_n\} \mid g_1^l \leq X_1 \leq g_1^u, ..., g_n^l \leq X_n \leq g_n^u\}$ mit den Grenzen g_i^l und g_i^u mit $0 \leq i < n$), kann in zuvor festgelegte, nummerierte, quadratische Areale[8] gleicher Größe eingeteilt werden. Die Festlegung von $\hat{\mathcal{K}}$ geschieht vor Aufbau des dCBR-Overlay-Netzes, die Parameter, d. h. die Grenzen g_i^l und g_i^u sind stabil und müssen allen Overlay-Knoten bekannt sein. Diese Einteilung ist somit unabhängig von (bei dCBR sowieso nicht vorhandenen) Landmark-Knoten.

  Durch die Nummerierung kann auf den Versand von einzelnen Koordinatenwerten verzichtet werden, es müssen nur die Nummern der Areale und die Anzahl der darin befindlichen Overlay-Knoten übermittelt werden. Fallen die

---

[8]nicht zu verwechseln mit den Präfixarealen der GAP oder CAP

Koordinaten eines Overlay-Knotens nicht in $\hat{\mathcal{K}}$, werden sie bei der Aggregation und Weiterleitung nicht berücksichtigt.

All diese Ansätze sind verlustbehaftet, da nicht die gleiche Information über die Koordinatenverteilung (CCD) beim Wurzelknoten ankommt und so nicht garantiert werden kann, dass bei Anwendung der Aggregationsverfahren die gleiche Koordinateneinteilung (CAP) berechnet wird wie ohne Koordinatenaggregation. Zusätzlich können die genannten Verfahren mit verlustfreien Kompressionsverfahren wie z. B. *LZ77* [132] kombiniert werden, um den Bandbreitenbedarf des Monitorings noch geringer zu halten. Grundsätzlich muss beachtet werden, dass immer ein Kompromiss zwischen Bandbreitenbedarf und Genauigkeit der CAP gefunden werden muss.

Zur Bewertung der verschiedenen Verfahren wurde im Rahmen dieser Arbeit eine Bewertungsfunktion zur Güte der erstellten CAP bestimmt. Mehrere Kompressionsverfahren wurden mit dieser Bewertungsfunktion und den dazugehörigen Netzwerkkosten, also der zusätzlichen Senderate pro Knoten, einander gegenübergestellt. Die Bewertungsfunktion vergleicht das pro Verfahren aus einer Beispielkoordinatenverteilung erstellte CAP (wobei die Koordinaten bei Aggregation im Monitoring-Baum komprimiert wurden) mit einer Referenz-CAP, die direkt aus allen unkomprimierten Koordinaten des Beispieldatensatzes berechnet wird. Zu jedem Punkt des Datensatzes werden dann die dazugehörigen NodeId-Präfixe der Referenz-CAP und der CAP des zu bewertenden Verfahrens miteinander verglichen – angefangen beim *Least Significant Bit* (LSB) des Präfixes. Beispielsweise hat so das Präfix 1010 gegenüber dem Referenzpräfix 1000 einen Fehler von 2, das Präfix 0000 einen Fehler von 4. Über alle Koordinaten kann auf diese Weise ein Durchschnittsbitfehler, d. h. die durchschnittliche Abweichung des Präfixes der einzelnen Verfahren, berechnet werden. Dieser Fehler – im Folgenden als *CAP-Qualitätsindex bezeichnet* – ist jedoch von l_P und der Größe N des Beispieldatensatzes abhängig. Sind l_P und N fest, können die Verfahren miteinander verglichen werden und mit dem dazugehörigen Datenaufkommen das günstigste Kosten-Nutzen-Verhältnis identifiziert werden.

In [64] wurden die drei Aggregationsverfahren nach der Implementierung in OverSim evaluiert. In Abbildung 6.8 wird ein Teil der dabei gewonnenen Simulationsergebnisse präsentiert. Abbildung 6.8a zeigt die konvexe Hülle über allen drei Verfahren mit den Optimierungskriterien *Empfangsrate an der Wurzel* in Bytes pro Sekunde an jedem Overlay-Knoten[9] und *CAP-Qualitätsindex*. Die Strategie *Regionen* stellt dabei einen guten Kompromiss zwischen beiden Kriterien dar und wird für die in diesem Kapitel noch folgenden Evaluierungen von dCBR verwendet. Abbildung 6.8b zeigt den Qualitätsindex, d. h. den durchschnittlichen Bitfehler der CAP in Abhängigkeit von der Anzahl der Regionen (angegeben in Einteilungen pro Dimension, hier $d = 2$). Ab einem Wert von 400 Einteilungen liegt der Qualitätsindex bei einem akzeptablen Wert von ≈ 1 bei einer Präfixlänge von $l_P = 8$.

6.6.2   Gesamtablauf

Abbildung 6.9 illustriert die gesamte Funktionsweise von dCBR. Die dort dargestellten und im Folgenden beschriebenen Einzelschritte muss ein Overlay-Knoten durchlaufen, um einem dCBR-basierten Overlay-Netz beizutreten:

---

[9]hier ohne zusätzliche verlustfreie Kompression

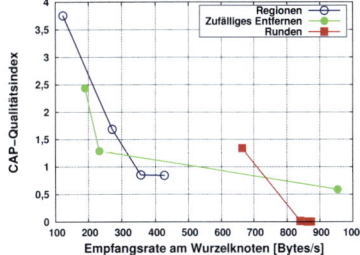

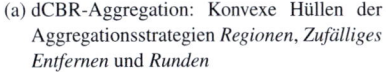

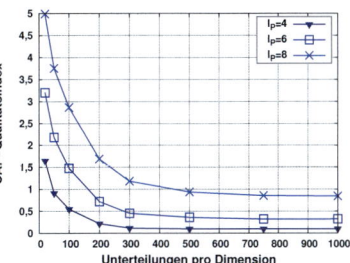

(a) dCBR-Aggregation: Konvexe Hüllen der Aggregationsstrategien *Regionen*, *Zufälliges Entfernen* und *Runden*

(b) Regionen: CAP-Qualitätsindex bei steigender Zahl von Unterteilungen pro Dimension und unterschiedlichen Präfixlängen l_P

Abbildung 6.8 dCBR: Aggregation der Koordinateninformation im Monitoring-Baum (5 000 Overlay-Knoten, keine verlustfreie Kompression)

1. **Bootstrapping**: Ein Knoten, der dem dCBR-basierten Overlay-Netz beitreten möchte, kontaktiert initial seinen *Bootstrap-Knoten* (s. dazu auch Abschnitt 2.8.4.1) und empfängt von diesem dessen Netzwerk-Koordinaten, die aktuelle CAP und eine Liste anderer, schon beigetretener Overlay-Knoten. Der *Bootstrap-Knoten* wird nach Berechnung der eigenen NodeId nochmals für den Beitritt in das Overlay-Netz kontaktiert.

2. **Discovery Phase**: Alle Overlay-Knoten aus der empfangenen Knotenliste werden kontaktiert, um deren Latenz zum lokalen Knoten zu messen und um ihre aktuellen Koordinaten (und einen evtl. vorhandenen dazugehörigen Fehlerwert) zu erfragen. Zur Sammlung weiterer Koordinateninformationen können optional danach weitere Overlay-Knoten angefragt werden, deren Transportadressen (d. h. ihre IP-Adresse und den Port des verwendeten Transportprotokolls) von den zuvor kontaktierten Knoten übermittelt wurden.

3. **NCS**: Die während der *Discovery Phase* empfangenen Netzwerk-Koordinaten und die dazugehörigen Latenzen werden schon während der *Discovery Phase* vom Netzwerk-Koordinatensystem zur Berechnung der initialen Netzwerk-Koordinaten des Overlay-Knotens verwendet. Diese werden dann an das CBR-Modul weiter geleitet. Die berechneten Netzwerk-Koordinaten bilden umso genauer die Position des Overlay-Knotens im Underlay-Netz ab, je mehr Knoten in der *Discovery Phase* kontaktiert wurden, da so mehr Informationen über die Netzwerk-Koordinaten anderer Knoten und die dazugehörigen Latenzen in die Berechnungen einfließen. Bei Verwendung eines Netzwerk-Koordinatensystems wie z. B. Vivaldi kann dabei die Güte der initialen Netzwerk-Koordinaten anhand deren lokalen Fehlerwerts e_i bemessen werden.

4. **CBR**: Das CBR-Modul berechnet aus den initialen Koordinaten und der beim *Bootstrapping* vom *Bootstrap-Knoten* zugesandten CAP die Knotenidentität des beitretenden Overlay-Knotens. Dabei wird das passende Präfixareal der

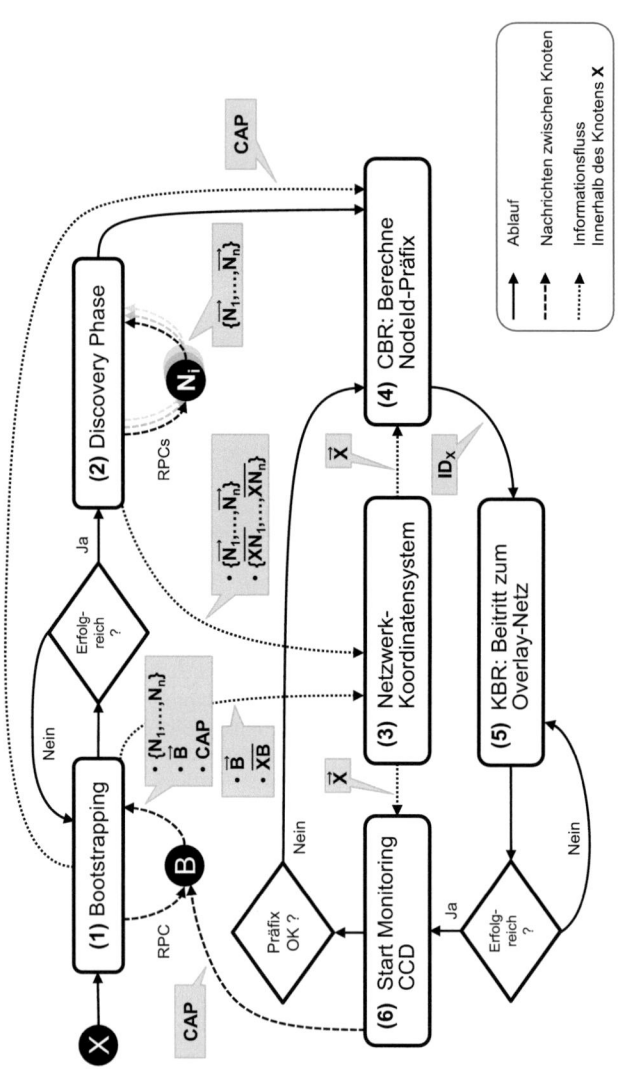

Abbildung 6.9   dCBR: Überblick und Ablauf der einzelnen Funktionen

CAP ausgewählt und in der Knotenidentität als Präfix gesetzt; das Suffix wird zufällig gewählt.

5. **KBR**: Mit der berechneten NodeId tritt der Overlay-Knoten dem Overlay-Netz bei, indem er einen *Join Request* über den *Bootstrap-Knoten* an seine neu gewählte NodeId routet.

6. **Monitoring**: Die *Monitoring*-Einheit

   - beobachtet kontinuierlich die vom lokalen Netzwerk-Koordinatensystem berechneten und angepassten Koordinaten.

   - verwendet die auf dem KBR-Overlay-Netz aufsetzende Baumstruktur, um periodisch die CCD zu sammeln und die daraus beim Wurzelknoten berechnete CAP zu verteilen.

   - veranlasst (falls notwendig) das CBR-Modul, die Knotenidentität neu zu berechnen. Dies führt zu einem Wiedereintritt des Knotens in das Overlay-Netz mit neuer NodeId. Dieser Fall soll nach Möglichkeit durch günstig gewählte initiale Koordinaten vermieden werden.

Bei Verwendung von SVivaldi (s. Abschnitt 3.3.1) als Netzwerk-Koordinatensystem nimmt die Adaption der Netzwerk-Koordinaten mit jeder gemessenen RTT samt dazugehörigen Netzwerk-Koordinaten ab. Die lokalen Netzwerk-Koordinaten nehmen somit zu einem vom Wert eines Stabilisierungsparameters (dem sog. *Loss-Faktor*) abhängigen Zeitpunkt einen stabilen Zustand ein. Bei Verwendung von dCBR kann die Dauer der *Discovery Phase* so auf diesen *Loss-Faktor* abgestimmt sein, dass dieser stabile Zustand mit Abschluss der *Discovery Phase* erreicht wird. Eine Neuberechnung der NodeId aufgrund sich ändernder Netzwerk-Koordinaten kann so ausgeschlossen werden.

6.7 Gegenüberstellung: LM-CBR und dCBR

In Tabelle 6.1 werden zusammenfassend die Eigenschaften von LM-CBR und dCBR aufgelistet und gegenübergestellt. Es werden die jeweils verwendeten Netzwerk-Koordinatensysteme, das unterschiedliche Vorgehen bei der Erstellung des globalen Bildes (GCD bzw. CCD), der Einfluss von Knotenfluktuation und der evtl. auftretende zusätzliche Kommunikationsaufwand betrachtet.

6.8 CBR-basierte Replikation

In auf strukturierten Overlay-Netzen basierenden verteilten Speichersystemen wird Fehlertoleranz durch Redundanz erreicht, d. h. üblicherweise dadurch, dass Replikate aller verteilten Daten nicht nur auf dem einen hauptverantwortlichen Overlay-Knoten abgelegt werden. Zusätzlich werden die Daten auch auf den r Overlay-Knoten – den r *Siblings* – repliziert, die im ID-Raum zu den Hash-Werten der zu speichernden Daten benachbart liegen[10]. Diese Replikationsstrategie wird in dieser Arbeit als Sibling-basierte Replikationsstrategie bezeichnet.

Ohne CBR gibt es keinen Zusammenhang zwischen NodeId und Position im Underlay, d. h., im ID-Raum benachbarte Overlay-Knoten sind unabhängig voneinander

---

[10]Weitere Replikationsstrategien werden in [104] beschrieben und evaluiert.

	LM-CBR	dCBR
Verwendete Netzwerk-Koordinatensysteme	Landmark-basierte	dezentrale (Vivaldi-artige)
Erstellung des globalen Bildes	a priori erstellt, repräsentative Knotenmenge benötigt	Sammlung während des Betriebs über Monitoring-Baum
Einfluss von Knotenfluktuation	keiner (wenn alle Knoten in der GCD enthalten)	evtl. Verlust von Teilen der CCD → CAP nicht vollauf repräsentativ
Zusätzlicher Kommunikationsaufwand	initialer Kontakt zu Landmark-Knoten	Signalisierung im Baum, Sammlung der CCD, Verbreitung der CAP

Tabelle 6.1 CBR: Vergleich der Eigenschaften von LM-CBR und dCBR

im Underlay positioniert. Folglich sind auch die auf im ID-Raum benachbarten Overlay-Knoten gespeicherten Replikate über das Underlay gestreut. Der Einsatz von CBR jedoch führt dazu, dass sich bei Verwendung der üblichen, Sibling-basierten Strategie alle Replikate in einer Region des Koordinatenraums und damit in einer Region des Underlays befinden.

Die folgenden Punkte motivieren eine alternative Replikationsstrategie für auf CBR basierende verteilte Speichersysteme:

- Zur weiteren Latenzreduktion sollten Replikate so über das Underlay-Netz verteilt sein, dass von jedem Overlay-Knoten aus physisch möglichst nahe Replikate auswählbar sind.

- Ein Netzwerkausfall in einer einzelnen Region würde bei Sibling-basierter Replikation zu einem Totalverlust und damit zur Unerreichbarkeit aller dort gespeicherten Daten und den dazugehörigen Replikaten führen.

- Aus politischen Gründen kann es gefordert sein, dass Replikate von im Overlay abgelegten Daten nicht nur in einer Region des Underlays, also z. B. in einem Staat befinden.

Für CBR ist somit die Verwendung einer alternativen Replikationsstrategie sinnvoll, bei der die Replikate nicht auf den Nachbarn im ID-Raum des für den dazugehörigen Schlüssel hauptverantwortlichen Overlay-Knotens liegen. Im Folgenden wird eine solche alternative Replikationsstrategie vorgestellt: Ein Schlüssel-Wert-Paar wird auf r Knoten abgelegt, die verantwortlich sind für einen der Schlüssel $k_i \in \mathcal{C}_v$, mit der gegebenen Menge von Hash-Werten $\mathcal{C}_v = \{\mathcal{H}^i(v), 0 < i \leq r\}$ bei Verwendung einer Hash-Funktion $\mathcal{H}$ und einem zu speichernden Wert v. Die Anzahl der gestreuten Replikate wird hier mit r bezeichnet. Der Zielschlüssel für *get()*-Anfragen in einer auf dem KBR-Dienst aufsetzenden DHT-Anwendung (s. Abschnitt 2.4.1) wird aus allen r Kandidaten $k_i \in \mathcal{C}_v$ ausgewählt.

Soll die Wahl von k_i unter Beachtung von Latenzinformationen erfolgen, wird das Replikat ausgewählt, das gemäß der GAP dem Initiatorknoten X am nächsten liegt.

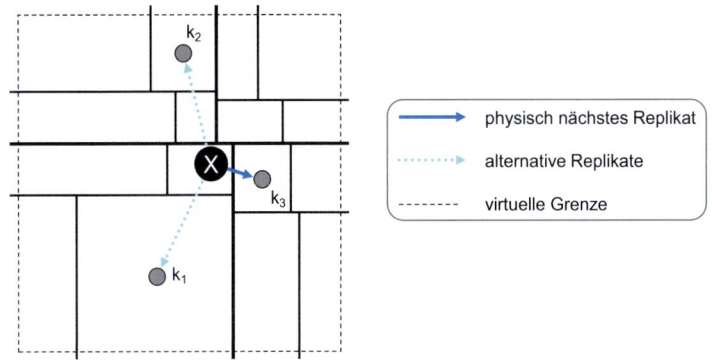

Abbildung 6.10 CBR-basierte Replikation: Auswahl des nächsten Replikats bei
über den Koordinatenraum gestreuten Replikaten

Dazu werden die Abstände der Mittelpunkte[11] der zu den Zielschlüsseln k_i gehörigen
Präfixarealen zu den Koordinaten des Initiatorknotens verglichen (s. Abbildung 6.10).
Eine erhöhte Anzahl r von gestreuten Replikaten senkt den Erwartungswert des
kleinsten Abstandes $\overline{Xk_i}$ zwischen X und k_i (für $0 < i \leq r$) und damit der Zeit
zwischen Absenden einer *get()*-Nachricht von X an k_i und dem Eintreffen der Antwort
bei Knoten X.

6.9 Implementierung in OverSim

LM-CBR und dCBR wurden für das *OverSim* Framework implementiert, wobei
dabei die schon in OverSim vorhandenen Implementierungen präfixbasierter Overlay-Protokolle genutzt werden konnten. Da das Verhalten der Overlay-Protokolle
nicht verändert wurde, sondern nur die vergebenen Knotenidentitäten, mussten nur
marginale Änderungen an der Overlay-Basisklasse BaseOverlay vorgenommen
werden. Kern der CBR-Implementierung ist die Klasse CoordBasedRouting.

6.9.1 Partitionierung des Koordinatenraums

Die Partitionierung und das Abbilden der Koordinaten auf NodeId-Präfixe wird
mit dem in Ruby [68] implementierten Skript c2b.rb unabhängig vom OverSim
Frameworks realisiert. Zusätzlich kann mit c2b.rb die Einteilung des Koordinatenraums auf jeder Rekursionsstufe grafisch ausgegeben bzw. nach gnuplot exportiert
werden. Bei Verwendung von dCBR wurde in einer ersten Version dieses Skript
vom Wurzelknoten des Monitoring-Baums zur Berechnung der CAP aus der hier
gesammelten CCD aufgerufen. Später wurde dazu aus Gründen der Performanz eine
in C++ formulierte Methode der Klasse CoordBasedRouting aufgerufen.

6.9.2 NodeId-Berechnung für CBR

CBR wird implementiert durch die Klasse CoordBasedRouting und als sog.
GlobalFunction (s. Abschnitt 4.1.4.4) in OverSim als Modul integriert, auf das

---

[11]Bei am Rand des Koordinatenraums gelegenen Arealen wird eine zuvor global festgelegte
virtuelle Grenze verwendet, um Mittelpunktsbestimmungen durchführen zu können.

alle Overlay-Knoten zugreifen können. Das Modul übernimmt das Laden der GAP und die Generierung von NodeIds mit Hilfe von ihr übergebenen Netzwerk-Koordinaten. Dies wird von der Methode

```
OverlayKey getNodeId(const Coords& coords,
                     uint8_t bitsPerDigit,
                     uint8_t prefixLength,
                     const AP* cap = NULL) const;
```

übernommen. Dazu werden die Koordinaten des Overlay-Knotens (`coords`), *b* (`bitsPerDigit`), die geforderte Länge des durch CBR bestimmten NodeId-Präfixes (`prefixLength`) und die CAP übergeben. Bei Verwendung von LM-CBR ist diese NULL und die zuvor geladene GAP wird verwendet. Rückgabewert ist die vollständige NodeId vom Typ `OverlayKey` des aufrufenden Overlay-Knotens.

6.9.3 Monitoring-Overlay und Koordinatenaggregation

Für die Implementierung des Monitoring-Overlays wurde die Klasse `TreeManagement` entworfen und pro Overlay-Knoten ein entsprechendes Objekt im jeweiligen `NeighborCache`-Modul instanziiert. Das Objekt übernimmt die Aufrechterhaltung des KBR-basierten Monitoring-Baums, indem zunächst die eigene Zuständigkeit für einen Teilbaum anhand der NodeId festgestellt wird. Mithilfe der vom `NeighborCache` bereitgestellten Funktionen werden dann periodisch Signalisierungsnachrichten an Eltern- und Kindknoten im Baum versandt, um sich diesen bekanntzumachen. Dabei werden evtl. aufgetretene Knotenausfälle detektiert und die dabei entstandenen Lücken im Baum geschlossen.

Das `TreeManagement` kann mittels der folgenden Parameter konfiguriert werden:

- `treeMgmtEnableTreeManagement`: Aktiviert das Monitoring-Overlay

- `treeMgmtBuildInterval`: Legt das zeitliche Intervall der Wartungsfunktion fest, welche u. a. die Überprüfung des Vaterknotens vornimmt

- `treeMgmtChildrenTimedOut`: Legt die Zeitspanne fest, nach der ein Kindknoten ohne registrierte Aktivität mittels Ping-Nachricht überprüft wird

Die wichtigste Klasse für die Koordinatenaggregation ist `GlobalViewBuilder`. Diese erstellt ein konkretes Strategieobjekt zur Aggregation der Netzwerk-Koordinaten und nutzt das Monitoring-Overlay, um die Koordinaten am Wurzelknoten zu sammeln. Die einzelnen Strategien erben alle von der abstrakten Basisklasse `AbstractSendStrategy`, die eine einheitliche Schnittstelle für die Koordinatenverarbeitung bereithält. Auf diese Weise können ohne großen Aufwand neue Strategien integriert werden. Die wichtigsten abgeleiteten Strategien sind

- `StrategySendAll`: Diese Aggregationsstrategie dient nur Vergleichszwecken und leitet ohne Manipulation alle empfangenen Koordinateninformationen im Baum weiter.

- `StategySimplifyCoords`: Bei dieser Strategie werden die einzelnen Koordinatenwerte gerundet und statt als Fließkommazahlen als Integer-Werte im Baum versendet.

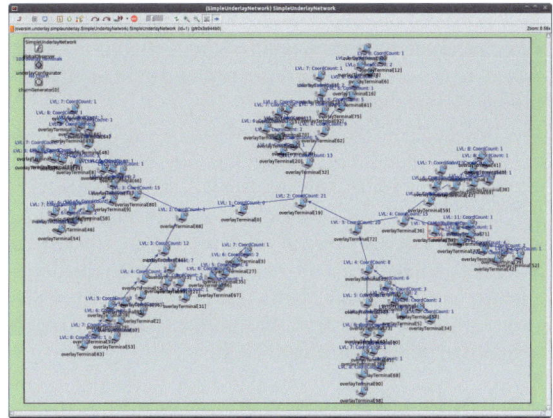

Abbildung 6.11 dCBR: Struktur des Monitoring-Baums (Screenshot von OverSim)

- `StrategyRemoveRandom`: Bei dieser Strategie werden zufällige Koordinaten aus der Menge der Netzwerk-Koordinaten entfernt, wenn die Anzahl einen festgelegten Schwellenwert überschreitet.

- `StrategyRegions`: Diese Strategie fasst die Netzwerk-Koordinaten zu Regionen zusammen, sodass nur noch die Regionen-IDs und die Anzahl der darin enthaltenen Koordinaten übermittelt werden müssen.

Weitere Details zur Implementierung des Monitoring-Overlays und der Koordinatenaggregation sind in [64] zu finden. Abbildung 6.11 zeigt einen Screenshot des Monitoring-Baumes in OverSim.

6.9.4 DHT-Modul mit CBR-Replikation

Das in OverSim schon vorhandene `DHT`-Modul wurde um die benötigte Funktionalität für CBR-basierte Replikation erweitert: Die neue Klasse `CBR-DHT` fragt bei jeder *get()*-Anfrage einer Applikation höherer Schichten das `CoordBasedRouting`-Modul nach der euklidischen Distanz $\overline{Xk_i}$ jedes infrage kommenden Zielschlüssels zum lokalen Knoten, welche das `CoordBasedRouting`-Modul anhand der Knotenidentität und der GAP/CAP berechnet. Das `CBR-DHT`-Modul sendet dann die Anfrage zu dem Replikat, das die kürzeste Distanz aufweist.

6.10 Evaluierung

In diesem Abschnitt werden die Ergebnisse der mit OverSim durchgeführten Simulationen präsentiert und diskutiert. Es wurden dabei Simulationen mit LM-CBR, dCBR und der CBR-basierten Replikationsstrategie durchgeführt.

Um trotz mehrerer Tausend simulierter Overlay-Knoten realistische Underlay-Latenzen in angemessener Zeit simulieren zu können, wurde das von OverSim bereitgestellte *SimpleUnderlay* mit Latenzverfälschungen (s. Abschnitt 4.1.4.1) verwendet. Die simulierten Latenzen entsprechen so weitestgehend denen des Internets, die Dreiecksungleichung gilt nicht immer. Da dieses Verfahren nur auf die

Berechnung der Underlay-Latenzen Einfluss nimmt und nicht auf das verwendete Netzwerk-Koordinatensystem, können realistische Werte für die erwarteten Fehler der Latenzabschätzungen nur angenähert werden und sind stark vom verwendeten Netzwerk-Koordinatensystem abhängig.

Für alle im Folgenden dargestellten Simulationsläufe wurden die Overlay-Protokolle Pastry, Bamboo und R/Kademlia im semi-rekursiven Routing-Modus (R_{semi}) verwendet. Die Protokolle wurden jeweils mit ihren Standardparametern konfiguriert (s. Abschnitt 2.7.2, 2.7.3 und 2.7.4), die sich in zuvor durchgeführten Simulationen ohne Verwendung von CBR als sinnvoll erwiesen haben. Bei R/Kademlia wurde *Proximity Routing* (PR) immer aktiviert. Alle Parameterkombinationen wurden mit 15 unterschiedlichen Werten für den Initialisierungsvektor des Pseudozufallszahlengenerators von OMNeT++ gestartet, die in allen Graphen abgebildeten 99%-Konfidenzintervalle sind dementsprechend klein.

6.10.1   Landmark-basiertes CBR

Für LM-CBR wurde das simulierte Underlay und die GCD synchronisiert, d. h., dass bei Verwendung von GNP die berechneten Netzwerk-Koordinaten denen der GCD entsprechen, also denen, die auch für die Erstellung des Partitionierungsschemas GAP verwendet werden. Basis sowohl für die simulierten Underlay-Latenzen als auch die GCD bilden die in Abschnitt 4.2.1 beschriebenen Skitter-Messungen. Diese Verwendung für simulierte Latenzen und GCD entspricht dem folgenden Szenario: Die für LM-CBR verwendeten Landmark-Knoten haben in der *Koordinaten-Sammel-Phase* das Sammeln der Koordinaten und damit das Bilden der GCD übernommen. Sie entsprechen somit den Knoten, die die Skitter-Messungen vorgenommen haben. Eine Teilmenge der von diesen Landmark-Knoten bei den Skitter-Messungen kontaktierten Knoten bildet das simulierte Overlay-Netz. Die Koordinaten der GCD werden also auch für die Berechnung der Underlay-Latenzen verwendet, wo sie jedoch – wie in Abschnitt 4.2.2 beschrieben – verfälscht werden, um ein realistisches Verhalten des Netzwerk-Koordinatensystems modellieren zu können.

Die Dimension der Netzwerk-Koordinaten bei GNP wurde auf $d = 2$ festgelegt. Höhere Werte für d führten zu keinen wesentlichen Veränderungen des Fehlers[12] bei der Berechnung der GCD aus den Skitter-Messungen. Somit sind auch für die Simulationen von LM-CBR keine anderen Ergebnisse zu erwarten, was so auch in Testmessungen festgestellt worden ist (vgl. dazu die Ergebnisse in [45] und [35]).

Die KBRTestApp, die auf allen simulierten Overlay-Knoten lief, führte periodisch die drei in Abschnitt 4.3 beschriebenen Tests durch. Den Overlay-Knoten standen 10 Landmark-Knoten zur Verfügung, von denen jeweils 3 zufällig ausgewählt initial von jedem neu beitretenden Overlay-Knoten kontaktiert wurden. Als Netzwerk-Koordinatensystem wurde GNP mit $d = 2$ verwendet. Alle verwendeten Overlay-Protokolle wurden mit unterschiedlichen Werten (1, 2 und 4) für b simuliert, da, wie in Abschnitt 6.3.3 diskutiert, bestimmte Kombinationen der Parameter b, d und l_P^d besonders günstig hinsichtlich der zu erwartenden Routing-Latenzen sind. Im Gegensatz zu den in Kapitel 5 durchgeführten Simulationen wird aus diesem Grund dazu auch der Konfigurationsparameter b von R/Kademlia variiert. Da die GAP

---

[12]die durchschnittliche quadratische Differenz von gemessener Latenz zwischen den Landmark-Knoten und von diesen kontaktierten Knoten und dem Abstand der daraus berechneten Koordinaten zu den Netzwerk-Koordinaten der Landmark-Knoten

$2^8 = 256$ Präfixareale beinhaltet, werden maximal 8 Bits von CBR festgelegt. Aus diesem Grund zeigen die Kurven der Messreihen mit $b \in \{2,4\}$ keine Werte auf der x-Achse für mehr als 4 bzw. 2 Digits. Da beim Einsatz von LM-CBR keine zusätzlichen Daten versendet werden müssen (abgesehen von den initialen Testnachrichten zu den Landmark-Knoten), unterscheidet sich der Bandbreitenbedarf pro Knoten bei Verwendung von LM-CBR nicht von dem ohne LM-CBR. Dies gilt für Overlay-Netze ohne und mit Knotenfluktuation. Aus diesem Grund werden dazu hier keine Ergebnisse präsentiert.

Abbildung 6.12 zeigt die gemessenen Routing-Latenzen in Simulationen mit 5 000 Overlay-Knoten ohne Knotenfluktuation - bei Verwendung der präfixbasierten Overlay-Protokoll Pastry, Bamboo und R/Kademlia. Letzteres wurde sowohl ohne als auch mit aktiviertem PNS simuliert, um den Effekt von CBR ohne PNS zu demonstrieren. Die x-Achse zeigt die Anzahl l_P^d der von CBR festgelegten Digits. Bei $l_P^d = 0$ ist CBR deaktiviert. Auf der y-Achse sind die erreichten KBR-Routing-Latenzen in Sekunden aufgeführt. Hierbei wird nur die benötigte Zeit der Nachricht auf dem Hinweg berücksichtigt (Einweglatenzen), da bei dem verwendeten semi-rekursivem Routing-Modus (R_{semi}) CBR keinen Einfluss auf die Latenz des Rückwegs der direkt versendeten Antwortnachricht hat.

Die Ergebnisse zeigen, dass grundsätzlich ein längeres, durch CBR bestimmtes Node-Id-Präfix zu geringeren Routing-Latenzen führt. Bei allen Ergebnissen, insbesondere jedoch bei Pastry mit $b = 1$, ist der in Abschnitt 6.4 beschriebene Zusammenhang zwischen der Länge des durch CBR festgelegten Präfixes in Digits (l_P^d) und der Dimension der Netzwerk-Koordinaten (d) zu erkennen: Bemerkenswerte Latenz-verringerungen sind in den meisten Fällen nur bei Erhöhung von l_P^d auf Werte, die einem Vielfachen von d entsprechen, zu erreichen. Die Routing-Latenzen sinken deutlich bei einer Verlängerung des NodeId-Präfixes l_P^d von 1 auf 2 Digits und von 3 auf 4 Digits mit $b = 1$. Der Grund hierfür ist, dass mit $l_P = c \cdot d$ ($c \in \mathbb{N}$) alle Dimensionen des Koordinatenraums von der Topologieadaption berücksichtigt werden. Andernfalls können die Routing-Latenzen aufgrund der Nichtberücksichtigung aller Dimensionen auch steigen: Bei Pastry mit $l_P^d = 3$ ohne Knotenfluktuation sind beispielsweise höhere Routing-Latenzen zu beobachten als bei $l_P^d = 2$. Bei R/Kademlia mit aktiviertem PNS ist aus den selben Gründen beim Übergang von $l_P^d = 2 \rightarrow l_P^d = 3$ fast keine Absenkung der Routing-Latenzen zu beobachten.

Abbildung 6.12a zeigt die Ergebnisse von Pastry und Bamboo in einem simulierten Netzwerkszenario ohne Knotenfluktuation. Die besten Resultate (98 ms) werden mit Pastry, $b = 4$ und $l_P^d = 2$ erzielt. Verglichen mit den Ergebnissen bei deaktiviertem CBR (127 ms bei $l_P^d = 0$) ist das eine Latenzreduktion von 22,8 %. Wird Bamboo mit $b = 1$ verwendet, kann ein Absinken der Routing-Latenzen von 155 ms auf 119 ms festgestellt werden. Die Resultate von R/Kademlia mit deaktiviertem PNS sind in Abbildung 6.12c dargestellt. Da hier nur die TbNA-Komponente von CBR zum Einsatz kommt, ist der latenzreduzierende Effekt deutlich sichtbar: Ohne CBR benötigt R/Kademlia mit aktiviertem PR und $b = 4$ 168 ms für die durchschnitt-liche Einweg-Routing-Prozedur. Mit $l_P^d = 2$ werden 135 ms gemessen, was einer Latenzreduktion von 19,6 % entspricht, mit $b = 1$ sogar 31,3 %. Ist zusätzlich zu PR auch PNS aktiviert, erzielt R/Kademlia für alle Werte von b ähnliche Ergebnisse (Abbildung 6.12b). Die niedrigsten Routing-Latenzen werden mit $b = 2$ und $l_P^d = 4$

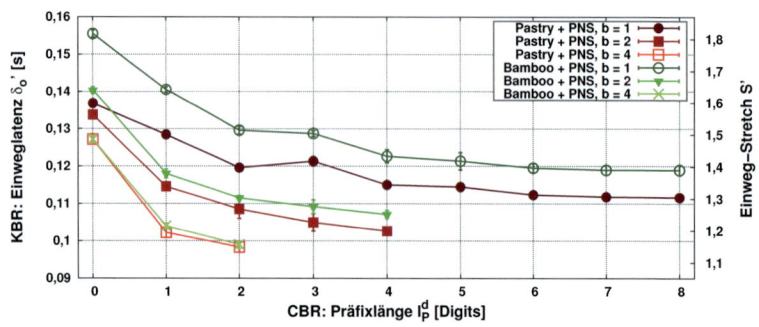

(a) Pastry / Bamboo

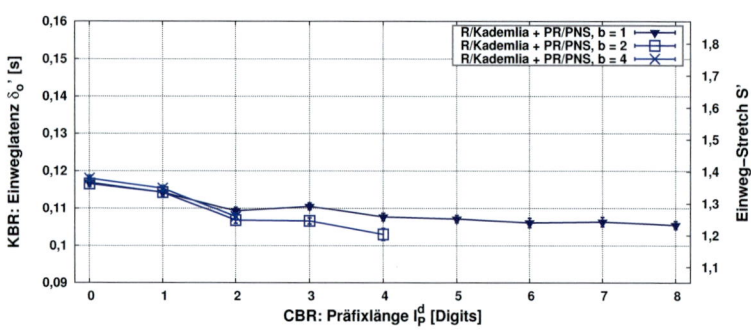

(b) R/Kademlia mit aktiviertem PR und PNS

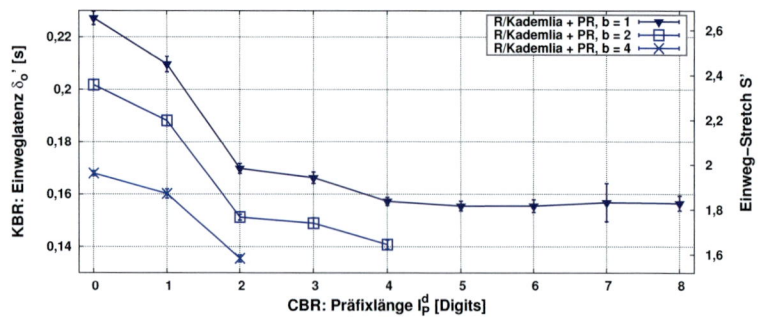

(c) R/Kademlia mit aktiviertem PR

Abbildung 6.12   Evaluierung CBR: LM-CBR ohne Knotenfluktuation ($E[L] = \infty$)

erreicht (103 ms). Verglichen mit den 117 ms bei deaktiviertem CBR ist das eine Latenzreduktion von 12,0 %.

Bei moderater Knotenfluktuation ($E[L] = 10\,000$) und simulierten Netzwerken gleicher Größe werden die in Abbildung 6.13 dargestellten Routing-Latenzen erreicht. Bamboo erzielt hier verglichen mit Pastry die besseren Ergebnisse (Abbildung 6.13a): Einweglatenzen von 154 ms mit $b = 2$ werden gemessen. Verglichen mit den ohne CBR erzielten Ergebnissen (195 ms) ist das eine Reduktion von 21,0 %. Bei R/Kademlia ohne PNS (Abbildung 6.13c) werden für alle Werte von b ähnliche Resultate erzielt: Es kann eine Reduktion der Routing-Latenzen um 34,1 % ($b = 1$) erreicht werden. Ist PNS aktiviert (Abbildung 6.13b) werden die geringsten Latenzen bei $b = 1$ und $l_P^d = 8$ festgestellt. Sie sinken von 140 ms auf 127 ms (9,3 %). Mit $b > 1$ werden durchweg schlechtere Ergebnisse erzielt. Außer in Netzwerkszenarien ohne Knotenfluktuation sind für R/Kademlia folglich Werte für $b > 1$ nicht sinnvoll.

Insgesamt kann festgestellt werden, dass die größten relativen Latenzabsenkungen bei deaktiviertem PNS erzielt werden. Bei zusätzlicher Aktivierung von PNS nähern sich die Routing-Latenzen weiter dem *idealen Stretch* von $S' = 1$ an. Eine Vergrößerung von b hat vor allem bei Pastry und Bamboo einen positiven Effekt auf die Routing-Latenzen – auch ohne den Einsatz von CBR. Wird CBR verwendet ($l_P^d > 0$) nähert sich die zu routende Nachricht pro Routing-Schritt in mehreren Dimensionen dem Zielknoten an, was die niedrigeren Latenzen erklärt. Bei R/Kademlia fällt dieser Effekt geringer aus, da in den k-Buckets k Knoten (statt nur einem wie in den Routing-Tabellen von Pastry und Bamboo) eingetragen sind. Somit steigt die Wahrscheinlichkeit, dass bei jedem Routing-Schritt im dabei verwendeten k-Bucket ein Peer eingetragen ist, dessen NodeId mit dem Zielschlüssel um mehr als nur ein Bit mehr übereinstimmt als der aktuelle Knoten auf dem Routing-Pfad. In diesem Fall nähert sich folglich die zu routende Nachricht wie bei Pastry und Bamboo mit $b > 1$ in mehreren Dimensionen dem Zielknoten an.

6.10.2 dCBR

Für die Evaluation von dCBR wurden mehrere Annahmen getroffen, um die Komplexität der Simulationen auf ein vertretbares Maß zu reduzieren. Die *Discovery Phase* kann auf unterschiedliche Weise durchgeführt werden[13] und ist üblicherweise über eine Vielzahl an Parametern konfigurierbar. In mehreren Publikationen [3, 25, 119] wird die Bedeutung von akkuraten initialen Netzwerk-Koordinaten und die Suche nach diesen (z. B. mittels Durchführung einer Discovery Phase oder der Verwendung von geografischen Koordinaten) diskutiert und evaluiert. Diese Details sind jedoch nicht Gegenstand dieser Arbeit, die Discovery Phase wird deshalb nicht bei den Simulationsläufen für dCBR modelliert. Stattdessen wird von stabilen Netzwerk-Koordinaten der Overlay-Knoten bei Beitritt[14] in das Overlay-Netz ausgegangen. Als Netzwerk-Koordinaten dienen die im *SimpleUnderlay* von OverSim verwendeten Skitter-basierten Koordinaten. Durch die in Abschnitt 4.2.2 beschriebene Verfälschung der Latenzen ergibt sich auch hier eine realistische Fehlerverteilung bei den Latenzabschätzungen durch das Netzwerk-Koordinatensystem.

---

[13]Die Verfahren unterscheiden sich z. B. in der Auswahl der Knoten, die während der Discovery Phase kontaktiert werden.

[14]Es wird angenommen, dass jeder Overlay-Knoten schon vor Beitritt in das Overlay-Netz mit anderen Knoten kommuniziert, um genug Latenzinformationen für die Berechnung stabiler Netzwerk-Koordinaten zu sammeln.

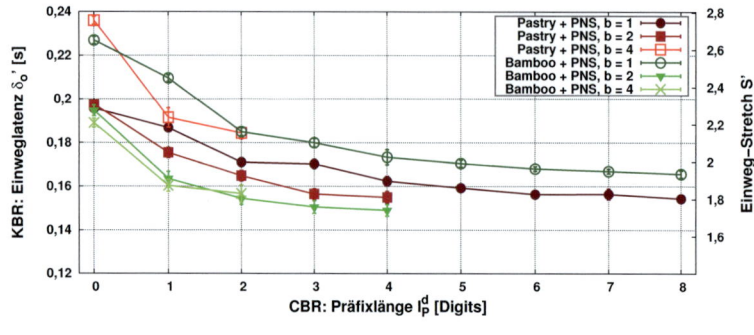

(a) Pastry / Bamboo

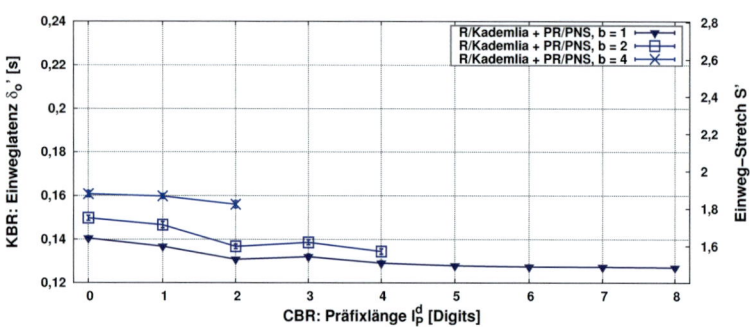

(b) R/Kademlia mit aktiviertem PR und PNS

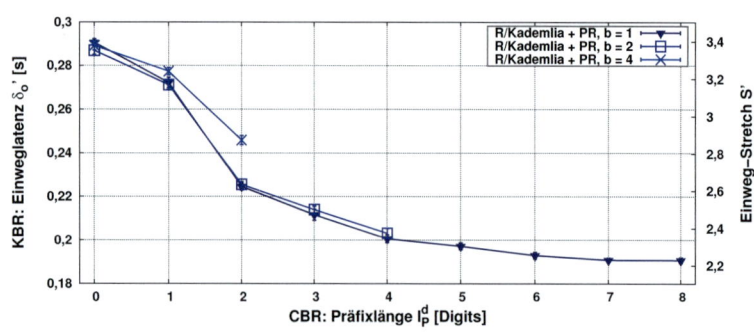

(c) R/Kademlia mit aktiviertem PR

Abbildung 6.13 Evaluierung CBR: LM-CBR bei moderater Knotenfluktuation $(E[L] = 10\,000\,s)$

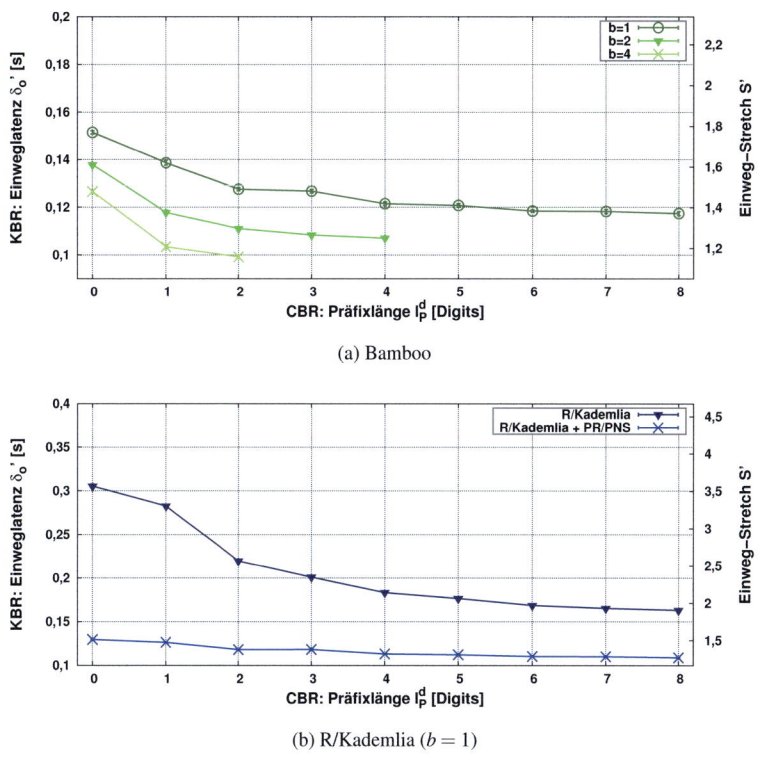

(a) Bamboo

(b) R/Kademlia ($b = 1$)

Abbildung 6.14 Evaluierung CBR: dCBR ohne Knotenfluktuation ($E[L] = \infty$)

Für die Simulation von dCBR wird eine *NodeId Changing Phase* benötigt: Ohne Knotenfluktuation treten keine Overlay-Knoten dem Overlay-Netz bei, nachdem es in der Initialisierungsphase seine konfigurierte Anzahl an Overlay-Knoten erreicht hat. Da die CCD jedoch erst danach komplett durch das Monitoring-Overlay erfasst werden kann und somit die CAP erst dann das gesamte Overlay-Netz repräsentiert, sind keine topologieabhängigen NodeIds vergeben worden. Um dies zu vermeiden, ändern alle Overlay-Knoten in der *NodeId Changing Phase* ihre NodeIds, nachdem das Overlay-Netz aufgebaut ist, aber bevor statistische Daten wie z. B. die Routing-Latenzen erfasst werden. Bei simulierter Knotenfluktuation wird diese Phase ebenfalls verwendet, da so auf eine lange Stabilisierungsphase verzichtet werden kann, in der alle Overlay-Knoten, die dem Overlay-Netz in der Initialisierungsphase beigetreten sind, das Overlay-Netz verlassen. Dies wäre notwendig, damit alle während der Messphase im Overlay-Netz vorhandenen Overlay-Knoten topologieabhängige NodeIds aufweisen.

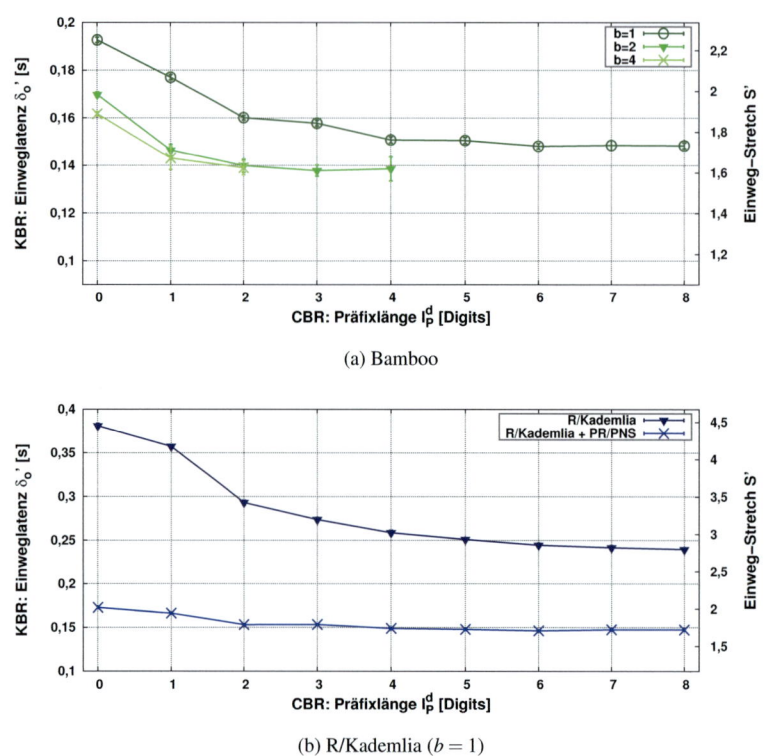

(a) Bamboo

(b) R/Kademlia ($b = 1$)

Abbildung 6.15 Evaluierung CBR: dCBR bei moderater Knotenfluktuation ($E[L] = 10\,000\,s$)

Für die Aggregation der Netzwerk-Koordinaten wurde die Methode *Regionen* verwendet. Das Zentrum des zu erwartenden Koordinatenraums[15] wird aufgeteilt in 400×400 nummerierte Regionen $\{R_0,...,R_{160\,000}\}$ gleicher Größe. Im Monitoring-Baum werden dann nur Listen von Regionen ($< i, |R_i| >, ..., < j, |R_j| >$, mit i als Index und der Anzahl an Netzwerk-Koordinaten $|R_i|$ pro Region) versendet. Leere Regionen ($|R_i| = 0$) werden dabei ausgelassen.

Die CCD wird alle $120\,s$ eingesammelt, die Koordinatendaten werden dabei zwischen den einzelnen Ebenen im Baum mit *gnuzip* komprimiert. Dies führt zu einem zusätzlichen Bandbreitenbedarf am Wurzelknoten von ≈ 74 Bytes/s in einem Overlay-Netz von $5\,000$ Overlay-Knoten. Auf tieferen Ebenen im Baum ist der zusätzliche Bandbreitenbedarf geringer. Die CAP wird ebenfalls komprimiert alle $120\,s$ an alle Overlay-Knoten verteilt, was zu einer Erhöhung des Bandbreitenbedarfs von ≈ 10 Bytes/s pro Knoten führt. Dieser Wert ist unabhängig von der Größe des Overlay-

---

[15]der Bereich $[-200; 200] - [-200; 200]$, in den die überwiegende Anzahl der Netzwerk-Koordinaten bei Verwendung des Skitter-Datensatzes nach Stabilisierung fällt

Netzes, sondern ergibt sich aus l_P^d und dem Grad der Kompression. Wird zusätzlich noch der Signalisierungsaufwand zur Aufrechterhaltung des Monitoring-Baums berücksichtigt, führt der Einsatz von dCBR (d. h. das Sammeln der CCD, das Verteilen der CAP und die Signalisierung im Baum) auf jedem Overlay-Knoten zur einem durchschnittlich erhöhten Bandbreitenbedarf von ≈ 30 Bytes/s, verglichen mit dem Landmark-basierten LM-CBR.

Ohne Knotenfluktuation werden alle Netzwerk-Koordinaten in der CCD erfasst. Bei moderater Knotenfluktuation ($E[L] = 10\,000\,s$) jedoch weist die CCD eine durchschnittliche Größe von 3 928 Netzwerk-Koordinaten in einem Overlay-Netz mit 5 000 Knoten auf. Dies entspricht 78,6 % der Gesamtmenge. Da bei einer unvollständigen CCD keine das gesamte Overlay-Netz repräsentierende CAP generiert werden kann, ist zu erwarten, dass der latenzmindernde Effekt von CBR bei Knotenfluktuation geringer ausfällt.

In Abbildung 6.14 sind die Simulationsergebnisse von dCBR ohne Knotenfluktuation dargestellt. Die erzielten Routing-Latenzen entsprechen weitestgehend denen aus den Ergebnissen von LM-CBR. Dies lässt die folgenden Schlüsse zu:

- Eine zur Laufzeit generierte dynamische CCD kann die Netzwerktopologie mit derselben Güte abbilden wie eine a priori erstellte statische GCD.

- Das Aggregationsverfahren *Regionen* hat mit den oben genannten Parametern keine nennenswerten negativen Auswirkungen auf die Effektivität von dCBR.

Abbildung 6.15 zeigt die gemessenen Routing-Latenzen unter Verwendung von dCBR bei Knotenfluktuation. Bei Bamboo (Abbildung 6.15a) kann mit $b = 1$ und einer CBR-Präfixlänge von 8 Bits ($l_P^d = 8$) eine Reduktion der Routing-Latenzen um 23,3 % beobachtet werden – verglichen mit dem Ergebnis ohne die Verwendung von dCBR bei $l_P^d = 0$ auf der x-Achse. Mit $b = 2$ und $b = 4$ sinken die Latenzen um 18,2 % bzw. 14,2 %. Abbildung 6.15b stellt die Ergebnisse von R/Kademlia dar. Bei deaktiviertem PNS und einer CBR-Präfixlänge von 8 ergibt sich eine Latenzverringerung von 381 ms zu 240 ms (37,0 %). Ist PNS aktiviert, ist der Effekt von CBR nicht so ausgeprägt: Die Latenzen sinken bis zu 15,0 %. All diese Messergebnisse sind schlechter, verglichen mit denen von LM-CBR in Overlay-Netz mit Knotenfluktuation. Dies liegt darin begründet, dass nur eine unvollständige und damit das Overlay-Netz nicht vollständig repräsentierende CCD erstellt werden kann. Overlay-Knoten treten dem Overlay-Netz bei oder verlassen es, während Koordinatendaten im Monitoring-Baum in Richtung Wurzelknoten gesendet werden. Wenn z. B. dabei ein Knoten das Overlay-Netz verlässt, nachdem er die Koordinatendaten seiner Kinder empfangen hat, aber bevor er diese an seinen Vaterknoten weitergeleitet hat, geht dabei der Teil der CCD verloren, den er empfangen hat. Dieser verlorene Teil enthält jedoch weiterhin gültige Koordinateninformationen über alle Overlay-Knoten aus dem Teilbaum, dessen Wurzel der ausgefallene Knoten gewesen ist. Die Folge ist eine teilweise fehlerhafte Einteilung des Koordinatenraums in Präfixareale beim Wurzelknoten, was temporär zu einer suboptimalen Vergabe von NodeId-Präfixen und damit zu sinkender Routing-Effizienz führt. Wie die Ergebnisse zeigen sind dennoch signifikante Latenzminderungen durch dCBR auch bei moderater Knotenfluktuation ($E[L] = 10\,000\,s$) möglich.

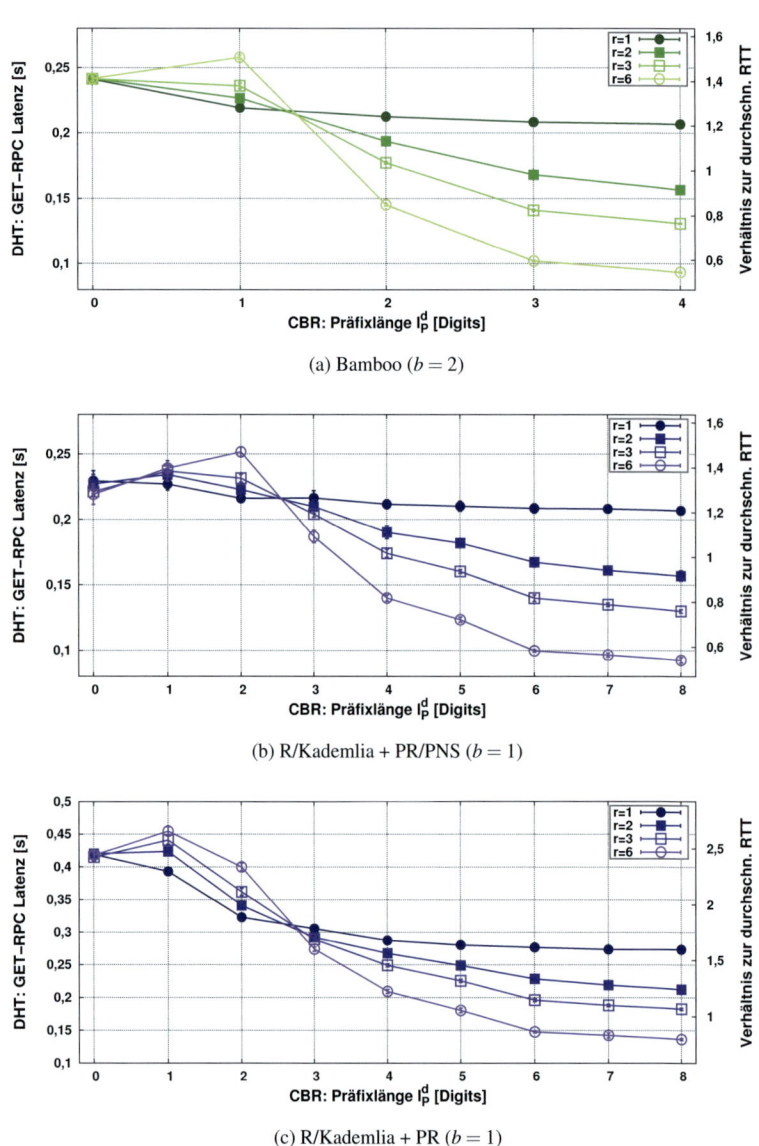

(a) Bamboo ($b = 2$)

(b) R/Kademlia + PR/PNS ($b = 1$)

(c) R/Kademlia + PR ($b = 1$)

Abbildung 6.16 Evaluierung CBR: LM-CBR-basierte DHT-Replikation ohne Knotenfluktuation ($E[L] = \infty$)

6.10.3 CBR-basierte Replikation

Für die Evaluierung der CBR-basierten Replikationsstrategie wurden Simulationsläufe mit 5 000 Overlay-Knoten sowohl ohne als auch mit Knotenfluktuation durchgeführt. Die hier gezeigten Ergebnisse wurden alle mit LM-CBR und GNP als Netzwerk-Koordinatensystem gemessen. Als KBR-Protokolle kamen Bamboo mit $b = 2$
und R/Kademlia mit $b = 1$ zum Einsatz[16]. Eine Testapplikation (`DHTTestApp`)
sendet periodisch GET-Nachrichten (RPCs), um bestimmte Daten zu erlangen, die
in der DHT zuvor gespeichert wurden (mittels einer PUT-Nachricht). Während
PUT-Nachrichten direkt an die verantwortlichen Overlay-Knoten gesendet werden,
nachdem ein KBR-Lookup auf den Zielschlüssel k_i durchgeführt wurde, werden
GET-Nachrichten semi-rekursiv (R_{semi}) an k_i geroutet. Die Anzahl r der pro Datum
verwendeten Schlüssel $\{k_1, ..., k_r\}$, also der verwendeten Hash-Werte, wurde bei
den Simulationen variiert ($r \in \{1, 2, 3, 6\}$). Die Gesamtzahl der Replikate war bei
allen Simulationsläufen konstant 6, jeweils $\frac{6}{r}$ Replikate wurden auf den Siblings der
r verschiedenen Zielschlüssel abgelegt, d. h., die CBR-basierte Replikation wurde
bei $r \in \{2, 3\}$ für die Evaluation mit der Sibling-basierten Replikation kombiniert.
Mit $r = 1$ wurde rein Sibling-basierte Replikation verwendet, bei $r = 6$ wurde jeweils ein einzelnes Replikat bei jedem für einen der r Schlüssel verantwortlichen
Overlay-Knoten abgelegt.

Abbildung 6.16 und 6.17 zeigen die gemessenen Werte für die Zeitspanne zwischen
der GET-Anfrage der Testapplikation bzgl. eines Schlüssels an die DHT und dem
Eintreffen der Antwort mit dem dazugehörigen Datum. Bei der Verwendung von nur
einem Replikat ($r = 1$) ist nur der latenzmindernde Effekt von CBR zu beobachten.
Die GET-Latenzen sinken um die in Abbildung 6.12 gemessenen Werte beim Hinweg,
die durchschnittliche Latenz des Rückwegs der Antwortnachricht entspricht der
durchschnittlichen Einweglatenz im Netzwerk.

Abbildung 6.16 zeigt die Ergebnisse der CBR-basierten Replikationsstrategie in
einem Netzwerkszenario ohne Knotenfluktuation. Abbildung 6.16a stellt die gemessenen GET-Latenzen auf der y-Achse gegenüber der CBR-Präfixlänge l_P^d auf der
x-Achse bei Verwendung von Bamboo mit $b = 2$ dar, Abbildung 6.16b und 6.16c
die bei Verwendung von R/Kademlia – jeweils mit und ohne aktiviertem PNS. Mit
wachsender Anzahl r von über das Underlay gestreuten Replikaten und einem länger
werdenden CBR-Präfix l_P^d sinken die GET-Latenzen deutlich: Die Wahl physisch
naher Replikate hat einen um so höheren Einfluss auf die GET-Latenzen, je mehr
Replikate zur Auswahl stehen. Bei Bamboo mit $b = 2$ und $r = 6$ sinken die GET-
Latenzen von 241 ms auf 93 ms (61,4 %). Eine ähnliche Latenzreduktion kann auch
bei R/Kademlia mit (67,5 %) und ohne PNS (60,0 %) beobachtet werden.

Bemerkenswert ist ein Anstieg der GET-Latenzen in allen Messreihen bei $l_P^d = 1$ (bei
R/Kademlia mit PNS auch bei $l_P^d = 2$) und $r > 1$. Der Grund dafür ist eine ungenaue
Abschätzung der physischen Distanz zwischen Overlay-Knoten und Replikat: Da der
Koordinatenraum keine äußeren Grenzen hat, muss bei niedrigen Werten für l_P^d häufig zur Bestimmung des Mittelpunkts der wenigen Präfixareale die in Abschnitt 6.8
beschriebene virtuelle Grenze[17] verwendet werden. Ist diese weit außerhalb des wirklich genutzten Bereichs des Koordinatenraums, sind die Abschätzungen unbrauchbar

---

[16]Weitere Ergebnisse mit Bamboo und $b \in \{1, 4\}$ sind in Anhang C zu finden.
[17]hier bei [-1.500:-1.500]-[1.500:1.500]

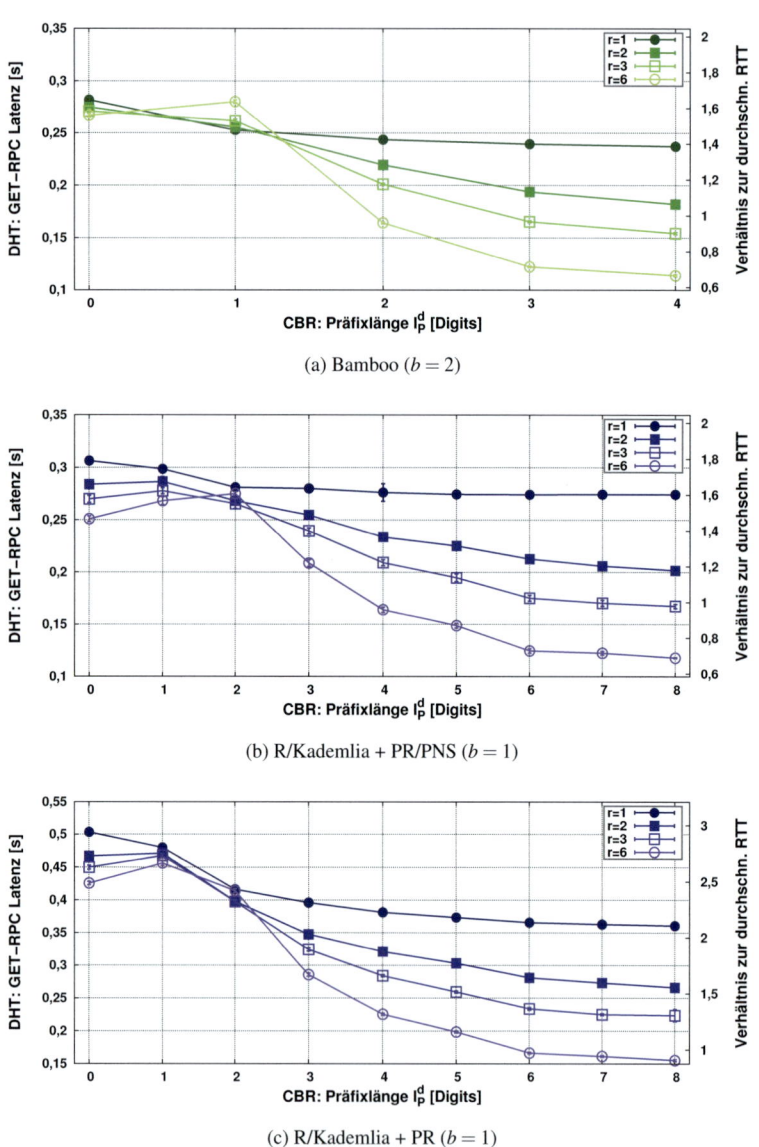

(a) Bamboo ($b = 2$)

(b) R/Kademlia + PR/PNS ($b = 1$)

(c) R/Kademlia + PR ($b = 1$)

Abbildung 6.17 Evaluierung CBR: LM-CBR-basierte DHT-Replikation bei moderater Knotenfluktuation ($E[L] = 10\,000\,s$)

und damit die Wahl physisch naher Replikate unmöglich. Bei wachsendem l_P^d wird dieser Effekt ausgeglichen.

Auch in Netzwerkszenarien mit Knotenfluktuation (Abbildung 6.17) können bei wachsendem r und l_P^d in ähnlichem Maß sinkende *GET*-Latenzen beobachtet werden. Zusätzlich kann hier beobachtet werden, dass ein $r > 1$ einen positiven Effekt auf die *GET*-Latenzen hat, auch ohne dass CBR verwendet wird (d. h. mit $l_P^d = 0$), was in Abbildung 6.17a, 6.17b und 6.17c zu sehen ist. Mit $l_P^d = 0$ und $r > 1$ wird bei einer *GET*-Nachricht ein zufälliges Replikat $k_2, ...k_r$ als Zielschlüssel ausgesucht. Bleibt auf eine *GET*-Nachricht die Antwort aus, bedeutet das, dass alle $\frac{6}{r}$ Siblings, auf denen das gesuchte Datum repliziert ist, nicht erreichbar waren. Bei der dann gestarteten Sendewiederholung wird der Schlüssel eines anderen gestreuten Replikats als Zielschlüssel verwendet. Falls das Scheitern der ersten Nachricht in dem Ausfall eines oder mehrerer Overlay-Knoten auf dem Routing-Pfad begründet liegt, wird dieser bei der Sendewiederholung an einen anderen Zielschlüssel umgangen. Die Wahrscheinlichkeit, dass ein zweiter Versuch an einen anderen Schlüssel erfolgreich ist, ist in diesem Fall größer als ein erneuter Sendeversuch an den ursprünglichen Zielschlüssel. Somit sinkt die Gesamtdauer der Anfrage.

6.11 Zusammenfassung

In diesem Kapitel wurde das Verfahren *Coordinate-based Routing* (CBR) vorgestellt, das topologieabhängige, aber gleichverteilte NodeIds in strukturierten Overlay-Netzen ermöglicht, ohne das zugrunde liegende Overlay-Protokoll in seiner Funktion zu verändern. Routing-Prozeduren können bei Einsatz von CBR signifikant beschleunigt werden. CBR kann mit Landmark-basierten oder dezentralen Netzwerk-Koordinatensystemen verwendet werden. Eine auf CBR basierende Replikationsstrategie für verteilte Speicheranwendungen kann die Wartezeiten beim Abfragen von Daten in diesen Systemen um mehr als das Zweifache verkürzen. Der Einsatz von CBR bietet sich somit besonders für Overlay-basierte Anwendungen an, die hohe Anforderungen an die Routing-Latenzen stellen.

7. PAIL – Proximity-aware Iterative Lookup

Der Fokus dieses Kapitels ist die Effizienzsteigerung von iterativen Routing-Prozeduren in strukturierten Overlay-Netzen. Primäre Werkzeuge sind dabei Netzwerk-Koordinatensysteme zur Abschätzung von Netzwerklatenzen zu den an einem Lookup beteiligten Overlay-Knoten. Die dazu entwickelten Konzepte umfassen einerseits aus Latenzabschätzungen berechnete individuelle *Timeout-Intervalle* für *Remote Procedure Calls* (RPCs) und andererseits den Kontakt zu physisch nahen Knoten während des Lookups. Durch Anwendung dieser Konzepte können iterative Lookups effizienter als mit dem Standardverfahren durchgeführt werden, welches u. a. bei den Overlay-Protokollen Chord und Kademlia verwendet wird. Bei diesem werden gemessene oder geschätzte Latenzen zu anderen Overlay-Knoten nicht berücksichtigt.

Im nächsten Abschnitt wird zunächst das iterative Lookup-Verfahren unabhängig vom verwendeten Overlay-Protokoll im Detail beschrieben und analysiert. Ein besonderes Augenmerk wird dabei auf die Verwendung paralleler Lookup-RPCs gerichtet. Es folgt ein Abschnitt über den Stand der Forschung hinsichtlich der Optimierung iterativer Lookups. In den dann folgenden Abschnitten werden die im Rahmen dieser Arbeit entwickelten Konzepte beschrieben und evaluiert.

7.1 Analyse: Iterative Lookups in strukturierten Overlay-Netzen

Der iterative Routing-Modus ist die Alternative zu dem in Kapitel 5 näher betrachteten rekursivem Modus. Eine Routing-Prozedur ist im iterativen Fall aufgeteilt in einen auf den Zielschlüssel y ausgeführten Lookup und dem anschließenden direkten Versenden der zuzustellenden Nachricht an den hauptverantwortlichen Knoten für y. Direktes Versenden bedeutet dabei, dass keine Umwege durch das Overlay-Netz genommen werden und die Nachricht an die Transportadresse des hauptverantwortlichen Knotens adressiert ist. Um effizienteres iteratives Routing zu erreichen, muss folglich die Effizienz des Lookups gesteigert werden.

Zu Beginn eines iterativen Lookups sortiert der Lookup-Initiator X die zum Suchschlüssel y nächsten u Overlay-Knoten aus seinen Routing-Tabellen in einen Ergebnisvektor $\overline{L}_y$ der festen Länge u. Dieser ist gemäß der Routing-Metrik d_{route} sortiert, d. h., an erster Stelle steht der im ID-Raum zu y nächste Overlay-Knoten, der X bekannt ist. Im Folgenden werden alle Knoten $A_i \in \overline{L}_y, 1 \leq i \leq r$ als *Next-Hop-Kandidaten* bezeichnet, da aus dieser Menge von Knoten die im Lookup als nächstes kontaktierten Knoten ausgewählt werden. X kontaktiert dann den ersten Knoten A_1 aus $\overline{L}_y$ *(Next-Hop* genannt) mit einem *Lookup-RPC*. A_1 sendet X daraufhin eine Nachricht, die die NodeHandles der nächsten u ihm bekannten Overlay-Knoten zu y enthält. Die zurückgelieferten Knoten werden dann in $\overline{L}_y$ einsortiert, alle Overlay-Knoten, die nicht zu den nächsten u Knoten zu y gehören, werden dabei verworfen. Im nächsten Schritt – im Folgenden als nächste *Stufe* des Lookups bezeichnet – wird wieder dem ersten Knoten aus $\overline{L}_y$ ein *Lookup-RPC* gesendet, der im Verlauf des Lookups noch nicht kontaktiert wurde. Dies wird so lange wiederholt, bis eine Abbruchbedingung erfüllt ist (wie z. B., dass alle kennengelernten Knoten angefragt wurden). Für die im Folgenden vorgenommenen Untersuchungen wird der Lookup abgebrochen, wenn der kontaktierte Overlay-Knoten per Markierung in der Antwortnachricht anzeigt, dass der erste Knoten in der von ihm zurückgelieferten Liste der hauptverantwortliche Overlay-Knoten für y ist. Dies kann auch der Absender der Antwortnachricht selbst sein. Antwortet ein angefragter Knoten nicht innerhalb eines festgelegten *Timeout-Intervalls* t_o, wird dieser aus dem Ergebnisvektor entfernt und in eine Liste ausgefallener Knoten eingetragen. Darin enthaltene Knoten werden im weiteren Verlauf des Lookups weder kontaktiert noch in $\overline{L}_y$ eingetragen. Nach einem Timeout wird, wie nach Empfang einer Antwortnachricht, dem nächsten Knoten aus $\overline{L}_y$, der weder schon kontaktiert noch als inaktiv bzw. ausgefallen vermerkt wurde, ein *Lookup-RPC* gesendet.

Die Analyse in Abschnitt 5.1.2 zeigt, dass der iterative Routing-Modus hinsichtlich der Routing-Effizienz dem rekursiven Routing-Modus in Szenarien mit für Tauschbörsen im Internet typischer Knotenfluktuation unterlegen ist. Dennoch sprechen unter bestimmten Bedingungen und Anforderungen an das Overlay-Netz mehrere Gründe für den Einsatz des iterativen Modus:

- **Kontrolle**: Der Initiator eines iterativen Lookups behält während der gesamten Lookup-Prozedur die Kontrolle über den Ablauf des Lookups. Insbesondere entscheidet er, welche Overlay-Knoten kontaktiert werden und wann der Lookup abgebrochen wird. Eine solche Kontrolle kann je nach Anwendung gewünscht oder gefordert sein. So sind Applikationen vorstellbar, die verlangen, dass Kontakt zu Overlay-Knoten, die in eine *Blacklist* eingetragen sind, vermieden wird.

- **Sicherheit**: Durch die Möglichkeit mit parallelen Lookup-RPCs disjunkte Pfade während eines iterativen Lookups zu durchlaufen, können bösartige Overlay-Knoten umgangen bzw. deren negativer Einfluss auf den Lookup eingedämmt werden [10]. Dies ist bei rekursiven Routing-Prozeduren nur sehr eingeschränkt möglich. Auch werden beim iterativen Routing die zu routenden Nachrichten nur direkt zum Empfänger gesendet, was die Vertraulichkeit der Daten begünstigt.

- **Hohe Knotenfluktuation**: In Netzwerk-Szenarien mit hoher Knotenfluktuation ist der iterative Routing-Modus nach der in Abschnitt 5.1.2 durchgeführten Analyse bei Verwendung von mehreren parallelen Lookup-RPCs dem rekursiven Modus bei gleichem Stabilisierungsintervall t_s hinsichtlich der Routing-Latenzen überlegen.

- **Vollständige Sibling-Liste**: Ein vollständiger iterativer Lookup (I_{exh}) liefert zuverlässiger alle u Siblings zu einem Suchschlüssel y als ein rekursiver Lookup (s. Abschnitt 5.1.2.2). Dies liegt darin begründet, dass der Ergebnisvektor und damit die Liste aller u Siblings zum Zielschlüssel y mehr als nur die dem zu y hauptverantwortlichen Overlay-Knoten Y bekannten Siblings umfasst: Die Lookup-Prozedur bricht erst dann ab, wenn alle Knoten aus $\overline{L}_y$ nach weiteren Siblings zu y gefragt wurden.

7.1.1 Parallele Lookup-RPCs

Ein verbreitetes Vorgehen, um die Effizienz iterativer Lookup-Prozeduren zu steigern, ist der Einsatz von mehreren, parallel versendeten *Lookup*-Nachrichten als RPCs. Der dazugehörige Parameter v kann unterschiedlich definiert sein: Zum einen kann v die maximale Anzahl von Lookup-RPCs, auf deren Antwort gleichzeitig gewartet wird, bezeichnen. In diesem Fall kann bei Empfang einer Antwort bzw. bei Ablauf eines Timeout-Intervalls nur ein neuer Lookup-RPC versendet werden. Dieses Verhalten wird *strikt parallel* genannt. Im anderen Fall bezeichnet v die Anzahl von Lookup-RPCs, die gleichzeitig bei Empfang der ersten Antwort eines Lookup-Schritts versendet werden. Auf die danach eintreffenden Antworten wird nicht mehr reagiert, je nach Konfiguration werden die darin enthaltenen Knoten jedoch noch in den Ergebnisvektor eingetragen. Die maximale Anzahl von RPCs, auf die eine Antwort erwartet wird, liegt bei dieser Konfiguration bei $2v-1$. Abbildung 7.1 zeigt den Unterschied der beiden Varianten: Abbildung 7.1a zeigt die strikte Variante, bei Eintreffen einer Antwort auf einen Lookup-RPC wird nur ein neuer RPC versendet. In Abbildung 7.1b werden v neue RPCs versendet, sobald die erste Antwortnachricht eingetroffen ist.

Mit $v > 1$ sind die folgenden positiven Effekte auf die Routing-Latenzen zu erwarten:

- Während einer Lookup-Prozedur kontaktierte, ausgefallene Overlay-Knoten verzögern nicht den Lookup, da andere parallel angefragte Knoten auf die Lookup-RPCs antworten und mit den in den Antwortnachrichten enthaltenen Knoten der Lookup fortgesetzt werden kann.

- Bei mehreren parallel angefragten Overlay-Knoten in einer Lookup-Stufe kommt die Antwortnachricht des physisch nächsten Knotens als Erstes beim Lookup-Initiator an. Der Lookup kann sofort fortgesetzt werden, indem im nicht strikten Fall v neue Lookup-RPCs an Knoten versendet werden, die in der empfangenen Antwortnachricht bzw. im Ergebnisvektor eingetragen sind. Auf diese Weise wird der Lookup beschleunigt.

Den Vorteilen mehrerer parallel versendeter Lookup-RPCs steht jedoch eine erhöhte Senderate pro Knoten gegenüber.

Parallele Lookup-RPCs können hinsichtlich der erzielten Routing-Latenzen nur effizient eingesetzt werden, wenn im ID-Raum gleichwertige Overlay-Knoten nach *Next-*

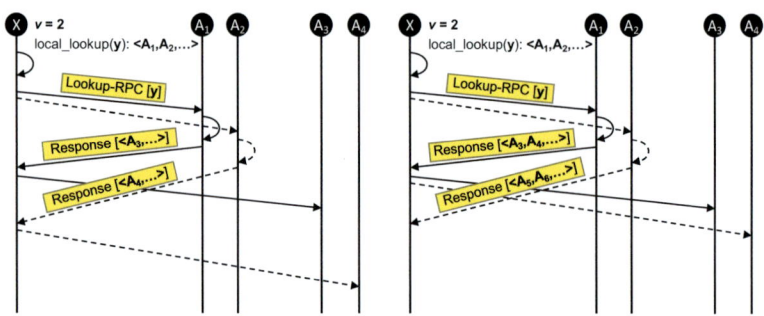

(a) Strikt parallel: Es wird immer höchstens auf
    v Antwortnachrichten gewartet

(b) Bei jeder Antwort werden v neue Lookup-
    RPCs versendet

Abbildung 7.1   Iterative Lookups: Varianten parallel versendeter Lookup-RPCs

Hop-Kandidaten gefragt werden können und diese gleichwertige *Next-Hop-Kandidaten*, d. h. Knoten, die gemäß d_{route} gleich nah am Zielschlüssel y liegen, zurücksenden. Dies ist der Fall, wenn die Routing-Tabellen des verwendeten Overlay-Protokolls eines der Redundanzmodelle *mP|nK* oder *mP|nG* realisieren (wie z. B. bei Kademlia, s. Abschnitt 2.8.2). Ist das nicht der Fall und der Abstand der zurückgelieferten *Next-Hop-Kandidaten* zum Zielschlüssel y unterscheidet sich deutlich, steigt die Wahrscheinlichkeit, dass bei Antworten auf Lookup-RPCs keine neuen Knoten in den Ergebnisvektor eingetragen werden können, da die zurückgelieferten Knoten nicht zu den u kennengelernten im ID-Raum nächsten Knoten zu y gehören. Bei nicht strikt parallelen RPCs steigt die Wahrscheinlichkeit, dass Knoten kontaktiert werden, die gemäß d_{route} weiter entfernt vom Zielschlüssel y liegen als Knoten, die in später eintreffenden Antwortnachrichten der aktuellen Lookup-Stufe eingetragen sind. Der Fortschritt im ID-Raum pro Lookup-Stufe wird damit kleiner, wodurch sich die Anzahl der insgesamt benötigten Lookup-Stufen erhöht und somit die Routing-Effizienz sinkt.

Abbildung 7.2 zeigt den Effekt von parallel versendeten RPCs bei iterativen Lookups unter Verwendung des Overlay-Protokolls Kademlia (s. Abschnitt 2.7.4) mit den Konfigurationsparametern $k = 8$ und $t_b = 1\,000\,s$. Das Protokoll wurde unter Verwendung von $v = \{1, 2, 4\}$ parallelen RPCs – *strikt* und *nicht strikt parallel* – unter verschiedenen Raten von Knotenfluktuation in einem Netzwerk mit $N = 5\,000$ Overlay-Knoten simuliert. In Abbildung 7.2a sind die erzielten Zustellraten $\mathcal{D}$, in Abbildung 7.2b die Routing-Latenzen δ_o (der erfolgreichen Routing-Prozeduren) und in Abbildung 7.2c der benötigte Bandbreitenbedarf dargestellt. Ein größeres v führt in allen Fällen zu einer höheren Zustellrate und zu niedrigeren Latenzen. Die höhere Zustellrate liegt an der Beschleunigung der Lookups durch ein erhöhtes v: Durch das frühzeitigere Anfragen der beteiligten Knoten steigt die Wahrscheinlichkeit, dass diese noch aktiv sind. Erkauft werden die hohe Zustellrate und die niedrigen Latenzen durch einen deutlich höheren Kommunikationsaufwand. Werden *nicht strikt parallel* RPCs versendet, hat das die gleichen Auswirkungen wie eine Erhöhung der Anzahl v

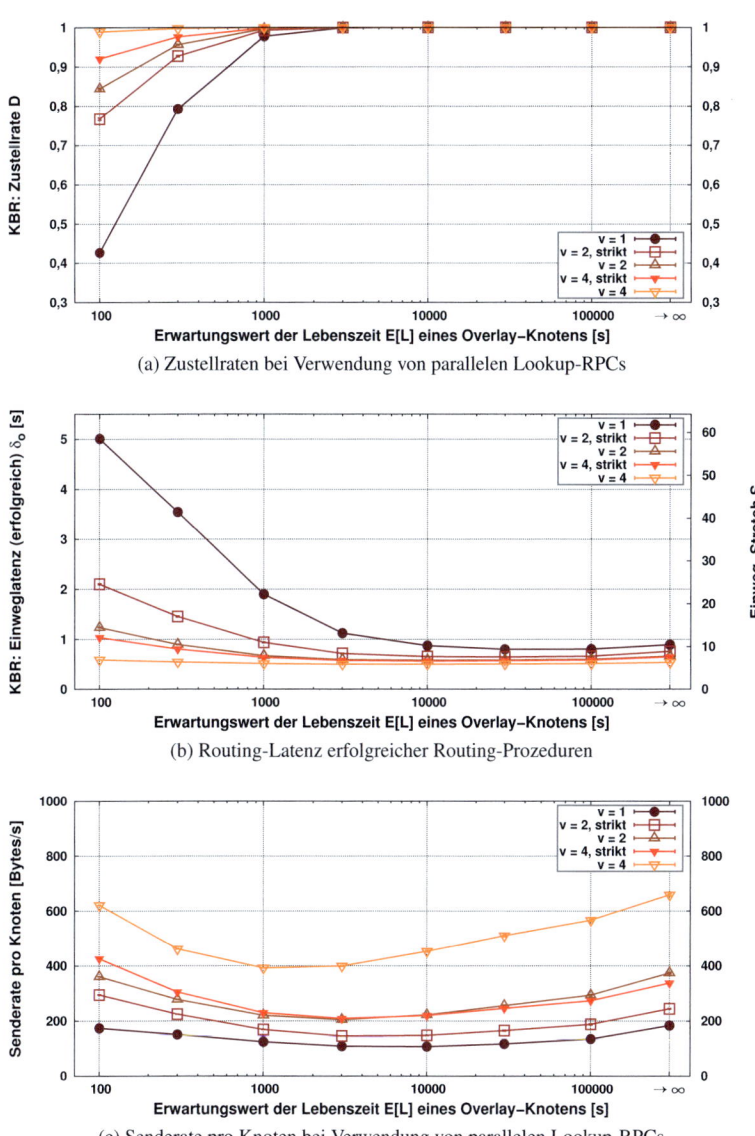

(a) Zustellraten bei Verwendung von parallelen Lookup-RPCs

(b) Routing-Latenz erfolgreicher Routing-Prozeduren

(c) Senderate pro Knoten bei Verwendung von parallelen Lookup-RPCs

Abbildung 7.2 Parallele RPCs: Zustellrate, Routing-Latenzen und Kommunikationsaufwand bei unterschiedlichen Raten von Knotenfluktuation

von parallel versendeten RPCs: Die Zustellrate $\mathcal{D}$ und der Kommunikationsaufwand steigen, die Routing-Latenzen sinken.

Wie auch schon in Abschnitt 5.8.2 festgestellt und erläutert, steigt der Kommunikationsaufwand pro Knoten – ausgehend von moderater Knotenfluktuation ($E[L] = 10\,000$) – nicht nur bei steigenden, sondern auch bei sinkenden Raten von Knotenfluktuation. Der Grund hierfür ist die Eigenschaft von Kademlia, nach Ablauf des *Bucket-Refresh-Intervalls* t_b auf die in diesem Intervall nicht aufgefrischten k-Buckets einen Lookup durchzuführen. Bei niedriger Knotenfluktuation und damit selten durchgeführten Beitrittsprozeduren ist dies häufiger nötig als bei hoher Knotenfluktuation, was die erhöhte Senderate bei niedriger Knotenfluktuation erklärt. Bei Overlay-Protokollen mit periodischen Wartungsprozeduren (Opt_{per}), die unabhängig von der Nutzung der Routing-Tabellen durchgeführt werden, ist dieser Effekt nicht zu erwarten.

Für $E[L] = 100\,s$ und $v = 1$ werden eine Zustellrate $\mathcal{D}$ von 42,6 % und eine durchschnittliche Routing-Latenz δ_o von 5,01 s bei einer Senderate pro Knoten von 174 Bytes/s erzielt. Mit $v = 4$ *nicht strikt parallelen* RPCs sind dagegen 98,9 % aller Routing-Prozeduren erfolgreich, welche eine durchschnittliche Einweglatenz δ_o von 590 ms aufweisen. Die Senderate pro Knoten liegt bei 621 Bytes/s.

7.1.2   Stand der Forschung

In diesem Abschnitt wird der Stand der Forschung im Bereich der Latenzminimierung bei iterativem Routing in strukturierten Overlay-Netzen erörtert. Die Ergebnisse aus [120], auf die schon in Abschnitt 5.1.2.2 verwiesen wurde, zeigen analytisch, welche positiven Auswirkungen auf die Routing-Latenzen der Einsatz von parallelen Lookup-RPCs bei Knotenfluktuation hat. Das dort vorgeschlagene theoretische Modell betrachtet jedoch kein konkretes Underlay-Netz und basiert auf einheitlichen Latenzen zwischen den Overlay-Knoten. Das Modell ist somit nicht geeignet, um den Effekt von Topologieadaption zu analysieren, kann also keine Aussagen über Latenzminderungen treffen, die durch Auswahl physisch naher Peers und den Kontakt zu physisch nahen Knoten bei Routing- und Lookup-Prozeduren erzielt werden.

Die Autoren von [54] untersuchen den Einsatz von *Proximity Neighbor Selection* (PNS) bei Kademlia[1]. Neben der Routing-Latenz stand vor allem die geografische Lage der Zielknoten von während eines Lookups versandten Nachrichten im Fokus. Die Ergebnisse zeigen, dass beim Einsatz von PNS im iterativen Modus die Routing-Latenzen signifikant gesenkt werden können, wie auch die Ergebnisse in Abschnitt 5.8 bestätigen. Zusätzlich betrachteten die Autoren eine Vivaldi-basierte Auswahl des nächsten zu kontaktierenden Knotens während eines Lookups, hier *Proximity Route Selection* genannt. Dieses Verfahren sortiert während eines Lookups alle u Knoten des Ergebnisvektors $\bar{L}_y$ allein nach der geschätzten Latenz der Overlay-Knoten zum Initiator des Lookups. Die ersten v Knoten werden pro Lookup-Stufe jeweils per RPC kontaktiert. *Proximity Route Selection* wurde jedoch nur in Kombination mit PNS evaluiert, es werden keine Ergebnisse präsentiert, die den latenzmindernden Effekt darstellen, der durch *Proximity Route Selection* allein verursacht wird.

Für die Evaluation wurde ein mit dem *SimpleUnderlay* (s. Abschnitt 4.1.4.1) von OverSim vergleichbares Underlay-Modell verwendet, dessen simulierte Latenzen auch auf aus Skitter-Daten berechneten synthetischen Koordinaten basieren. Da

---

[1]nur im iterativen Modus, da das Originalprotokoll nur diesen verwenden kann

keine zusätzlichen Maßnahmen wie z. B. Latenzverfälschungen getroffen wurden, ist bei den durchgeführten Simulationen von Vivaldi davon auszugehen, dass zu genaue und damit für das Internet nicht realistische Latenzabschätzungen erzielt werden. Details zu sich ergebenden Fehlerverteilungen der Latenzabschätzungen durch Vivaldi werden in der Publikation nicht dargestellt.

7.2   Motivation

Die Ergebnisse aus Abschnitt 5.8 zeigen, dass iterative Lookups durch den Einsatz von *Proximity Neighbor Selection* (PNS) signifikant beschleunigt werden können. Bei Verwendung von Testnachrichten zur Latenzbestimmung potenzieller Peers geht diese Beschleunigung mit einer deutlich gestiegenen Senderate pro Knoten einher. Aus diesem Grund wird in diesem Kapitel ein Ansatz verfolgt, der ohne durch Latenzmessungen verursachten Kommunikationsaufwand auskommt und auf Netzwerk-Koordinatensystemen basiert. Zusätzlich geht aus der Analyse in Abschnitt 7.1 hervor, dass die Wartezeit auf angefragte Knoten während eines Lookups hohen Einfluss auf die Gesamtdauer des Lookups hat. Bei Verwendung eines Verfahrens, das diese Wartezeit (das *Timeout-Intervall*) individuell an jeden einzelnen kontaktierten Knoten mit Hilfe von Netzwerk-Koordinatensystemen anpasst, sind in Netzwerkszenarien mit Knotenfluktuation – und damit mit Knotenausfällen – sinkende Lookup-Latenzen zu erwarten.

7.3   Beschleunigte Lookups durch Netzwerk-Koordinatensysteme

Im Folgenden werden zwei Konzepte vorgestellt, um die Effizienz iterativer Lookups zu steigern:

- **Berechnung individueller Timeout-Intervalle**: Um lange Wartezeiten auf Antworten kontaktierter Overlay-Knoten während eines Lookups zu vermeiden, wird statt eines einheitlichen Timeout-Intervalls $t_o = t_o^{const}$ für jeden kontaktierten Knoten ein individuelles t_o bestimmt. Die Berechnung dieser individuellen Timeout-Intervalle basiert auf zuvor durchgeführten Latenzmessungen und Latenzabschätzungen durch Netzwerk-Koordinatensysteme.

- **Wahl physisch naher Next-Hops**: Beim allgemeinen iterativen Lookup wie in Abschnitt 7.1 beschrieben, ist die Wahl der *Next-Hops* nur abhängig von der Distanz ihrer NodeIds zum Zielschlüssel *y*. Bei dem in diesem Kapitel vorgestellten Konzept werden Latenzabschätzungen durch ein Netzwerk-Koordinatensystem als zusätzliches Auswahlkriterium herangezogen und mittels verschiedener Metriken zur Sortierung mehrerer Ergebnisvektoren verwendet. Da nicht wie bei PNS die Auswahl der Peers, sondern die Wahl der *Next-Hops* und damit die Routing-Entscheidung beeinflusst wird, kann der in diesem Kapitel vorgestellte Ansatz als *Proximity Routing* (PR) für iterative Lookups angesehen werden.

Beide Konzepte werden in den nächsten Abschnitten im Detail erläutert und anschließend evaluiert.

7.3.1 Individuelle RPC-Timeout-Berechnung

Remote Procedure Calls (RPCs) werden häufig von Overlay-Protokollen zur Stabilisierung und Pflege ihrer Routing-Tabellen verwendet. Zusätzlich spielen sie bei iterativen Lookups in Form von *Lookup-Nachrichten* eine besondere Rolle. Die Wartezeit zwischen dem Absenden eines *Lookup*-RPCs und dem Zeitpunkt, zu dem von einem Verlust der Nachricht bzw. der dazugehörigen Bestätigungsnachricht ausgegangen werden muss, wird als *Timeout-Intervall* t_o bezeichnet. Bestätigungsnachrichten bei rekursiven Routing-Prozeduren (s. Abschnitt 5.1.2.1) können zusammen mit den bestätigten Nachrichten auch als RPC-Vorgang verstanden werden, insofern spielt auch hier das *Timeout-Intervall* eine wichtige Rolle.

Versucht ein Lookup-Initiator während einer iterativen Lookup-Prozedur in einem strukturierten Overlay-Netz ausgefallene Knoten zu kontaktieren, verzögert sich der Lookup. Es wird also mehr Zeit benötigt, um den hauptverantwortlichen Knoten zu einem Zielschlüssel y zu finden. Im schlimmsten Fall, d. h., wenn kein kontaktierter Knoten noch aktiv ist, bricht der Lookup ohne Ergebnis ab. Um beides zu verhindern, müsste im Idealfall der Nachrichtenversand an ausgefallene Knoten vermieden werden. Da nicht bekannt ist, ob ein zu kontaktierender Knoten noch aktiv ist, müssen alternativ alle verfügbaren Informationen verwendet werden, um das *Timeout-Intervall* t_o, also die Zeit nach der ein kontaktierter Knoten als ausgefallen angesehen wird (falls er nicht geantwortet hat), zu berechnen. Dabei sollen möglichst wenige aktive Knoten fälschlicherweise als ausgefallen angesehen werden und dennoch ein Ausfall nach möglichst kurzer Zeit erkannt werden. Ein zu lang gewähltes t_o führt zu unnötig langen Verzögerungen bei jedem Knotenausfall, ein zu kleines t_o hat zur Folge, dass Overlay-Knoten fälschlicherweise für inaktiv gehalten werden. Dies kann dazu führen, dass diese u. U. aus den Routing-Tabellen entfernt werden, was zu größeren Routing-Latenzen, geringeren KBR-Zustellraten und im schlimmsten Fall zu einem Auseinanderbrechen des Overlay-Netzes führen kann.

Bei konstantem Stabilisierungsintervall t_s gilt: Je höher die Knotenfluktuation im Netzwerk ist, desto mehr kontaktierte Overlay-Knoten sind ausgefallen. Da somit die Summe aller Wartezeiten auf ausgefallene Knoten pro Lookup mit höherer Knotenfluktuation größer wird, muss besonders in solchen Netzwerk-Szenarien eine möglichst optimale Wahl bezüglich der maximalen Wartezeit getroffen werden. Als mögliche Informationsquellen zur Berechnung eines *Timeout-Intervalls* sind die bei bisherigen Kontakten gemessenen Latenzen und Netzwerk-Koordinatensysteme geeignet, wobei bei Letzterem Schätzfehler zu erwarten sind. Der hier vorgestellte Algorithmus verarbeitet alle verfügbaren Informationsquellen, wie Latenzmessungen und -abschätzungen, um das *Timeout-Intervall* zu berechnen. Eine günstige Wahl von t_o kann nur individuell für jeden der kontaktierten Knoten getroffen werden.

Prinzipiell können drei Strategien für die Wahl von t_o verfolgt werden:

1. **Festes t_o**: Mit Wissen über die maximalen Ende-zu-Ende-Latenzen in dem Netzwerk, über dem das Overlay-Netz etabliert werden soll, kann ein festes $t_o = t_o^{\text{const}}$ für alle RPCs festgelegt werden. Dieses muss größer sein als die maximal zu erwartende Round-Trip-Time (RTT) im betroffenen Netzwerk, es gilt also $t_o > RTT_{\text{max}}$.

2. **Abgeschätztes t_o**: Werden Netzwerk-Koordinatensysteme zur Abschätzung von Ende-zu-Ende-Verzögerungen eingesetzt, kann t_o anhand der Schätzwerte

individuell pro Overlay-Knoten festgelegt werden, wobei zu erwartende Schätzfehler durch zusätzliche Toleranzintervalle ausgeglichen werden müssen, um
zu verhindern, dass noch aktive Knoten als ausgefallen angesehen werden.

3. **Auf bisher gemessenen Latenzen basierendes** t_o: Wurde ein bestimmter
   Overlay-Knoten schon per RPC kontaktiert, so ist die *Round-Trip-Time* (RTT)
   zum entsprechenden Knoten bekannt. Bei mehreren Messungen kann die
   durchschnittliche Round-Trip-Time zum Knoten Y ($R\hat{T}T_{XY}$) und dessen Varianz $\sigma_{\text{RTT}_{XY}}$ zur Berechnung des Timeout-Intervalls t_o verwendet werden, um
   Schwankungen der RTT (*Jitter*) zu berücksichtigen.

Ein Verfahren, das hier auch verwendet werden kann, wird beim im Internet
verwendeten *Transmission Control Protocol* (TCP) [89] eingesetzt[2]

$$t_o = R\hat{T}T_{XY} + c_V \cdot \sigma_{\text{RTT}_{XY}} \tag{7.1}$$

mit $c_V = 4$.

Diese drei Strategien können so kombiniert werden, dass je nach vorhandenen
Informationen ein an einen Knoten Y angepasstes t_o verwendet wird. Algorithmus 7.1
stellt ein generisches Verfahren dar, das die gesamte vorhandene Information in die
Berechnung von t_o einbezieht. Eingabeparameter sind dabei – soweit vorhanden – die
bisher festgestellte Durchschnittslatenz zwischen X und Y ($R\hat{T}T_{XY}$), die dazugehörige
Varianz ($\sigma_{\text{RTT}_{XY}}$), die geschätzte RTT (RTT_{XY}^{est}), der Fehler des Schätzwerts ($e_{RTT_{XY}^{\text{est}}}$),
die konstanten Intervalle t_o^{const} und t_{tol} sowie die Faktoren c_{var}, c_{est} und c_{err}. Letztere
ersetzen fehlende Informationen über die Varianz bzw. gewichten den Fehlerwert
und die Varianz bei der Berechnung des Timeout-Intervalls.

Falls der Initiator X schon Knoten Y direkt, d. h. ohne Umweg durch das Overlay-
Netz, per RPC kontaktiert hat, wurde mindestens eine RTT gemessen und kann als
Basis für die Berechnung zukünftiger Timeout-Intervalle verwendet werden (Zeile 7).
Bei mehreren gemessenen RTTs fließt zusätzlich die Varianz in die Berechnung
mit ein (Zeile 3). Bei bisher nur einer gemessenen RTT wird ersatzweise diese
mit der Konstante c_{var} multipliziert (Zeile 5). Wurde Y bisher noch nicht direkt
kontaktiert, können aber ggf. Informationen über Netzwerk-Koordinatensystem oder
ähnlichen Verfahren über Y vorhanden sein, die alternativ zur Berechnung von t_o
verwendet werden können. Einige Netzwerk-Koordinatensysteme weisen jedem
Knoten einen Fehlerwert zu, der eine Aussage über die Güte bzw. die geschätzte
Genauigkeit der Koordinaten macht. Eine davon abgeleitete Bewertungsfunktion der
Güte der geschätzten RTTs ($f(e_X, e_Y) = e_{RTT_{XY}^{\text{est}}}$) wird dazu verwendet, das berechnete
Timeout-Intervall t_o entsprechend zu erhöhen (Zeile 10). Zusätzlich wird immer
ein Toleranzintervall t_{tol} auf das berechnete Timeout-Intervall addiert (Zeile 14),
um zu verhindern, dass Overlay-Knoten aufgrund zu früh abgelaufener Timeouts
fälschlicherweise als ausgefallen angesehen werden. Sind keinerlei Informationen
über Knoten X verfügbar, wird t_o^{const} als Timeout-Intervall verwendet (Zeile 16).

---

[2]Bei TCP werden die einzelnen gemessenen RTTs nicht gespeichert (d. h., es wird kein Mittelwert
$R\hat{T}T_{XY}$ berechnet), sondern die RTT und Abweichung werden geschätzt und mit jedem neuen
Messwert per *Exponential Weighted Moving Average* (EWMA) angepasst.

Prozedur: calcTimeOutInterval()
Eingabe: $\hat{\text{RTT}}_{XY}, \sigma_{\text{RTT}_{XY}}, \text{RTT}_{XY}^{\text{est}}, e_{\text{RTT}_{XY}^{\text{est}}}, t_o^{\text{const}}, t_{\text{tol}}, c_{\text{est}}, c_{\text{err}}, c_{\text{var}}$

1: **if** $\hat{\text{RTT}}_{XY}$ is defined **then**
2:     **if** $\sigma_{\text{RTT}_{XY}}$ is defined **then**
3:        $t_o := 4 \cdot \sigma_{\text{RTT}_{XY}}$
4:     **else**
5:        $t_o := c_{\text{var}} \cdot \hat{\text{RTT}}_{XY}$
6:     **end if**
7:     $t_o := t_o + \hat{\text{RTT}}_{XY}$
8: **else if** $\text{RTT}_{XY}^{\text{est}}$ is defined **then**
9:     **if** $e_{\text{RTT}_{XY}^{\text{est}}}$ is defined **then**
10:        $t_o := c_{\text{err}} \cdot e_{\text{RTT}_{XY}^{\text{est}}} \cdot c_{\text{est}} \cdot \text{RTT}_{XY}^{\text{est}}$
11:     **else**
12:        $t_o := c_{\text{est}} \cdot \text{RTT}_{XY}^{\text{est}}$
13:     **end if**
14:     $t_o := t_o + \text{RTT}_{XY}^{\text{est}} + t_{\text{tol}}$
15: **else**
16:     $t_o := t_o^{\text{const}}$
17: **end if**
18: **return** t_o

Algorithmus 7.1 *calcTimeOutInterval()*: Berechnung des an den kontaktierten Overlay-Knoten angepassten Timeout-Intervalls t_o für RPCs

---

7.3.2 Nutzung von Netzwerk-Koordinatensystemen zur Sortierung der Next-Hop-Kandidaten

Bei dem in diesem Abschnitt vorgestellten Ansatz werden Netzwerk-Koordinatensysteme eingesetzt, um einen mit *Proximity Routing* (PR, s. Abschnitt 5.2.1) vergleichbaren Mechanismus für iterative Lookups bereitzustellen. Bei jeder lokalen Entscheidung, an welche Knoten $\{A_1,...,A_v\} \in \bar{L}_y$ des Ergebnisvektors die nächsten Lookup-RPCs versendet werden sollen (die *Next-Hops*), wird nicht nur der Abstand $d_{\text{route}}(A_i, y)$ berücksichtigt, sondern auch der physische Abstand $d_{\text{prox}}(X, A_i) = \overline{XA_i}$. Um diesen Abstand zwischen Lookup-Initiator und den *Next-Hop-Kandidaten* zu bestimmen, können keine spontanen Messungen vorgenommen werden: Der physische Abstand bzw. eine Abschätzung des physischen Abstands wird unverzüglich benötigt, um – bei entsprechender Sortiervorschrift – den Ergebnisvektor zu sortieren und neue Lookup-RPCs ohne Verzögerung zu versenden. Bei schon vom Lookup-Initiator kontaktierten Knoten können die bisher gemessenen Latenzen zur Abstandsbestimmung verwendet werden, um $\overline{XA_i}$ zu bestimmen.

Bei Verwendung von Netzwerk-Koordinaten ist deren Aktualität zu berücksichtigen: Dynamische, adaptierende Netzwerk-Koordinatensysteme wie Vivaldi ändern die Koordinaten $\vec{A}_i$ und den dazugehörigen Fehler e_{A_i} kontinuierlich – in den meisten Fällen verbessern sich dabei Koordinaten, und der dazugehörige Fehlerwert nimmt ab. Daraus folgt, dass das Zeitintervall zwischen der Übermittlung der Netzwerk-Koordinaten $\vec{A}_i$ von A_i an A_j und dann von A_j an X möglichst klein sein muss.

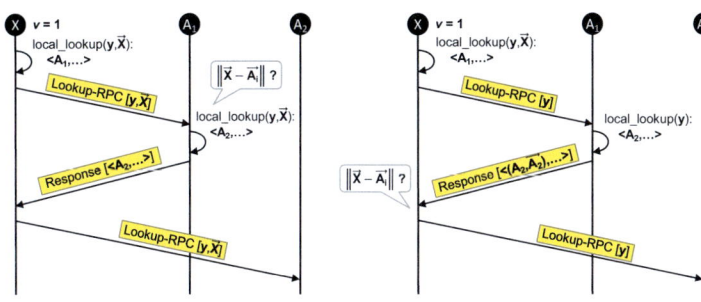

(a) Kontaktierte Knoten senden die Transportadressen physisch naher Knoten an Lookup-Initiator zurück

(b) Lookup-Initiator wählt physisch nahe Knoten aus zurückgegebenen Knoten anhand ihrer Netzwerk-Koordinaten aus

Abbildung 7.3 PAIL: Varianten eines iterativen Lookups mit Berücksichtigung von Latenzinformationen

Dieses Intervall ist direkt vom Stabilisierungsintervall t_s abhängig, wenn bei jedem Nachrichtenaustausch auch die Netzwerk-Koordinaten übermittelt werden.

7.3.3 Ablaufvarianten

Um die Latenz zu einem Overlay-Knoten A_i abschätzen zu können, den ein Knoten X bislang weder kontaktiert hat, noch von diesem Nachrichten empfangen hat, gibt es zwei Möglichkeiten: Entweder muss im Voraus ein dritter Knoten A_j die Koordinateninformationen $\vec{A}_i$ an X gesendet haben, oder dieser dritte Knoten A_j verwendet die Netzwerk-Koordinaten von X, um diesem Informationen über zu X physisch nahe Knoten zu übermitteln. Die Rolle von A_j übernimmt bei einem iterativen Lookup einer der Knoten, die während des Lookups eine Stufe zuvor kontaktiert wurden.

Die Abschätzung der Latenz zwischen Lookup-Initiator und Next-Hop-Kandidaten kann demnach an zwei unterschiedlichen Knoten vorgenommen werden: bei den Knoten, die während eines Lookups angefragt werden und beim Initiator X bei Empfang einer Antwort auf einen Lookup-RPC. Abbildung 7.3 veranschaulicht beide Varianten: Bei der ersten Variante (Abbildung 7.3a) sendet der Initiatorknoten seine Netzwerk-Koordinaten mit jeder Lookup-RPC zu den ausgewählten Next-Hop-Kandidaten (in der Abbildung nur an einen Knoten A_1, da $v = 1$). Dieser vergleicht die Abstände ($\|\vec{X} - \vec{A}_i\|$) der Koordinaten aller gemäß der Routing-Metrik zum Zielschlüssel y nahen Knoten zu den Netzwerk-Koordinaten des Initiators, die in der Nachricht mitgeschickt wurden. In seiner Antwortnachricht werden die Kandidaten dann nach einer zuvor festgelegten Metrik sortiert zurückgesendet. Der Initiatorknoten sendet dann die nächsten v Lookup-RPCs an die ersten v Knoten der zurückgesendeten Liste. Vorteil dieser Lookup-Variante ist, dass nicht die Netzwerk-Koordinaten aller *Next-Hop-Kandidaten* in der Antwortnachricht mitgeschickt werden müssen.

Bei der zweiten Variante findet die Sortierung der Next-Hop-Kandidaten gemäß der verwendeten Metrik beim Initiator statt. Die per Lookup-RPC kontaktierten Knoten senden eine gemäß der normalen Routing-Metrik d_{route} sortierte Liste von Next-Hop-Kandidaten inklusive deren Netzwerk-Koordinaten zurück. Vorteil dieser Variante ist, dass der Initiator die Kontrolle über die Wahl der als nächstes kontaktierten Knoten behält und bei Bedarf mehrere Ergebnisvektoren mit unterschiedlichen Metriken zur Sortierung verwenden kann. Aus diesem Grund wird im Folgenden wird nur noch die zweite Variante betrachtet.

7.3.4 Metriken zur Sortierung des Ergebnisvektors

Kernidee des hier verfolgten Ansatzes ist die zusammen mit dem Autor von [98] entwickelte Verwendung von $w > 1$ Ergebnisvektoren $\{\overline{L}_y^1, ..., \overline{L}_y^w\}$ pro Lookup, die nach unterschiedlichen Metriken sortiert werden. Dieses Verfahren setzt die Verwendung mehrerer parallel versendeter Lookup-RPCs (d. h. $v > 1$) voraus, da nur so die jeweils ersten Knoten mehrerer Ergebnisvektoren pro Lookup-Stufe kontaktiert werden können.

Bei einem unveränderten Lookup wird ein einzelner Ergebnisvektor $\overline{L}_y$ verwendet, der nach der Routing-Metrik d_{route} sortiert ist. Der hier vorgestellte *Proximity-aware Iterative Lookup* (PAIL) verwendet w Ergebnisvektoren und v parallele Lookup-RPCs. Dabei gilt $v = n \cdot w$ mit $v > 1$ und $n \in \mathbb{N}$, d. h., jedem Ergebnisvektor wird die gleiche Anzahl $\frac{v}{w}$ von Lookup-RPCs zugeordnet. Bei den in diesem Kapitel präsentierten Evaluierungsergebnissen gilt immer $w \leq 2$, bei einer höheren Anzahl von Ergebnisvektoren und damit mehreren die Latenz berücksichtigende Metriken sind keine geringeren Routing-Latenzen zu erwarten.

Der wesentliche Unterschied von PAIL zu einem unveränderten Lookup besteht im Umgang mit den *Next-Hop-Kandidaten* aus Antworten auf Lookup-RPCs. Diese werden in alle w Vektoren gemäß der jeweils dort verwendeten Metrik einsortiert. Falls keine Abbruchbedingung des Lookups erfüllt ist, werden dann pro Ergebnisvektor $\frac{v}{w}$ neue Lookup-RPCs an die ersten $\frac{v}{w}$ Knoten der Vektoren versendet.

Im Folgenden wird eine Auswahl an Metriken zur Sortierung der Ergebnisvektoren bei Verwendung von PAIL vorgestellt:

- d_{route}: Der Ergebnisvektor $\overline{L}_y$ wird wie beim unveränderten Lookup nach der Routing-Metrik d_{route} sortiert, d. h., die Reihenfolge der Knoten wird nach Abstand zum Zielschlüssel y im ID-Raum bestimmt.

- d_{prox}: d_{prox} führt zu einer Sortierung der Knoten in $\overline{L}_y$ nach dem physischen Abstand $\overline{XA_i}$ der Knoten zu dem Lookup-Initiator X. Um zu verhindern, dass neu kennengelernte Knoten bei dieser Metrik aufgrund ihrer größeren physischen Abstände zum Lookup-Initiator nicht in den Ergebnisvektor aufgenommen werden, wird der Vektor, dem diese Metrik zugeordnet ist, immer geleert, bevor bei einer Antwort auf einen Lookup-RPC die dort enthaltenen *Next-Hop-Kandidaten* einsortiert werden.

- d_{PR}: Bei dieser Metrik werden die Metriken d_{route} und d_{prox} kombiniert. Das Ergebnis ist eine Sortierung, bei der sowohl der Abstand im ID-Raum als auch der physische Abstand vergleichbar mit dem in Abschnitt 5.2.1 beschriebenen Verfahren gewichtet gewertet werden.

- *n-Prox-Key*: Diese Sortiervorschrift[3] entspricht d_{route}, mit dem Unterschied, dass die ersten $n > 0$ Knoten des so sortierten Ergebnisvektors anschließend nach d_{prox} sortiert werden. *1-Prox-Key* entspricht somit d_{route} (nur der erste Knoten in $\overline{L}_y$ wird nach seinem physischem Abstand zu X „sortiert") und *r-Prox-Key* d_{prox} (alle u Knoten in $\overline{L}_y$ werden nach ihrem physischem Abstand zu X sortiert).

Abbildung 7.4 zeigt beispielhaft den Ablauf von PAIL mit $w = 2$, $v = 2$ und den Metriken d_{route} und d_{prox}. Die Lookup-RPCs werden dabei *nicht strikt parallel* versendet. Zunächst sucht der Lookup-Initiator X mit der Methode *local_lookup()* (s. Abschnitt 2.4) lokal nach den gemäß d_{route} zum Zielschlüssel y nächsten Knoten seiner Routing-Tabelle. Eine Liste dieser Knoten wird mit den durch das Netzwerk-Koordinatensystem geschätzten oder gemessenen Latenzen ergänzt. Die Knoten werden dann in beide Ergebnisvektoren einsortiert und jeweils ein Lookup-RPC gleichzeitig an die ersten Knoten beider Vektoren geschickt. Die dabei kontaktierten Knoten antworten jeweils per *Lookup-Response-Nachricht* mit einer Liste von Knoten aus ihren Routing-Tabellen, die gemäß d_{route} den geringsten Abstand zum Zielschlüssel y im ID-Raum aufweisen. Zusätzlich zu den NodeHandles der Knoten werden deren Netzwerk-Koordinaten mitgeschickt. Sobald die erste der beiden Antwortnachrichten bei X eintrifft (dies ist in diesem Fall die Nachricht des Knotens A_1 an erster Stelle des durch d_{prox} sortierten Vektors), wird der durch d_{prox} sortierte Vektor gelöscht. Die in der Antwortnachricht enthaltenen Knoten werden dann in beide Ergebnisvektoren gemäß den verwendeten Metriken einsortiert. Dann startet die nächste Stufe des Lookups, indem wieder jeweils an die ersten Knoten der Vektoren direkt nacheinander RPCs versendet werden.

Um zu verhindern, dass zwei Lookup-RPCs an denselben Knoten gesendet werden, wenn dieser in beiden Vektoren an erster Stelle steht, wird eine Liste aller bisher angefragten Knoten gepflegt. Diese wird vor dem Absenden jedes Lookup-RPCs abgefragt und nach dem Absenden mit den Knoten, an die Nachrichten gesendet wurden, ergänzt. Wurde dem ursprünglich ausgewählten Knoten schon im Laufe des Lookups eine Anfrage gesendet, wird aus dem betreffenden Vektor der Knoten, der eine Position hinter dem ursprünglichen Knoten liegt, ausgewählt.

7.4 Implementierung

Bei der Implementierung der individuellen Timeout-Intervall-Berechnung und des *Proximity-aware Iterative Lookup* wurde auf im Rahmen dieser Arbeit implementierte Funktionalität des *NeighborCache*-Moduls (s. Abschnitt 4.2.3) zurückgegriffen. Dieses Modul speichert auf jedem Overlay-Knoten Informationen zu anderen Overlay-Knoten (also auch Informationen zu den aktuellen Peers des Knotens) wie gemessene RTTs und Netzwerk-Koordinaten.

7.4.1 Berechnung individueller Timeout-Intervalle in OverSim

Zur Berechnung der Timeout-Intervalle wurde das in OverSim auf jedem Overlay-Knoten vorhandene *NeighborCache*-Modul um die Methode

---

[3]Es handelt sich nicht um eine Metrik, da auch die Position im Vektor Einfluss auf die Reihenfolge hat.

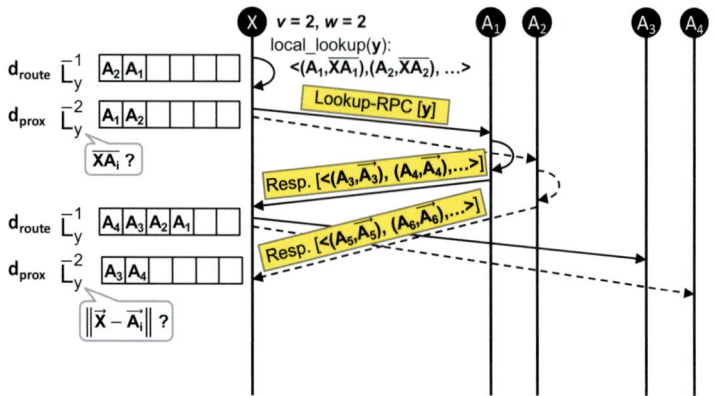

Abbildung 7.4 PAIL: Ablaufdiagramm des *Proximity-aware Iterative Lookup*

```
simtime_t
NeighborCache::getNodeTimeout(const
                              TransportAddress&
                              address);
```

erweitert. Diese liefert zu einer übergebenen Transportadresse ein nach Algorithmus 7.1 berechnet individuelles Timeout-Intervall. Für das aufrufende Modul arbeitet der *NeighborCache* als *Blackbox*, d. h., es ist nicht ersichtlich, aus welchen Informationen das Intervall berechnet wird. Intern werden mit den Methoden

```
simtime_t
NeighborCache::getRttBasedTimeout(const
                                  TransportAddress&
                                  address);
```

und

```
simtime_t
NeighborCache::getNcsBasedTimeout(const
                                  TransportAddress&
                                  address);
```

die Informationen über bereits zu dem betreffenden Knoten gemessene Latenzen und Latenzabschätzungen durch das verwendete Netzwerk-Koordinatensystem abgefragt. getNodeTimeout() wird – wenn die Berechnung individueller Timeout-Intervalle per Parameter aktiviert wurde – automatisch beim Versenden jeder RPC-Nachricht aus der Klasse BaseRpc aufgerufen, unabhängig von deren Inhalt. Das Verfahren ist somit unabhängig vom verwendeten Overlay-Protokoll und der Anwendung und wird so auch nicht nur bei Lookup-Prozeduren, sondern bei allen RPCs verwendet.

7.4.2   Erweiterung der von OverSim bereitgestellten Lookup-Klasse

PAIL wurde für OverSim in der von `IterativeLookup` abgeleiteten Klasse `ProxAwareIterativeLookup` implementiert. Auf diese Weise musste nur die Behandlung von Antworten auf Lookup-RPCs und die Wahl der *Next-Hops* angepasst werden. Durch das Setzen des Konfigurationsparameters

```
**.overlay*.*.routingType = "prox-aware-iterative"
```

verwendet jedes in OverSim implementierte strukturierte Overlay-Protokoll PAIL, um Lookup- und Routing-Prozeduren durchzuführen.

Intern verwaltet die Klasse `ProxAwareIterativeLookup` zwei Strukturen vom Typ `NodeVector`, die einen `std::vector<NodeHandle>`[4] mit einer der oben beschriebenen Sortiervorschriften erweitern. Knoten, die in *Lookup-Response-Nachrichten* einem Lookup-Initiator zurückgeliefert werden, werden in beide `NodeVectors` einsortiert. Die zu den Knoten gehörenden Netzwerk-Koordinaten werden zuvor dem `NeighborCache`-Modul übergeben. Das Netzwerk-Koordinatensystem kann dann über den `NeighborCache` diese abfragen und die physischen Abstände zwischen Lookup-Initiator und den Knoten abschätzen, was je nach verwendeter Metrik für das Einsortieren benötigt wird. Je nach Wert des Parameters `lookupStrictParallelRpcs` werden nach der Einsortierung der Knoten v neue Lookup-RPCs an die jeweils $\frac{v}{2}$ ersten Knoten der beiden `NodeVectors` gesendet oder nur ein neuer Lookup-RPC an den ersten Knoten des Vektors, mit der die empfangene RPC-Antwortnachricht assoziiert ist.

7.5   Evaluierung

Wie in Abschnitt 7.1.1 beschrieben, ist der Einsatz von parallelen RPCs bei iterativen Lookups nur effizient, wenn das verwendete Overlay-Protokoll zu einem Zielschlüssel y mehrere *Next-Hop-Kandidaten* in seinen Routing-Tabellen hält, die einen ähnlich großen Abstand im ID-Raum zu y gemäß der Routing-Metrik d_{route} aufweisen. Dies ist der Fall, wenn die Routing-Tabellen eines der Redundanzmodelle *mP\nK* und *mP\nG* realisieren. Von den in dieser Arbeit betrachteten Overlay-Protokollen ist dies ohne zusätzlich notwendige Anpassungen nur bei dem Overlay-Protokoll Kademlia (s. Abschnitt 2.7.4) gegeben. Die Evaluierung der individuellen Timeout-Berechnung und des *Proximity-aware Iterative Lookup* PAIL wurde deshalb ausschließlich mit Kademlia durchgeführt, obwohl beide Konzepte protokollunabhängig sind.

Kademlia wurde wie in Kapitel 5 mit den Standardparametern $k = 8$ und $t_b = 1\,000\,s$ simuliert. Sowohl für die individuelle Berechnung der Timeout-Intervalle als auch für PAIL wurden unterschiedlichen Raten von Knotenfluktuation konfiguriert. Die erwarteten Lebenszeiten $E[L]$ der Overlay-Knoten liegen zwischen $100\,s$ und $100\,000\,s$, zusätzlich wurden auch Simulationen ohne Knotenfluktuation durchgeführt. Als Netzwerk-Koordinatensystem wurde das in Abschnitt 4.2.3.4 beschriebene Pseudo-Netzwerk-Koordinatensystem verwendet. Der Fehlerwert der Netzwerk-Koordinaten wurde dabei konstant auf $e_{RTT_{XY}^{\text{est}}} = 0{,}7$ gesetzt.

---

[4]Da auch Sortiervorschriften wie *n-Prox-Key* verwendet werden, konnte kein `std::set<NodeHandle>` mit überladenem `operator<` verwendet werden.

7.5.1   Individuelle Berechnung des Timeout-Intervalls

Zunächst wurde der Einfluss der individuellen Berechnung der Timeout-Intervalle auf die Routing-Latenzen evaluiert. Da hier bei ersten Testläufen festgestellt wurde, dass durch die Schätzfehler des Netzwerk-Koordinatensystems Nachrichten oft zu früh als verloren angesehen wurden, wurden die dazugehörigen Parameter zurückhaltend gewählt ($c_{var} = 1{,}2$, $c_{err} = 6$, $c_{est} = 1$ und $t_{tol} = 0{,}35\,s$). Trotzdem wurde in allen durchgeführten Simulationen eine um etwa einen Prozentpunkt niedrigere Zustellrate bei aktivierter individueller Berechnung (hier mit $t_o = t_{ind}$ bezeichnet) des Timeout-Intervalls festgestellt als bei einem konstanten Timeout-Intervall $t_o = 1{,}5\,s$. Grund dafür sind fehlerhafte Abschätzungen der Latenzen durch das Netzwerk-Koordinatensystem. Die dadurch ebenfalls fehlerhaft berechneten Timeout-Intervalle führen beim Overlay-Protokoll zu der falschen Annahme, dass tatsächlich noch aktive Overlay-Knoten ausgefallen sind. Ein Lookup bricht ab, und die iterative Routing-Prozedur wird als fehlgeschlagen angesehen, wenn alle Knoten einer Stufe des Lookups nicht im jeweiligen Timeout-Intervall antworten. Dieses Problem kann behoben werden, indem z. B. das Timeout-Intervall bei aktivierten Sendewiederholungen mittels eines exponentiellen Backoff-Algorithmus[5] verlängert wird, sodass ein zunächst als ausgefallen betrachteter Knoten bei einer der Sendewiederholungen innerhalb des verlängerten Timeout-Intervalls antworten kann. Nachteil bei diesem Vorgehen ist die dadurch verursachte zusätzliche Verzögerung des Lookups.

Abbildung 7.5 zeigt die gemessenen Routing-Latenzen für *strikt parallel* versendete Lookup-RPCs. Ergebnisse für *nicht strikt parallele* RPCs sind in Anhang D zu finden. In Abbildung 7.5a sind auf der y-Achse die Routing-Latenzen der erfolgreich durchgeführten Routing-Prozeduren dargestellt. In Abbildung 7.5b ist zum Vergleich die Bewertungsfunktion für Einweglatenz und Zustellrate mit der in Abschnitt 2.9 dargestellten Gewichtung beider Kriterien gegenübergestellt.

In beiden Abbildungen ist eine Senkung der Einweglatenz δ_o bzw. δ_o' festzustellen, obwohl bei der Bewertungsfunktion $\delta_o' = f_{perf}$ fehlgeschlagene Lookups eine auf die Routing-Latenzen addierte Strafzeit zur Folge haben (s. Abschnitt 2.9). Für δ_o' gilt dies jedoch nur für höhere Raten von Knotenfluktuation ($E[L] < 10\,000\,s$). Grundsätzlich kann festgestellt werden, dass mit höherer Knotenfluktuation der latenzmindernde Effekt der Timeout-Berechnung größer ist. Bei steigender Anzahl v von parallel versendeten RPCs sinkt er. Mit $v = 1$ und $E[L] = 100\,s$ beträgt die Differenz der erzielten Routing-Latenzen $2{,}41\,s$ (bei erfolgreich durchgeführten Routing-Prozeduren), das entspricht einer Absenkung von $48{,}1\,\%$. Mit $v = 4$ (strikt) beträgt die Differenz nur $15\,ms$, was $2{,}5\,\%$ entspricht. Die Anzahl kontaktierter Knoten pro Lookup (hier nicht dargestellt) steigt in allen Konfigurationen bei aktivierter individueller Timeout-Intervall-Berechnung. Dies liegt darin begründet, dass aufgrund fehlerhafter Annahmen über ausgefallene Knoten weitere Knoten zusätzlich kontaktiert werden müssen.

Der latenzmindernde Effekt ist bei Betrachtung der Bewertungsfunktion f_{perf} geringer als der bei den erfolgreich durchgeführten Routing-Prozeduren: Unter Berücksichtigung der fehlgeschlagenen Routing-Prozeduren ist mit $v = 4$ nicht strikt versendeten Lookup-RPCs die Berechnung individueller Timeout-Intervallen mit der hier verwendeten Konfiguration nicht sinnvoll: Bis auf eine geringe Verbesse-

---

[5]in ähnlicher Form auch bei CSMA/CD [2] verwendet

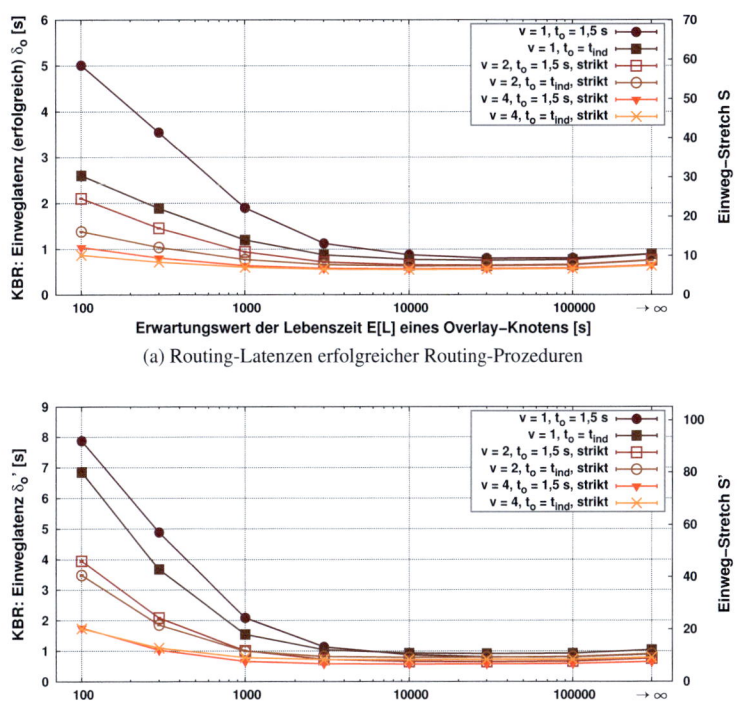

(a) Routing-Latenzen erfolgreicher Routing-Prozeduren

(b) Routing-Latenzen (angegeben nach Bewertungsfunktion f_{perf})

Abbildung 7.5 Individuelle Timeout-Intervalle: Resultierende Routing-Latenzen bei unterschiedlichen Raten von Knotenfluktuation (*strikt parallele* Lookup-RPCs)

rung bei $E[L] = 100\,s$ werden immer bessere Ergebnisse ohne individuelle Timeout-Berechnung erzielt.

Zusammenfassend kann festgestellt werden, dass der Einsatz von individuell mittels Netzwerk-Koordinaten berechneten Timeout-Intervallen nur bei Lookups mit geringer Anzahl v von parallelen RPCs sinnvoll ist. Mit steigendem v und höherer Gewichtung von fehlgeschlagenen Routing-Prozeduren sind Timeout-Intervalle, die nicht auf Netzwerk-Koordinatensystemen basieren – und damit weniger fehlerbehaftet sind – vorzuziehen.

7.5.2 Kombinationen unterschiedlicher Sortiervorschriften

In diesem Abschnitt werden iterative Lookups mit verschiedenen Kombinationen von den in Abschnitt 7.3.4 vorgestellten Metriken evaluiert. Bei den Kombinationen wurde folgende Einschränkung vorgenommen: Bei allen Evaluierungen, deren Ergebnisse hier grafisch dargestellt werden, wurde der erste Ergebnisvektor im-

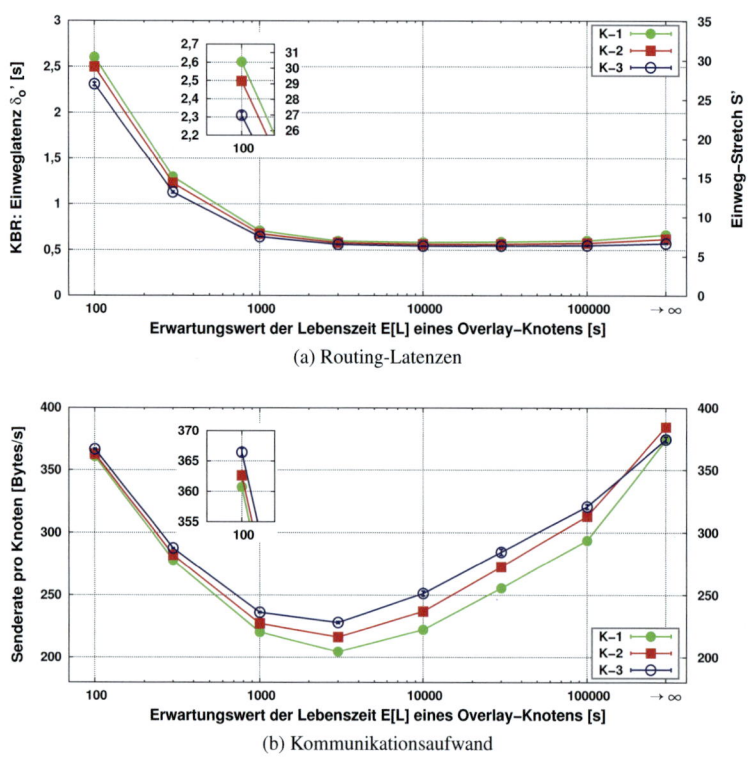

(a) Routing-Latenzen

(b) Kommunikationsaufwand

Abbildung 7.6 Evaluierung PAIL: Iterative Lookups mit verschiedenen Metriken und 2 parallelen Lookup-RPCs bei unterschiedlichen Raten von Knotenfluktuation

mer gemäß d_{route} sortiert. Somit wurde in diesen Evaluierungen pro Lookup-Stufe ein Lookup-RPC immer an den Knoten der Menge aller während des Lookups kennengelernten Knoten gesendet, der im ID-Raum den geringsten Abstand zum Zielschlüssel y aufweist. Die durchgeführten Simulationsläufe mit $d_{PR} = d_{KadPR}$ (s. Abschnitt 5.5.3.1) als alternativer Metrik für den ersten Ergebnisvektor zeigten nur eine geringe Senkung der Routing-Latenzen um $\approx 2\,\%$. Aus diesem Grund werden die dazugehörigen Ergebnisse hier nicht einzeln präsentiert, aber bei der später dargestellten konvexen Hülle berücksichtigt.

Ein direkter Vergleich der Ergebnisse ist insbesondere bei den Simulationsläufen interessant, bei denen die gleiche Anzahl v an parallelen RPCs versendet werden. Für nicht strikte parallele RPCs mit $v = \{2, 4\}$ wurden deshalb Simulationen mit drei verschiedenen Konfigurationen durchgeführt:

K-1 d_{route} als einzige Metrik für einen Ergebnisvektor $\overline{L}_y$

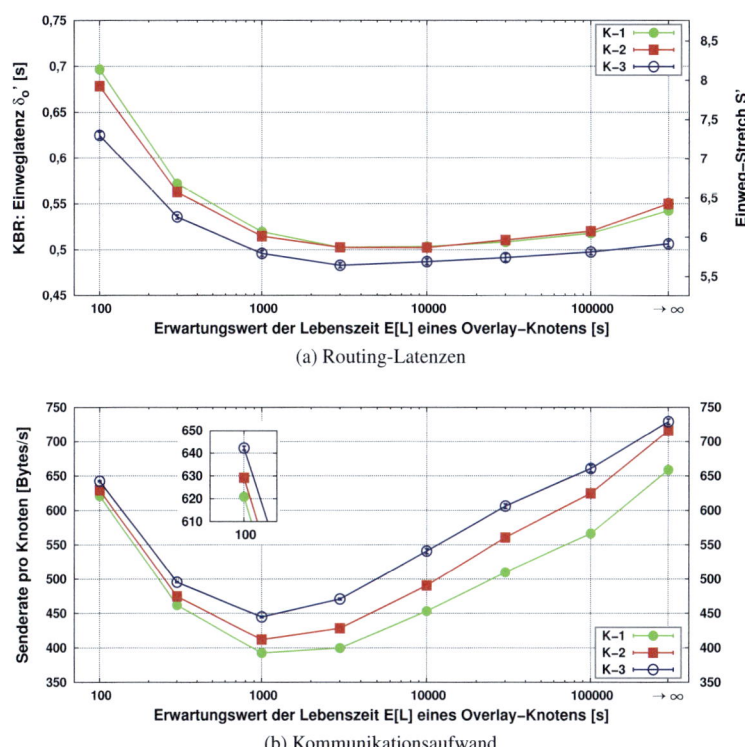

(a) Routing-Latenzen

(b) Kommunikationsaufwand

Abbildung 7.7 Evaluierung PAIL: Iterative Lookups mit verschiedenen Metriken und 4 parallelen Lookup-RPCs bei unterschiedlichen Raten von Knotenfluktuation

K-2 Die Metriken bzw. Sortiervorschriften d_{route} und *n-Prox-Key* mit $n = 4$ für zwei Ergebnisvektoren $\overline{L}_y^1$ und $\overline{L}_y^2$

K-3 Die Metriken d_{route} und d_{prox} für zwei Ergebnisvektoren $\overline{L}_y^1$ und $\overline{L}_y^2$

Die Berechnung des individuellen Timeout-Intervalls ist hier bei allen Simulationen deaktiviert, um nur den Effekt der Metrikkombinationen herauszustellen. Wie die mit der Metrik d_{PR} erzielten Ergebnisse werden auch die Ergebnisse mit aktivierter individueller Timeout-Berechnung bei Verwendung verschiedener Kombinationen von Metriken bei den konvexen Hüllen berücksichtigt.

Abbildung 7.6 zeigt die Routing-Latenzen und den Kommunikationsaufwand von verschiedenen Konfigurationen mit $v = 2$ *nicht strikt* parallelen RPCs. Bei den in Abbildung 7.6a dargestellten Einweglatenzen kann mit sinkender erwarteter Lebenszeit, d. h. mit steigender Rate von Knotenfluktuation, festgestellt werden, dass die Verwendung von zwei Metriken einen geringen latenzsenkenden Effekt hat: Bei $E[L] = 100\,s$

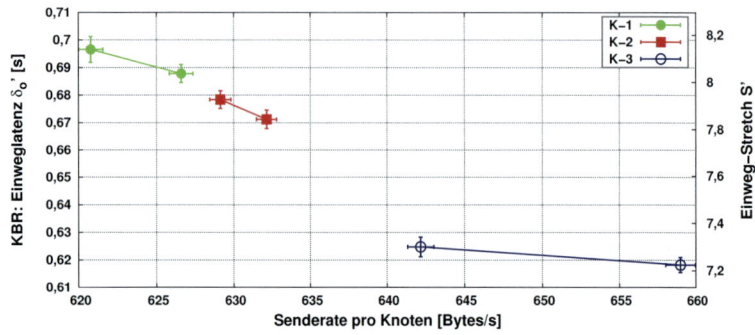

Abbildung 7.8 Evaluierung PAIL: Konvexe Hüllen der drei Konfigurationen mit
unterschiedlichen Metriken ($E[L] = 100\,s$)

werden mit K-1 $2{,}603\,s$ gemessen, mit K-2 $2{,}497\,s$ und mit K-3 $2{,}309\,s$, d. h. bei
Verwendung von d_{prox} als zweiter Metrik kann eine Senkung der Routing-Latenzen
um $11{,}3\,\%$ festgestellt werden. Bei längeren erwarteten Lebenszeiten der Overlay-
Knoten ist dieser Effekt geringer. Der Kommunikationsaufwand (s. Abbildung 7.6b)
liegt bei $E[L] = 100\,s$ unter Verwendung von K-1 bei 361 Bytes/s, bei K-3 werden
366 Bytes/s gemessen. Bei $E[L] = 3\,000\,s$ werden 205 Bytes/s bzw. 228 Bytes/s pro
Overlay-Knoten versendet. Dies liegt darin begründet, dass in den Konfigurationen
K-2 und K-3 mehr Knoten pro Lookup-Prozedur kontaktiert werden müssen, da pro
Lookup-Stufe nicht wie in K-1 die zwei zu dem Zielschlüssel y nächsten Knoten im
ID-Raum kontaktiert werden. Trotzdem werden mit K-2 und K-3 bei allen Raten
von Knotenfluktuation geringere Routing-Latenzen erzielt. Bei allen Ergebnissen
liegen die Resultate von K-2 zwischen denen der beiden anderen Konfigurationen.
Die hier nicht präsentierte Ergebnisse mit $n = \{2, 3\}$ für $n\text{-}Prox\text{-}Key$ liegen bei allen
Messgrößen zwischen den Ergebnissen von K-1 und K-2.

In Abbildung 7.7 sind die Ergebnisse der Simulationen mit $v = 4$ *nicht strikt parallelen* RPCs dargestellt. Hinsichtlich der erzielten Routing-Latenzen ist hier ein
deutlicherer Effekt der Metriken bzw. Sortiervorschriften erkennbar und insgesamt signifikant bessere Ergebnisse. Die in Abbildung 7.7a dargestellten Routing-Latenzen
zeigen, dass wie auch bei den Simulationen mit $v = 2$ der größte latenzreduzierende
Effekt bei hohen Raten von Knotenfluktuation erzielt wird. Bei $E[L] = 100\,s$ werden
mit K-1 durchschnittliche Routing-Latenzen von $697\,ms$ gemessen. Bei K-2 sind es
$678\,ms$ und bei K-3 $625\,ms$, was einer Reduktion von $10{,}3\,\%$ entspricht. Bei höheren
Werten für $E[L]$ fällt dieser Effekt geringer aus. Wie auch bei $v = 2$ wird ein Anstieg
der Senderate pro Knoten festgestellt. Bei $E[L] = 100\,s$ fällt dieser jedoch bei einem
Anstieg von $3{,}5\,\%$ zwischen K-1 und K-3 moderat aus. Der Grund für die erhöhte
Senderate ist wieder die erhöhte Zahl von kontaktierten Knoten pro Lookup.

In Abbildung 7.8 werden die konvexen Hüllen gemäß dem PVC-Framework der drei
verschiedenen Kombinationen unter Verwendung von $v = 4$ parallelen *nicht strikten*
Lookup-RPCs in Netzwerkszenarien mit hoher Knotenfluktuation ($E[L] = 100\,s$)
dargestellt. Dabei wurden auch die Ergebnisse mit d_{PR} als erster Metrik berücksichtigt. Es ist hier nochmals klar zu erkennen, dass bei geringfügig erhöhter Senderate-

pro Knoten deutliche Senkungen der Routing-Latenzen durch die Verwendung der vorgestellten alternativen Metriken bei gleicher Anzahl v von parallelen Lookup-RPCs erzielt werden können.

Die in Abschnitt 5.8.2 dargestellten, durch die Verwendung von PNS erzielten Latenzminderungen bei iterativem Routing sind verglichen mit den in diesem Kapitel präsentierten Ergebnissen zwar größer, werden jedoch durch einen unverhältnismäßig hohen Anstieg des Kommunikationsaufwands erkauft.

7.6   Zusammenfassung

In diesem Kapitel wurden die individuelle Timeout-Berechnung für RPCs und der *Proximity-aware Iterative Lookup* PAIL vorgestellt. Beide Konzepte basieren auf Latenzabschätzungen durch Netzwerk-Koordinatensysteme. Die dazugehörigen Evaluierungen zeigen, dass beide Konzepte vor allem in Netzwerkszenarien mit hoher Knotenfluktuation die Routing-Latenzen in strukturierten Overlay-Netzen bei Verwendung nicht strikt paralleler Lookup-RPCs deutlich, d. h. bis zu 11,3 % senken können. Bei der individuellen Timeout-Berechnung muss jedoch beachtet werden, dass ohne zusätzliche Maßnahmen wie z. B. Sendewiederholungen mit exponentiellem Backoff die Zustellrate der Routing-Prozeduren sinkt, da durch Fehlabschätzungen des Netzwerk-Koordinatensystems aktive Overlay-Knoten fälschlicherweise als ausgefallen angesehen werden.

8. Zusammenfassung und Ausblick

Peer-to-Peer-Systeme (P2P) sind in den letzten Jahren stetig populärer geworden, dabei zunächst hauptsächlich als Möglichkeit zum Datenaustausch im Internet. *Overlay-Netze*, also logische Kommunikationsstrukturen über einer physischen Netztopologie (dem sog. *Underlay*), bilden oft das Fundament dieser Systeme; das Underlay ist dabei aus Sicht des Overlays transparent. Einen besonderen Stellenwert haben hierbei *strukturierte Overlay-Netze* , welche sich u. a. durch eine gute Skalierbarkeit bzgl. der Anzahl der teilnehmenden Overlay-Knoten und den Verzicht auf zentrale Komponenten (wie bei Client-/Server-Architekturen) auszeichnen und dadurch als Basis für eine zunehmende Anzahl von Anwendungen attraktiv werden. Die eingesetzten Protokolle benutzen eigene Routing-Verfahren und schlüsselbasierte Adressierungsschemata. Den darüber liegenden Applikationen wird *Key-based Routing* (KBR) als Dienst angeboten, also das Senden von Nachrichten an den für einen Zielschlüssel verantwortlichen Overlay-Knoten. Neben der Adressierung von Knoten können mit KBR unterschiedlichste Objekte von Interesse (wie z. B. Dateien) mittels Schlüsseln adressiert werden. Im Gegensatz zu Client-/Server-Architekturen in IP-basierten Netzen werden beim Einsatz von KBR Nachrichten an für bestimmte Schlüssel verantwortliche Knoten über mehrere Overlay-Knoten – also Endsysteme – geleitet, bis sie den Zielknoten erreicht haben. Dem Nutzen des KBR-Dienstes (also dem semantischen Zusammenhang zwischen den Zielschlüsseln und den Objekten der Anwendung) steht damit – verglichen mit direkter Kommunikation – der offensichtliche Nachteil einer Verlängerung der Zeitspanne zwischen Absenden und Empfang der Nachrichten (der sog. *Latency Stretch*) gegenüber: Einfache Routen im Overlay führen in vielen Fällen zu komplexen Routen im Underlay und damit zu potenziell höheren Latenzen. Diese führen insbesondere bei interaktiven, KBR-basierten Multimedia-Anwendungen und Echtzeit-Spielen zu Problemen. Auch ein KBR-basiertes *Domain Name System* (DNS) kann nur mit niedrigen Latenzen eine Alternative zu dem im Internet etablierten Server-basierten System darstellen.

Das Ziel dieser Arbeit war die Routing-Effizienz in strukturierten Overlay-Netzen zu steigern, d. h. die Routing-Latenzen u. a. durch angepasste Wege durch das Underlay ohne unverhältnismäßig gesteigerten Kommunikationsaufwand zu reduzieren. In einer umfassenden Analyse, die alle wesentlichen Aspekte zu strukturierten Overlay-Netzen (wie u. a. Knotenfluktuation, also kontinuierlich dem Netz bei- und austretende Knoten, verschiedene Overlay-Routing-Modi und Topologieadaption) beinhaltete, wurden verschiedene Mechanismen zur Latenzreduktion identifiziert und neue Protokollansätze u. a. auf Basis von Netzwerk-Koordinatensystemen entwickelt. Ein Schwerpunkt hierbei war die direkte Abbildung des zugrunde liegenden Netzwerks auf die Knotenidentitäten (*NodeIds*) des Overlay-Netzes. Alle untersuchten und entwickelten Konzepte wurden zur Evaluierung in das im Rahmen dieser Arbeit mitentwickelte Overlay-Framework *OverSim* integriert und in unterschiedlich modellierten Netzwerkszenarien simuliert.

Die Schwerpunkte dieser Dissertation lassen sich somit in die im Folgenden aufgelisteten Beiträge gliedern:

- **Analyse von strukturierten Overlay-Protokollen** hinsichtlich Latenzreduktion und dazu geeigneter Methoden

- Entwicklung von **Methoden zur Latenzreduktion** auf Routing-Pfaden durch strukturierte Overlay-Netze

  - Entwurf von **R/Kademlia** – einer rekursiven Variante des populären Overlay-Protokolls *Kademlia* – mit der Möglichkeit, verschiedene Methoden zur Topologieadaption effektiv einzusetzen

  - Entwurf von **Coordinate-based Routing** (CBR) – einem System zur *Zuweisung von gleichverteilten Knotenidentitäten*, welche die zugrunde liegende Netzwerktopologie auf das Overlay-Netz abbilden und somit zielgerichtetes Routing ermöglichen

  - Entwurf des **Proximity-aware Iterative Lookup** (PAIL) – einer protokollunabhängigen Erweiterung iterativer Lookup-Prozeduren, die Latenzabschätzungen von Netzwerk-Koordinatensystemen nutzt, um physisch nahe Knoten während eines Lookups bevorzugt zu kontaktieren

- Entwicklung und Erweiterung des **Overlay-Frameworks OverSim** zur Evaluierung der entworfenen Konzepte

8.1   Ergebnisse dieser Arbeit

In der Analyse verschiedener aktueller Overlay-Protokolle in Netzwerkszenarien mit unterschiedlichen Raten von Knotenfluktuation wurden Mechanismen identifiziert, die zum einen die durch Knotenausfälle auf dem Routing-Pfad durch das Overlay-Netz hervorgerufenen Verzögerungen reduzieren und zum anderen den Kontakt zwischen physikalisch nahen Overlay-Knoten begünstigen. Bei der Untersuchung der verschiedenen KBR-Routing-Modi wurde in Abhängigkeit von der erwarteten Lebenszeit der Overlay-Knoten und des verwendeten Stabilisierungsintervalls ein vorhandenes mathematisches Modell so erweitert, dass eine Aussage darüber getroffen werden kann, welcher Routing-Modus bei konstantem *Stabilisierungsintervall* die niedrigsten Latenzen aufweist. Zusätzlich wurden dieses Intervall beeinflussende Faktoren wie z. B. der Netzwerkverkehr der Anwendungen identifiziert. In der Theorie erzielt *iteratives Routing* mit parallelen *Remote Procedure Calls* (RPCs) in Netzwerken mit hoher Knotenfluktuation geringere Routing-Latenzen, bei moderater Knotenfluktuation sind bei *rekursivem Routing* geringere Latenzen zu erwarten. Rekursives Routing hat dabei zusätzlich Vorteile in NAT/PAT[1]-Szenarien, da nur mit Knoten kommuniziert wird, die zuvor schon erfolgreich kontaktiert wurden. Aufgrund der Ergebnisse der Analyse wurden mit *R/Kademlia* und *PAIL* für beide Bereiche Konzepte entworfen und evaluiert.

Ein besonderer Schwerpunkt der weiteren Analyse waren verschiedene Methoden zur *Topologieadaption* und deren Anwendung in Overlay-Protokollen. Speziell die Kombination mehrerer dieser Verfahren wurde dabei betrachtet. Diese Verfahren verändern in Overlay-Protokollen die Auswahl des nächsten Routing-Schritts (*Proximity Routing* / PR), die Auswahl der Nachbarn im Overlay-Netz (*Proximity Neighbor Selection* / PNS) und die Knotenidentität (*Topology-based NodeId Assignment* / TbNA). Ein weiterer Teil der durchgeführten Untersuchungen befasste sich mit dem möglichen Einsatz von *Netzwerk-Koordinatensystemen* (wie z. B. GNP oder Vivaldi) zur Abschätzung von Netzwerklatenzen und zur Festlegung von an die Netzwerktopologie angepassten Knotenidentitäten.

Da sich als ein Ergebnis der Analyse zeigte, dass sowohl mit PR als auch PNS besonders bei Verwendung von *rekursivem Routing* geringere Latenzen erzielt werden können, wurde im Rahmen dieser Arbeit das Overlay-Protokoll *R/Kademlia* entwickelt, das auf dem im Internet verbreiteten *Kademlia*-Protokoll aufbaut. R/Kademlia verbindet rekursives Overlay-Routing, PR und PNS mit der Möglichkeit, neue Nachbarn im Overlay-Netz durch Auswertung des Netzwerkverkehrs der Anwendungen kennenzulernen – bei, verglichen mit dem Original, geringerem Bandbreitenbedarf und bis zu 90 % geringeren Latenzen bei allen im Rahmen dieser Arbeit untersuchten Raten von Knotenfluktuation.

Das im Rahmen dieser Arbeit entwickelte *Coordinate-based Routing* (CBR) ist ein TbNA-Verfahren das (Landmark-basierte oder dezentrale) Netzwerk-Koordinaten als Basis verwendet, um topologieabhängige Knotenidentitäten zu bilden. Die bisher hierzu in der Literatur vorgeschlagenen Herangehensweisen lassen dabei das Problem ungleichverteilter Knotenidentitäten unberücksichtigt. Dies führt aber zu schlechterer Routing-Effizienz und unfairer Lastverteilung zwischen den Knoten im Overlay-Netz. CBR verwendet deshalb ein globales Bild der aktuell im Netz verwendeten Netzwerk-Koordinaten, um das Koordinatensystem in Areale mit jeweils gleicher Anzahl an Overlay-Knoten einzuteilen. Dieses globale Bild wird bei der dezentralen Variante dCBR mittels KBR-basierter Monitoring-Systeme erstellt und verteilt. Den Arealen im Koordinatenraum werden hierarchische Präfixe zugeordnet, die dann bei den dort angesiedelten Knoten als Präfix der Knotenidentität verwendet werden. Auf diese Weise können topologieabhängige, aber gleichverteilte Knotenidentitäten in präfixbasierten Overlay-Protokollen wie Pastry, Bamboo und R/Kademlia verteilt werden. Dies ermöglicht in Kombination mit PNS zielgerichtetes – also in jedem Routing-Schritt dem Zielknoten näher kommendes – Routing und dadurch eine signifikante Senkung der Routing-Latenzen (-20 % bei Bamboo mit PNS/CBR verglichen mit Bamboo mit PNS).

---

[1]Network Address Translation / Port Address Translation

Für *iteratives Routing* wurde der protokollunabhängige *Proximity-aware Iterative Lookup* (PAIL) entworfen, bei dem mittels Netzwerk-Koordinaten günstige Overlay-Knoten während des Lookups ausgewählt werden. Die Auswahl wird durch austauschbare, kombinierbare Metriken bestimmt, die sowohl die im Overlay verwendete (auf Schlüsseln basierende) Metrik als auch die abgeschätzten Latenzen und eine diesen Abschätzungen zugewiesene Fehlereinschätzung berücksichtigt. In diesem Zusammenhang wurden die geschätzten Latenzen zusätzlich verwendet, um die Timeout-Intervalle von RPCs an den jeweiligen Kommunikationspartner anzupassen, was sowohl bei iterativen Lookups als auch bei sonstigen z. B. zur Stabilisierung verwendeten RPCs ein schnelleres Erkennen von Knotenausfällen und Reparieren der Routing-Tabellen ermöglicht. Um möglichst genaue Vorhersagen zu treffen, wurden dabei die Abschätzungen der Koordinatensysteme mit einem auf gemessenen Latenzen basierenden (ähnlich dem vom Transportprotokoll TCP verwendeten) Verfahren kombiniert. Vor allem in Netzwerkszenarien mit hoher Knotenfluktuation konnten mit PAIL die Routing-Latenzen, verglichen zum unveränderten iterativen Lookup, bei gleicher Anzahl von parallel versendeten RPC-Nachrichten um bis zu 11 % reduziert werden.

Um die entworfenen Konzepte evaluieren zu können, wurde zusammen mit zwei weiteren Doktoranden das Overlay-Framework *OverSim* entwickelt, mit dem die simulative Evaluierung der entwickelten Konzepte im Simulator vorgenommen wurde. OverSim bietet eine Reihe von herausragenden Merkmalen wie hohe Skalierbarkeit, flexible Underlay-Modelle, Visualisierung der Overlay-Topologie sowie die Anbindung an echte Netze und von externen Anwendungen, die in bisherigen Simulatoren in dieser Form nicht verfügbar waren. Das Overlay-Framework OverSim wurde als Open-Source-Projekt veröffentlicht und wird inzwischen von zahlreichen internationalen Institutionen zu Forschungszwecken eingesetzt. Speziell für die Evaluierung von Mechanismen zur Latenzreduktion wurde OverSim im Rahmen dieser Arbeit neben den Implementierungen von R/Kademlia, CBR und PAIL u. a. um ein Modul (der *NeighborCache*) zur integrierten Informationssammlung über andere Overlay-Knoten und eine generische Schnittstelle für Netzwerk-Koordinatensysteme erweitert. Der Quellcode aller Implementierungen der in dieser Arbeit vorgestellten Konzepte ist somit über http://www.oversim.org/ abrufbar.

8.2   Ausblick auf weiterführende Forschungen

Die Ergebnisse dieser Arbeit zeigen, dass durch verschiedene Methoden die Routing-Effizienz in strukturierten Overlay-Netzen signifikant gesteigert werden kann. Unter Berücksichtigung dieser Ergebnisse eröffnen sich verschiedene weiterführende Forschungsgebiete, da in dieser Arbeit keine speziellen Einsatzfelder betrachtet wurden, sondern der Fokus alleine auf dem *Key-based Routing Dienst* – also einem Basisdienst für verschiedene darüber liegende Anwendungen – lag. Mit Cloud-Computing, IPTV, Organisation dezentraler Energiegewinnung und sozialen Netzwerken im Internet stehen aktuell mehrere Anwendungsfelder im Mittelpunkt des (auch öffentlichen) Interesses, die von einem effizienten KBR-Dienst profitieren würden. Modelle dieser Anwendungen könnten die in den Evaluierungen dieser Arbeit verwendete Testapplikation ersetzen, um die Tauglichkeit der entwickelten Konzepte als Basis moderner Anwendungen zu überprüfen.

Bei den präsentierten Evaluationsergebnissen konnte nur der wichtigste Teil des umfangreichen Parameterraums abgedeckt werden, den die neuen Konzepte und die dabei verwendeten Protokolle und Mechanismen aufweisen. Bei der Parameterwahl für die individuelle Timeout-Berechnung für RPCs können beispielsweise weitere Untersuchung folgen, um zu untersuchen, inwieweit die Selbsteinschätzung der Güte von Netzwerk-Koordinaten Einfluss auf die Wahl des Timeout-Intervalls nehmen kann. Das *Coordinate-based Routing* wurde in dieser Arbeit mit etablierten, euklidischen Netzwerk-Koordinatensystemen wie GNP evaluiert. Hier könnten weiterführende Forschungen die Verwendung von modernen Netzwerk-Koordinatensystemen wie *Htrae*, die auf Kugelkoordinaten basieren, bei CBR untersuchen. Bei der Aggregation und Verteilung der Koordinateninformation bei *decentralized Coordinate-based Routing* (dCBR) könnte speziell untersucht werden, unter Verwendung welcher Maßnahmen sich der KBR-basierte Monitoring-Baum unter höheren Raten von Knotenfluktuation weiter stabilisieren lässt, sodass möglichst alle Koordinatendaten aggregiert zum Wurzelknoten geleitet werden, um ein vollständiges Bild auf den Koordinatenraum zu erhalten. Hier besteht zudem die Möglichkeit, den Monitoring-Baum durch alternative Techniken wie z. B. *Gossiping* zu ersetzen, um zu untersuchen, ob mithilfe dieser Techniken auch unter Knotenfluktuation ein komplettes Bild des Koordinatenraums gebildet und der Kommunikationsaufwand zur Koordinatenaggregation gesenkt werden kann.

Für die Evaluation der neu entwickelten Konzepte wurden in dieser Arbeit verschiedene Annahmen insbesondere bzgl. des den Overlay-Netzen zugrunde liegenden Netzwerks getroffen. Nur so konnten mit vertretbarem Aufwand realistische Simulationen von mehreren Tausend Overlay-Knoten mit OverSim durchgeführt werden. Die Experimentierplattformen *PlanetLab* und *G-Lab* wurden nicht verwendet, da sie eigene, spezielle Netzwerkcharakteristika aufweisen, die nicht auf weltumspannende Netzwerke wie das Internet übertragbar sind. Hinsichtlich dieser Evaluierungsmethodik könnten in weiterführenden Arbeiten durch Evaluationen außerhalb einer Simulationsumgebung in echten Netzen oder unter Verwendung von umfangreicheren Latenzdatensätzen (wie z. B. zur Evaluierung von *Htrae* verwendet) die erzielten Ergebnisse validiert werden.

Durch die in dieser Arbeit erzielten Ergebnisse wurde gezeigt, dass das beim Vergleich von Client/Server-Architekturen mit P2P-Systemen oft gegen P2P verwendete Argument der dort zu erwartenden höheren Latenzen entkräftet werden kann. Zukünftige Forschungen könnten sich aufgrund dieser Erkenntnisse auf neue Einsatzgebiete von P2P- und Overlay-Systemen konzentrieren, in denen zurzeit noch Client/Server-Systeme dominieren.

A. OverSim - Implementierungsdetails

In diesem Abschnitt werden ausgewählte Datenstrukturen und Schnittstellen des *NeighborCache*-Moduls von OverSim vorgestellt, deren Beschreibung aus Platzgründen in Kapitel 4 ausgelassen wurden. Dies betrifft die Struktur `NeighborCacheEntry` und die Schnittstelle zu Latenzinformationen, welche von Applikationen und dem Overlay-Modul verwendet werden kann.

A.1 Interne Datenstuktur des NeighborCache

Die über andere Overlay-Knoten im Overlay-Netz gesammelten Informationen werden in der Struktur `NeighborCacheEntry` im *NeighborCache* in einer Hash-Tabelle gespeichert:

```
struct NeighborCacheEntry
{
    simtime_t  insertTime;
    simtime_t  rtt;
    NeighborCacheRttState rttState;
    std::deque<simtime_t> lastRtts;
    NodeHandle nodeRef;
    NodeHandle srcRoute;
    AbstractNcsNodeInfo* coordsInfo;
    WaitingContexts waitingContexts;
};

UNORDERED_MAP<TransportAddress, NeighborCacheEntry>
  neighborCache;
```

Die gespeicherten Informationen umfassen den Zeitpunkt der Aufnahme des Overlay-Knotens in den *NeighborCache* (`insertTime`), die gemessenen RTTs (`rtt` und `lastRtts`), den Zustand des Knotens (`rttState`, z. B. „ausgefallen"), das dem Knoten zugehörige *NodeHandle* (`nodeRef`), eine evtl. bekannte Source-Route zum Knoten (`srcRoute`), die Netzwerk-Koordinaten des Knotens (`coordsInfo`) und Kontextinformationen über zurzeit versandte RPCs.

A.2 Schnittstelle zu Latenzinformationen

Latenzabfragen und -abschätzungen zu anderen Overlay-Knoten können über eine einheitliche Schnittstelle des *NeighborCache* abgefragt werden:

```
Prox getProx(const TransportAddress &node,
             NeighborCacheQueryType type
                = NEIGHBORCACHE_AVAILABLE,
             int rpcId = -1,
             ProxListener *listener = NULL,
             cPolymorphic *contextPointer = NULL);
```

Die Abschätzung wird als Objekt der Klasse `Prox` zurückgegeben:

```
struct Prox
{
    double proximity; // [0 - INF)
    double accuracy;  // [0 - 1]
                      //   1: exact value,
                      //   0: no information available
};
```

Je nach vorhandener Information basiert der Rückgabewert auf dem Mittelwert bislang gespeicherter Latenzen oder dem Abstand der Netzwerk-Koordinaten des gewünschten Overlay-Knotens zum lokalen Knoten. Zusätzlich zu der Latenz (`proximity`) wird eine Abschätzung der Güte dieser Angabe zurückgegeben (`accuracy`). Dieser Wert ist z. B. abhängig von der Anzahl der aufgezeichneten RTTs, der dabei festgestellten Varianz oder dem Vivaldi-Fehlerwert (s. Abschnitt 3.3). Ist keinerlei Information vorhanden, kann je nach übergebenem `NeighborCacheQueryType` eine Latenzmessung ausgelöst werden, die Antwort erfolgt dann bei Ende der Messung per *Callback*-Funktion. Dazu muss die Komponente von `ProxListener` erben und `ProxCallback` implementieren:

```
class ProxListener
{
  public:
    virtual
      void proxCallback(const TransportAddress& node,
                        int rpcId,
                        cPolymorphic *contextPointer,
                        Prox prox) = 0;
};
```

`rpcId` und `contextPointer` dienen dabei einer evtl. notwendigen Zuordnung der Anfrage bei der Senderkomponente.

Das gewünschte Netzwerk-Koordinatensystem wird vor Beginn der Simulation per Parameter in der `omnetpp.ini` festgelegt. Das *NeighborCache-Modul* erstellt dann während der Initialisierungsphase das konkrete Netzwerk-Koordinatensystem, das nur über eine abstrakte Schnittstelle angesprochen wird. Netzwerk-Koordinatensystem-spezifische Parameter werden dem *NeighborCache* bei dessen Initialisierung übergeben, über den sie die Netzwerk-Koordinatensysteme dann auslesen. Für die Implementierungen von Netzwerk-Koordinatensystemen muss dazu die abstrakte Klasse `AbstractNcs` als Basisklasse verwendet werden. Diese definiert eine einheitliche Schnittstelle zur Initialisierung des Netzwerk-Koordinatensystems, zur Verarbeitung empfangener Netzwerk-Koordinaten (die ebenfalls über eine abstrakte Basisklasse (`AbstractNcsNodeInfo`) angesprochen werden), der Timer- und RPC-Verarbeitung und der Latenzabschätzung. Durch die Verwendung abstrakter Schnittstellen wird eine Erweiterung von OverSim um weitere Netzwerk-Koordinatensysteme stark vereinfacht.

B. R/Kademlia - Weitere Ergebnisse

In diesem Abschnitt werden die Simulationsergebnisse des Overlay-Protokolls R/Kademlia dargestellt, die in Kapitel 5 ausgelassen wurden. Dies betrifft alle Ergebnisse, bei denen der *direkte Modus* bei R/Kademlia zur Signalisierung verwendet wurde.

Abbildung B.1 zeigt die Ergebnisse der Simulationsläufe bei denen der *direkte Modus* zur Signalisierung und *activeProbing* verwendet wurde. Abbildung B.1a zeigt dabei die gemessenen Routing-Latenzen, Abbildung B.1b die durchschnittlich benötigte Senderate pro Overlay-Knoten. Es ist deutlich zu erkennen, dass die Routing-Latenzen von R/Kademlia bei Verwendung des *direkten Modus* insbesondere bei hohen Raten von Knotenfluktuation größer sind als bei Verwendung des *Source-Routing-Modus*. Dies liegt an der geringeren Anzahl von neu kennengelernten potenziellen Peers pro Routing-Prozedur und Overlay-Knoten. So werden im *direkten Modus* die k-Buckets auch weniger aktuell gehalten und mehr ausgefallene Overlay-Knoten während der Routing-Prozeduren kontaktiert, was diese verzögert.

Abbildung B.2 zeigt wie Abbildung B.1 die Simulationsergebnisse bei Verwendung des *direkten Modus* – diesmal ohne *activeProbing*. In Abbildung B.2a ist ein deutlicher Anstieg der Routing-Latenzen bei allen Protokollen und Konfigurationen zu erkennen. Beispielsweise verdoppelt sich die Routing-Latenz bei R/Kademlia ohne die Verwendung von Topologieadaptionsverfahren in Netzwerkszenarien mit sehr hoher Knotenfluktuation ($E[L] = 100$). Gleichzeitig werden bei dieser Konfiguration die niedrigsten Senderaten pro Knoten gemessen (s. Abbildung B.2b): Bei Verwendung von R/Kademlia ohne Topologieadaption und moderater Knotenfluktuation ($E[L] = 10\,000$) wurden durchschnittlich 130 Bytes/s pro Knoten festgestellt.

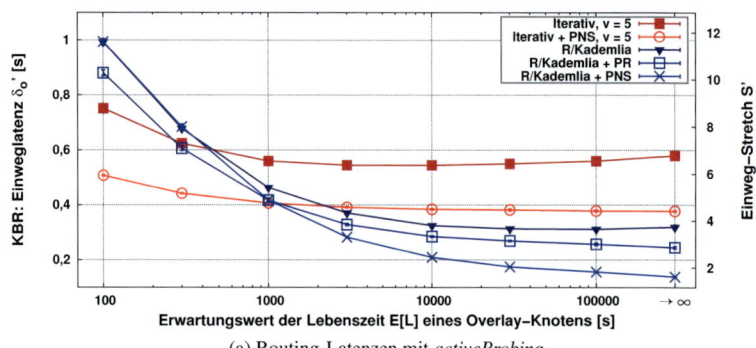

(a) Routing-Latenzen mit *activeProbing*

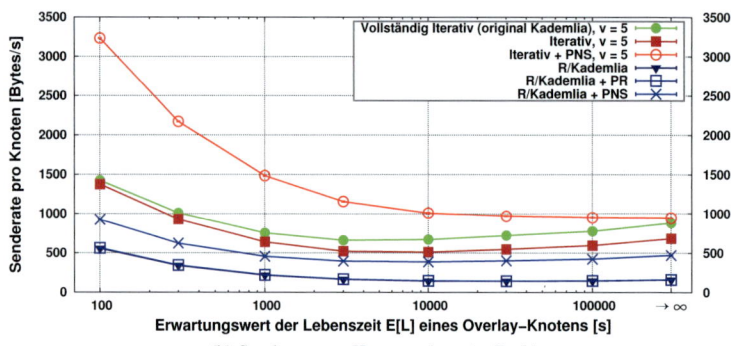

(b) Senderate pro Knoten mit *activeProbing*

Abbildung B.1 Evaluierung R/Kademlia: Unterschiedliche Raten von Knotenfluktuation mit *activeProbing* (*direkter Modus*)

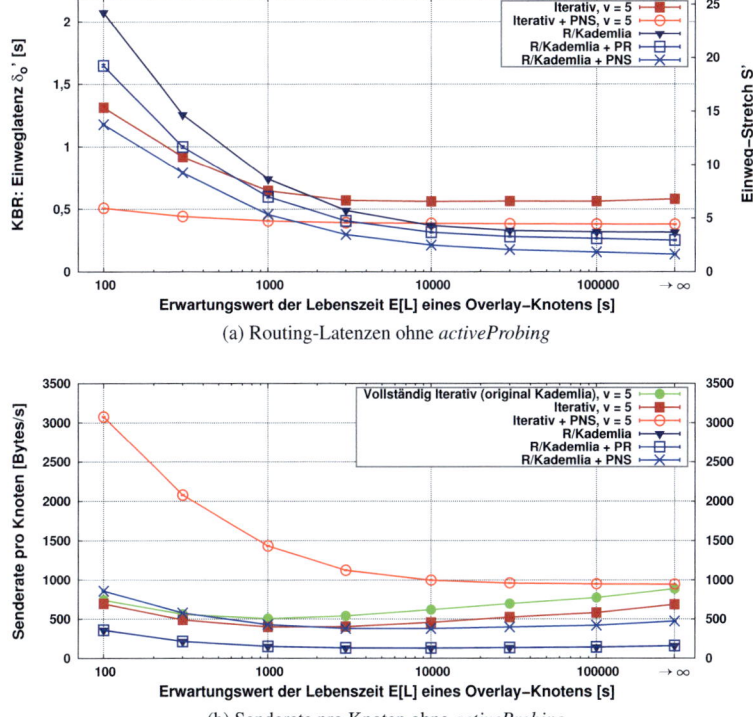

(a) Routing-Latenzen ohne *activeProbing*

(b) Senderate pro Knoten ohne *activeProbing*

Abbildung B.2 Evaluierung R/Kademlia: Unterschiedlichen Raten von Knotenfluktuation ohne *activeProbing* (*direkter Modus*)

C. CBR - Weitere Ergebnisse

In diesem Abschnitt werden die Simulationsergebnisse der CBR-basierten Replikationsstrategie dargestellt, die in Kapitel 6 ausgelassen wurden. Dies betrifft Ergebnisse, bei denen *Bamboo* als präfixbasiertes Overlay-Protokoll verwendet wurde.

Abbildung C.1 zeigt die erzielten Latenzen bei Anfragen an eine auf Bamboo basierende DHT mit unterschiedlichen Längen l_P^d für das durch CBR festgelegte NodeId-Präfix. Simuliert wurde ein Netzwerk ohne Knotenfluktuation, der Parameter b – die Länge eines Digits – wurde auf 1 (Abbildung C.1a) bzw. 4 (Abbildung C.1b) gesetzt. Wie bei den in Abschnitt 6.10.3 dargestellten Simulationsergebnissen sinkt die GET-RPC-Latenz mit einem durch CBR bestimmtem Präfix ab der Länge $l_P > 2$. Für kleiner Werte kommt es zu den in Abschnitt 6.10.3 beschriebenen Fehlabschätzungen aufgrund der ungünstig gewählten Arealbegrenzungen. Bei $b = 4$ entspricht $l_P = 4 \cdot l_P^d$, somit ist hier dieser Effekt nicht zu beobachten.

Abbildung C.2 zeigt die Ergebnisse der selben Konfiguration, diesmal in einem simulierten Netzwerk mit moderater Knotenfluktuation ($E[L] = 10\,000$). Es können nur marginale Unterschiede zu den Ergebnissen ohne Knotenfluktuation beobachtet werden, die Latenzen sind geringfügig höher.

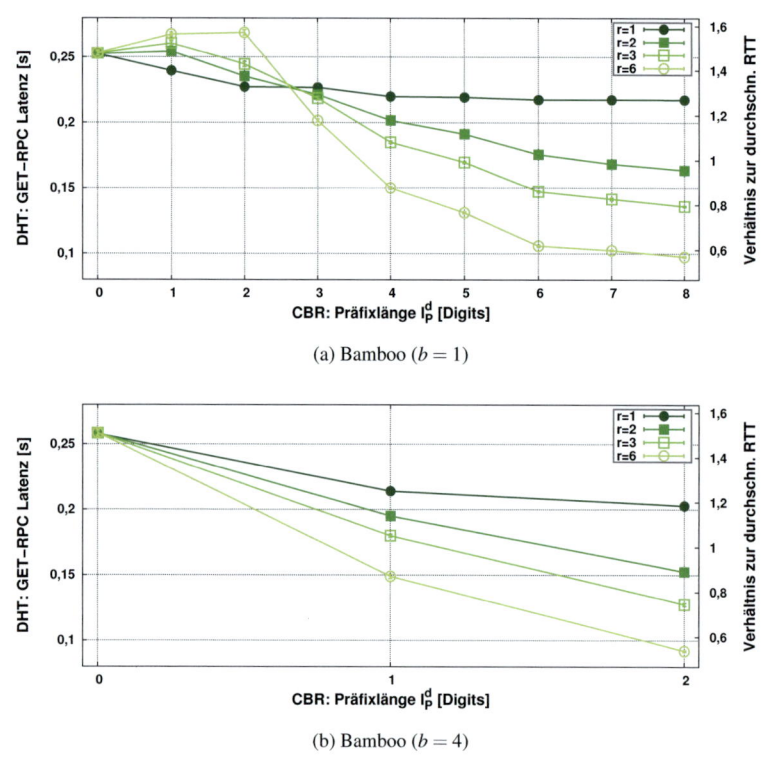

(a) Bamboo ($b = 1$)

(b) Bamboo ($b = 4$)

Abbildung C.1 Evaluierung CBR: LM-CBR-basierte DHT-Replikation auf Bamboo ohne Knotenfluktuation ($E[L] = \infty$)

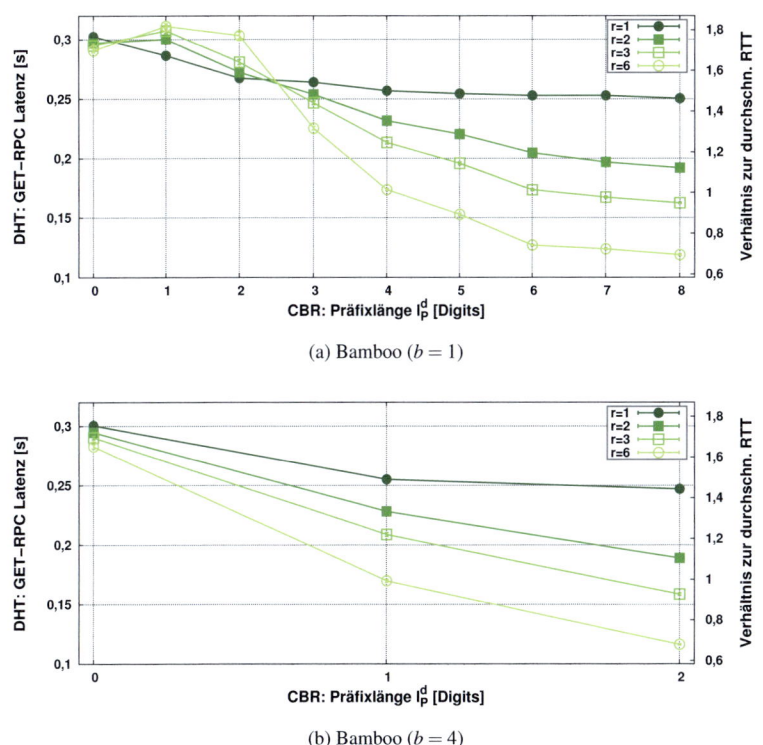

(a) Bamboo ($b = 1$)

(b) Bamboo ($b = 4$)

Abbildung C.2 Evaluierung CBR: LM-CBR-basierte DHT-Replikation auf Bamboo bei moderater Knotenfluktuation ($E[L] = 10\,000\,s$)

D. PAIL - Weitere Ergebnisse

In diesem Abschnitt werden die Simulationsergebnisse der individuellen Timeout-Intervall-Berechnung mit *nicht strikt parallelen* Lookup-RPCs dargestellt, die in Kapitel 7 ausgelassen wurden.

Die Ergebnisse zeigen, dass bei nicht strikt parallel versendeten Lookup-RPCs ohne Berücksichtigung der fehlgeschlagenen Routing-Prozeduren (s. Abbildung D.1a) nur bei $v = 2$ parallelen RPCs ein latenzmindernder Effekt bei hoher Knotenfluktuation erreicht werden kann. Werden die fehlgeschlagenen Routing-Prozeduren jedoch berücksichtigt (s. Abbildung D.1b), werden bei allen Raten von Knotenfluktuation und $v \in \{2, 4\}$ bessere Ergebnisse ohne die individuelle Timeout-Intervall-Berechnung erzielt.

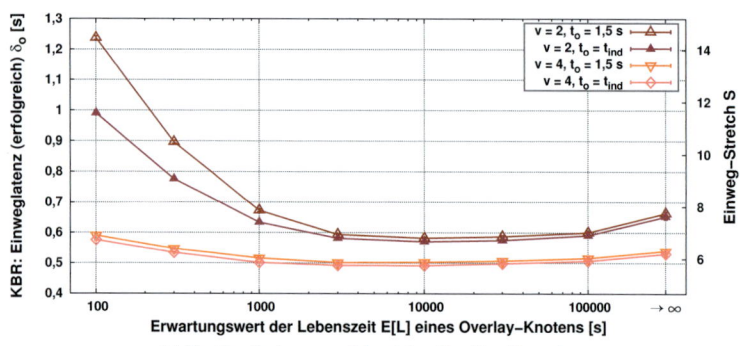

(a) Routing-Latenzen erfolgreicher Routing-Prozeduren

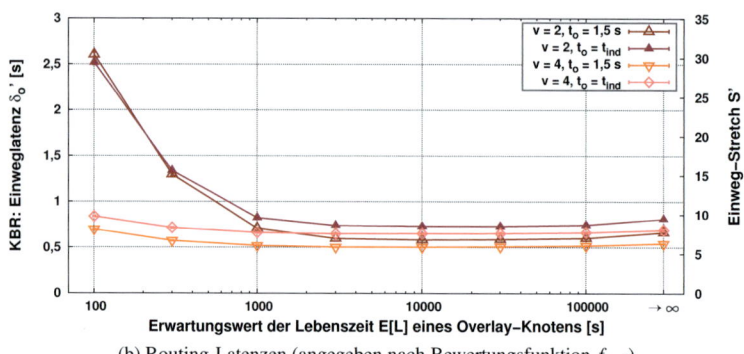

(b) Routing-Latenzen (angegeben nach Bewertungsfunktion f_{perf})

Abbildung D.1 Individuelle Timeout-Intervalle: Resultierende Routing-Latenzen bei unterschiedlichen Raten von Knotenfluktuation (*nicht strikt parallele* Lookup-RPCs)

Literaturverzeichnis

[1] *GeoIP (MaxMind LLC) – Website.* http://www.maxmind.com/app/ip-locate/. [online] letzter Zugriff am 6.3.2011.

[2] *IEEE Standard for Information Technology–Telecommunications and Information Exchange Between Systems–Local and Metropolitan Area Networks–Specific Requirements Part 3: Carrier Sense Multiple Access With Collision Detection (CSMA/CD) Access Method and Physical Layer Specifications - Section One.* IEEE Std 802.3-2008 (Revision of IEEE Std 802.3-2005), Seiten 1–597, Dezember 2008.

[3] SHARAD AGARWAL und JACOB R. LORCH: *Matchmaking for online games and other latency-sensitive P2P systems.* In: *SIGCOMM '09: Proceedings of the ACM SIGCOMM 2009 Conference on Data Communication*, Seiten 315–326, Barcelona, Spanien, 17.–21. August 2009. ACM Press.

[4] DOMINIC BATTRE, ANDRE HOING, MARTIN RAACK, ULF RERRER-BRUSCH und ODEJ KAO: *Extending Pastry by an Alphanumerical Overlay.* In: *9th IEEE/ACM International Symposium on Cluster Computing and the Grid (CCGrid 2009)*, Seiten 36–43, Shanghai, China, 18.–21. Mai 2009.

[5] INGMAR BAUMGART: *Verteilter Namensdienst für dezentrale IP-Telefonie.* Dissertation, Institut für Telematik, Karlsruher Institut für Technologie (KIT), Februar 2010.

[6] INGMAR BAUMGART, BERNHARD HEEP und STEPHAN KRAUSE: *A P2PSIP Demonstrator Powered by OverSim.* In: *Proceedings of 7th IEEE International Conference on Peer-to-Peer Computing (P2P '07)*, Seiten 243–244, Galway, Irland, 2.–5. September 2007.

[7] INGMAR BAUMGART, BERNHARD HEEP und STEPHAN KRAUSE: *OverSim: A Flexible Overlay Network Simulation Framework.* In: *Proceedings of 10th IEEE Global Internet Symposium (GI '07) in conjunction with IEEE INFO-COM 2007*, Seiten 79–84, Anchorage, AK, USA, 6.–12. Mai 2007. IEEE Computer Society.

[8] INGMAR BAUMGART, BERNHARD HEEP und STEPHAN KRAUSE: *OverSim: A scalable and flexible overlay framework for simulation and real network*

applications. In: *Proceedings of the 9th IEEE International Conference on Peer-to-Peer Computing (IEEE P2P '09)*, Seiten 87–88, Seattle, WA, USA, 9.–11. September 2009.

[9] INGMAR BAUMGART, BERNHARD HEEP und STEPHAN KRAUSE: *OverSim: Ein skalierbares und flexibles Overlay-Framework für Simulation und reale Anwendungen.* PIK - Praxis der Informationsverarbeitung und Kommunikation, 32(3):179–182, Juli / September 2009.

[10] INGMAR BAUMGART und SEBASTIAN MIES: *S/Kademlia: A Practicable Approach Towards Secure Key-Based Routing.* In: *Proceedings of the 13th International Conference on Parallel and Distributed Systems (ICPADS '07)*, Hsinchu, Taiwan, 5.–7. Dezember 2007.

[11] JON LOUIS BENTLEY: *Multidimensional Binary Search Trees Used for Associative Searching.* Communications of the ACM, 18:509–517, September 1975.

[12] ANDREAS BINZENHÖFER und KENJI LEIBNITZ: *Estimating Churn in Structured P2P Networks.* In: *20th International Teletraffic Congress (ITC20)*, Ottawa, Kanada, 17.–21. Juni 2007.

[13] ANDREAS BINZENHÖFER, DIRK STAEHLE und ROBERT HENJES: *Estimating the Size of a Chord Ring.* Technischer Bericht 348, Universität Würzburg, November 2004.

[14] HENDRIK BREITKREUZ: *eMule-Project.net - Official eMule Homepage.* http://www.emule-project.net/. [online] letzter Zugriff am 6.3.2011.

[15] HANS-BERNHARD BROEKER, JOHN CAMPBELL, ROBERT CUNNINGHAM, DAVID DENHOLM, GERSHON ELBER, ROGER FEARICK, CARSTEN GRAMMES, LUCAS HART, LARS HECKING, THOMAS KOENIG, DAVID KOTZ, ED KUBAITIS, RUSSELL LANG, ALEXANDER LEHMANN, ALEXANDER MAI, PETR MIKULIK, ETHAN MERRITT, CARSTEN STEGER, TOM TKACIK, JOS VAN DER WOUDE, JAMES R. VAN ZANDT, ALEX WOO und JOHANNES ZELLNER: *gnuplot homepage – Website.* http://www.gnuplot.info/. [online] letzter Zugriff am 6.3.2011.

[16] KEN CALVERT, JAMES EAGAN, SASHI MERUGU, ADITYA NAMJOSHI, JOHN STASKO und ELLEN ZEGURA: *Extending and Enhancing GT-ITM.* In: *Proceedings of the ACM SIGCOMM Workshop on Models, Methods and Tools for Reproducible Network Research*, MoMeTools '03, Seiten 23–27, Karlsruhe, Deutschland, 25. August 2003. ACM Press.

[17] MIGUEL CASTRO, PETER DRUSCHEL und Y. C. HU AND ANTONY ROWSTRON: *Topology-Aware Routing in Structured Peer-to-Peer Overlay Networks.* Technischer Bericht MSR-TR-2002-82, Microsoft Research, One Microsoft Way, Redmond, WA 98052, USA, 2002.

[18] MIGUEL CASTRO, PETER DRUSCHEL, AYALVADI GANESH, ANTONY ROWSTRON und DAN S. WALLACH: *Secure routing for structured peer-to-peer overlay networks.* SIGOPS Oper. Syst. Rev. - OSDI '02: Proceedings

of the 5th symposium on Operating systems design and implementation, 36(SI):299–314, 2002.

[19] MIGUEL CASTRO, PETER DRUSCHEL, ANNE-MARIE KERMARREC und ANTONY I.T ROWSTRON: *Scribe: a large-scale and decentralized application-level multicast infrastructure.* IEEE Journal on Selected Areas in Communications, 20(8):1489–1499, Oktober 2002.

[20] MIGUEL CASTRO, PETER DRUSCHEL, Y. C. HU und ANTONY ROWSTRON: *Exploiting network proximity in distributed hash tables.* In: *International Workshop on Future Directions in Distributed Computing (FuDiCo)*, Seiten 52–55, Bertinoro, Italien, 3.–7. Juni 2002.

[21] DAVIDE CERRI, ALESSANDRO GHIONI, STEFANO PARABOSCHI und SIMONE TIRABOSCHI: *ID Mapping Attacks in P2P Networks.* In: *IEEE GLOBECOM '05: Global Telecommunications Conference*, St. Louis, MO, USA, 28. November – 1. Dezember 2005.

[22] YATIN CHAWATHE, SYLVIA RATNASAMY, LEE BRESLAU, NICK LANHAM und SCOTT SHENKER: *Making gnutella-like P2P systems scalable.* In: *SIGCOMM '03*, Seiten 407–418, Karlsruhe, Deutschland, 25.–29. August 2003. ACM Press.

[23] YANG CHEN, XIAO WANG, XIAOXIAO SONG, ENG KEONG LUA, CONG SHI, XIAOHAN ZHAO, BEIXING DENG und XING LI: *Phoenix: Towards an Accurate, Practical and Decentralized Network Coordinate System.* In: *Proceedings of Networking 2009*, Band 5550 der Reihe *Lecture Notes in Computer Science*, Seiten 313–325. Springer, 2009.

[24] YANG CHEN, GENYI ZHAO, ANG LI, BEIXING DENG und XING LI: *Myth: An Accurate and Scalable Network Coordinate System under High Node Churn Rate.* In: *Proc. 15th IEEE International Conference on Networks ICON 2007*, Seiten 143–148, 19.–21. November 2007.

[25] YANG CHEN, GENYI ZHAO, ANG LI, BEIXING DENG und XING LI: *Handling node churn in decentralised network coordinate system.* IET Communications, 3(10):1578–1586, Oktober 2009.

[26] KIMBERLY C. CLAFFY: *CAIDA: Visualizing the Internet.* IEEE Internet Computing, 5:88, Januar / Februar 2001.

[27] FRANK DABEK, RUSS COX, FRANS KAASHOEK und ROBERT MORRIS: *Vivaldi: a decentralized network coordinate system.* In: *SIGCOMM '04: Proceedings of the 2004 conference on Applications, technologies, architectures, and protocols for computer communications*, Seiten 15–26, Portland, OR, USA, 30. August– 4. September 2004.

[28] FRANK DABEK, M. FRANS KAASHOEK, DAVID KARGER, ROBERT MORRIS und ION STOICA: *Wide-area cooperative storage with CFS.* In: *Proceedings of the 18th ACM Symposium on Operating Systems Principles (SOSP 2001)*, Banff, Alberta, Kanada, 21.–24. Oktober 2001.

[29] FRANK DABEK, BEN ZHAO, PETER DRUSCHEL, JOHN KUBIATOWICZ und ION STOICA: *Towards a Common API for Structured Peer-to-Peer Overlays.* In: *Peer-to-Peer Systems II, Second International Workshop, IPTPS 2003, Revised Papers*, Band 2735/2003, Seiten 33–44, Berkeley, CA, USA, 20.–21. Februar 2003.

[30] LUC DEVROYE: *Non-Uniform Random Variate Generation*, Kapitel II.2, Seiten 27–39. Springer-Verlag, 1986.

[31] BENEDICT ELSER, ANDREAS FÖRSCHLER und THOMAS FUHRMANN: *Spring for Vivaldi – Orchestrating Hierarchical Network Coordinates.* In: *Proceedings of the 10th IEEE International Conference on Peer-to-Peer Computing (IEEE P2P '10)*, Delft, Niederlande, 25.–27. August 2010. IEEE Computer Society.

[32] BENEDIKT ELSER, ANDREAS FÖRSCHLER und THOMAS FUHRMANN: *Tuning Vivaldi: Achieving Increased Accuracy and Stability.* In: *Self-Organizing Systems*, Band 5918/2009 der Reihe *Lecture Notes in Computer Science*, Seiten 174–184. Springer Berlin / Heidelberg, 2009.

[33] SONIA GAIED FANTAR und HABIB YOUSSEF: *Improving Chord Network Performance Using Geographic Coordinates.* Lecture Notes in Computer Science, 5659/2009:77–86, 2009.

[34] CHRISTIAN FICKINGER: *Entwurf eines Overlay-Beitrittsprotokoll zur Verwendung von Netzwerkkoordinaten basierend auf NPS.* Studienarbeit, Institut für Telematik, Universität Karlsruhe (TH), Betreuer: Bernhard Heep und Martina Zitterbart, Januar 2009.

[35] HEIKO FISCHER: *Modellierung realistischer Paketverzögerungen für Over-Sim.* Studienarbeit, Institut für Telematik, Universität Karlsruhe (TH), Betreuer: Bernhard Heep und Martina Zitterbart, Februar 2008.

[36] JUSTIN FRANKEL: *Gnutella - A Protocol for a Revolution.* http://rfc-gnutella.sourceforge.net/. [online] letzter Zugriff am 6.3.2011.

[37] DREW FUDENBERG und JEAN TIROLE: *Game Theory*, Kapitel 1, Section 2.4. MIT Press, 1983.

[38] ANH-TUAN GAI und LAURENT VIENNOT: *Broose: a Practical Distributed Hashtable based on the De-Bruijn Topology.* In: *Fourth International Conference on Peer-to-Peer Computing (P2P 2004)*, Seiten 167–174, Zürich, Schweiz, 25.–27. August 2004.

[39] THOMAS GAMER und MICHAEL SCHARF: *Realistic Simulation Environments for IP-based Networks.* In: *Proceedings of the 1st international conference on Simulation tools and techniques for communications, networks and systems & workshops (SIMUTools '08)*, Seiten 83:1–83:7, Brüssel, Belgien, 7. März 2008. ICST (Institute for Computer Sciences, Social-Informatics and Telecommunications Engineering).

[40] PEDRO GARCÍA, CARLES PAIROT, RUBÉN MONDÉJAR, JORDI PUJOL, HE-LIO TEJEDOR und ROBERT RALLO: *PlanetSim: A New Overlay Network Simulation Framework*. In: *Software Engineering and Middleware*, Band Volume 3437/2005, Seiten 123–136, 2005.

[41] KALMAN GRAFFI, DOMINIK STINGL, JULIUS RUECKERT, ALEKSANDRA KOVACEVIC und RALF STEINMETZ: *Monitoring and Management of Structured Peer-to-Peer Systems*. In: *Proceedings of the IEEE Ninth International Conference on Peer-to-Peer Computing (IEEE P2P '09)*, Seiten 311–320, Seattle, WA, USA, 9.–11. September 2009.

[42] BAMBA GUEYE, STEVE UHLIG und SERGE FDIDA: *Investigating the Imprecision of IP Block-Based Geolocation*. In: *Proceedings of the 8th International Conference on Passive and Active Network Measurement (PAM 2007)*, Seiten 237–240, Louvain-la-neuve, Belgium, 5.–6. April 2007.

[43] KRISHNA P. GUMMADI, RAMAKRISHNA GUMMADI, STEVEN D. GRIBBLE, SYLVIA RATNASAMY, SCOTT SHENKER und ION STOICA: *The Impact of DHT Routing Geometry on Resilience and Proximity*. In: *SIGCOMM '03: Proceedings of the 2003 conference on Applications, technologies, architectures, and protocols for computer communications*, Seiten 381–394, Karlsruhe, Deutschland, 25.–29. August 2003. ACM Press.

[44] ANJALI GUPTA, BARBARA LISKOV und RODRIGO RODRIGUES: *Efficient Routing for Peer-to-Peer Overlays*. In: *First Symposium on Networked Systems Design and Implementation (NSDI '04)*, San Francisco, CA, USA, 29.–31. März 2004.

[45] FABIAN HARTMANN: *Koordinatenbasierte Pfadoptimierungen in strukturierten Overlays*. Diplomarbeit, Institut für Telematik, Universität Karlsruhe (TH), Betreuer: Bernhard Heep und Martina Zitterbart, Januar 2009.

[46] FABIAN HARTMANN und BERNHARD HEEP: *Coordinate-based Routing: Refining NodeIds in Structured Peer-to-Peer Systems*. In: *Proceedings of the International Conference on Ultra Modern Telecommunications & Workshops (ICUMT '09)*, St. Petersburg, Russland, 12.–14. Oktober 2009. IEEE Computer Society.

[47] JANI HAUTAKORPI und GONZALO CAMARILLO: *Evaluation of DHTs from the Viewpoint of Interpersonal Communications*. In: *MUM '07: Proceedings of the 6th international conference on Mobile and ubiquitous multimedia*, Seiten 74–83, Oulu, Finnland, 12.–14. Dezember 2007.

[48] BERNHARD HEEP: *dCBR: A Global View on Network Coordinates for More Efficient Peer-to-Peer Systems*. In: *Proceedings of the Second International Conference on Ubiquitous and Future Networks (ICUFN 2010)*, Seiten 372–377, Jeju, Südkorea, 16.–18. Juni 2010. IEEE Computer Society.

[49] BERNHARD HEEP: *R/Kademlia: Recursive and Topology-aware Overlay Routing*. In: *Proceedings of 2010 Australasian Telecommunication Networks and Applications Conference (ATNAC 2010)*, Seiten 102–107, Auckland,

Neuseeland, 1.–3. November 2010. IEEE Computer Society. Best Paper Award.

[50] TOBIAS HOSSFELD, ANDREAS BINZENHÖFER, DANIEL SCHLOSSER, KOLJA EGER, JENS OBERENDER, IVAN DEDINSKI und GERALD KUNZMANN: *Towards Efficient Simulation of Large Scale P2P Networks*. Technischer Bericht 371, Universität Würzburg, Oktober 2005.

[51] BRADLEY HUFFAK, DANIEL PLUMMER, DANIEL, DAVID MOORE und K. CLAFFY: *Topology Discovery by Active Probing*. In: *SAINT-W '02: Proceedings of the 2002 Symposium on Applications and the Internet (SAINT) Workshops*, Seiten 90–96, Nara, Japan, 28. Januar – 1. Februar 2002.

[52] M. FRANS KAASHOEK und DAVID R. KARGER: *Koorde: A Simple Degree-Optimal Distributed Hash Table*. In: *Peer-to-Peer Systems II, Second International Workshop, IPTPS 2003, Revised Papers*, Band 2735/2003, Seiten 98–107, Berkeley, CA, USA, 20.–21. Februar 2003.

[53] KONSTANTINOS KATSAROS, VASILEIOS P. KEMERLIS, CHARILAOS STAIS und GEORGE XYLOMENOS: *A BitTorrent Module for the OMNeT++ Simulator*. In: *IEEE International Symposium on Modeling, Analysis Simulation of Computer and Telecommunication Systems (MASCOTS '09)*, Seiten 361–370, London, UK, 21.–23. September 2009.

[54] SEBASTIAN KAUNE, TOBIAS LAUINGER, ALEKSANDRA KOVACEVIC und KONSTANTIN PUSSEP: *Embracing the Peer Next Door: Proximity in Kademlia*. In: *Proceedings of the Eighth International Conference on Peer-to-Peer Computing (P2P '08)*, Seiten 343–350, Aachen, Deutschland, 8.–11. September 2008.

[55] TOSHINORI KOJIMA, MASATO ASAHARA, KENJI KONO und AI HAYAKAWA: *Embedding Network Coordinates into the Heart of Distributed Hash Tables*. In: *Proceedings of the 9th IEEE International Conference on Peer-to-Peer Computing (IEEE P2P '09)*, Seiten 155–158, Seattle, WA, USA, 9.–11. September 2009.

[56] PONNAMBALAM KUMARASWAMY: *A generalized probability density function for double-bounded random processes*. Journal of Hydrology, 46(1-2):79–88, März 1980.

[57] GERALD KUNZMANN, ROBERT NAGEL, TOBIAS HOSSFELD, ANDREAS BINZENHÖFER und KOLJA EGER: *Efficient Simulation of Large-Scale P2P Networks: Modeling Network Transmission Times*. In: *Proceedings of the Workshop on Modeling, Simulation and Optimization of Peer-to-peer environments (MSOP2P) in conjunction with 15th Euromicro International Conference on Parallel, Distributed and Network-Based Processing (PDP '07)*, Seiten 475–481, Neapel, Italien, 7.–9. Februar 2007.

[58] MICHAEL KÖHNLEIN: *Evaluierung des P2P-Protokolls Distance Halving hinsichtlich Sicherheitsaspekten*. Diplomarbeit, Institut für Telematik, Universität Karlsruhe (TH), Betreuer: Ingmar Baumgart und Martina Zitterbart, Dezember 2006.

[59] CÉDRIC DE LAUNOIS, STEVE UHLIG und OLIVIER BONAVENTURE: *Scalable Route Selection for IPv6 Multihomed Sites*. In: *Networking 2005*, Band 3462 der Reihe *Lecture Notes in Computer Science*, Seiten 51–59. Springer Berlin, Heidelberg, Mai 2005.

[60] SIMON ST. LAURENT, JOE JOHNSTON und EDD DUMBILL: *Programming Web Services with XML-RPC*. O'Reilly Internet Series. O'Reilly Media, Paperback Auflage, Juni 2001.

[61] JONATHAN LEDLIE, PAUL GARDNER und MARGO I. SELTZER: *Network Coordinates in the Wild*. In: *Proceedings of the 4th Symposium on Networked Systems Design and Implementation (NSDI '07)*, Seiten 299–312, Cambridge, MA, USA, 11.–13. April 2007.

[62] JINYANG LI, JEREMY STRIBLING, ROBERT MORRIS und M. FRANS KAASHOEK: *Bandwidth-efficient management of DHT routing tables*. In: *Proceedings of the 2nd USENIX Symposium on Networked Systems Design and Implementation (NSDI '05)*, Boston, MA, USA, 2.–4. Mai 2005.

[63] JINYANG LI, JEREMY STRIBLING, ROBERT MORRIS, M. FRANS KAASHOEK und THOMER M. GIL: *A performance vs. cost framework for evaluating DHT design tradeoffs under churn*. In: *24th Annual Joint Conference of the IEEE Computer and Communications Societies (INFOCOM 2005)*, Band 1, Seiten 225–236, Miami, FL, USA, 13.–17. März 2005.

[64] DANIEL LIENERT: *Globale Sicht auf dezentrale Netzwerk-Koordinatensysteme*. Studienarbeit, Institut für Telematik, Karlsruher Institut für Technologie (KIT), Betreuer: Bernhard Heep und Martina Zitterbart, Oktober 2010.

[65] DMITRI LOGUINOV, JUAN CASAS und XIAOMING WANG: *Graph-theoretic analysis of structured peer-to-peer systems: routing distances and fault resilience*. IEEE/ACM Transactions on Networking, 13(5):1107–1120, Oktober 2005.

[66] ENG KEONG LUA, JON CROWCROFT, MARCELO PIAS, RAVI SHARMA und STEVEN LIM: *A Survey and Comparison of Peer-to-Peer Overlay Network Schemes*. IEEE Communications Survey and Tutorial, 7:72–93, 2005.

[67] DAHLIA MALKHI, MONI NAOR und DAVID RATAJCZAK: *Viceroy: A Scalable and Dynamic Emulation of the Butterfly*. In: *Proceedings of the Twenty-First ACM Symposium on Principles of Distributed Computing (PODC 2002)*, Seiten 183–192, Monterey, CA, USA, 21.–24. Juli 2002. ACM Press.

[68] YUKIHIRO MATSUMOTO: *Ruby Programming Language – Website*. http://www.ruby-lang.org/. [online] letzter Zugriff am 6.3.2011.

[69] MARKUS MAUCH: *Implementierung und Evaluierung des Peer-to-Peer-Protokolls Chord*. Studienarbeit, Institut für Telematik, Universität Karlsruhe (TH), Betreuer: Ingmar Baumgart, Stephan Krause und Martina Zitterbart, Februar 2006.

[70] PETAR MAYMOUNKOV und DAVID MAZIÈRES: *Kademlia: A Peer-to-Peer Information System Based on the XOR Metric*. In: *Peer-to-Peer Systems: First International Workshop (IPTPS 2002). Revised Papers*, Band 2429/2002, Seiten 53–65, Cambridge, MA, USA, 7–8. März 2002.

[71] ALBERTO MEDINA, ANUKOOL LAKHINA, IBRAHIM MATTA und JOHN BYERS: *BRITE: An Approach to Universal Topology Generation*. In: *Proceedings of the 9th International Symposium on Modeling, Analysis and Simulation of Computer and Telecommunication Systems (MASCOTS '01)*, Seiten 346–353, Cincinnati, OH, USA, 15.–18. August 2001.

[72] GÉGOIRE MENUEL: *Distributed Data Storage with OverSim*. Studienarbeit, Institut für Telematik, Universität Karlsruhe (TH), Betreuer: Ingmar Baumgart und Martina Zitterbart, November 2007.

[73] VALENTIN MESAROS, BRUNO CARTON und PETER VAN ROY: *S-Chord: Using Symmetry to Improve Lookup Efficiency in Chord*. In: *Proceedings of the International Conference on Parallel and Distributed Processing Techniques and Applications (PDPTA '03)*, Band 4, Seiten 1752–1760, Juni 2003.

[74] SEBASTIAN MIES: *Entwurf und Evaluierung einer sicheren DHT für dezentrales Voice-over-IP*. Diplomarbeit, Institut für Telematik, Universität Karlsruhe (TH), Betreuer: Ingmar Baumgart und Martina Zitterbart, September 2006.

[75] MONI NAOR und UDI WIEDER: *Novel Architectures for P2P Applications: the Continuous-Discrete Approach*. In: *SPAA '03: Proceedings of the 15th annual ACM Symposium on Parallel Algorithms and Architectures*, Seiten 50–59, San Diego, CA, USA, 7.–9. Juni 2003. ACM Press.

[76] JOHN ASHWORTH NELDER und ROGER MEAD: *A Simplex Method for Function Minimization*. Computer Journal, 7:308–313, 1965.

[77] T. S. EUGENE NG und HUI ZHANG: *Predicting Internet Network Distance with Coordinates-Based Approaches*. In: *Proceedings of the Twenty-First Annual Joint Conference of the IEEE Computer and Communications Societies (INFOCOM 2002)*, Seiten 170–179, New York City, NY, USA, 23.–27. Juni 2002. IEEE Computer Society.

[78] T. S. EUGENE NG und HUI ZHANG: *A Network Positioning System for the Internet*. In: *ATEC '04: Proceedings of the annual conference on USENIX Annual Technical Conference*, Berkeley, CA, USA, 2004. USENIX Association.

[79] RICARDO V. OLIVEIRA, DAN PEI, WALTER WILLINGER, BEICHUAN ZHANG und LIXIA ZHANG: *In Search of the Elusive Ground Truth: The Internet's AS-Level Connectivity Structure*. In: *SIGMETRICS '08: Proceedings of the 2008 ACM SIGMETRICS International Conference on Measurement and Modeling of Computer Systems*, Seiten 217–228, Annapolis, MD, USA, 2.–6. Juni 2008. ACM Press.

[80] JOHN OUSTERHOUT: *Tcl Developer Site – Website*. http://www.tcl.tk/. [online] letzter Zugriff am 6.3.2011.

[81] FELIX PALMEN: *Evaluierung von Pastry im Next Generation Internet*. Studienarbeit, Institut für Telematik, Universität Karlsruhe (TH), Betreuer: Bernhard Heep und Martina Zitterbart, Oktober 2007.

[82] ROBERT PALMER: *GIA - Implementierung und Evaluierung eines Gnutellaähnlichen P2P-Systems*. Studienarbeit, Institut für Telematik, Universität Karlsruhe (TH), Betreuer: Ingmar Baumgart, Bernhard Heep und Martina Zitterbart, Juli 2006.

[83] LARRY PETERSON, TOM ANDERSON, DAVID CULLER und TIMOTHY ROSCOE: *A blueprint for introducing disruptive technology into the Internet*. ACM SIGCOMM Computer Communication Review, 33(1):59–64, Januar 2003.

[84] GERHARD PETRUSCHAT: *Evaluierung von Topologieadaptionsmechanismen in strukturierten Overlaynetzen*. Studienarbeit, Institut für Telematik, Universität Karlsruhe (TH), Betreuer: Bernhard Heep und Martina Zitterbart, Oktober 2008.

[85] RASTIN PRIES PHUOC TRAN-GIA, PAUL MÜLLER: *G-Lab Website*. http://www.german-lab.de/. [online] letzter Zugriff am 6.3.2011.

[86] C. GREG PLAXTON, RAJMOHAN RAJARAMAN und ANDRÉA W. RICHA: *Accessing nearby copies of replicated objects in a distributed environment*. In: *SPAA '97: Proceedings of the ninth annual ACM symposium on Parallel algorithms and architectures*, Seiten 311–320, Newport, RI, USA, 22.–25. Juni 1997.

[87] INGMAR POESE, STEVE UHLIG, MOHAMED ALI KAAFAR, BENOIT DONNET und BAMBA GUEYE: *IP Geolocation Databases: Unreliable?* ACM SIGCOMM Computer Communication Review, 41(2), April 2011.

[88] JONATHAN POSTEL: *Internet Control Message Protocol*. IETF RFC 792, September 1981.

[89] JONATHAN POSTEL: *Transmission Control Protocol*. IETF RFC 793, September 1981. Updated by RFCs 1122, 3168.

[90] MARTIN RAACK, DOMINIC BATTRÉ, ANDRÉ HÖING und ODEJ KAO: *Papnet: A Proximity-aware Alphanumeric Overlay Supporting Ganesan On-Line Load Balancing*. In: *15th International Conference on Parallel and Distributed Systems (ICPADS 2009)*, Seiten 440 – 447, Shenzhen, China, 8.–11. Dezember 2009.

[91] SYLVIA RATNASAMY, PAUL FRANCIS, MARK HANDLEY, RICHARD KARP und SCOTT SHENKER: *A Scalable Content-Addressable Network*. In: *Proceedings of the 2001 Conference on Applications, Technologies, Architectures, and Protocols for Computer Communications (SIGCOMM '01)*, Seiten 161–172, San Diego, CA, USA, 27.–31. August 2001. ACM Press.

[92] SEAN RHEA, DENNIS GEELS, TIMOTHY ROSCOE und JOHN KUBIATOWICZ: *Handling Churn in a DHT*. Technischer Bericht UCB/CSD-03-1299, EECS Department, University of California, Berkeley, CA, USA, Dezember 2003.

[93] SEAN RHEA, DENNIS GEELS, TIMOTHY ROSCOE und JOHN KUBIATOWICZ:
      Handling Churn in a DHT. In: *ATEC '04: Proceedings of the annual con-
      ference on USENIX Annual Technical Conference*, Seiten 127–140, Boston,
      MA, USA, 27. Juni – 2. Juli 2004.

[94] SEAN RHEA, BRIGHTEN GODFREY, BRAD KARP, JOHN KUBIATOWICZ,
      SYLVIA RATNASAMY, SCOTT SHENKER, ION STOICA und HARLAN YU:
      OpenDHT: a public DHT service and its uses. In: *SIGCOMM '05: Procee-
      dings of the 2005 conference on Applications, technologies, architectures, and
      protocols for computer communications*, Seiten 73–84, Philadephia, PA, USA,
      22.–26. August 2005. ACM Press.

[95] MATEI RIPEANU: *Peer-to-Peer Architecture Case Study: Gnutella Network.*
      In: *First International Conference on Peer-to-Peer Computing (P2P '01)*,
      Seiten 99–100, Linköping, Schweden, 27.–29. August 2001. IEEE Computer
      Society.

[96] JONATHAN ROSENBERG, HENNING SCHULZRINNE, GONZALO CAMARIL-
      LO, ALAN JOHNSTON, JON PETERSON, ROBERT SPARKS, MARK HANDLEY
      und EVE SCHOOLER: *SIP: Session Initiation Protocol.* IETF RFC 3261, Juni
      2002.

[97] JONATHAN ROSENBERG, JOEL WEINBERGER, CHRISTIAN HUITEMA und
      ROHAN MAHY: *STUN - Simple Traversal of User Datagram Protocol (UDP)
      Through Network Address Translators (NATs).* IETF RFC 3489, März 2003.

[98] MATTHIAS ROTH: *Optimierung des iterativen Lookups und der RPC-Timeouts
      in strukturierten Overlay-Netzen.* Diplomarbeit, Institut für Telematik, Uni-
      versität Karlsruhe (TH), Betreuer: Bernhard Heep und Martina Zitterbart,
      November 2009.

[99] ANTONY ROWSTRON und PETER DRUSCHEL: *Pastry: Scalable, Decentrali-
      zed Object Location, and Routing for Large-Scale Peer-to-Peer Systems.* In:
      *Middleware 2001 : Proceedings of the IFIP/ACM International Conference on
      Distributed Systems Platforms*, Band 2218/2001, Seiten 329–350, Heidelberg,
      Deutschland, 12.–16. November 2001.

[100] ANTONY ROWSTRON und PETER DRUSCHEL: *Storage Management and
      Caching in PAST, A Large-scale, Persistent Peer-to-peer Storage Utility.* In:
      *Proceedings of the Eighteenth ACM Symposium on Operating Systems Prin-
      ciples (SOSP '01)*, Seiten 188–201, Banff, Alberta, Kanada, 21.–24. Oktober
      2001. ACM Press.

[101] JOCHEN SCHENK: *Evaluierung von P2P-Protokollen auf Basis von De-Bruijn-
      Graphen.* Diplomarbeit, Institut für Telematik, Universität Karlsruhe (TH),
      Betreuer: Ingmar Baumgart und Martina Zitterbart, Februar 2007.

[102] THORSTEN SCHÜTT, FLORIAN SCHINTKE und ALEXANDER REINEFELD:
      Chord#: Structured Overlay Network for Non-uniform Load-Distribution.
      Technischer Bericht ZIB-Report 05-40, Konrad-Zuse-Zentrum für Informati-
      onstechnik Berlin, August 2005.

[103] THORSTEN SCHÜTT, FLORIAN SCHINTKE und ALEXANDER REINEFELD: *Range queries on structured overlay networks*. Computer Communications, 31(2):280–291, Februar 2008.

[104] TOMAS SEMELA: *Replikationsstrategien in P2P-Netzen*. Studienarbeit, Institut für Telematik, Karlsruher Institut für Technologie (KIT), Betreuer: Bernhard Heep und Martina Zitterbart, März 2010.

[105] KAZUYUKI SHUDO: *Overlay Weaver*. http://overlayweaver.sourceforge.net/. [online] letzter Zugriff am 6.3.2011.

[106] MATTHIAS SIEBERT, BANGNAN XU, MICHAEL GRIGAT, ERIK WEIS, NICO BAYER, DIMITRY SIVCHENKO, THOMAS-ROLF BANNIZA, KLAUS WÜNSTEL, STEPHAN WAHL, ROLF SIGLE, RALF KELLER, ARMIN DEKORSY, MARKUS BAUER, MICHAEL SOELLNER, JOSEF EICHINGER, CHANGPENG FAN, FRANK PITTMANN, RALPH KÜHNE, MORTEN SCHLÄGER, ROLAND BLESS, INGMAR BAUMGART und STEFAN STEFANOV: *ScaleNet - Converged Networks of the Future*. it - Information Technology, Themenheft "IP basierte mobile Systeme", 5:253–263, Oktober 2006.

[107] EMIL SIT und ROBERT MORRIS: *Security Considerations for Peer-to-Peer Distributed Hash Tables*. In: *IPTPS '02: Revised Papers from the First International Workshop on Peer-to-Peer Systems*, Seiten 261–269, Cambridge, MA, USA, 7.–8. März 2002. Springer-Verlag.

[108] NEIL SPRING, LARRY PETERSON, ANDY BAVIER und VIVEK PAI: *Using PlanetLab for Network Research: Myths, Realities, and Best Practices*. SIGOPS Operating Systems Review, 40:17–24, Januar 2006.

[109] PYDA SRISURESH, BRYAN FORD und DAN KEGEL: *State of Peer-to-Peer (P2P) Communication across Network Address Translators (NATs)*. IETF RFC 5128, März 2008.

[110] MUDHAKAR SRIVATSA und LING LIU: *Vulnerabilities and Security Threats in Structured Overlay Networks: A Quantitative Analysis*. In: *ACSAC '04: Proceedings of the 20th Annual Computer Security Applications Conference (ACSAC '04)*, Seiten 252–261, Tucson, AZ, USA, 6.–10. Dezember 2004. IEEE Computer Society.

[111] MORITZ STEINER, TAOUFIK EN-NAJJARY und ERNST W. BIERSACK: *Long Term Study of Peer Behavior in the KAD DHT*. IEEE/ACM Transactions on Networking, 17(6):1371–1384, Oktober 2009.

[112] ION STOICA, DANIEL ADKINS, SHELLEY ZHUANG, SCOTT SHENKER und SONESH SURANA: *Internet Indirection Infrastructure*. IEEE/ACM Transactions on Networking, 12(2):205–218, April 2004.

[113] ION STOICA, ROBERT MORRIS, DAVID KARGER, M. FRANS KAASHOEK und HARI BALAKRISHNAN: *Chord: A Scalable Peer-to-peer Lookup Service for Internet Applications*. In: *Proceedings of the ACM SIGCOMM '01 Conference*, Seiten 149–160, San Diego, CA, USA, 27.–31. August 2001. ACM Press.

[114] ION STOICA, ROBERT MORRIS, DAVID LIBEN-NOWELL, DAVID KARGER, M. FRANS KAASHOEK, FRANK DABEK und HARI BALAKRISHNAN: *Chord: a scalable peer-to-peer lookup protocol for Internet applications.* IEEE/ACM Transactions on Networking, 11(1):17–32, Februar 2003.

[115] DANIEL STUTZBACH und REZA REJAIE: *Understanding Churn in Peer-to-Peer Networks.* In: *IMC '06: Proceedings of the 6th ACM SIGCOMM Conference on Internet Measurement*, Seiten 189–202, Rio de Janeiro, Brasilien, 25.–27. Oktober 2006.

[116] ANDRÁS VARGA: *INET Framework for OMNeT++ 4.0 Community Site.* http://inet.omnetpp.org/. [online] letzter Zugriff am 6.3.2011.

[117] ANDRÁS VARGA: *OMNeT++ Community Site.* http://www.omnetpp.org/. [online] letzter Zugriff am 6.3.2011.

[118] ANDRÁS VARGA und RUDOLF HORNIG: *An overview of the OMNeT++ simulation environment.* In: *Simutools '08: Proceedings of the 1st international conference on Simulation tools and techniques for communications, networks and systems & workshops*, Marseille, France, 3.–7. März 2008. ICST (Institute for Computer Sciences, Social-Informatics and Telecommunications Engineering).

[119] GANG WANG, SHINING WU, GUODONG WANG, BEIXING DENG und XING LI: *Experimental Study on Neighbor Selection Policy for Phoenix Network Coordinate System.* In: *Proceedings of the International Conference on Ultra Modern Telecommunications & Workshops (ICUMT '09)*, St. Petersburg, Russland, 12.–14. Oktober 2009. IEEE Computer Society.

[120] DI WU, YE TIAN und KAM-WING NG: *Analytical Study on Improving DHT Lookup Performance under Churn.* In: *P2P '06: Proceedings of the Sixth IEEE International Conference on Peer-to-Peer Computing*, Seiten 249–258, Cambridge, UK, 6.–8. September 2006.

[121] WEIYU WU, YANG CHEN, XINYI ZHANG, XIAOHUI SHI, LIN CONG, BEIXING DENG und XING LI: *LDHT: Locality-aware Distributed Hash Tables.* In: *Proceedings of the International Conference on Information Networking (ICOIN 2008)*, Busan, Südkorea, 23.–25. Januar 2008.

[122] JIPING XIONG, YOUWEI ZHANG, PEILIN HONG und JINSHENG LI: *Chord6: IPv6 Based Topology-Aware Chord.* In: *Joint International Conference on Autonomic and Autonomous Systems and International Conference on Networking and Services (ICAS-ICNS 2005)*, Papeete, Tahiti, 23.–28. Oktober 2005. IEEE Computer Society.

[123] ZHONGMEI YAO, DEREK LEONARD, XIAOMING WANG und DMITRI LOGUINOV: *Modeling Heterogeneous User Churn and Local Resilience of Unstructured P2P Networks.* In: *Proceedings of the 14th International Conference on Network Protocols (IEEE ICNP '06)*, Seiten 32–41, Santa Barbara, CA, USA, 12.–15. November 2006.

[124] ANTONIO ZEA: *Session und Host Mobility mit der Internet Indirection Infra-structure*. Studienarbeit, Institut für Telematik, Universität Karlsruhe (TH), Betreuer: Bernhard Heep und Martina Zitterbart, Juni 2007.

[125] HUI ZHANG, ASHISH GOEL und RAMESH GOVINDAN: *Improving lookup latency in distributed hash table systems using random sampling*. IEEE/ACM Transactions on Networking, 13(5):1121–1134, Oktober 2005.

[126] ZHENG ZHANG, SHUMING SHI und JING ZHU: *SOMO: Self-Organized Metadata Overlay for Resource Management in P2P DHT*. In: *Peer-to-Peer Systems II, Second International Workshop, IPTPS 2003, Revised Papers*, Seiten 170–182, Berkeley, CA, USA, 20.–21. Februar 2003.

[127] BEN Y. ZHAO, LING HUANG, JEREMY STRIBLING, SEAN C. RHEA, AN-THONY D. JOSEPH und JOHN D. KUBIATOWICZ: *Tapestry: A Resilient Global-Scale Overlay for Service Deployment*. IEEE Journal on Selected Areas in Communications, 22(1):41–53, Januar 2004.

[128] SHUHENG ZHOU, GREGORY R. GANGER und PETER STEENKISTE: *Balancing Locality and Randomness in DHTs*. Technischer Bericht CMU-CS-03-203, School of Computer Science, Carnegie Mellon University, Pittsburgh, PA, USA, November 2003.

[129] SHUHENG ZHOU, GREGORY R. GANGER und PETER STEENKISTE: *Location-based Node IDs: Enabling Explicit Locality in DHTs*. Technischer Bericht CMU-CS-03-171, School of Computer Science, Carnegie Mellon University, Pittsburgh, PA, USA, September 2003.

[130] SHELLEY ZHUANG, KEVIN LAI, ION STOICA, RANDY KATZ und SCOTT SHENKER: *Host Mobility Using an Internet Indirection Infrastructure*. Wireless Networks, 11(6):741–756, März 2005.

[131] SHELLEY Q. ZHUANG, BEN Y. ZHAO, ANTHONY D. JOSEPH, RANDY H. KATZ und JOHN D. KUBIATOWICZ: *Bayeux: an architecture for scalable and fault-tolerant wide-area data dissemination*. In: *NOSSDAV '01: Proceedings of the 11th international workshop on Network and operating systems support for digital audio and video*, Seiten 11–20, Port Jefferson, NY, USA, 25.–26. Juni 2001. ACM Press.

[132] JACOB ZIV und ABRAHAM LEMPEL: *A Universal Algorithm for Sequential Data Compression*. IEEE Transactions on Information Theory, 23(3):337–343, 1977.

Glossar

Churn
s. Knotenfluktuation

Coordinate-based Routing
Coordinate-based Routing (CBR) ist ein im Rahmen dieser Arbeit entwickeltes TbNA-Verfahren das Netzwerk-Koordinaten als Basis verwendet um Overlay-Knoten topologieabhängige, aber gleichverteilte Knotenidentitäten zuzuweisen.

Digit
Mehrere (meist 1, 2 oder 4) zusammengefasste Bits einer NodeId, die beim Routing und beim Aufbau von Routing-Tabellen als Einheit betrachtet werden

Distributed Hash Table
In der Literatur oft als Synonym für strukturierte Overlay-Netze gebraucht. In dieser Arbeit bezeichnet Distributed Hash Table (DHT) einen den KBR-Dienst nutzenden Dienst für robuste verteilte Datenspeicherung. Um dies auch unter Knotenfluktuation zu gewährleisten, werden die Daten meist repliziert auf mehreren Overlay-Knoten gespeichert.

Einweglatenz
Zeitspanne zwischen dem erfolgreichen Absenden einer Nachricht von einem Initiatorknoten und dem Empfang beim Zielknoten

Ergebnisvektor
Ein Ergebnisvektor $\bar{L}_y$ speichert während eines Lookups die u zu einem Zielschlüssel y nächsten bekannten Overlay-Knoten.

ID-Raum
Menge aller möglichen NodeIds bzw. zu vergebenen Schlüssel in einem strukturierten Overlay-Netz, meist das Intervall $[0; 2^m - 1] \subset \mathbb{N}_0$ mit $m \in \{128; 160\}$

KBR-Lookup
Ein KBR-Lookup liefert in einem strukturierten Overlay-Netz den hauptverantwortlichen Knoten bzw. die Siblings zu einem Suchschlüssel y zurück.

KBR-Routing

KBR-Routing bezeichnet den Vorgang, bei dem eine Nachricht mit Zielschlüssel in einem strukturierten Overlay-Netz an den für den Zielschlüssel hauptverantwortlichen Overlay-Knoten zugestellt wird.

Key-based Routing

Ein von strukturierten Overlay-Netzen angebotener Dienst. Eine diesen Dienst nutzende Applikation kann andere Overlay-Knoten und im Overlay-Netz abgelegte Informationen mittels Schlüsseln adressieren und auffinden.

Knotenfluktuation

Phänomen anhaltend bei- und austretender Knoten in bzw. aus einem Overlay-Netz (u. a. in P2P-Tauschbörsen im Internet zu beobachten)

Knotenidentität

s. NodeId

Latenz

s. Einweglatenz und Round-Trip-Time

Latency Stretch

Verhältnis der Routing-Latenz zwischen einem Initiatorknoten X und einem Empfängerknoten Y im Overlay-Netz und der Einweglatenz zwischen X und Y im Underlay-Netz

Lookup

s. KBR-Lookup

Lookup-Latenz

Dauer einer KBR-Lookup-Prozedur in einem strukturierten Overlay-Netz, d. h. die Zeitspanne zwischen dem Absetzen einer initialen Anfrage eines Initiatorknotens zur Identifikation des für einen Zielschlüssel y verantwortlichen Knotens (bzw. der dazugehörigen Siblings) und dem Eintreffen der angeforderten Information beim Initiatorknoten

Lookup-Prozedur

s. KBR-Lookup

Netzwerk-Koordinaten

s. Netzwerk-Koordinatensystem

Netzwerk-Koordinatensystem

Ein Netzwerk-Koordinatensystem weist jedem teilnehmenden Knoten eines Overlay-Netzes einen Punkt aus einem metrischen Raum zu. Der dem Knoten zugewiesene Punkt wird durch seine Netzwerk-Koordinaten repräsentiert. Zur Abschätzung des physischen Abstandes, d. h. beispielsweise der Latenz zwischen zwei Knoten im Netzwerk kann der Abstand im Koordinatenraum des Netzwerk-Koordinatensystems gemäß der dort verwendeten Abstandsmetrik verwendet werden.

NodeHandle

Eine Datenstruktur, die häufig in den Routing-Tabellen der Overlay-Protokolle und zum Austausch von Information über Teilnehmer des P2P-Netzes
verwendet wird; enthält eine Transportadresse und einen Schlüssel aus dem
ID-Raum des verwendeten Overlay-Protokolls

NodeId

Eine Zahl aus dem Schlüsselraum des Overlay-Netzes. Wird zur Identifikation
eines Overlay-Knotens und zur Festlegung von dessen Verantwortlichkeitsbe-
reich im Overlay-Netz verwendet. NodeIds werden meist zufällig gewählt oder
z. B. mittels Hash-Funktionen angewandt auf IP-Adressen oder öffentlichen
asymmetrischen Schlüsseln abgeleitet.

OMNeT++

Ein Simulations-Framework geschrieben in C++ zur Simulation diskreter Ereignisse, die in Form von Nachrichten zwischen sog. Modulen über sog. Gates
ausgetauscht werden. OMNeT++ kann u. a. zur Simulation von Netzwerken, integrierten Schaltungen und Wirtschaftsabläufen eingesetzt werden. OMNeT++
steht unter der *Academic Public Licence*

Overlay

s. Overlay-Netz

Overlay-Knoten

Teilnehmer eines Overlay-Netzes, baut logische Verbindungen zu anderen
Overlay-Knoten – seinen sog. Peers – auf

Overlay-Netz

Logische Struktur über einem physisch vorhandenen Netzwerk (dem Underlay-
Netz); eine Teilmenge der Knoten des Underlays bauen logische Verbindungen
untereinander auf, sind somit Peers im Overlay ohne notwendigerweise direkte
Nachbarn im Underlay zu sein

Overlay-Protokoll

Organisationsvorschrift für den Aufbau und Erhalt eines Overlay-Netzes, den
darin verwendeten Beitritts- und Stabilisierungsprozeduren und den Routing-
und Adressierungsschemata

OverSim

Ein Overlay-(Simulations-)Framework basierend auf OMNeT++, entwickelt
am Institut für Telematik des Karlsruher Instituts für Technologie (KIT)

Peer

In dieser Arbeit wird ein Overlay-Knoten A_i als Peer eines anderen Overlay-
Knoten X bezeichnet, falls er in der Routing-Tabelle von X eingetragen und
damit potenzieller Kommunikationspartner von X ist. Allgemeine Definition:
Ein Peer ist Teilnehmer an einem Peer-to-Peer-Netzwerk.

Peer-to-Peer

Kommunikationsparadigma, alternativ zum Client/Server-Prinzip. Netzwerk-

Teilnehmer sind gleichberechtigt und erfüllen sowohl Server- als auch Client-Funktionen. Peer-to-Peer-Systeme basieren oft auf eigens dafür aufgebauten Overlay-Netzen

Proximity Neighbor Selection

Topologieadaptionsvariante, die den Aufbau der lokalen Routing-Tabellen beeinflusst; diese werden mit den physisch nächsten, aber den Regeln des verwendeten Overlay-Protokolls genügenden Overlay-Knoten gefüllt, physisch weiter entferten Overlay-Knoten werden dabei ggf. ersetzt.

Proximity Routing

Topologieadaptionsvariante, die Einfluss auf lokale Routing-Entscheidungen nimmt, indem zur Bestimmung des nächsten Overlay-Knotens auf dem Routing-Pfad in jedem Routing-Schritt jeweils zwischen physischer Nähe und Fortschritt im ID-Raum abgewogen wird

Proximity-aware Iterative Lookup

Proximity-aware Iterative Lookup (PAIL) ist ein protokollunabhängiges, im Rahmen dieser Arbeit entwickeltes Verfahren bei dem mittels Netzwerk-Koordinaten bzgl. der Latenzen günstige Overlay-Knoten während iterativer Lookups ausgewählt werden. Die Auswahl wird durch austauschbare, kombinierbare Metriken bestimmt, die sowohl die im Overlay verwendete Metrik als auch die abgeschätzten Latenzen berücksichtigt.

R/Kademlia

R/Kademlia ist ein im Rahmen dieser Arbeit entwickeltes, auf dem im Internet verbreiteten *Kademlia*-Protokoll aufbauendes Overlay-Protokoll. R/Kademlia verbindet rekursives Overlay-Routing mit der Möglichkeit effizient Topologieadaption (Proximity Routing, Proximity Neighbor Selection und Coordinate-based Routing) einzusetzen.

Routing-Latenz

Dauer einer KBR-Routing-Prozedur in einem strukturierten Overlay-Netz, d. h. die Zeitspanne zwischen dem Absenden einer Nachricht von einem Initiatorknoten an einen Zielschlüssel y und dem Eintreffen der Nachricht bei dem für y verantwortlichen Overlay-Knoten

Routing-Prozedur

s. KBR-Routing

Round-Trip-Time

Zeitspanne zwischen dem erfolgreichen Absenden einer Nachricht von einem Initiatorknoten und dem Empfang einer dazugehörigen Antwortnachricht beim selben Knoten.

Schlüsselraum

s. ID-Raum

Sibling

Ein Overlay-Knoten in einem strukturierten Overlay-Netz wird Sibling zu einem Schlüssel y genannt, wenn er im ID-Raum gemäß der Responsibility-Metrik d_{resp} nahe an y liegt. Ist er unter den n nächsten Knoten, gehört er zu den n Siblings von y.

Stretch

s. Latency Stretch

Topologieadaption

Anpassung der Overlay-Struktur an die zugrunde liegende Netzwerkstruktur (dem Underlay) mit dem Ziel, Pfade im Overlay-Netz über möglichst physisch kurze Verbindungen zu leiten und damit die Routing-Latenzen zu senken.

Topology-based NodeId Assignment

Topologieadaptionsvariante, bei deren Einsatz die Topologie des dem Overlay-Netz zugrunde liegenden Netzwerks auf die NodeIds der Overlay-Knoten abgebildet wird, um die Struktur des Overlay-Netzes an die Topologie des Underlays anzupassen

Transportadresse

Eine Transportadresse („transport address") ist eine Datenstruktur, die eine IP-Adresse (IPv4 oder IPv6) und eine UDP-Portnummer beinhaltet.

Underlay-Netz

Physisch vorhandenes Netzwerk (z. B. das Internet), bildet die Basis für darauf aufbauende logische Overlay-Netze

Underlay

s. Underlay-Netz

Abkürzungsverzeichnis

dCBR   decentralized Coordinate-based Routing

ALM   Application Layer Multicast
AS   Autonomous System

CAN   Content Addressable Network
CAP   Current Area Partitioning
CBR   Coordinate-based Routing
CCD   Current Coordinate Distribution
CDF   Cummulative Distribution Function

DHT   Distributed Hash Table
DNS   Domain Name System
DSL   Digital Subscriber Line

GAP   Global Area Partitioning
GCD   Global Coordinate Distribution
GNP   Global Network Positioning
GUI   Graphical User Interface

ICMP   Internet Control Message Protocol
ID   Identifier
IP   Internet Protocol
IPTV   Internet Protocol Television
IPv4   Internet Protocol Version 4
IPv6   Internet Protocol Version 6
ISDN   Integrated Services Digital Network
ISP   Internet Service Provider

KBR   Key-based Routing

LM-CBR   Landmark-based Coordinate-based Routing
LPRS   Lookup-parasitic Random Sampling
LRU   Least Recently Used

MAC	Media Access Control
MP3	MPEG-1 Audio Layer 3
NAT	Network Address Translation
NPS	Network Positioning System
P2P	Peer-to-Peer
PAIL	Proximity-aware Iterative Lookup
PAT	Port Address Translation
PDF	Probability Density Function
PDU	Protocol Data Unit
PIS	Proximity Identifier Selection
PKI	Public Key Infrastructure
PNS	Proximity Neighbor Selection
PR	Proximity Routing
PVC	Performance vs. Cost Evaluation Framework
RPC	Remote Procedure Call
RTT	Round Trip Time
TbNA	Topology-based NodeId Assignment
TCP	Transmission Control Protocol
TIV	Triangle Inequality Violation
UDP	User Datagram Protocol
VoIP	Voice over IP
WWW	World Wide Web
XML	Extensible Markup Language
XOR	eXclusive OR

Symbol- und Variablenverzeichnis

A_i	Ein Overlay-Knoten, oft verwendet für Knoten auf einem Routing-Pfad
B	Ein Overlay-Knoten, oft verwendet für den Bootstrap-Knoten eines beitrittswilligen Knotens X
b	Bits per Digit, Anzahl der Bits, die bei einer NodeId zusammengefasst betrachtet werden
b_X^{in}	Eingangsbandbreite des Zugangsnetzes von Overlay-Knoten X
b_X^{out}	Ausgangsbandbreite des Zugangsnetzes von Overlay-Knoten X
c_{err}	Gewichtung von $e_{RTT_{XY}^{est}}$ bei der individuellen RPC-Timeout-Berechnung
c_{est}	Gewichtung von RTT_{XY}^{est} bei der individuellen RPC-Timeout-Berechnung
c_{var}	Multiplikator für eine einzelne gemessene RTT bei der individuellen RPC-Timeout-Berechnung
$\mathcal{D}$	Zustellrate (*Delivery Ratio*) von Routing-Prozeduren
D_0	Domain Key der obersten Ebene des Monitoring-Baums
d_e^P	Ende-zu-Ende-Verzögerung eines Netzwerkpakets
δ_o	Durchschnittliche Routing-Einweglatenz im Overlay-Netz
δ_o'	Bewertungsfunktion basierend auf der durchschnittlichen Routing-Einweglatenz zwischen Knoten im Overlay-Netz und der Zustellrate $\mathcal{D}$
δ_u	Durchschnittliche Einweglatenz im Underlay-Netz zwischen an einem Overlay-Netz teilnehmenden Knoten

d_{KadPR}	Metrik für Kademlia, basieren auf NodeId-Präfix und Latenz
d_{NKS}	Abstandsmetrik eines Netzwerk-Koordinatensystems
d_{PR}	Abstandsmetrik zur Wahl des nächsten Overlay-Knotens auf dem Routing-Pfad unter Berücksichtigung von Latenzinformationen
d_{prefix}	Abstandsmetrik, die auf der Länge des gemeinsamen NodeId-Präfixes basiert
d_{ring}	Abstandsmetrik, die auf dem Abstand der NodeIds auf einem Ring basiert
d_{prox}	Abstandsmetrik, die nur auf Latenzinformationen basiert
d_{resp}	Abstandsmetrik zur Festlegung ob ein Schlüssel in den Zuständigkeitsbereich eines Overlay-Knotens fällt
d_{route}	Abstandsmetrik zur Wahl des nächsten Overlay-Knotens auf dem Routing-Pfad
d_X	Ausbreitungsverzögerung des Zugangsnetzes von Overlay-Knoten X
d_{XOR}	Abstandsmetrik, die auf der XOR-Verknüpfung basiert
$E[L]$	Erwartungswert der Lebenszeit eines Overlay-Knotens
$E[R]$	Erwartungswert der Restlebenszeit eines Overlay-Knotens
$e_{RTT_{XY}^{\text{est}}}$	Fehler der geschätzten RTT zwischen X und Y
$E[T]$	Erwartungswert der Totzeit eines Overlay-Knotens
$E[W]$	Erwartungswert der Latenz einer Routing-Prozedur
F_X^i	i-ter Finger des Overlay-Knotens X in einem Chord-Netz
f_{perf}	Multikriterielle Bewertungsfunktion, abhängig von der durchschnittlichen Routing-Latenz bei Routing-Prozeduren in strukturierten Overlay-Netzen und deren Erfolgs- bzw. Zustellrate
$F_R(x)$	Verteilungsfunktion der Restlebenszeit R eines Overlay-Knotens
H	Anzahl der Routing-Schritte einer Routing-Prozedur inkl. Antwort des Zielknotens
$\mathcal{H}$	Konsistente *Hash-Funktion*
$\mathcal{H}_{\text{max}}$	Maximaler Funktionswert einer konsistenten *Hash-Funktion* $\mathcal{H}$, Wertebereich von $\mathcal{H}$ damit meist $[0; \mathcal{H}_{\text{max}}]$

$H_{I_{sib}}$	Anzahl der benötigten Routing-Schritte im Sibling-basierten iterativen Routing-Modus
$H_{R_{semi}}$	Anzahl der benötigten Routing-Schritte im semi-rekursiven Routing-Modus
$\mathcal{I}$	Schlüsselraum des KBR-Protokolls
I_{sib}^1	Sibling-basierter iterativer Routing-Modus (ein RPC wird gleichzeitg versandt)
I_{sib}^5	Sibling-basierter iterativer Routing-Modus (5 RPCs werden parallel versandt)
Id_X	NodeId des Overlay-Knotens X
I_{exh}	Vollständiger iterativer Routing-Modus
I_{sib}	Sibling-basierter iterativer Routing-Modus
I_{exh}^v	Vollständiger iterativer Routing-Modus (v RPCs werden parallel versandt)
I_{sib}^v	Sibling-basierter iterativer Routing-Modus (v RPCs werden parallel versandt)
k	*Shape Parameter* der Weibull-Verteilung, Größe der k-Buckets in Kademlia
k_i	Zielschlüssel eines Replikats eines Datums v, bei CBR gestreut über den Koordinatenraum
L	Der Lebenszeit eines Overlay-Knotens zugeordnete Zufallsvariable
l	Anzahl verschiedener zu kontaktierender Overlay-Knoten während einer Routing- bzw. Lookup-Prozedur
$\overline{L}_y$	Ergebnisvektor einer KBR-Lookup-Prozedur, nach Abstand zu y gemäß d_{route} sortierte Knotenliste der Länge u
λ	*Scale Parameter* der Weibull-Verteilung
l_P	Länge des durch CBR festgelegten NodeId-Präfixes
l_P^d	Länge des durch CBR festgelegten NodeId-Präfixes l_P in Digits, es gilt: $l_P^d = \frac{l_p}{b}$
l_P^{max}	Maximale Länge des von CBR festgelegten NodeId-Präfix P
M	Eine Nachricht, die durch das Overlay-Netz an einen Zielschlüssel gesendet werden soll
P_X^i	Ein Peer des Overlay-Knotens X
m	Länge der im Overlay-Netz verwendeten NodeIds in Bits
N	Anzahl an Overlay-Knoten im Overlay-Netz
d	Dimension von (Netzwerk)-Koordinaten bzw. eines Koordinatensystems
n-Prox-Key	Sortiervorschrift für Ergebnisvektoren, bei der der Vektor zunächst nach d_{route} sortiert wird und anschließend die ersten n Knoten nach d_{prox}

P	NodeId-Präfix
p_{active}	Wahrscheinlichkeit, dass ein Overlay-Knoten bei Kontakt während einer Routing-Prozedur aktiv ist
$\mathcal{P}_X$	Menge aller Peers von Knoten X
R	Restlebenszeit eines Overlay-Knotens
r	Anzahl der beim CBR-basierten Replikationsverfahren über den Koordinatenraum gestreuten Replikate
R_{full}	Voll-rekursiver Routing-Modus
R_{semi}	Semi-rekursiver Routing-Modus
$R_{\text{semi}}^{\text{ack}}$	Semi-rekursiver Routing-Modus mit Per-Hop-Bestätigungsnachrichten
R_{sr}	Rekursiver Routing-Modus mit Antwort per Source-Routing
RTT_{max}	Maximale (zu erwartende) RTT
$\hat{RTT}_{XY}$	Arithmetischer Mittelwert der gemessenen RTTs zwischen den Knoten X und Y
RTT_{XY}^{est}	Geschätzte RTT zwischen X und Y
S	NodeId-Suffix
s	Parameter für Kademlia, Anzahl der gemäß d_{XOR} nächsten Overlay-Knoten zum lokalen Knoten die gespeichert werden müssen
$\sigma_{RTT_{XY}}$	Varianz der gemessenen RTTs zwischen den Knoten X und Y
$\mathcal{S}$	Stretch, Verhältnis von Routing-Latenz im Overlay-Netz δ_o und Latenz im Underlay δ_u
$\mathcal{S}'$	Stretch, Verhältnis von Routing-Latenz im Overlay-Netz δ_o' und Latenz im Underlay δ_u
T	Der Totzeit eines Overlay-Knotens zugeordnete Zufallsvariable
t_b	Bucket-Refresh-Intervall in Kademlia, Zeit die maximal zwischen 2 Kontakten von Overlay-Knoten eines k-Buckets liegen darf
t_f	Bei KBR-Testprozeduren verwendetes Timeout-Intervall bzw. Strafzeit, die gewichtet mit dem Anteil fehlgeschlagener Routing-Prozeduren auf die durchschnittliche Routing-Latenz addiert wird
t_{ind}	Individuell pro Knoten berechnetes Timeout-Intervall
t_o	Timeout-Intervall
t_o^{const}	Konstantes Timeout-Intervall
t_s	Stabilisierungsintervall, d. h. die durchschnittliche Zeitspanne, nach der ausgefallene Overlay-Knoten in den lokalen Routing-Tabellen ersetzt werden

t_{tol}	Konstantes Toleranz-Intervall, das auf das RPC-Timeout-Intervall addiert wird
u	Anzahl der zu einem Schlüssel y nächsten zurückgelieferten Knoten und Länge eines Ergebnisvektors $\overline{L}_y$
v	Grad der Parallelität (d. h. maximale Anzahl gleichzeitig versendeter RPCs) bei iterativen Lookups
V_X	Verantwortungsbereich des Overlay-Knotens X in einem strukturierten Overlay-Netz
W	Gesamtlatenz einer Routing-Prozedur inkl. Antwort des Zielknotens
w	Anzahl der Ergebnisvektoren bei einem iterativen Lookup
X	Ein Overlay-Knoten, oft verwendet für den Initiator einer Routing-Prozedur bzw. eines Lookups
$\vec{X}$	Netzwerk-Koordinaten des Overlay-Knotens X
Y	Ein Overlay-Knoten, oft verwendet für den Zielknoten einer Routing-Prozedur bzw. eines Lookups
y	Ein Schlüssel aus dem ID-Raum des Overlay-Netzes, meist als Zielschlüssel verwendet